宋明理學新詮

楊祖漢 ——著

宋明儒學思想精深、工夫論細密。
在當代如何活化，恢復儒學在華人社會的生命力。
本書為此目的，作了一些新詮。

元華文創

自 序

　　本書收錄了筆者有關宋明理學的十九篇論文，除了討論朱子（朱熹，1130-1200）思想及朱子與陸象山（陸九淵，1139-1192）爭辯的有關論述外，這一領域未收入專書的論文大都納入了。有關朱子思想的論文多篇，計畫再出版專書。關於朱子思想的內容與其義理型態，我近十多年來經過反覆的思考，提出了與牟宗三先生（1909-1995）對於朱子思想形態的衡定略為不同的詮釋。雖然在本書所收的論文內，沒有包括我對朱子的理解作比較有系統的論述的論文，但也有一些已經涉及到這一方面的義理。因此，我對於朱子思想型態的想法，在本書中已有相當程度的表達。

　　作為導論的〈如何活化宋明理學的智慧〉，主要是運用康德（1724-1804）道德哲學的一些見解，對宋明理學多位儒者的重要理論作出一些新詮，希望能活化宋明理學的智慧，使宋明儒的人格精神及其所提倡的實踐工夫，對當代華人社會仍然可以起作用，以提振人的真生命，從事道德實踐，以立人極。這也可以說是我研讀宋明理學數十年一直秉持的信念與用心所在。

　　其他十八篇論文共分四組，第一組是有關胡宏（五峰，1105-1161）的哲學理論。胡五峰的思想特色得到牟宗三先生精深的闡發而大明，我接續了牟先生的理路，而又有一些個人的體會，我用「體用論」的觀點來解釋五峰「盡心成性」的主旨，與牟先生所說的「以心著性」稍有不同。「以心著性」表現了以主觀面的道德實踐，具體化客觀面的性與天道，主客兩面都飽滿充實；又有由主觀面的實踐，而逐步呈現客觀面性與天道的意義。二者雖本質上相同，但也拉開了距離，保持了性與天道的超越性，而使人維持對天道的敬慎寅畏，這是非常了不

起的說法。而我則認為「盡心成性」比較強調了心的充分實踐，把本有的性體的意義表現出來，成就了人文的世界之義，這是「心之用」。而「性體心用」乃是五峰的重要主張，這一說法更強調了人的盡心之努力，是把本有的性天的本體充分實現出來之意，這便強調了人或心之「用」的重要性。在本體必須成用的想法下，五峰也表現了他對政治方面，即外王學的一些構思，這也是五峰思想特色之一，這是從他的體用論推出來的，對外王領域的關心。

在討論五峰與明道（程顥，1032-1085）的圓教理論時，對於五峰論性，我從「作為存在的大本」與「一切存在物之性相內容，皆為性所有」這兩方面的意義來理解，對於五峰的性體義，可說是給出了新的詮釋。也因此而對五峰所謂的「天理人欲同體而異用」給出了我認為比較順當也合於原意的詮釋。牟先生把此句中的「體」嚴格規定為「事體」，避免了天理、人欲「同體」的理論困難，我則認為按「體」、「用」一般的語意來解，也可以說得通。又，五峰的「盡心成性」說，充分表達了心之用的重要，也表示了人的可貴之處，這一五峰的思想要旨與朱子早年所主張的「中和舊說」的見解密切相關，這可說是我該篇論文的一點發明。朱子「中和舊說」從心的作用的無窮，而體會到性體的無限，應該就是從五峰及湖湘學派的見解而來的，當然此一見解後來朱子放棄了，「中和新說」才是他的定說。

第二部分的論文以討論陽明心學為主，但也涉及了朱子學與陽明學的可能會通之途徑。我從王陽明（守仁，1472-1529）的論良知也有「淺淺的知行」與「真知的知行」的分別，類比伊川（程頤，1033-1107）、朱子的，對於性理人有本知或常知，但必須進至真知，才可以有穩定而持久的道德實踐之說。陽明所說的致良知，要達到無善無惡的地步，才是原來的心體之恢復；因此，致良知必須從四有到四無，或如周海門（汝登，1547-1629）所說「無善無惡，即為善去惡而無迹；而為善去惡，悟無善無惡而始真」。這可說是致良知而達到真知之境。用常知與真知的區分，來說明良知「知是知非」與「無是無非」的兩層，應

該對陽明良知學有一些闡明之功。

對於王學流弊的成因，我引用了康德所說的，對於無條件地實踐（道德實踐）之事的認識，必須以道德法則為先，而不能以自由意志為先，雖然二者是互相涵蘊（回溯）的，來幫助說明。康德這一主張，理由是因為自由意志並非經驗中的對象，人對之沒有經驗知識，於是必須要以一反省就可以了解的道德法則來肯定自由，而不能顛倒此一順序。但按照儒學的傳統，孟子與陸王都是以本心的呈現為先，由於有本心良知的活動，於是人就能夠對於道德實踐，或人性之善（人是以道德性為人性的）有清楚的了解，而且產生真正的道德行動，這是儒學的貢獻，應該如牟先生所說，比康德之說進了一步；但是如果只從本心或自由意志作肯定，而不對本心、良知所含的道德法則提出來分析、充分正視，容易會因為人的現實自我與本心的呈現混同不分，而產生流弊。當然這應該是人在實踐上產生的流弊（所謂「人病」），而不是王學的理論本身有缺憾（所謂「法病」）。而陽明之後，良知學往「知而無知」處發展，固然此是道德實踐應有的上達之境，但道德意識的份量也會因而減輕，這也是王學流弊的成因之一，如果從這個地方看，就不能只是「人病」了。針對這一問題，陸王學也應該對於本心良知所含的道德法則，抽出來作道問學的全盤研究，這表示了程朱、陸王二系是需要互補的，這也是我近年有關宋明儒思想的衡定所強調的。

陽明的重要弟子王龍溪（王畿，1498-1583）的思想見解卓越不凡，是陽明學義理的「調適上遂」（牟先生語）。書中收入了幾篇有關龍溪思想的論文，雖然不算詳細，但也能表達出龍溪思想的特點。〈王龍溪對王陽明良知說的繼承與發展〉應已將龍溪對陽明良知學掌握之中肯，與進一步的發展簡要地表達出來。王龍溪對季彭山（季本，1485-1563）「龍惕說」的批評，說明了對良知本體的譬喻，該用「水鏡」還是該用「龍惕」的爭論。這一爭論表達了陽明弟子中，對於道德精神的了解，是有不同之著重者。從這一爭論，我又認為陽明之後

對於良知本體的體會，其實可以分別以仁、義、禮、智四種型態來規定，以分屬於羅汝芳（近溪，1515-1588）、季彭山、鄒守益（東廓，1491-1562）與王龍溪。這從陽明後學的思想發展，來看諸家對於良知的規定各有所重，應該是理解王學發展的另一條明白的線索。通過以上的討論也可以看出，如果只以龍溪所強調的「四無說」，即通過對於無的境界的體悟，認為就可以一了百當，而不會產生感性意念的干擾，而心、意、知、物是一，這種工夫教法，何以境界雖高，但會有流弊之故。在與彭山爭論時，龍溪贊同楊慈湖（楊簡，1140-1225）所說的「不起意」，也是屬於同一個問題。龍溪、慈湖之言固有妙義，但對於「意」這一層的問題，體察不夠，就容易陷入劉宗周（蕺山，1578-1645）所謂的「虛玄而蕩」之毛病，這也是後來蕺山強調「誠意之學」的緣故。

第三部分討論羅近溪的思想，牟先生比較強調了近溪的「破光景」之說，這當然是近溪學的要旨，但我細讀近溪的文獻，覺得他對於「孝弟慈」的重視，應該更是其思想主旨之所在。當然這一點在唐君毅先生（1909-1978）的《中國哲學原論‧原教篇》討論近溪的一章早已表達了，我是承接唐先生之意作了一些推進。近溪晚年專以「孝弟慈」來教人，此一說法既點出了儒家內聖學的真實根據，明白指出此根據普遍地存在於所有人的生命實感中；又給出了往外實踐的理論架構與途徑，這種從內聖直通外王的想法，雖然比較古典，但其實相當切合於人的倫常生活之實踐，而且明白易懂，實有其永恆的價值。近溪之說把良知的知是知非，回到孝弟的生活中來體認，他以赤子之心的不學不慮，自然就能孝親敬長來理解良知，這雖與陽明對良知的規定略有不同，但可以相通而互補。此說表達了人在倫常日用的生活中普遍具有的真切感受，而且這也就是道德實踐的真正動力。他又指出，赤子之孝弟所表現出的「不學不慮」的狀態，通於「不思而得，不勉而中」的聖人境界，這是對成德之教的理想生命境界，作了最親切的指點，而且表達了這一聖人神化之境，其實每一個人都可以表現、都可

以受用。我們可以說,近溪是把儒家所重的孝弟之道的精神,表達得最為暢達的哲學家,從他的指點與體會,可以了解「孝弟慈」之道,是從內聖而通外王,從倫常而通神化的樞紐,這也表達了「極高明而道中庸」的確是儒學的特色。

第四部分所收的四篇文章,都是有關於劉蕺山思想的。對於蕺山的文獻,我當年也曾經長期的閱讀思考,一再的上課講解,在課堂上也得到同學們的反饋,詮釋也有前、後的不同。現在重看,雖然份量仍然不夠,但每篇都有對蕺山的文獻,作出一些個人的新詮釋。我對蕺山學的理解,雖然深受牟先生判定的「歸顯於密,以心著性」;及「心宗」、「性宗」之區分所影響,但也有所不同。我認為蕺山之學,與其用「心、性分設」、「以心著性」來理解,不如用「以心攝性」,「有心方有性」來解釋更為恰當。而蕺山晚年強調的「盈天地皆心也」,又說「盈天地皆氣也」,其所謂「氣」,應該是指心的自然而然的表現,於是性宗其實是心宗的另一身分,二者不能截然分開,此說本於唐君毅先生。蕺山的誠意論,認為意是「心之所存」,要存養人的好善惡惡之意根,讓其表現如同春夏秋冬、喜怒哀樂般的自然而然,這應該是蕺山體證本體,即人的真心或性體的深切領會。蕺山的誠意、慎獨之說,最顯儒學內省慎獨之教的嚴格與真摯。當然,唯有作如此深根寧極的內省工夫,以好善惡惡之意,作為人的生命活動之主宰,人的生命活動才會因為坦然無懼、天君泰然,而有光風霽月的氣象。

書中多篇論文都是因為得到國科會(科技部)專題研究計畫的補助而要交出的成果,如果沒有這一方面的補助與要求,恐怕就不能順利產生本書及筆者其他的論著了。也因為得到這一方面的補助,多年來聘請不少的研究生協助,固然同學們在和我一同研究討論時有所成長,而我在其中也得到不少的啟發。對於諸位曾經參加我的研究計劃的同學(其中多位已在大學擔任教職),衷心表示謝意。

本書各文以及我的其他專書,都因為閱讀唐、牟二先生的著作而打下基礎,了解其中的重要學理而繼續思考;雖然也提出一些與先生

們不同的意見，但絲毫不會減低我對兩位老師的崇敬。我的不同意見雖然可能並不足取，但因為有自己真切地閱讀文獻與所得的體驗作為根據，於是也敢於提出來，這是本書名為「新詮」的用意。

回想當年在撰寫有關宋明理學的論文時，常常感受到先慈的恩情，以及內子清恩與小兒思永陪伴的愉快，真有程伊川所說的「知盡性至命，必本於孝弟」的實感。

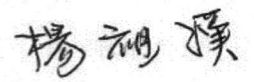

楊祖漢

2025 年 5 月，寫於中央大學哲研所榮譽教授研究室

附　錄

書中各文所發表的刊物與時間，列如下：

1. 〈如何活化宋明理學的智慧〉，收入黃冠閔、林維杰主編：《儒學的當代性：生態、政治、文化》，臺北：中央研究院中國文哲研究所，2024 年 6 月，頁 321-371。
2. 〈程明道、胡五峰思想中的圓教涵義——順牟宗三先生之說進一解〉，收入景海峰主編《儒家思想與當代中國文化建設》，北京：人民出版社，2013 年 10 月，頁 93-105。
3. 〈朱子〈盡心章注〉與胡五峰思想之關係〉，《國立中央大學人文學報》24 期，2001 年 12 月，頁 213-240。
4. 〈胡五峰之體用論與朱子「中和舊說」的關係〉，收入《含章光化——戴璉璋先生七秩哲誕論文集》，臺北：里仁書局，2002 年 12 月，頁 21-58。
5. 〈胡五峰對孟子政治論之詮釋〉，本文原題目為〈儒家對「君德」之看法：胡五峰對孟子政治論之詮釋〉，《中國學報》第 44 輯，首爾：韓國中國學會主編，2001 年 12 月，頁 425-439。

6. 〈從王學的流弊看康德道德哲學作為「居間型態」的意義〉,《鵝湖學誌》第 33 期,2004 年 12 月,頁 149-206。
7. 〈從良知學之發展看朱子的思想型態〉,收入蔡振豐主編《東亞朱子學的詮釋與發展》,臺北:國立臺灣大學出版中心,2009 年,頁 157-176。
8. 〈朱子學與陽明學的會通〉,《杭州師範大學學報》(社會科學版)第 34 卷第 5 期(總 200 期),2012 年 9 月,頁 30-38。
9. 〈王龍溪對王陽明良知說的繼承與發展〉,《鵝湖學誌》11 期,1993 年 12 月,頁 37-52。
10. 〈王龍溪哲學與道德教育〉,收入劉國強、李瑞全主編《道德與公民教育:東亞經驗與前瞻》,香港:香港中文大學香港教育研究所,1996 年 10 月,頁 129-140。
11. 〈王龍溪與季彭山的論辯〉,《當代儒學研究》1 期,2007 年 1 月,頁 23-49。
12. 〈朝鮮儒者鄭霞谷思想的現代詮釋〉,原名為〈霞谷思想的現代詮釋〉,景海峰主編,《國學集刊》第 8 輯,北京:商務印書館,2022 年 7 月,頁 69-82。
13. 〈羅近溪思想的當代詮釋〉,《鵝湖學誌》37 期,2006 年 12 月,頁 145-175。
14. 〈羅近溪的道德形上學及對孟子思想的詮釋〉,收入林維杰、邱黃海主編《理解、詮釋與儒家傳統:中國觀點》,臺北:中央研究院文哲所,2010 年 6 月,頁 65-97。
15. 〈心學的經典詮釋〉,《興大中文學報》第 21 期,臺中:中興大學中國文學系,2007 年 6 月,頁 59-82。
16. 〈從劉蕺山對王陽明的批評看蕺山學的特色〉,收入鍾彩鈞主編《劉蕺山學術思想論集》,臺北:中央研究院中國文哲所籌備處,1998 年 5 月,頁 35-65。
17. 〈論蕺山是否屬「以心著性」之型態〉,《鵝湖學誌》39 期,2007

年 12 月，頁 33-62。
18. 〈從康德道德哲學看劉蕺山的思想〉，收入於李瑞騰、孫致文主編，《典範移轉：學科的互動與整合》，桃園：國立中央大學文學院，2009 年 9 月，頁 73-88。
19. 〈黃梨洲對劉蕺山思想的承繼與發展〉，收入楊祖漢、楊自平主編《黃宗羲與明末清初學術》，桃園：國立中央大學出版中心，2011 年 9 月，頁 21-46。

目　次

自　序 i

緒論：如何活化宋明理學的智慧 1
　一、引論：藉陳寅恪先生之言論宋明義理如何活化 1
　二、從宋明理學的分系到程朱、陸王的會通 9
　三、〈太極圖說〉立人極的涵義 21
　四、從「兩不立，則一不可見」看橫渠、船山所給出的民主政治的
　　　理論基礎 29
　五、結語 36

第一部分　胡五峰思想新詮 41

程明道、胡五峰思想中的圓教涵義
　　──順牟宗三先生之說進一解 43
　一、引言 43
　二、從圓頓化境之一本到肯定具差別的存在 44
　三、胡五峰的「同體異用」說 49
　　（一）從「絕對必然的存有」與「最高真實的存有」來看五峰
　　　　　言性之二義 50
　　（二）論「同體而異用」之圓教涵義 54
　四、結語：德福一致如何可能 57

朱子〈盡心章注〉與胡五峰思想之關係 61
　一、朱子對「盡心知性」的詮釋 61

二、胡五峰的「盡心成性」說及朱子的批評 66
　　三、「窮盡」與「往盡」及象山、陽明的盡心說 76
　　四、結論：盡心義的諸型態 82

胡五峰之體用論與朱子「中和舊說」的關係 85
　　一、胡五峰的體用論 85
　　二、心性與體用 92
　　三、朱子的中和舊說 107
　　四、結語 114

胡五峰對孟子政治論之詮釋 117
　　一、五峰對孟子學的肯定 117
　　二、君臣之德與其相與之道 120
　　三、封建制意義之闡發 132

第二部分　　陽明學新詮 137

從王學的流弊看康德道德哲學作為「居間型態」的意義 139
　　一、陽明學的特色及其虛歉 139
　　二、王龍溪的四無說與王學的流弊 146
　　三、法則與自由的先後 159
　　　（一）對無條件地實踐的事情的認識，須由法則開始，不能由
　　　　　　自由開始 161
　　　（二）必須由法則理解自由，不能由自由理解法則 165
　　四、實踐的動力問題 169
　　五、康德學作為居間型態的意義 181

從良知學之發展看朱子思想的型態 185
　　一、陽明後學對良知之不同理解 186
　　二、鄒東廓及朱子的思想型態 195

朱子學與陽明學的會通 203
  一、從伊川、朱子之區別「常知」與「真知」說起 204
  二、所以要由「常知」進到「真知」之故 206
  三、從「自然之辯證」看朱、王會通之道 210
  四、引文獻以證義 215
  五、結語 223

王龍溪對王陽明良知說的繼承與發展 225
  一、陽明提出良知的時節因緣 225
  二、一念之微與一念萬年 228
  三、關於見在良知的討論 234
  四、結語 238

王龍溪哲學與道德教育 239
  一、道德意識的培養 239
  二、聖人的化境 242
  三、為善去惡與無善無惡 244
  四、王龍溪「四無說」之涵義 247
  五、結語 250

王龍溪與季彭山的論辯 251
  一、引言 251
  二、龍惕與自然 251
    （一）辯論喻心以龍抑以鏡 252
    （二）辯龍惕與自然之主從先後 256
    （三）辯聖人與學者工夫之不同 258
    （四）辯以警惕而主變化抑以無欲而主變化 260
    （五）辯楊慈湖之說及良知之本義 264
    （六）龍溪所理解的「致良知」之工夫 268

三、龍溪與彭山之辯的省察 272

朝鮮儒者鄭霞谷思想的現代詮釋 277
　　一、霞谷對陽明學流弊的反省 277
　　二、霞谷對「心即理」的了解與從惻隱之仁來規定良知的意義 281
　　三、霞谷「生理說」的涵義 291
　　四、霞谷論心及包膜之意義 293
　　五、結語 297

第三部分　羅近溪思想新詮 299

羅近溪思想的當代詮釋 301
　　一、〈大學〉宗旨與求仁 302
　　二、仁、聖及天道生生 311
　　三、結論：綜述近溪思想的特色 316

羅近溪的道德形上學及對孟子思想的詮釋 327
　　一、前言：儒學作為實踐哲學的意義 327
　　二、歸本於仁 329
　　三、孝弟為神感神應 331
　　四、孝弟、樂、生生 333
　　五、超越而內在 335
　　六、逆覺體證 339
　　七、近溪對孟子的詮釋 343
　　　　（一）莫為莫致 343
　　　　（二）對性善論的詮釋 346
　　　　（三）「知皆擴而充之」之工夫論 349
　　八、結語 353

心學的經典詮釋 355
    一、心學家對讀書的態度 355
    二、心學家對經典詮釋的貢獻 357
    三、陸象山論盡心知性及心性情才 358
    四、羅近溪對《大學》、《孟子》及《論語》的詮釋 ... 362
    五、周海門論「至善」 369
    六、尊德性與道問學之綜合 377

第四部分　劉蕺山思想新詮 381

從劉蕺山對王陽明的批評看蕺山學的特色 383
    一、蕺山對陽明學的態度之前後不同 383
    二、批評「以悟本體為工夫」及「無善無惡心之體」 ... 390
    三、〈良知說〉及其他相關文獻之分析 394
    四、誠意與知藏於意 404
    五、蕺山與朱子的「智藏」說 410
    六、結語 413

論蕺山是否屬「以心著性」之型態 415
    一、「以心著性」說之意義 415
    二、證人及證心 417
    三、心宗與性宗 420
    四、蕺山之理氣論及證體之學 431
    五、討論 435

從康德道德哲學看劉蕺山的思想 439
    一、蕺山、朱子與陽明 439
    二、蕺山「心學」之特色 445
    三、「意為心之所存」之涵義 453

四、結語 456

黃梨洲對劉蕺山思想的承繼與發展 459
　　一、以心著性或以心攝性 460
　　二、梨洲對蕺山學的理解 462
　　三、引梨洲文獻以證義 469
　　四、討論 472

緒論：如何活化宋明理學的智慧

一、引論：藉陳寅恪先生之言論宋明義理如何活化

  清儒在異族入主，文字獄的威脅下，又兼以宋儒的思想學術的爭論，如朱陸異同問題之不能解決，希望從探究經典的原意，來定學術上的是非，於是重視訓詁考據，不能承繼宋明理學的講學傳統，也喪失了狄培理（William Theodore de Bary, 1919-2017）在《中國的自由傳統》書上所說的，通過論學而表現精神的高度自由的境界[1]。當代新儒家認為，民國以來的思想界所以不上軌道，是由於清代專制政治與文字獄的壓迫，使學者埋首於考據、聲韻訓詁的研究，理學的研究雖然維持官學的地位，但也喪失了士以天下為己任，擔當世運的精神，成為為清廷的統治者而服務的御用學者，完全喪失了宋明理學家的講學精神與氣概，這一傳統的衰弱也等於是哲學的思辨、概念性的思維能力的衰退，造成面對清中葉以來的西方軍事、學術、宗教等衝擊而不能作出合理回應的悲劇。這應該是近世中華民族或中華文化整體性的衰敗的重要原因。固然不能因此便認為恢復宋明的講學精神，讀書人的氣概，就可以成功地回應西方文化的衝擊，但恢復這一精神傳統是振興中華文化與民族精神所必要的，此意唐君毅（1909-1978）先生有詳細的論述[2]。

  牟宗三（1909-1995）先生曾表示，要讀懂宋明理學家的書，需要具

---

[1] 狄百瑞〔狄培理〕著，李弘祺譯：《中國的自由傳統》（香港：中文大學出版社，1989年），第二講，頁 15-42。

[2] 唐君毅：〈中國文化之創造（上）〉，《中國文化之精神價值》（臺北：正中書局，1978年），頁 471-489。

備兩個條件，一是強烈的道德意識；二是深入的哲學性的思考。儒學當然是要顯發人生命中的道德意識，如果沒有這方面的體會，是很難讀進去的，而宋明儒對於心性本體與工夫論的討論非常詳細，沒有思辨的訓練及興趣，也很難深入其中的義理。照牟先生這個說法，宋明儒學應該是很難普及的，並非為一般人所樂於閱讀的。但在當代的華文學界，對於宋明儒的研究，不能說不興盛，一些宋明理學普及性的著作，如《近思錄》、《傳習錄》等，不斷有新的註解本出版，讀者也不少，何以會是如此呢？最近重看陳寅恪（1890-1969）先生評馮友蘭（1895-1990）《中國哲學史》的審查報告，覺得有些意思非常精到，表現了史學家的疏通致遠，指出了宋明儒所以成為重要的學術成就及未來中國學術思想發展該走的途徑。陳先生此文所表達的意思，很受學界注意，也頗引起討論，由於他文中之意很能引發我對於宋明理學的智慧如何活化的思考，後面還是引用他的原文來展開論述。他說：

> 佛教經典言：「佛為一大事因緣出現於世。」中國自秦以後，迄於今日，其思想之演變歷程，至繁至久。要之，只為一大事因緣，即新儒學之產生，及其傳衍而已。此書於朱子之學多所發明。昔閻百詩在清初以辨偽觀念，陳蘭甫在清季以考據觀念，而治朱子之學，皆有所創獲。今此書作者取西洋哲學觀念，以闡明紫陽之學，宜其成系統而多新鮮。[3]

陳先生引用佛教《法華經》「佛為一大事因緣出現於世」之說，來形容宋明理學的興起在中國學術史上的重要地位，他認為從秦以後到現在兩千年來的學術思想的發展，是為了達成「產生宋明理學」這個目的，這是作為大史學家的陳先生對中國學術思想史發展的一個重要的判斷，應

---

[3] 陳寅恪：〈審查報告三〉，原版（臺北：宜文出版社翻印版，出版年不詳）作「新鮮」，後來的版本（馮友蘭《中國哲學史》〔臺北：臺灣商務印書館，2005年，增訂臺一版〕，下冊，附錄，頁1205）都作「新解」。

該是表示了宋明理學雖然是承接先秦儒學的思想,但也必須通過了兩漢經學、魏晉玄學及南北朝佛教與道教的長期發展、衝擊,而醞釀成功,使中國的民族文化的精神重新回到儒學,而此時的儒學,卻又有非常豐富而不同於先秦儒學的內容與面目。這樣說固然表達了宋明理學在中國學術思想史中的重要地位,但好像給出一個宋明理學是儒與道、佛融合的思想理論。如果是這樣了解,當然是不必合於深入宋明儒的著作,對理學的思想內容,作仔細研究的學者的看法。如牟宗三先生認為,一般學者常認為宋儒的義理是陽儒陰釋或陽儒陰道,這是對宋明理學的不了解,宋明儒的義理純粹是儒學本質的表現,不能說混雜佛老的成分。當然牟先生也認為如果沒有道家與佛教的刺激,宋儒不會對先秦儒學的義理作進一步的發展,但所謂「刺激」是承認其外部的作用,而「影響」則是說內部義理有轉變,牟先生對此二語的意義作嚴格的區分,認為宋明儒是先秦儒學的進一步發展,二者的不同如同一個人生命不同階段的成長,雖有不同,但還是同一個人。說受佛老刺激可以,但不能說受影響。上引文陳寅恪則似從史學的角度看三教的相互的影響,並非內在地從宋明儒的思想本身上作衡量,觀點或重點與牟先生不同,應該不至於有衝突。從歷史發展的外部現象上來看,宋明儒當然是通過了玄學、佛教,或再加上道教的階段而重新反省先秦儒學的義理,對此歷史現象作一整體的掌握,就有陳先生的判斷。陳寅恪此處又表達了研究朱子(1130-1200)需要不斷引入新觀念,如閻若璩(1636-1704)用辨偽、陳澧(1810-1882)用考據來治朱子學,而都有發明,而現在馮友蘭在其哲學史書中所論述的朱子思想,是引入了西方哲學來對朱子學作詮釋,陳先生認為很有發明,而且有新鮮感,這就表示了陳先生認為馮著的詮釋,能夠活化宋明儒的義理。

馮友蘭先生此書中對於朱子學的詮釋,其實並不能為此領域的專家認同,如他認為朱子所說的理是共相之理,而理先氣後,是邏輯上在先之意,這些解釋是引入了新實在論的觀點來解釋理學。他另有《新理學》一書,更詳細表達了這種詮釋,而自詡為「接著講」,而並非「照著講」。

但朱子哲學思想中的理,當然是道德之理,道德之理是人性中之理,也是天地萬物所以能存在之理,因此朱子所謂的「理在先」,是所謂形而上學的,作為存在物的根據之先,這是當代新儒家關於朱子學的研究的重要主張,應該是合理的,因此馮先生的「接著講」可能接得不妥當,而這一引入西方哲學的詮釋,影響了他對宋明理學的理解的合理性。雖然如此,陳寅恪先生的觀點仍然可以成立,就是宋明理學是秦以後各階段學術思想發展而成的重要目的,可以說是「正果」。而今後的中國學術,也會是順著宋明理學繼續發展,而所以能夠讓理學繼續發展,引進當代的其他學術思想,如西方哲學,來詮釋理學,是恰當的做法。他又說:

> 然新儒家之產生,關於道教之方面,如新安之學說,其所受影響甚深且遠。自來述之者皆無愜意之作。〔……〕而晉南北朝隋唐五代數百年間,道教變遷傳衍之始末,及其與儒佛二家互相關繫之事實,尚有待於研究。〔……〕釋迦之教義,無父無君,與吾國傳統之學說,存在之制度無一不相衝突。輸入之後,若久不變易則決難保持。是以佛教學說能於吾國思想史上發生重大久長之影響者,皆經國人吸收改造之過程。其忠實輸入不改本來面目者,若玄奘唯識之學,雖震盪一時之人心,而卒歸於消沈歇絕。近雖有人焉,欲然其死灰;疑終不能復振,其故匪他,以性質與環境互相方圓鑿枘,勢不得不然也。六朝以後之道教,包羅至廣,演變至繁。不以〔似〕儒教之偏重政治社會制度,故思想上尤易融貫吸收。凡新儒家之學說,似無不有道教或與道教有關之佛教為之先導。如天台宗者,佛教宗派中道教意義最富之一宗也。(其創造者慧思所作〈誓願文〉,最足表現其思想。〔……〕)其宗徒梁敬之與李習之之關係,實啟新儒家開創之動機。[4]

---

[4] 陳寅恪:〈審查報告三〉,頁 1205-1207。

陳先生認為朱子思想中含有道教的成分，這個判斷或許需要商權，但如果從作為宋儒開山的周濂溪（1017-1073）的思想與文獻上來看，至少從文字的表面意義，是用了道家的觀念來表達道的形上性格，如用「無極」來說明「太極」；用「無為」來形容「誠」；用「無思而無不通」來說明聖人境界。固然儒學經典本來就可含上述的概念（也可以說上面種種意義），但沒有道家或道教的刺激，周濂溪應該不會運用這些概念來說明他所體會到的道體的意義。說宋儒是從釋、道的思想衝擊，而回到先秦儒家，於是對儒家的義理，不期然地採用了異教而卻又是相應的概念來說明，這一做法使儒學深化而又有新鮮的面貌，這也是陳寅恪所說佛道思想的長期發展，是以產生宋明理學為目的，為大事因緣的看法之由來。從陳先生這一根據歷史發展而給出來的判斷，可以看到宋明理學的重要地位。陳先生認為道教對於理學的成立有大的影響，對此他作了強調，而且就道教的吸收外來思想宗教的態度，給出了重要的觀察，即他認為道教既努力吸收外來文化，又沒有忘掉本身的民族立場。他認為儒家思想在中國社會上的地位之重要，與影響之大，是由於成為政治制度或立法的依據，但在思想深度上，並不如釋道二教。他言下之意，是宋明儒的思想由於佛老的影響而得以深化，而不同先秦儒學。而道教在思想義理上，與政治的牽連不深，於是在思想上就容易融貫吸收。這應該表示了他認為佛教傳入中國，需要以道家思想為中介，而道教融合了佛教及其他宗教的思想，對於促成宋明理學的成立有重要的貢獻，這一看法大體上合乎歷史的事實。他又認為中國大乘佛學中的天台宗，是道教思想成分最多的佛教宗派，陳先生應是從慧思（515-577）的〈誓願文〉中有道教求長生的思想來說的；但天台宗教義的真正確立者智顗（538-597），其思想恐怕與道教的思想並無密切關係，因此陳先生此說可能有問題，或有需要進一步說明的地方，但此看法很有啟發性。天台宗是屬於實相學，對於般若空宗的義理有特別的體會，而般若智證空與道家思想相近，但不能據此就說天台宗思想含有道教的成分，陳先生是以天台初祖慧思的思想為據。但天台宗真正的奠基者智顗之判教論對於

東來種種佛法，判攝罄無不盡，其圓教理論不能只從般若實相一脈來說明，如牟宗三先生所說，天台圓教除了有「般若作用的圓」的空宗的說法外，還有「存有論的圓」，即一念三千、三道即三德，佛即九法界而為佛的理論，來對一切法的根源作說明，而比大乘起信論的說法更為完備。即是說存有論的圓與般若作用的圓，兩種說法合起來，才是天台圓教內容的全部，這當然不能用含有道教成分來概括。當然，道教的思想內容是否與天台宗的理論有關，是否如陳先生所舉的例證，可以再作研究。對於中國佛教的理論內容的理解是後學轉精，不能要求在陳先生那個時代的學人就有正確而深入的了解。在上引文，陳先生給出的看法有很值得參考的地方，即認為外來的學術思想，如果一成不變地在中土發展，是不能夠流傳久遠的。他舉唐玄奘（602-664）的法相唯識宗作為例證，此派二三傳而絕，民國初年雖然有歐陽漸（字竟無，1871-1943）等人提倡唯識學，而且認為此是佛學正宗，極力排斥《大乘起信論》所代表的真常唯心系的思想，陳先生認為也不可能使唯識學死灰復燃。於是他認為外來的思想哲學或宗教，如果要在中土長遠發展，一定要與中國文化的特性相融，即必須在傳播的過程中為中國的學者或信徒不斷地轉化，以融通固有的文化觀念。而中國固有的學術思想，也必須吸收外來的思想，這樣才能有創新而昌盛的發展。陳先生此論籠罩了或指出了未來的中國學術思想發展的方向，即一方面不能不吸收外來的思想學術，但另一方面也不能失掉了本來民族的地位與立場，他說：

> 北宋之智圓提倡《中庸》，甚至以僧徒而號中庸子，并自為傳以述其義。（孤山《閑居編》）其年代猶在司馬君實作《中庸廣義》之前。（孤山卒於宋真宗乾興元年，年四十七。）似亦於宋代新儒家為先覺。二者之間其關係如何，且不詳論。然舉此一例，已足見新儒家產生之問題，猶有未發之覆在也。至道教對輸入之思想，如佛教摩尼教等，無不盡量吸收，然仍不忘其本來民族之地位。既融成一家之說以後，則堅持夷夏之論，以排斥外來之教義。

此種思想上之態度，自六朝時亦已如此。雖似相反，而實足以相成。從來新儒家即繼承此種遺業而能大成者。竊疑中國自今日以後，即使能忠實輸入北美或東歐之思想，其結局當亦等於玄奘唯識之學，在吾國思想史上既不能居最高之地位，且亦終歸於歇絕者。其真能於思想上自成系統，有所創獲者，必須一方面吸收輸入外來之學說，一方面不忘本來民族之地位。此二種相反而適相成之態度，乃道教之真精神，新儒家之舊途徑，而二千年吾民族與他民族思想接觸史之所詔示者也。[5]

陳先生重視道教思想的兼收並蓄的特色，並以這種特色來說明宋代新儒家能夠開創儒學的新體系與新面目之故，其中宋儒與道教，及與天台山外派的孤山智圓（976-1022），是否有思想上的關係，這確有學者申述，但還不能有定論，而陳先生此意則非常有啟發性。天台宗雖未必與道教思想有密切的關聯，但天台圓教肯定九法界的存在，認為佛必須即於九法界而為佛，在天台宗與華嚴宗人對何謂真圓教的爭論中，強調了地獄餓鬼畜生以至於聲聞緣覺等九法界，都不能因成佛而斷絕，而批評華嚴宗是「緣理斷九」。於是人生一切可能的遭遇、狀況，都可以成為佛法身的示現，於是人只要通過實踐而有佛智或佛的知見，就可以不離開人生任何種種遭遇而為佛，這種成佛而不斷九法界，一切世間治生產業皆與實相不違的思想，如同牟宗三先生所說，是繞了一個大圈而肯定人生一切的存在。佛教雖然以緣起性空為宗旨，但並不否定世間任何一法的存在，九法界中的種種差別，也就是種種具體的人生情況，都因為可以是佛界呈現的場所，於是九法界都可以有其存在的必然性，這種思想很容易就轉成為宋儒肯定人間、肯定世界的看法。陳先生雖然不一定對天台宗的義理有上述的理解，但他看出了天台宗與宋儒的思想或許有其關

---

[5] 陳寅恪：〈審查報告三〉，頁 1207-1208。「詔示」，一作「昭示」，見陳寅恪：《金明館叢稿二編》，《陳寅恪先生文集》（臺北：里仁書局，1981 年），頁 252。

聯性,實在非常有識見。他指出了唐末五代的佛教思想有往儒學的肯定世間的理論型態接近的趨勢,強調了天台宗孤山智圓肯定儒學,甚至自號中庸子的緣由,明白地說孤山智圓是宋儒學問的先覺。這裡等於點出了宋代理學所以能夠成為一個興發人心的學理,也就是活化了先秦儒學的緣故,宋儒義理如果只是先秦兩漢儒學的重複,不會對當時的社會有那麼大的影響力。陳先生此處認為道教思想與天台宗有關,藉道教的不排斥外來思想,但一面又堅守自己民族的立場,這一做法說明了宋代新儒家的策略,即與外來思想融為一體後,則堅持夷夏之論,這一說法十分深刻,可謂是表達了宋明理學的時代感受。或許可以補充一個例子,上述天台宗的圓教義理,其中為了要肯定一切法存在的必然性,有無明與法性同體之說,即表示在同一存在的事物(法)上,可以是無明煩惱的表現,也可以是清淨的法性之所在,這一思想在南宋胡宏(號五峰,1105-1161)有很清楚的表示,如云:「天理人欲,同體而異用,同行而異情」[6],很難說五峰對於佛教天台宗的說法沒有吸收,但五峰藉此圓說表達了儒家的義理,而且對佛教作出嚴格的批評,這好像也可以如同陳寅恪所說,融成一家之說後,則堅持夷夏之辨。陳先生此說確提示了今後儒學的理論如何能繼續發展並有其強大的生命力所需要有的做法,這裡表達了大史學家的宏觀識見。

陳先生此文所得出的結論,是認為今後的中國學術思想,固然必須引入西方(北美與東歐)思想來作詮釋,但也不能失去民族本身的立場,這兩者固然有對立、相反之處,但相反而又能相成。這一說法相當了不起,好像預見了抗戰之後以至當前的,當代新儒家返本開新的工作與達成的理論成果。用西方哲學或宗教的理論來與儒學相融通,既有新的詮解,而又能守著本身固有的理論立場,這樣才能有學術思想的不斷發展。從這個角度來看,稍後於陳先生的當代新儒學的理論發展不正是如

---

[6] 〔宋〕朱熹:〈宋朱熹胡子知言疑義〉,收入〔宋〕胡宏著,吳仁華點校:《胡宏集》(北京:中華書局,1987年),頁329。

此做嗎？後文順著這個方向來討論宋明理學如何活化，大意是繼續引入西方哲學的理論或概念，來比較、詮釋儒學，但也不能使儒家哲學變成西方的哲學。當代牟宗三先生的儒學詮釋，公認是引入康德（Immanuel Kant, 1724-1804）哲學，又使儒學藉康德做為橋梁，而與西方哲學做重要的比較與會通的成功例子。或有批評為使儒家學問康德化而忽略了二者之不同，其實是不相應的批評。又有認為這樣做會使重實踐而以成德為目標的儒學，轉而為重思辨的理論哲學，於是喪失了儒學要人反求諸己、立己立人的教化意義。這一批評固有其值得反省與警惕的地方，但其實也有不能掌握上文陳寅恪所說的，今後中國思想的發展應該走的路向。引入西方哲學以與儒學相融，使儒家的理論增強其思辨性，是不能避免的結果，在這個地方如何又能維持儒學重德以成教化的特色，當然是要用心的，但不能因為重視實踐、成德而排斥思辨。如果引入西方哲學能恰當相應地詮釋儒學，則使儒學有新的活力，如既表現了思辨在實踐上可以有的作用，而又能保持儒學本身的特色，就能夠在當代活化儒學的智慧，而在當代華人的社會產生作用。後文將提出如果循著牟先生詮釋儒學的方向，繼續運用西方哲學（主要是康德）與宗教的理論，可以對宋明理學的重要義理內容，作出比較深入而又有新鮮感的詮釋，以達到活化宋明義理的目的，當然此文只能做粗略的表達，暫不能詳說。

二、從宋明理學的分系到程朱、陸王的會通

宋明六百年的儒學思想的發展，內容非常豐富，人物繁多，如勞思光（1927-2012）先生所說是千門萬戶，如果不做大體的分類是很難做整體掌握的。對於分系的做法，傳統區分為心學與理學兩大派，雖然很有道理，也大略符合歷史事實，但當然是不周備的，牟、勞兩位先生都有分宋明儒為三系的說法（勞的說法本稱一系說，但其實是一系三型說），牟先生除了維持主張心即理的陸王系，與主張心理為二、只能承認性即理的程朱為對立之二系外，又認為湖湘學派的胡五峰表達了「以心著性」

的型態,即認為五峰所說的「盡心成性」是表達了道德實踐的人的盡心的活動,是讓形而上的道體逐步具體化的過程,這一型態能夠接上北宋周、張(名載,又稱橫渠先生,1020-1077)、大程(名顥,1032-1085)的思想見解,又使主觀面的道德實踐與客觀面的天道生化有一理論上的連接,此一型態在明末的劉蕺山(名宗周,1578-1645)有同樣的表現,於是胡劉系可以與程朱、陸王二系鼎足為三。這一區分闡發了五峰蕺山的理論特色,也顯示了這一系的義理與程朱、陸王二系的不同,對於了解宋明理學的整體脈絡,牟先生的說法有大貢獻。勞思光先生則認為宋明理學有一個整體發展的趨勢,從發展的角度看可以說一系,但又有天道觀、本性論與心性論的三個階段。從以天道觀說明道德實踐的根據(周濂溪、張橫渠),到用本性論來說明(二程),是以形上學的宇宙論與存有論(本體論)來說明道德,這是以肯定普遍的存有原則來說明道德,勞先生認為這兩階段的理論,都是不切於孔孟原意,對道德實踐的理解也有偏差。周、張、二程及朱子就是為了說明道德,而建構形上學的理論,這些形上學理論在以孔孟為正宗的儒學而言是不必要的。天道觀時期與本性論時期,二者雖有不同,但都是要為道德實踐找形上學的根據,其理論效力比不上直接在心的自覺作用中肯認道德心性的內容及在實踐上的作用,勞先生認為這後者就是陸、王所代表的心性論時期。於是宋明儒學的發展是一個步步從客觀的宇宙論、本性論而至心性論的過程。勞先生這個說法認為宋儒的形上學是為了建立道德實踐的理論基礎而發,與牟先生所認為的,宋儒的形上學是由道德實踐所證的道德之理或道德的創造,來說明客觀存在界,有所不同。即牟先生認為這是道德的形而上學,由人道的實踐來解釋天道,不是為了說明道德來建構形上學理論,即不是形而上學的道德學。這一當代的有關宋明儒的學問如何衡定的爭論,先不論是非對錯如何,的確成為當代宋明理學研究的一個討論焦點,而有活化宋明理學義理的貢獻,這一爭論含有重要的西方道德學與形上學的理論概念,證明了引入西方哲學來詮釋宋明儒學的重要性。

我個人認為牟先生的宋明儒三系說可以幫助了解宋明理學發展的大勢，這也是當今研究宋明理學的學者的共識，但他對三系的理論型態的規定，我有一些不同的意見。牟先生認為陸王學是儒學的理論之正宗型態（他其實認為胡五峰、劉蕺山的理論，由於主觀與客觀兩面的義理都能充實飽滿，更為正宗），而朱子學則為別子為宗。陸王系主張心即理，認為道德之理就在人的本心的活動中流露，心的自發的要求就是普遍的理之所在，這也就是說人的行動應該遵循的法則是人自己的本心良知所給出的，這是心即理的要義，也就是康德所說的意志的自律，意志的自我立法，有這樣的了解與肯定，才可說是對道德與義務的意義有正確的了解。道德法則當然是普遍的，人人應該遵守的，但這法則並不是從外面強加進來要求於人的，而是人自己本來就有這種自發的要求。牟先生引入康德的說法，又用源自黑格爾（G.W.F. Hegel, 1770-1831）的「即存有即活動」來說明「心即理」之義，非常能表意。理是普遍的存有，但又是當下可以表現出來的心靈活動，心與理是一。而由於本心可以隨時呈現而做為行動實踐的主體，於是這一系的工夫是逆覺體證，即在本心呈現的當下有所感、有所覺，反身掌握而擴充之，在象山（陸九淵，1139-1193）是發明本心的工夫，在陽明（王守仁，1472-1529）則是致良知。牟先生以上的詮釋，對於陸王之學的規定，當然是很相應的，是沒有問題的。但他對於程朱系的規定則需要討論，他認為朱子只能承認性即理，而反對心即理，於是對於道德之理的了解，需要通過格物致知的工夫，即從事事物物的存在之然處，追溯或推證其所以然。牟先生認為這是以存有論的圓滿概念來規定道德之理，這是從外在的存在事物處尋找圓滿的概念來規定道德，這是康德所說的意志的他律的一種理論型態，而不是如上述陸王心即理的說法，肯定心即理就會如同孔孟從不安不忍處體會仁，或從惻隱體會人的本性而主張義內（所謂義內如同前文所講的意志的自我立法）。主張心理為二而不能從本心的活動處反身覺知道德法則，而必須格物窮理的工夫，從事物之存在處了解事物所以存在之理。固然存在的事物一定有其所以然之理，但通過這一進路來了解

道德，並不能切於道德本意。如上文所說，孔子從不安不忍指點仁，孟子從見牛觳觫而不忍殺，見孺子入井而怵惕惻隱，從這些感受就直接領會到何謂道德實踐。如果不親切體會這種自發的要求從事德性行動的本心，反而繞出去從事物的存在處來推證道德之理，那就是歧出。依象山、陽明，沒有本心良知的呈現，就不能真切了解何謂理，所謂無心就是無理；不做逆覺體證體會道德的本心的工夫，而要在本心的活動之外去找道德之理，那是不恰當的。由此牟先生認為程伊川與朱子這一系並不符合孔孟所傳的儒學精神，即並非儒學正宗。朱子雖然是儒學大宗師，被視為近八百年儒學的正宗，其實是別子為宗，而且是康德所說的「意志的他律」的型態，而意志的他律，即不在意志本身，而在對象處尋找道德法則，是假的道德之源。牟先生這一朱子學詮釋，雖肯定朱子的理論與其格物致知的工夫論，對成德之教仍然有用，但乃是成德之教的輔助工夫，而非本質的工夫。這樣說來，依朱子的理論來從事實踐，是不切於成德之教的，必須以陸王或胡劉系為主，然後程朱系才可以做為輔助。也可以說對於要從事道德實踐的人，朱子學的理論及其工夫教法並不是必要的。牟先生這一詮釋，的確也產生如上文陳寅恪所說引入西方思想來詮釋儒學，而使儒學有新的發展，也有新鮮感的情況。而且牟先生這一詮釋的確也引發了當代對朱子學問理論要重新了解的熱情，使朱子學的研究成為討論宋明理學的一個熱點，這一點須先肯定。但牟先生的朱子詮釋固然引發研究的熱潮，也可以說是活化了朱子學，卻也因為他的詮釋結果是貶低了朱子，使朱子學的義理被認為不切於成德之教，此一詮釋的理論結果，是否有損於朱子的學理本身所含的在實踐上的作用？是否格物窮理對於道德實踐是不相應的工夫？固然牟先生的詮釋有引發當代探索朱子乃至於宋明儒學的熱潮的貢獻，但如果照牟先生所詮釋下的朱子學，就不能夠有產生真正道德實踐的效果，這樣對朱子學的價值未免貶損，也不合於近八百年以來中國乃至於其他東亞地區對朱子學的一般了解。這也就引發了朱子學的原意是否真是如此的探索。這是當代研討宋明理學一個重要的問題，即對於朱子的學問型態，是否如

牟先生所判,是現今仍然爭論不休的問題。能夠產生這種探索、研究宋明理學的熱潮,正是印證了前文陳先生的見解,這已經是宋明理學的活化,於是繼續這一由牟先生所引發的宋明理學的當代詮釋的探討,就是繼續活化宋明理學的精神與智慧。而客觀的理論探索與引入西方哲學來幫助了解,就是活化宋儒智慧的重要手段。

我近年對朱子學的理論型態,引入了康德哲學中也相當重要但不必是牟先生所曾運用的幾個觀念來作出比較與說明。首先是運用康德所說的,人對道德法則或義務,是本有了解的,這是所謂「理性的事實」;但必須要從對道德法則的一般的理性的瞭解,進至哲學的理解。而所以要做這一步的推進,是因為人對道德法則的了解,引發了感性的反彈,而希望藉道德的善的行為,來滿足感性欲望的要求,於是產生了表面為善,其實是為了滿足私欲的「自然的辯證」,即用虛假的推理來自欺。而康德認為,克服這自然的辯證,必須把人人本知,但含藏在具體生活行為中的,對道德法則或義務的一般了解抽象出來,做哲學性也就是思辨性的分析,這可說是用哲學的思辨於道德法則上,使人對道德法則的了解,從一般的了解轉為哲學的了解,這一做法達成了道德的哲學或道德底形上學。另外,再進一步從康德主張的道德法則與自由意志是具有互相涵蘊關係的,所謂「交互論」,來試圖對朱陸異同的爭論做一疏解。康德此一理論是認為真正了解道德法則,就必須要肯定人有自由意志,即人可以作出意志的自律,能夠摒除其他的影響而自我立法,也就是自己給出普遍的人人都該遵守的法則並要求自我遵守。如果從另外一方面,肯定人有這自律或自我立法的自由意志,就必須要承認此意志是以道德法則為根據而活動的。康德又說二者雖然互涵,但如果要認識何謂無條件的實踐,必須以法則為先,不能以自由為先。因為對於道德法則,人是清楚了解的,而自由意志則並非經驗中可認知的事實。我認為康德以上的說法,對於詮釋朱子的哲學,乃至於探討朱陸(程朱、陸王二系)異同,及二系如何會通,是非常有幫助的。以下分別說明:

(一)程伊川與朱子固然主張格物窮理為成德之教的首要工夫,但

這不一定表示他們主張通過了格物窮理才能對道德之理有了解,而是可以理解為根據人對於道德法則本有的理解,通過格物窮理作進一步的了解,這在程伊川是所謂從「常知」到「真知」。如果這一解釋可通,則固然他們主張格物致知是必要的工夫,但致知是有對於理的本知作根據,於是致知並非是在對於理一無所知的情況下開始,而是根據本知或常知達至真知。這在程伊川是有明文表示:

> 真知與常知異。常見一田夫,曾被虎傷,有人說虎傷人,眾莫不驚,獨田夫色動異於眾。若虎能傷人,雖三尺童子莫不知之,然未嘗真知。真知須如田夫乃是。故人知不善而猶為不善,是亦未嘗真知。若真知,決不為矣。[7]

此處所謂的常知與真知,是就對道德法則或理的了解來說的,並非如所舉的例,一定要如被老虎真正傷害過的才算真知,即真知並非感觸或感性之知。對於道德法則的常知,可以用上述康德所說的「人對於道德都有一般的理性的了解」之意來類比,當然可以問人對道德法則何以能說有常知呢?這可以從當人一旦反省自己的行動怎樣才算是道德的、合理的行動時,就對於道德的行動所依據的道德法則有清楚的了解,例如當人反省為什麼要對父母孝順時,便會知道這孝的行為,本來就是兒女應該對父母的做法,這是理所當然的,並不是為了其他的目的,所以要去孝;對於何以人要言而有信,也是一反省就會知道,這是當然的義務,不是有條件的,如果人言而無信,還算什麼人呢?由這些討論,就可以證明道德法則或何謂道德、義務的行為,是人一反省就會知道的,由於是這樣,這種對何謂道德義務之知,當然可以說是一般人都有的,也就是程伊川所說的「常知」。康德說對於道德法則或義務的了解,是所謂

---

[7] 〔宋〕程顥、程頤:《河南程氏遺書》,卷二上,收入王孝魚點校:《二程集》(北京:中華書局,2004年),頁16。

「理性的事實」,並非需要靠經驗才能獲得,而基督教的神學家與文學家 C.S. Lewis(1898-1963)所說,對於道德法則及何謂美德,幾乎所有的宗教或各個文明傳統,都有共同的說法,也普遍地為人所肯定,認為按道德法則形式才是公道,於是道德法則是人性之律[8]。如果對於道德行為或美德,會有這種共同的了解,那這種知識,當然不是通過經驗而有的,於是人對於德性的瞭解是本有的,只需要被啟發,而不需要如學習經驗知識般從外而得。由以上的例證,就可以說明伊川所認為的對於道德之理(或性理)人有常知,是成立的。但既然是有對於理的「常知」,為什麼不根據此知作出擴充?如同孟子、象山、陽明的教訓,而需要格物窮理呢?這就可以用上面所說的,由於人對道德的一般的了解,在感性的欲求的反彈下,會藉善的行為來滿足自己的欲望,這是一「自然的辯證」的生命問題,對此問題如果不加以克服,則人對道德的一般了解,是不能貫徹下來的,故康德說:「天真確是一爛漫可喜之事,只是另一方面,它不能善自保持其自己,而且它很容易被引誘,這是十分可惜的」[9]。而要克服這種人性中的自欺的現象,依康德,是要把在具體生活行為中的道德之理抽象出來,作哲學性的、思辨的了解,這不是完全同於伊川從常知到真知的進程嗎?

(二)而這種對道德法則的分析,在朱子的有關討論中也有明白的表示。據朱子的說法,也就是從常知到真知,如朱子在《大學章句・格物致知補傳》所說:

> 蓋人心之靈莫不有知,而天下之物莫不有理,惟於理有未窮,故其知有不盡也,是以大學始教,必使學者即凡天下之物,莫不因

---

[8] C. S. Lewis, *Mere Christianity*, in *The Complete C. S. Lewis Signature Classics* (New York: HarperOne, 2002), p. 8-10;中譯本:C.S. 魯益士著,余也魯譯:《返璞歸真》(香港:海天書樓,1998 年),頁 2-6。

[9] 〔德〕康德著,牟宗三譯註:《道德底形上學之基本原則》,收入《康德的道德哲學》(臺北:臺灣學生書局,1982 年),頁 31。

其已知之理而益窮之，以求至乎其極。至於用力之久，而一旦豁然貫通焉，則眾物之表裏精粗無不到，而吾心之全體大用無不明矣。此謂物格，此謂知之至也。[10]

所謂人心之靈，莫不有知，不只是說人的心靈有認知的能力，而是認為人心對於理本有所知，這也是所謂「明德」[11]。理本來為人心所知，這知就是明德，雖有此知而明白理的意義，但受到感性欲求的影響，此知之明有時候會昏昧，於是就要用格物致知的工夫。這就證明朱子要通過對事事物物做窮理的工夫，是有心本知的理做基礎的。由於有本知之理做基礎，於是對於在事事物物之理就不難了解，而由主體的知理，通過對事物之理做印證，於是對於本知之理就可以得到加強。例如人對事父母以孝本來有了解。通過格物在人情活動上可以到處看到孝行的表現，於是對外在的人事活動而作格物工夫，就可以增加人本來對於事父母的孝這種道理的了解，這如同上文所引談虎色變的故事，對於虎之可怕，伊川認為小孩也知道，但對此真知則非經過身歷險境的田夫不能有。對於人的道德或義務性的行為，該抱著甚麼存心而行動，每人一反省就可以知道，如不能抱著別的目的而孝順父母，只能因為該孝而孝，這樣的對道德行為為何的了解，是人人都有的，但了解到真正透徹的地步，則非要用工夫加強不可。如果以上的解說是符合程朱的原意的，則格物致知並不是以所以然之理來規定道德之理，而是從人本來對道德之理的了解做基礎，而希望通過格物致知以進一步求真知。求真知的過程也會造成人對道德法則本來了解的逐步加強，逐步加強就是致知，即是說通過對於外在事物的道理之了解，加強了對道理本來的了解。這一方面可以避免以心外之理來規定自己的行為準則之他律的問題，也因為此工夫而得

---

[10] 〔宋〕朱熹：《大學章句》，《四書章句集注》（臺北：臺大出版中心，2016 年），頁 5。

[11] 朱子對明德規定是「本體之明」，即此明是人人本有，雖然是下愚之人，也不會熄滅。（《四書章句集注・大學章句》：「然其本體之明，則有未嘗息者」，同前註，頁 9。）此意在朱子的《大學或問》卷上有比較詳細的論述。

以加強本有的了解。如果是這樣，格物致知可以是由本知作根據，而又可以逐步加深對道德法則了解的工夫。既有本源又逐步加強，當然是有效果的工夫論。

　　（三）以程朱之學與陸王之學比較，象山陽明從本心的發用處反身逆覺擴而充之，發明本心或致良知的工夫，越用而本心越真切的呈現，當然就會產生真正的道德行為，程朱的做法似乎是比較曲折的。雖然如此，並不能說就是他律道德，因為對於此理的了解，是以人本知的何謂道德法則來做根據。如上面所舉的例，對於道德行為是按照理所當然的法則而行，也可以說是行所當行，如果這是人對法則的普遍了解，則按照這個道理來理解，乃是按照自認為應該怎麼做，或按照自己認為該怎麼做是真正的道德行為來實踐，雖然心理為二，但由於這個本來就是自己認可的理，也就是道德法則，就不能說它是外在的理，不能用告子的義外之說來規定伊川朱子的理論型態。雖然此理是我們所認可的，而且也是大家公認的道德法則，但並不能因此就說我們的心靈就是這種法則，我們可以按照自己所肯定的這道德法則而行，愈循之而行，愈能肯定這是我們本性的道理，最後也可以達到心理為一的境界。承認現實的心靈不一定合理，而雖不合理但知道如何行動才是合理的行動，於是努力甚至勉強自己按此理而行，這不是一般人或大多數人從事道德實踐的經驗嗎？如果此說可以成立，則理作為心所認知的對象，與努力循之而行的對象，在通過格物致知來加強我們對於此理的了解，就不能用他律的道德來規定此型態。康德所謂的他律道德是道德法則從意志的對象那邊建立，如由於利益是人所欲求的，於是以如何達到利益作為行動的根據，那就不是因為行動是該行而行，而是以行動獲致的結果決定要去行動。前述以存有論的圓滿來作為行動的根據也是他律的道德。凡是他律的有所為而為的行為，都不是道德的行為，雖然行為的外表可以是善的，但由於不是為了善而行，則就不能是道德行為，因此凡是他律的行為都是假的道德。依程朱，則是按照我們認為該行而行的道理去實踐，這怎麼會是他律的道德呢？大部分的人是在這種情況下勉力地要求自

己。這是我近年對朱子的學說，或工夫論的型態作出的詮釋，也是我對牟先生的朱子學詮釋作出的調整。如果可以作出這樣子的調整，則朱子的成德理論，應該是相應於道德的本意而給出來的實踐工夫，是人成德的可行的工夫。即按照人本知的道德法則而要求自己從事道德行動的實踐，這不必以肯定自由意志的呈現為條件，因為按照法則而行的法則，的確是道德法則，指示了人應該無條件的因為該行而行，如吳對法則有這種正確的了解，而按照法則而行，當然就產生了真正的道德行為。似乎不必在本心或自由意志的呈現時，才有真正的道德行為的出現。而如果真正按照自己本知，乃至真知的法則而行，則對於法則的了解，自然有必須照此而行的自我要求的產生，這就是由知德而產生實踐的動力，愈知之，實踐的動力愈強，如果知而不能夠有動力去實踐，就不能夠說這道德法則是我們心靈或理性所肯定的。這一進路應該可以是多數人能夠從事的實踐的途徑，即由知德為先，來產生真正的道德行為。

（四）在象山陽明，是以發明本心與致良知為首出的工夫。象山對朱子有「既不知尊德性，焉有所謂道問學」的批評[12]，這明確表達了要以呈現本心為先的態度，即先要有本心的呈現，人才能有真正的道德行動出現，如果不顯發這一無條件實踐的自我要求（即本心），而繞出去道問學，那是不切於道德實踐的，甚至是歧出的見解，這就是對於德性的了解究竟是以呈現本心（即自由意志）為先，還是以明白道德法則（即理）為先的爭論。如果如康德所說，這兩者其實是互相涵蘊的，則肯定本心呈現為先，會以對於本心的活動所含的道德法則的理解，作為貫徹本心的實踐必會有的了解，而如果以對道德法則的意義作充分的了解為先，則也一定要求自己具有按道德法則無條件的、行所當行的道德主體，即自由意志的存在。如果真的可以作以上的分疏，則爭論了幾百年的程朱、陸王學術異同的問題，不是可以給出很好的解決之道嗎？即雙

---

[12] 〔明〕陸九淵著，葉航點校：《陸九淵全集》（上海：上海古籍出版社，2022年），卷34，頁498。

方其實是對於道德法則之了解或意識的不同側面的表達，二者是互相涵蘊的，於是雙方的不同，正可以互相補充而不必相斥、以對方為不合理的、要反對掉的講法。我個人認為作這種討論，可以對於二系的理論型態與工夫教法，作進一步的討論與追求二系的會通。在理想上可以給出二系何以是都可以對實踐有效果、有合理性的結論。如果這一步做成功了，就可以活化二系在當代的作用。不然宋明儒這二系的工夫理論，就會如同在現代社會上一般人的感受，已經失去了他們在過去活潑潑的、在生命實踐上的作用。這是以康德的法則與自由的交互論來幫助說明朱、陸二系的可能會通之道。以上的說法不一定論證成功，但我相信多少可以引發思考，使宋明理學的智慧重新讓當代華人重視。

（五）上述的說法也可以表示為：程朱、陸王可以是對同一個人人都有的道德意識或對於道德法則的理解之不同體會，即一從道德心（自由意志），另一從道德法則來體會，且由於二者彼此互涵，因此二系是可以會通的。其次，就尊德性與道問學何者為先的問題，也可以用二者互補來說明，即尊德性之後，要以道問學工夫來補充，反之亦然。如果只尊德性，而不用工夫於分析研究德性之理，可能就定不住本心良知的活動。對於只重視主體的自覺，雖然在主體的充分實現下，也可以說天道，但二者不能拉開，或客觀面的義理比較不夠飽滿，於是就造成了王學的流弊。對於這一問題，牟先生認為胡五峰、劉蕺山一系所表現的，心與天拉開了距離，而以心的自覺實踐，理解為是對天道的逐步具體化，以此來堵住強調主體而於客觀面有虛歉的陸王學的流弊。這一構想固然很有道理，但根據自由與法則互相回溯的交互論之說，也很可以堵住王學的流弊。即在致良知的實踐下，必須要對於此心此理的意義作思辨性的或哲學性的了解，有了這一步，才可以對本心良知之為理的呈現，有清楚的肯定與了解。如果這樣說，則博文或窮理的工夫，就必須要在致良知之後加進來。從這個角度看，可以理解陽明的一些說法。徐愛（1487-1517）曾引王陽明一段話，可以表達尊德性而進一步要講求道問學的工夫之意，他說：

> 如說格物是誠意的工夫,明善是誠身的工夫,窮理是盡性的工夫,道問學是尊德性的工夫,博文是約禮的工夫,惟精是惟一的工夫。[13]

這六句依陽明致良知之教,是以良知本心的當下呈現為主的工夫。當下讓本心良知呈現,就是誠意,於是誠意或誠身不必先做格物致知或明善的工夫。依朱子,是先格物窮理,明白善之所在,才能誠意或誠身。這二子之差異,就是上說的對於無條件的實踐的了解以何為先的問題。若依陽明,一定就是以當下呈現本心,也就是朗現自由意志作為優先的工夫。但以本心朗現或使意真誠為主,固然是內聖學的關鍵性的工夫,是否就止於此呢?陽明可以說是當下誠意、致知,就是開啟了真正的道德實踐或道德行動的源頭,由此下去,真生命做主,道德的行動就會源源不絕。於是格物在陽明的了解,是正念頭,端正念頭之後,就會有真正的道德行動出現,也可以說是把知行的本體當下呈現,知即行,行即知。於是致良知就可以收攝格物窮理或明善等工夫,即有了根源性的開顯良知本心,就會有對於道理的理解,對於存天理、去人欲也有精微的、真切的掌握,於是致良知一路就可以了,其他工夫都收攝在內。但當他說「道問學是尊德性的工夫,博文是約禮的工夫,惟精是惟一的工夫」時,這三句也可以理解為,在本心良知即自由意志的呈現下,也需要對於此心或良知所含的道德法則,要進一步地明白了解,因此需要道問學、博文或惟精的工夫,這三步的工夫。理解為對道理的逐步加強了解,是很順當的,不然對於博文、明善,就不好了解了。當然依陽明,當誠意、致良知的時候,良知愈真切,則此心就是理,那麼對於理、道德法則的了解,就會在實踐中愈發了解。但前面所說的博文、明善,也可以包含對於道理的清楚了解,可以獨立來說,或獨立的作工夫。那就是說,在

---

[13] 〔明〕王守仁:《傳習錄》,收入吳光等編校:《王陽明全集》(上海:上海古籍出版社,1992年),上冊,頁10-11。

致良知的直貫創生的道德行動中,也要補上對在這道德行動中的存心中,所表現的道德之理,要進一步了解,這就是明善、博文或道問學。如果這樣理解可通,則格物、惟精,也可以如是了解。這樣一來,在陽明所重視的致良知,也含對於道理的加強了解之道問學的工夫,這裡就可以用上文康德所說的,自由與法則相涵的交互論的說法。如果可以補上這一說明,則陽明學的扭轉朱子,以致良知、誠意作為首出的工夫,也必須補上對於道德法則或天理,通過講學逐漸明白的學問工夫,這是上引陽明所說六句所含的意義。如果可以這樣解釋,則不能認為陽明只需要致良知,讓本心真實呈現,就是足夠的成德的工夫理論。如果陽明學要善成其自己,則必須尊德性而道問學;而誠意的內心要求,也必須承認朱子所重視的格物窮理的工夫。

三、〈太極圖說〉立人極的涵義

(一)根據陳寅恪先生的理論,道教的思想影響到宋明理學的復興。這或可以從周濂溪〈太極圖說〉中對「太極」的說明,與在《通書》中對於「誠體」的說明上得到驗證。用無極來說明太極,即用無為來說明誠道,不是藉道家的形上理論,來對儒家所要表達的本體給出說明嗎?當然道家的理論在這裡是作方法學上的應用,而無為、無極可以只取其形式上的、即形而上的意義,而沒有影響到太極與誠體作為道德本體的內容意義,但道家義理在宋儒的思想理論中,的確有活化的作用。周濂溪能「默契道妙」,可以通過上面的說法來說明。以往對於〈太極圖說〉與道教的關係,有種種的推測,應該不算空穴來風。〈太極圖說〉與老子「有生於無」的說法有關,這是很多學者的主張。

朱子對於〈太極圖說〉的詮釋,則認為無極而太極是說太極無形而有理;又說太極生陰陽,是「太極者,本然之妙也;動靜者,所乘之機

也」[14]，即避免太極生陰陽是直接的演生，因為如果陰陽直接從太極生出來，則太極不能是理，而也含有氣的成分。在這裡可以看出朱子的解釋有其引入自己的見解，來善解〈太極圖說〉的意義或做法。而關於朱子的這一詮釋，牟宗三先生雖然認為合理，但又補充了太極雖然不直接生陰陽，但陰陽的生化必須因為太極才能夠維持其妙運生生，於是太極生陰陽之生，是「使之可能」的妙運的生，而非宇宙論式的直接的產生，引入這些新的觀念，正可以把〈太極圖說〉的意義作更有哲學的含意或更能成為一合理的形上理論的詮釋。

（二）循著牟先生這個做法，我們可以作進一步的討論，或可以進一步引入相關的其他理論來作詮釋。這還是要從朱子的〈太極圖說解〉說起。朱子所作的詮釋已經是當時的新詮釋，可以說有新的詮釋，又能相應於原義，就有活化智慧的效果。如上文已提到〈圖說〉雖言太極動而生陽，靜而生陰，但朱子並不把動靜陰陽理解為直接從太極生出，他說：「太極者本然之妙，動靜者所乘之機」，簡單說就是「理乘氣之機」。按朱子的理氣論，是理氣二分，理氣不離不雜，因此並不能說理直接生氣，如果理直接生出氣來，則理就不是形而上的純理，必須有氣的成分才能生出氣來，理不是氣，氣不能直接從理生出來。那麼氣是誰生的呢？只能說氣是本有的、既與的（given），不能說氣從哪裡生出來。朝鮮儒者李珥（號栗谷，1536-1584）就從理氣不離，但不能說氣生於理（理氣無先後，無離合），於是推出氣有聚散而無變滅之說。他認為由此我們可以認為現在所見的天地，已經經歷過無限次的生滅。氣是有形的，有形者不能沒有聚散往來的變化，但由於氣是恆存的，因此不管如何變化，都不會不存在，這是非常深刻的哲學見解，他從理氣二分，但二者沒有離合的意義，推出此一見解。這一討論也可以與奧古斯丁在《懺悔錄》卷11，提出的一個問題關聯地看：人問奧古斯丁，上帝在還沒有造

---

[14] 〔宋〕朱熹：《太極圖說解》，收入朱傑人、嚴佐之、劉永翔主編：《朱子全書》（上海：上海古籍出版社；合肥：安徽教育出版社，2002年），第13冊，頁72。

天地之前,是在做什麼呢?如果只有上帝存在而沒有世界,則上帝的創造性就沒有辦法表現,於是有上帝就一定有世界,這可以幫助了解理氣不離之意。再進一步說,如果理氣不離,何以又可以說「理在先」呢?因此朱子所說的理先氣後,不能是時間上的先後,如果理的存在在時間上先於氣,就會有只有理孤立存在,而沒有氣的情況,如同只有上帝而沒有世界,那是不合理的。牟先生也認為朱子的理氣二分論是不能反對的,反對了就變成是唯氣論,儒學不能是唯氣論的型態。理在先是形上學意義的先,即氣的存在以理做根據,無理就不可能有氣,但無氣而有理還是可能的,這就表示了理更為根本,因此形上學意義的在先是作為根本根據之意。這形上學先在之「先」的意義,可以用 C.S. Lewis 的舉例來幫助說明,他說我們可以想像有兩本上下疊在一起的書,這兩本書是恆久的一直存在的,不分先後。雖然在時間上不能分先後,但下面的一本是上面一本的存在根據,沒有下面的書,上面的書的存在位置,就不能決定,於是下面的書先於上面的書。二書一直存在而沒有時間上的先後可說,但下面的書是上面的書的決定者[15]。我覺得引入這一解釋,對於理解何謂形而上學的先在,是有幫助的,而這也可以是活化宋明義理的一種做法。

（三）〈太極圖說〉從「太極生陰陽」說起,好像說故事一樣,交代了天地萬物以及人的存在過程,這一說明好像沒有什麼深意,但如果關聯到後面的「立人極」之說,即表示了聖人以中正仁義來教人,希望所有的人都能夠成為聖人,而這就是宇宙生化的最終目的（最後目的）。〈太極圖說〉的文章雖短,但的確明白表示天地的生化,是以人能夠成為人極之人作為終極的目的。此意當然十分有意義,對於人通過修養而成就道德人格,給出了一個作為宇宙生化之目的的解說。此一說法剛好同於康德在《判斷力批判》第 83、84 節所說的,人作為一個道德的存有,就是與天地生化的終極目的之說。而康德對於這個說法,用了目的

---

[15] C.S. Lewis, *Mere Christianity*, pp. 134-135;《返璞歸真》,頁 138-139。

論來作比較詳細的說明。他從目的─手段的關係來推論,自然界的存在可以是為了成就人類的文化,因為人類的文化就是通過對大自然的存在加以安排、整理,善用之而成就人類的文明或文化,於是自然界的存在以成就人類的文明為目的。而由於有人類,就可以了解自然的生化的事實,這也可以讓自然或天地的恆久存在,通過人的心靈而了解其意義,沒有人去了解自然界的存在,則這亙古常存的存在界的存在意義,又哪裡有彰顯的機會呢?但人了解大自然的存在,還不是人存在的終極目的。如上文所說的,人利用自然而造就了人類的文化,是更進一步的意義的展現,但這些文化或文明的存在,又究竟為了什麼呢?即以什麼作為這些人類文明的存在目的呢?康德認為文明或文化是教養人,使人從自然的狀態,進到文明的狀態;使人能從感性欲望的宰制中解脫出來。人能夠從感性的欲望中解脫出來,就可以按照他的理性決定該如何行而如何行,即他就可以按照自我立法的道德法則,而行所當行。而人能夠常常行所當行,以無條件的道德法則作為自己行為的準則,就是成為一個道德的存有;此道德的存有,如同儒家所說的聖賢。而人成為道德的存有,又是為了什麼呢?有沒有更高的目的,是要以人作為道德的存有,而去完成的呢?應該是沒有了,因為道德的存有是按照無條件的道德法則而行者,即是說只以行動本身為目的,而不是要以這種道德的行為去達到其他的目的。此其他的目的,包括了以上帝的要求或為了榮耀上帝這種目的。人不能夠說以行所當行的道德人格來實現上帝的意旨,因為道德行動本身不能有其他的目的,於是這就表達了周濂溪所說的「立人極」的意思。在這個角度來看,可以把立人極理解為這就是最後的目的,在這個地方就完全停住了,不能夠在道德存有或道德人格的價值之外,另肯定一種價值,是道德人格所要去追求的,於是「極」也可以是極限或最後的意思。於是人如果能夠成德、成為聖人,就可以達成了天地造化的整體所要完成的目的,除了道德人格的完成外,天地的生化不能有再多或更高的目的。按照以上的敘述,我認為是可以證明引入西方哲學能夠進一步發展儒學的理論,也可以證成前文陳寅恪先生所作

出的結論，這應該也是如何活化宋明義理的一種該有的說法。如果此說可通，則從外來輸入的理論來融入儒學，或藉西方哲學的分析增強儒學的思辨內容，應該是該有的做法，也是使宋明儒的智慧能夠活化，使儒學避免在原地踏步的做法。

〈太極圖說〉明顯是以立人極來回應太極的生生，也可以說天道生生，是以造就人成為聖人為終極的目的。如果只有天地的生化而不能產生有理性的存有（即人），則誰能了解這一浩浩無窮的天地生化呢？生化而沒有被理解，則此自然生化之事實的存在，應該也沒有什麼意義。然而如果天的生人，只是為了要有理解能力的存有，去了解天地生化的浩浩無窮，即人的存在價值如果只在客觀地理解或認知宇宙生化的浩瀚，這不能算是天地宇宙生化的終極目的，因為只是理解客觀存在的生化，不能與生化合流或體現天地生化的意義。如果人能夠了解生化的意義，又把此意義與價值通過自覺而體現出來，應該才是宇宙生化的終極目的。宇宙的生化就體現在人成為聖人而具體表現全幅生化的意義上說，故周子引「聖人與天地合其德」[16]等等，來表示成聖就是天地、日月、四時、鬼神等活動的意義的具體彰顯，這是所謂立人極——極就是最後的。然則，人何以能夠是造化的最後目的或終極目的呢？從道德實踐上說，就可以給出答案。人的道德行動只是行所當行，並非為了另外的目的而去行義，這是所謂的道德的無條件性。人如果能夠只依道德法則而行，則他就成為一個道德的存有，他的生命本身就是目的，也可以說是絕對的目的。你不能把人的成聖理解為是為了什麼別的目的而這樣做，因為踐德成聖是無條件的，於是只能說成德是終極目的。人把無條件而本身就是絕對的價值，體現在自己的生命中，就是把太極所以生化一切的目的或意義具體彰顯出來，而且是通過人的自覺，明白地說出而且呈現此一目的，於是天人相通、人極是太極的結穴處。可以說沒有人或沒有聖人，天地的生化就沒有明白彰顯的可能。這是〈太極圖說〉本文就含有的意

---

[16] 朱熹：《太極圖說解》，頁 75。

義，而參考比照上文所述康德在《判斷力批判》下冊論目的論判斷所說的義理來作一些闡發，康德此說正可以說明周濂溪立人極的主旨。這樣詮釋應該也是中西哲學會通或活化宋明儒義理的一個做法。

（四）從濂溪的「立人極」之學，可以明白北宋儒者的復興儒學，是先從客觀面的天道生化說起，然後以這種形上學或宇宙論的理論作為人道實踐的背景。這樣的客觀面的說明，一方面可以對抗道家與佛教比較深微而有哲學性的教理，另一方面也增加了儒學成德之教的深度。老莊的智慧固然主要表現在主體的無心而自然、逍遙而無待上，但關於陰陽的變化、天地萬物的生成，或一切存在的所以然，也有非常精微的說明。《老子》首章說的無、有、玄，就是對天地萬物的存在作出說明，這一對於存在界作說明的客觀面的理論，對道家的玄理、人生智慧的表達，有重要的作用；而佛學主要的關心雖然是以如何從人的煩惱痛苦中解脫，但對於煩惱痛苦的根源，以至於整體存在界的存在說明，也探討得非常深遠。從萬法不離心，而說明山河大地都是唯識所變現，煩惱不只是在當世的生命表現，而有非常深遠的根源，這正是表明了對於人生哲學理論的說明，與對存在界的何以如此的存在的解釋，是很有關係的。關於生命的如何逍遙自在，與如何從痛苦煩惱中解脫，是屬於主體性的學問，即要從自我的迷或悟來著力，但這種對主體的用工夫的深度，與對客觀面的存在界的了解是否完足，是相應的，不能說有關主體的學問，就割斷了對客觀存在界的理解。因為主體的修為一步步地升進，也一定會涉及到對天地萬物的存在的了解，可以說倫理學或成德的工夫論，與形上學、宇宙論是分不開的。如主體的逍遙無待，一定涉及到如何對存在界作回應的問題；無為而自然，也一定表現出存在界的存在原理，如《老子》第十六章說「致虛極，守靜篤」就可以達到「萬物並作，吾以觀復」的情況，一虛靜一切虛靜；自然無為，也就可以物來順應而無不為，因此如果對存在界沒有好的回應，道家的逍遙無待，也是不可能的。對於煩惱痛苦的根源，在佛教，一定關聯到山河大地所以能夠存在的原因，如果沒有這方面的說明，對煩惱根源的探索，也是很

淺薄的。於是對一切法的存在,在佛教也有根源的說明,如有所謂業感緣起、阿賴耶緣起與如來藏緣起等說,而最圓滿的說法是從無住本立一切法,這是天台宗以「無明即法性,法性即無明」[17]來說明一切法的存在。一切法(三千法)是客觀必然的,只是這一切的存在,人生的一切可能,可以是法性,也可以是無明,如果人能覺悟,就在當前可能的人生一切生活中,就可以表現了最高境界的佛法界。這所謂佛教圓教的說法,證明了上說客觀面與主觀面的義理是相應的這一看法。於是我們就可以了解,理學家何以一定要從客觀面的天道生化來討論人的成德的意義之緣故。儒家之學的目的固然在於人的成德,但對於人何以能真正成德的問題探索,也一定要以對天地萬物的存在有合理的、整體性的了解,如此成德的問題才能談得深遠。於是上文所說明的周濂溪之學,是以個人的成德,作為天道生化的目的,宇宙的生化是為了實現人成為聖人,這也是「理有必然」的說法。順著這個想法而表達得更為具體而明白的,是南宋的胡宏。五峰主張「盡心以成性」[18],即透過人的盡心實踐,天道的內容就可以彰顯;天道的生化的意義,具體表現在人的倫常教化的日常生活上。人的努力實踐,不只是個人的或人間的事,而又是天地之所以存在、宇宙所以能夠生化不已的根據所在,成德所表現出來的德性活動的根據,同時就是天地萬物所以能夠存在或成立的根據。人不能不想了解天地萬物何以能夠存在,或是什麼力量支持這個浩浩的宇宙持續的、不斷的存在?這問題是不能逃避的,但人又不能以他有限的力量,對這個根本的問題給出答案,不管科學如何進步,對於這個宇宙何以能夠存在,何以能夠維持的根本問題,是不能夠了解的。但通過人的自發的努力實踐成德,這種真實的體會,人就有自信肯定,人道的實踐

---

[17] 〔隋〕智顗:《摩訶止觀》,卷三上(臺北市:方廣文化,1994年)。

[18] 「心也者,知天地,宰萬物,以成性者也。六君子,盡心者也,故能立天下之大本。」此段原在胡宏〈知言〉卷一,後來的〈知言〉版本,因為朱子的〈知言疑義〉對此段有所批評,而刪去之,但以含有此段的朱子〈胡子知言疑義〉作為附錄。見朱熹:〈宋朱熹胡子知言疑義〉,頁328。

所表現出來的自發性與創造性，跟天道的創生一切的力量，是相通的，這是所謂對於天道的存在，作實踐的證明，而這是儒家成德之教必須要有的一種了解。胡五峰就以他的心性學的理論，表達了此一如何通過人道的實踐來證實或了解天道生化的意義這一說法。他的理論也可以用「體用論」來說明。天道作為本體的意義，一定要以人道的實踐來表現其作用，天道浩浩無窮，其生化一切，是要實現無限豐富的意義與價值，而這所謂的意義與價值，就在人的盡心實踐而表現的倫常生活上看到，這是所謂「本天道變化，為世俗酬酢」[19]。人間的父慈子孝等的倫常活動，乃至於使自然界的存在成為人文的世界，如人追求真美善的種種人間的文化活動與成就，正是無限的天道生化的奧秘的具體表現。胡五峰這樣一講，就使人間的通過個人的自覺努力，在活動上表現德性意義的生活，被理解為天道的具體化，這具體化就是所謂「用」，這用不只是說人倫政教的活動而已，而是在這個人倫日用中，表現了天道實體的作用，這是胡五峰重「用」的看法。這一說法表示了人愈努力在生活上做道德實踐，便愈表現天道的奧秘，於是人道的德性活動（含整體的文化的意義的表現），與天道的生化，就關聯起來了。這就是上文所說的人生哲學，必須要與對於天道或存在界的了解相應，道德實踐得愈真切，對人生的了解就愈深刻，也就是對於天道或存在界的生成或其能夠維持不斷的存在的力量愈有了解，這主、客兩面的義理不能截斷。五峰這個講法，牟宗三先生用「以心著性」[20]來說明，非常有哲學性。心是代表自覺的、道德的領域，而性是代表客觀面的、天道生化的定理；人道的實踐，是反求諸己的自覺的活動，而此活動正是本有的天道的生生不已的形著（具體化），於是如此理解的天道活動，與個人的自覺的創造通而為一。雖然通而為一，又有不斷由人的實踐逐步體現無限的天道的過

---

[19] 同前註，頁 331。

[20] 牟先生此詞散見《心體與性體》三冊，如第二冊〈分論二：明道、伊川與胡五峯〉（臺北：正中書局，1968 年），頁 509。

程或歷程的意義。在這個意義看來，人只能通過步步的努力，在有限的生命中體現天道的無限內容。由於人的生命有限，因此這一以人去體現天道的過程，是永遠不能完成的，於是人必須面對無限的天道，而表達其崇敬，不能妄自尊大。通過胡五峰這一思想型態，很清楚地表達出儒家成德之教中的主、客兩方面的義理，這樣對於儒家學問，就有非常清晰的表達。於是假如我們認為歷史上的儒家理論，只是安排好人生的活動或只要人自覺成為好人，那就忽略了儒學的客觀面的義理，也不能了解主、客兩面相通的特別含意，如此理解儒學，其實是非常膚淺的。必須要把這主客兩方面的義理關聯起來，才能不斷引發人的道德實踐的熱情。

四、從「兩不立，則一不可見」看橫渠、船山所給出的民主政治的理論基礎

上文是從儒家作為成德之教，即內聖學的理論來討論，對於儒家的外王的一面，我也認為可以為宋明儒的理論作一些當代的詮釋，希望這也可以是活化的一種做法。以下從當前兩岸的分治說起，從牟宗三先生所言中國文化的現代化，或者要開出民主與科學，須從「隸屬之局」轉為「對列之局」[21]，由此意而引入張橫渠、王船山（名夫之，1619-1692）的哲學見解，試圖從宋明理學的理論中，提供當代民主政治制度與民主精神的建立之根據，這可以說是希望闡發宋明理學這一方面的思想資源，後文分段論述此意：

（一）現在的兩岸情勢是所有華人都會關心的焦點，在這個當下，當然是會引發許多思考的，作為現代的知識分子，如果對這個問題不發言，是很不應該的。記得以前唐君毅先生就說過，讓中國保持現在兩個

---

[21] 牟宗三：《政道與治道》新版序，收入《牟宗三先生全集》，第十冊（臺北：聯經出版社，2003年），頁22-26。

政權的競爭,對未來中國的前景,應該是好的。唐先生之意,應該是說,當時中國的情況,是需要有不同的政權相互競爭、相互制衡,當然也側重表示,臺灣的中華民國政府必須要維持其存在,她的使命還沒有完成。

　　(二)牟宗三先生對於從傳統的政治型態如何轉出現代的民主政治,有一特別的思考。他認為傳統的君主專制,要轉為以制衡原則為基本的三權分立的架構,必須要從「隸屬之局」(sub-ordination)轉到「對列之局」(co-ordination)。「隸屬之局」是人與天地萬物為一體,一切都在聖王要求要善化的範圍內,主客的對立不顯。這種境界本來是中國文化中儒道佛三教所嚮往的萬物一體的境界,但這不能夠作為現在政治的民主型態的根據。於是牟先生提出,必須從追求與萬物為一體而無分別的境界,轉而為肯定人我、主客的對立的層次,在這個層次內,才有所謂「制衡」(check and balance)的可能。對於隸屬之局與對列之局的不同,牟先生又用良知的自我坎陷或從良知明覺開知性來說明,純智的思辨必須要有主客對待的架構,而此層次與民主政治是相同的。

　　(三)傳統儒學肯定成德之教必須關心家國天下,如何成就理想的政治(善治),是個人道德實踐所必須關心的,但從舊的內聖的思考,並不能含上面所說的對列之局的開出。而必須開出對列之局的原因是:政治制度不能沒有元首,而元首如果不受制衡,就往往會濫權——這是對以往人類歷史的教訓的概括。不受制衡的最高元首,濫權是很難避免的,故必須限制最高元首的權力,但如果元首受到限制,就不能是元首了。如康德所說,如果元首之上沒有元首,他一定會濫權,但元首之上的元首,誰去限制他呢?這是一難以解決的問題,於是西方近代推行三權分立,又明定當權者的任期,是真正的解決之道,於是三權分立互相制衡,又合而成為一完整的政府體系,這是當代儒者對於從傳統到現代的政治制度如何轉變的結論性的看法。在這個問題上,張君勱先生在《中華民國民主憲法十講》中,有很清楚的說明。

　　對於牟先生以「自我坎陷」開出純智的思辨與知性主體之說,人會誤以為在現實政治的架構下,依理論理性或認知的原則去表現就可以

了,不用考慮道德的問題,因為道德要求無限的承擔,與民主政治的兩黨競爭,各行其是、相互批評,讓百姓給出抉擇的精神不同。唐先生就講過,當代的民主政治的活動,其實可以說是既驕且吝,不合德性心的要求。唐先生甚至認為,政治的活動本身沒有創造出文化的價值,能創造出文化價值的是文學、科學、藝術等等,而政治的活動是如同社會上的警察維持秩序,讓各種文化活動能夠彼此相安而不相害,於是當政的人其實是沒有什麼了不起的,應該抱著一種服務的態度,來維持社會上各式各樣有價值的文化活動。即是說政治的活動只有其工具性的價值,只因為得到大眾百姓的授權,所以能夠作出管理。(政治是管理眾人之事,必須要接受眾人的授權與監督。)按康德在其晚年所作《道德的形上學‧法權論導論》中的「外在自由」的說法,也可以給出一個如何從成德的要求轉出對於人的行動、人權的保障的說法。康德認為人要求自己成德的自由,是內在的自由,人可以以此來要求自己,但不能以作精神上或存心上的嚴格要求(所謂為義務而義務)來要求他人。對於他人,只需要其行動沒有侵犯到其他的人,那他就有其不容侵犯的行動上的自由;如果人的行動侵犯了或妨礙了他人的自由,那就可以依法有權去禁止他。如有人在家裡存放了甚麼,是別人不能干涉,也不能預先去調查的;但假如該人存放的是容易燃燒、爆炸的東西,那就可以依法強制禁止。於是假如人遵守法律,他就有不能被強制禁止的行動上的自由。我覺得康德這一外在的自由論,也是一個如何從內聖開出外王的說法,而且此一說法不需要強調良知(在康德就是實踐理性)與知性的不同,而且不須言坎陷。

(四)從上面的討論可以看到開出對列之局的民主政治或三權分立的架構,除了對知性的精神或純智的思辨的重視與強調外,也需要有一種精神的修養。如康德所說的,人的行動如果不妨礙到其他人,就可以有不受侵犯的行動上的自由,這除了是守法、按照法律的規範行事之外,也是對人作為一個自主自由的主體的一種尊重。這種是非常高級的德性的精神,應該是在教育上需要加強提倡的。除此之外,如何從德性

上的要求自己盡心盡性、善化一切之外，又承認人在掌權的時候，會容易受到權力欲望的影響，難以避免濫權。這種從德性、成德之教難以阻擋或避免的自以為是的心態（在為善去惡中，有一種微妙的自得，這是很深的從實踐而來的生命上的毛病），在政治活動上如果要避免專斷、集權或元首濫權，除了要求嚴格遵守憲法或法律外，在心態上也需要承認自己雖為元首（或依憲法，行政、立法、司法三者的領導）也是一個有限的存有，隨時有犯錯的可能，所以在三權的相互制衡與夾持下，才可以維持正常的理性的守法的決定，而又有執政黨與反對黨的設計與競爭，在任期制的規範下，在一定的期限後，需要再接受國民的授權。這種設計，簡單來說，是否可以用「一分為二，以二來成就一」來表示呢？如果可以，在中國哲學史上可以提供很多資源來說明這個道理。如《莊子‧齊物論》認為彼我是非相連而生，是一定的，故齊物並非把彼此不同的意見硬統一起來，而是要讓各是其是，各非其非，讓自己的是，同時承認他人反對我的非，讓他人的非，也承認我反對他的是。這如何可能呢？就要破除以彼為非，以我為是的二分法的思考，認為彼亦一是非，此亦一是非，是必然的。這玄理上的齊物，不就是民主政治上的，雖然對反對黨的主張不贊同，但也可以讓他說其是非，這是從玄理可以作為開出民主政治的思想資源。三國時候的《人物志》把人才區分為十二流業，各種人才都有他們適當任事的職務，十二流業都是人臣的位置，那作為超越於人臣的國君，擔任什麼事情呢？答案是沒有事情需要他來管，如果他有事情要管，就侵犯了十二流業的臣子的職務，在這個情況下，這個超越的國君，就自貶身價，成為一個管事情的偏才了，於是君德是「無為」的，這是從人才的分類認識而思考到作為元首應該管什麼，而這「君德無為」的想法，等於是政治學上所謂的「虛君制度」，這種想法很有貢獻。玄學家王弼（226-249）、郭象（252-312），對於無為而治更有詳細的發揮。於是我們可以說，道家的智慧傳統，一定是贊成民主政治的。在這個三權分立，以制衡為原則的政治制度下，各種有才的人都可以各安其位，但有一超越的元首作為領導，而此元首是沒有

實權的。

（五）由以上所說，可以看到民主政治是從「二」的肯定出發，以下就可以從張載與王船山的哲學，表達他們的思想中對於「二」的肯定的重視。張橫渠的宇宙論思想可以用「太虛即氣」來概括，太虛是形而上的，氣是形而下，氣有陰陽、動靜、往來、出入等兩面的活動，必須有這兩面的活動，才會生成人、物，生生不息；而在這氣化的兩方面（兩體）的表現中，太虛實現其神用，虛體雖然是形而上的，但不能離開氣，氣也不能沒有虛體作為其本體，如果沒有虛，氣化的運行也不能繼續。於是有虛就有氣，有氣也就有虛，有形的氣化之二的活動所表現的，不只是氣化本身的作用，在其中有形而上的體物而不可遺的虛體的妙用。橫渠用這個說法來說明《易傳》所說的「一陰一陽之謂道」的意義，道就在陰陽變化的不測中表現，如果只以為世界為陰陽的變化，沒有形而上之道，為不見道，如果認為道在陰陽變化之外，則形而上者與形而下者分開，有形的人生存在與活動，就沒有恆常的不變的價值。這也可以說是張橫渠肯定世界，以人生倫常為真實的思想。橫渠又說「兩不立則一不可見，一不可見則兩之用息。兩體者，虛實也，動靜也，聚散也，清濁也，其究一而已。」[22]氣化之兩，如果不能夠循環不息，則形而上的一的意義，就顯發不出來，沒有一作為基礎，氣化之兩就不能繼續下去，這個意思正可以表達上文所說的民主政治制度的運作，必須要有「二」，民主政治的道才可以表現。即有執政黨，就必須要有反對黨，執政者必須要有與其相對的客體作為制衡，即必須要落在二、相對的層面，服從主客相對的對列之局的規定，形而上的「一」（這裡可以解為民主政治所要表現的「道」，這「道」就是全體民意的表示），民意就在兩黨或多黨政治的相互競爭、制衡、輪替的現實中表現。如果沒有兩黨政治的競爭、任期的限制、政權的輪替，就是「兩」不立，而兩如果站

---

[22] 張載：〈太和〉，《正蒙》，收入《張載集》（臺北縣：漢京文化事業公司，1983年），頁90。

不住，則「一」就不可見。王船山的「太極陰陽論」，也表示這個意思。他所說的太極，就是陰陽的活動（「『太』者極其大而無尚之辭。『極』，至也，語道至此而盡也；其實陰陽之渾合者而已，而不可名之為陰陽」[23]、「『陰陽』者太極所有之實也。〔……〕合之則為太極，分之則謂之陰陽。不可強同而不相悖害，謂之太和」[24]），但並不是說太極是形而下之氣，而是認為通過陰陽二氣的往來聚散、迴環的表現，太極的作用也就表現了出來，不必在陰陽二氣的作用之外另說太極。船山這個意思更可以表現通過兩黨的政治相互制衡，各依法而努力爭取執政，暫時不能執政，就努力做忠誠的反對黨，盡制衡的責任，能夠這樣子，即能夠盡兩黨政治的作用，不可見的道就可以充分表現，而不是先立一個形而上的道體，以道體來規範形而下的二氣的作用。於是民主政治的道，不是先行的存在或主張，而是能夠讓兩黨或多黨在合法的情況下各盡其分，以爭取執政的機會，就在這些互相競爭但不相悖害，並不因為執政就消滅反對黨、或控制反對黨的活動，於是民主政治的道，就可以實現，不用在兩黨或多黨的合法的盡其分而競爭之外，另立或先立一個道。於是不能以某些意識形態或主張、主義來規範各政黨在努力實現其政黨的主張的活動，只要守法而又不妨礙其他政黨活動，就可以讓其成立為民主的政黨。船山此處對太極的看法，可與他其他的主張，如「有形而後有形而上」、「有即事以窮理，無立理以限事」等相通，即我們應該把精神用在有形的種種活動中，在有形的倫常生活、科學技術，乃至實業的建設中努力，能夠努力於這些有形的存在，形而上的意義就可以體現，於是我們必須先用心於現實人生的事物，而求其適當的處置，而不能自己先抱著某些想法，以為金科玉律，來規範現實的活動。這也就是當代新儒學的開山祖熊十力（1885-1968）先生所說的「翕闢論」，天地間一切的

---

[23] 《周易內傳·繫辭上傳》「易有太極」下注。王夫之：《周易內傳》，卷 5 下，收入船山全書編輯委員會編校：《船山全書》（長沙：嶽麓書社，2011 年），第 1 冊，頁 561。

[24] 《周易內傳·繫辭上傳》「一陰一陽之謂道」下注。同前註，頁 525。

存在,當然是精神作為主宰,不斷的求創生,但必須有氣化的凝聚,才有創生的資具,而氣化有其下墜性,使精神的創生受到限制,這就是「翕」;而精神實體必須努力運轉此翕,做更進一步的創生,這就是「闢」,也可以用「一生二,二生三」來表示,其中的「二」,即相對待而運轉,是不能免的。

民主政治誠如牟先生所說,是要開出「對列之局」的,而對列之「二」,不只是民主政治必須有的型態,也可以說是天地生化,人生價值的實現必須要有的一環,而傳統儒道的智慧,都表示了讓現實存在之「二」能夠維持其存在,不能統而為一,這樣才是使代表了恆常絕對的價值的「一」不斷實現的基礎,於是儒道的形上學與民主政治的開出,也可以說是相通的。

(六)對於王船山的哲學思想,最近我嘗試用康德《判斷力批判》所說的「反身性判斷」來契入[25],即從現實具體的存在契悟普遍的原則或目的,而不是先以普遍的原則來規定現實具體的存在。如審美判斷,是看到美的事物,然後領略到美;而不是先以何謂美的概念,來決定或規範事物是否是美的。似乎可以用這「反身性判斷」的意義以了解船山所說的「有形而後有形而上」、「有即事以窮理,無立理以限事」的說法,即不先以普遍之理來決定存在界或歷史事件的存在意義,而是從現實具體處用功研究考察,然後得到事物所以會如此存在,歷史所以會如此發展的緣故(目的)。如果先以一個普遍的、先驗的理來說明存在、說明歷史事件,就是「立理以限事」。船山在他的太極與陰陽的討論上,也表示了太極是陰陽之混合,即在有形的陰陽變化中,才可以體會到太極的意義,不能先以自己對太極的了解,來決定陰陽所以會如此如彼的變化。我認為這樣的一個理解角度與方式,或許可以說明船山的哲學理論的所以會如此論述的必然性。牟先生在《生命的學問‧黑格爾與王船山》

---

[25] 楊祖漢:〈道家的無相原則、審美判斷及超越的合目性原則——牟宗三先生對康德審美判斷的批評與重構〉,中國文化大學中國文學系主編:《第九屆新子學國際學術研討會論文集》(臺北:中國文化大學中國文學系,2021年11月),頁131-158。

論船山哲學處,就認為船山的言說有很多妙論,但何以會如此說,「但極難見出其系統上之必然性」[26],即船山的立論何以故會一定如此,難以說明。而我以上的說法希望對船山立論的必然性提出一個嘗試的看法。上文提到的船山諸語,尤其是船山之言太極與陰陽的關係,確可以依反身性判斷來說明,太極作為普遍者,並不先行設定,必須從有形的陰陽變化中來理解,在現實具體的存在處用心研究,作為普遍者的太極或歷史事件發展的意義與目的,就可以體會到。

五、結語

（一）陳寅恪先生認為今後的中國學術,是儒學的繼續發展,而且其發展一定是因為融入西方的學術思想而有創新,具新鮮感。我希望藉他這一見解來說明,宋明儒學如何活化而在當今華人社會起用的問題,這表示學理的融會外來思想,又不失自己的地位與立場,就能使學術思想不斷呈現活潑潑的氣象。陳先生這一見解或觀察,似乎已經預見了在他之後當代新儒學的發展,及所以能繼續發皇之故,甚至也可以說預見了當前的中國大陸政權近二三十年來要回歸中國傳統文化,所謂中國的精神家園的要求。他所說的一方面輸入的外來文化,一方面也要不忘記本身的民族立場（當然也含固有的傳統文化）,融會成功後也可以如道教與宋明新儒家言夷夏之論,及對外來文化作出批判,不能一味的崇洋媚外。他此一議論其實有深微的大義。

（二）陳先生所論另一重要涵義是外來的思想如果不因應中國文化社會的特性而作出改變,或傳播外來思想的中國學者只求追求原意而不在吸收的過程中,與傳統思想融通,則這一外來的思想必不能傳諸久遠,他舉法相唯識的情況為例,理解隋唐的佛學史的人都知道,當年賢

---

[26] 牟宗三:〈黑格爾與王船山〉,《生命的學問》（臺北:三民書局,1989年）,頁177。

首法藏（643-712）曾參加唐玄奘的譯場，但不久就退出，而弘揚與玄奘的唯識學見解不同的《大乘起信論》的思想，即不滿意於阿賴耶的妄心系統，而肯定真心系統。法藏成為華嚴宗真正能立派的大師，而華嚴宗在當時及後世的影響力，超過法相唯識宗。從這個觀察可以令人想到，外國思想的輸入，對於中國傳統三教的義理發展，雖然是必要的，但並不能只作原意的傳輸，而不追求融會貫通。由此可以理解到牟宗三先生消化康德學而與中國儒道佛三教作比較，認為可以使康德哲學百尺竿頭更進一步，這種對康德學的消化吸收，與帶進三教思想——特別是三教的圓教境界——來衡量比較，應該是合理的而且是使中國哲學有新的發展的做法。而我們順著前賢對於西方哲學，尤其是以窮智以見德為特徵的康德哲學，作進一步的消化與吸收，也追求更有深度的理解與詮釋中國哲學，應該是可行的做法。

（三）除了康德哲學之外，我認為基督教的神學家 C. S. Lewis 的說法，如他在其重要著作《返璞歸真》（*Mere Christianity*）中點出的基督教對人性重要的了解，其實可以與儒學對人性的了解及重德的思想，相比較與融通。他從人對於何謂道德行為或美德具有普遍的了解說起：人人都認為美德是應該奉行實踐的，但卻沒有人能夠完全做到；純粹的道德行為、美德是很罕有的。即是說人都會違反他認為合理的、必須遵從的道德法則。對於道德法則，是人所不能閃躲視而不見，但又不能完全遵守，甚至故意違背之，這種人性的掙扎，C. S. Lewis 說得非常明白清楚。他從這個地方進入基督教所說的原罪說這一基督教對於人性的傳統看法，對於道德法則是人都肯定且是人必不能忘懷，而卻又做不到的痛苦心理，說得十分透澈。在這個地方的確可以與儒學的觀點做深度的比較，也可以更深切地了解康德的道德哲學中對人性的理解，其實也是基督教的傳統看法。對康德哲學的消化吸收，於是也會連帶的對儒學與基督教會做深入的比較。這如同上文陳寅恪先生所說，道教與宋明新儒家對外來思想的吸收的做法（如摩尼教的思想對道教的影響），是很可以參考的例子。

（四）在當前的學界，並不缺乏懂得外語者，翻譯與講解外來思想典籍的書很多，我們掌握外來思想原典的原意並不困難，但如果只要求照其原意而輸入，而不要求在迻譯外來思想後，參與對傳統思想哲學的討論，則其工作只是哲學在中國的發展，而不是繼續中國的哲學。當然作為客觀的研究，以哲學的真理為追求的對象，則只求原樣的學習西方哲學，不照顧中國傳統的做法也未嘗不可，別的學者也可以參考忠於原意的討論，而得正確的理解，進而吸收融通。但不能藉口要以追求了解原典原意為準，而排斥會通的做法，運用西學以詮釋中國傳統學問，雖然有不符合原典原意的可能，但乃是活化傳統學問的必要手段，能夠會通彼此而開展思想的新境界，應該是更重要的。

（五）以上是通過所謂的現代詮釋，對宋明理學的重要人物與理論型態，作一些活化的工作。我認為能夠引入新的觀念，引發新的思考，就可以使宋明儒的義理本身所含有的活力表現出來，這就是活化的工作。此義可以引牟先生一段對朱子義理型態的評論作出說明：

> 不滿意于朱子者，如陸王，只是不滿其停滯于靜攝系統而不能上達于縱貫系統。雖不能對其靜攝系統有通澈之理解，（陽明解說問題之關鍵稍多），然猶是針對問題而發，而對于朱子思想義理之豐富與踐履工夫之篤實與真切猶不沒也。不但不沒，且因相激揚而益見其問題性之生動，而朱子之思想得以為活的思想而不死，而永遠有其生命之繼續。[27]

牟先生認為，真正能讓人了解朱子學問為活的思想而不死，是由於王陽明的扭轉朱子或對朱子學問的理論的批判，這種對於學問理論的真正的、深入的批判，正可以激活思想的學理的活力。於是陽明學與朱子學的對敵，不是對朱子學問的打擊，而是活化。牟先生對朱子思想的衡

---

[27] 牟宗三：《心體與性體（三）》（臺北：正中書局，1969年），頁 68-69。

定,也是對朱子學的嚴厲的批判。按牟先生的說法,這並不是對朱子學的不敬或打擊,而是如上文所說的,使朱子的思想為活的思想而不死;但這種對朱子學的批判,的確也使得朱子的學理與工夫論,是否為以修養成德為目的的儒學的一套可行的工夫?難免使人懷疑。我認為如果可以說明程朱陸王是兩套雖然可以各自獨立去做,但必須互補,而且由於可以互補,就有肯定彼此而互通的需要,於是程朱、陸王是兩套可以會通的成德之教或理論。我認為這樣的和會,也是一種活化的工作。可能也必須要如此做,才能不會因為陽明或牟先生對朱子的批評,而使朱子學受到貶抑。假如朱子的思想理論及其成德的工夫只是別子,而且是非本質的工夫,那就不能被理解為成德的必要工夫了。如果經過我上述的疏通,則程朱、陸王兩系的學理與工夫,都是成德之教可行的,甚至是必要的工夫。

第一部分

胡五峰思想新詮

程明道、胡五峰思想中的圓教涵義
　　——順牟宗三先生之說進一解

朱子〈盡心章注〉與胡五峰思想之關係

胡五峰之體用論與朱子「中和舊說」的關係

胡五峰對孟子政治論之詮釋

程明道、胡五峰思想中的圓教涵義
——順牟宗三先生之說進一解

一、引言

　　牟宗三先生用「存有論的圓教（存有論的圓具）」[1]一觀念來說明天台宗圓教的義理，我認為是一個絕大的發明，使天台的圓義得以明白展現。牟先生認為天台宗圓教不只是具有空宗的「般若作用的圓」，而且對一切法的存在，有一從圓教義理而來的說明，此所謂存有論的圓具。佛教對一切法的存在，雖視做為緣起無自性，如幻如化，不能有「實有」或「本體」作為法的根據，但並不否定諸法之存在；既不否定法之存在，則如果對法的存在根源沒有好的說明，則諸法之存在便沒有穩固性，而為可有可無者，故只說般若作用的圓是不夠的。「空」在佛教雖是基本義，但亦有步步之發展，從藏教的析法空進到通教的體法空，便不必因為言諸法空無自性而否定或毀壞世間。天台宗更進一步認為空、假、中三諦圓融，即空即假即中，一切法之假當體就是中道，故假法雖假，但亦有其存有的穩固性，法的差別性亦可不改。又由於佛即於九法界而為佛，每一法的存在也可以當體就是佛法，在此便有「不斷斷」、「佛性有惡」等說法，於是就有煩惱即菩提，生死即涅槃，如牟先生所說的「詭譎的相即」等說法出現。這些說法等於是繞了一大圈而對一切世間法作根本的肯定，而佛教也達到平實之境。[2]宋儒雖然反佛教，對世間存在、

---

[1] 見牟宗三：《佛性與般若》下冊（臺北：臺灣學生書局，1977年6月），頁602。

[2] 見牟宗三：《佛性與般若》下冊，〈位居五品章〉。

天地萬物，根據道德意識而作根本上的肯定，但程明道、胡五峰的思想與天台圓教的說法，在表達義理的方式上是相類似的，而如果用「存有論的圓具」來說明，似也可以暢發二賢的深刻思想。天台圓教理論中的「除無明有差別」之意，最是關鍵的講法，我認為此說很可以用來詮釋明道、五峰的思想。

　　牟先生在《心體與性體》討論明道與五峰的部分，[3]已經用天台宗所說的「圓頓」之意來解釋明道的「一本論」，而對五峰的「天理人欲，同體異用」[4]之說，也闡發了其中的圓教涵義。於《圓善論》的相關部分[5]，也通過「德福一致」的如何解決之問題，說明明道、五峰之義理可以用「詭譎的相即」來說明，又說「明道、五峰不尋常」[6]，文中玄義湛深，我想順著牟先生之意作進一步的發揮。

二、從圓頓化境之一本到肯定具差別的存在

　　牟先生言明道的一本論是「無論從主觀面說，或從客觀面說，總只是這『本體宇宙論的實體』之道德創造或宇宙生化之立體地直貫」[7]，即是說人當前的道德實踐就是天道生化的具體呈現，而不是以主觀面的人的道德實踐來符合或求體現天道的生化，固然言天道生化，是客觀面的事，而人的道德實踐是主觀面人的主體所發之事，但此處主與客、天與

---

[3] 見牟宗三：《心體與性體》（二）（臺北：正中書局，1968年）。

[4] 五峰云：「天理人欲同體而異用，同行而異情，進修君子宜深別焉。」胡宏：《胡宏集》，附錄一〈宋朱熹胡子知言疑義〉（北京：中華書局，2009年2月2刷），頁329。

[5] 見牟宗三：《圓善論》第六章（臺北：臺灣學生書局，1985年7月）。

[6] 見《圓善論》第六章。又，梁奮成博士在「當代儒學國際會議：儒學之國際展望」學術會議（中壢：臺灣中央大學，2012.9.26-9.28）中，發表〈論儒學圓教新模型的可能性——程明道一本論與胡五峰詭譎相即教法的融合〉，文中對明道、五峰的思想給出了一些個人的詮釋，頗有見地，但也有未盡處，引發了我寫本文的動機。

[7] 牟宗三：《心體與性體》（二），頁18。

人是一體而現的。只有這一個路頭,並非在此活動之外,另有所謂天道創生性的活動。牟先生此說的確已闡發了明道言一本的特別義,但似乎可以順著天台宗言圓頓化境所含的存有論的圓具之義作進一步的發揮。智者在《摩訶止觀》云:

> 圓頓者,初緣實相,造境即中,無不真實。繫緣法界,一念法界,一色一香,無非中道。己界及佛界、眾生界亦然。陰入皆如,無苦可捨;無明塵勞即是菩提,無集可斷;邊邪皆中正,無道可修;生死即涅槃,無滅可證。無苦、無集故無世間,無道、無滅故無出世間。純一實相,實相外更無別法。(《摩訶止觀》卷第一)

據此段,所謂圓頓止觀確含對一切法的存在都能加以肯定之「存有論的圓具」之義,由於每一法不管是生死、苦、塵勞、邊邪等,都是中道,而且是不改其生死煩惱相,而頓時是佛法。此表示了每一法不管其差別相是如何,都可以是佛法,而不必更改,或甚至不可改。佛法遍於此種種差別法中,任何法都不可去掉,此是「圓」。而任何法之不可去,是連同法之差別相也不可去,既含差別,即表示就是此當下之法絲毫不用改動,而便是佛法,此是「頓」。明道思想中其實是有此玄義的,如云:

> 「忠信所以進德」,「終日乾乾」,君子當終日「對越在天」也。蓋「上天之載,無聲無臭」,其體則謂之易,其理則謂之道,其用則謂之神,其命於人則謂之性,率性則謂之道,修道則謂之教。孟子去其中又發揮出浩然之氣,可謂盡矣。故說神「如在其上,如在其左右」,大小大事而只曰「誠之不可揜如此夫」。徹上徹下,不過如此。形而上為道,形而下為器,須著如此說。器亦道,道亦器,但得道在,不繫今與後,己與人。(《二程遺書》卷一,《二程集》,頁 4。)

此段言天即是易、道、神，也就是性、道、教，而且孟子所說的「浩然之氣」也是說此體。此除了表示上述的種種概念都是說本體之義外，又表示了道當下可以呈現之義，此時道之與我，不分主客，也不是以我的心去符合作為客體的天道，只此便是。浩然之氣的活動雖然是氣，但也就是此道。而此道體遍於一切存在，每一存在不管是大事、小事（「大小大」是不論大或小之意。）都是此體的朗現。就此義上說，每一存在都表現了絕對的意義，當下自足，毫無欠缺，故曰「但得道在，不繫今與後，己與人」。此當下即絕對，不只是就個人道德實踐上說，而是就一切存在上說。「道即器，器即道」，也略同於上引「圓頓止觀」「一色一香，無非中道」之意。順著明道的語氣，他是在區分了形上、形下之後，說「器亦道，道亦器」，這除了表示渾化了道器形上、形下的分別外，也表示了「詭譎的相即」之意。道器雖不同，但每一形而下者之器，頓時便可以是形而上之道的體現。此中道、器雖不同，而相即；每一器物的不同，並沒有去掉，而頓時是道的呈現。此中，道、器的不同，與每一器物的不同，都是要保住的。既不同，但又同體相即，故是「詭譎的」，明道語應含此意。形上者與形而下者有其分別，但形而上者便在形而下者中，每一形而下者雖是形而下的，但又可即此而表現形而上者，此「詭譎的相即」涵圓融不離義，又具雖截然不同，而又是一事之意。而既然每一器物當體也是形而上者的呈現，則每一器物便不需作任何的改變，器物間的不同，也可以被保住。此便含法的差別都可被保住之意。據此，明道確有不管哪一個存在，都可以當下具足，而為絕對意義的呈現之意。由此說可證明道具有如天台宗所表示的「佛即九法界而為佛」，九法界的法都可以是佛法，而無一法可去，及「無明即法性」，無明法與法性法同體，法性即於法的差別而表現之意。在明道言「身在京師即在長安」一段，似乎必須加上此「存有論的圓具」，及「除無明有差別」之意才好解釋：

嘗喻以心知天，猶居京師往長安。但知出西門，便可到長安。此

猶是言作兩處。若要誠實,只在京師,便是到長安,更不可別求長安。只心便是天,盡之便知性,知性便知天,當處便認取,更不可外求。(《二程遺書》卷二上,《二程集》,頁 15。)

此段之首句亦作「橫渠嘗喻以心知天」[8],如果據此版本,則明道此段話是針對張橫渠的見解而發的。此段所說的「以心知天,猶居京師往長安」,重在要人盡心以求符合天道,的確合於橫渠求「以人合天」的思想主旨。[9]如果此段確是針對橫渠之論而發,可以更明白明道與橫渠二人思想的分別。明道反省橫渠之盡心以知天,或「以人合天」、「天人合一」(《正蒙·乾稱篇第十七》,《張載集》,頁 65。),而說「只此心便是天」,「只此便是天地之化」及「合天人,已是為不知者引而致之」(《二程遺書》卷二上,《二程集》,頁 15、18、33。),「天人本無二,不必言合」(《二程遺書》卷六,《二程集》,頁 81。),這些明道語的確表示了人的體現天道,是以天人不二、心即是天作為理論根據的,故人的體現天道,並非以我的心去符合天道,而是當下可朗現「只心便是天」之心,此所謂「一本而現」。明道的〈識仁篇〉所說的「天地之用,皆我之用。孟子言『萬物皆備于我』,須『反身而誠』,乃為大樂。若反身未誠,則猶是二物有對,以己合彼,終未有之,又安得樂?」(《二程遺書》卷二上,《二程集》,頁 17。)也是此意。明道反對「以己合彼」,即表示在我此心之活動處,便是天道的生化。當前此心便是天,此心固然即是天心,但乃是就當下之心說,並非分解地說的超越的本心。

上引文所說的「若要誠實[10],只在京師,便是到長安」,應該表示了

---

[8] 見宋·朱子:《孟子精義》,《朱子遺書》第十一冊(臺北:藝文印書館,1969 年 5 月)。此條朱子認為是伊川語,但應如牟先生所判定,是明道語。

[9] 如橫渠言:「至誠,天性也;不息,天命也。人能至誠,則性盡而神可窮矣。不息,則命行而化可知矣。」(《正蒙·乾稱》)又參考唐君毅先生之說。見《中國哲學原論·原教篇》。

[10] 《宋元學案》,〈明道學案上〉,作「至誠」,意思較佳。

既保留了在京師與在長安的不同，但二者又可以沒有分別地都是終極目的之意。這便表示了對每一存在，含存在間的差別都可以保留，而又肯定頓時各各都是終極的無限意義的呈現。此段話所說的意思本來很費解，何以只在京師便是到長安呢？要往長安本來便需從開封出西門，才可在往長安的路途上，何以不用出西門，又不用往西走，便可以到長安呢？此話似甚為神祕，非常情可思議。固然此可以用一旦是道的呈現，在開封與在長安的分別，便頓時渾化掉了來解釋。但只在京師，便是到長安二語，好像更有玄義，不只是渾化了二者的分別，而是表示了如上文所說的，京師與長安的分別可以保住，當體就是終極的目的之意。如果此說可通，則此語正表示了天台宗「無明與法性同體」、「除無明有差別」及牟先生所說「詭譎的相即」之意。此表示了任何一法的存在，都可以是終極的目的。既然每一法都可以是終極的目的，則法的差別可以完全保住，不必作任何的更改。而只有保住了法的差別，才可以真正說保住了法的存在，此所謂「性具圓教」；又由於任何一法都可以表現佛境，十法界的差別便可保住，而任一都可是佛法，亦涵任一法都可以是其他法之意義。如地獄之意義亦可以其他法界之存在相來表現，即表面是佛、菩薩之存在，其實可以是地獄。於是十界互融，而為百法界。即當前一念，可以是百界千如任何一種情況或任何一種價值意義之存在，各種存在情況及其意義都可以在當前一念中顯，於是便可說「一念三千」，此是說世間一切法、一切情況，都可以於眼前任何一念表現出來。當前一念不用改變，而可以是三千法的任何一種情況。這如同言一說空，便一切法趣空之意。或不只是言空，而是世間法之萬千不同意義，可以即於一法中表現，如是也可以說三千法即一法，一法即三千法。此一念三千，一念心圓具一切法，亦即是對一切存在給出了一根源之說明，而保住一切法的存在。而如果是華嚴宗的「性起」之論，雖然也說一切法都是佛法，但無明與法性不相即，除無明則無差別，佛法身所含的一切是法界緣起，光明遍照之一切，非九法界原來之差別法。如果需要有世間差別法，便由佛的作意神通來產生。

故明道此處所說的「只在京師便是到長安」，應有長安與京師的差別可以保住，而不泯除之意，而保住了法的差別才是真正的保住一切法。如此便可以說，明道之說具有對一切法的存在都要保住的「存有論之圓具」之意。明道此說也可以用天台宗「無明即法性」之義來進一步說明，即同一法可以是無明法及法性法，迷則為無明法，悟便是法性法，迷悟雖不同，但法可以不改，故身在京師，當下便可以達到終極的目的地。所謂若是誠實（或「至誠」），表示了心之悟；心若悟時，身不管在何處，都是終極的目的。若不誠時，便是迷，理想便外於此當下之境，便以為非要到達長安不可，以為只有長安才是終極的目的。當然在圓具一切法的意義下，從開封出西門而去長安，這一過程也可以保住，過程與目的可以頓時在一法中顯，也可以拉長為漸教的從迷到悟的過程。但漸教不易保住法的差別相，因為到達了目的地，過程就可以不需要了，只有同一法可以有過程與目的兩種意義，或同一法具備了無明與法性兩種涵義，才可以真正保住一切法。由於有無明便可有種種的差別，故言無明與法性相即，便涵三千法之差別，都與法性不離之意。以上藉天台宗的教義，闡發明道言論中所含的「圓教」義理，及其「一本論」中可以保住法的差別之意。由此可說明道之「一本論」是認為每一人生的情況，或甚至每一存在物，當下便是天道的呈現，不必在此當下的存在情況外，另找一理想的、或圓足的意義。故此所謂「一本」，是涵一切差別的存在，都可以是同一意義的天道流行，這是承認一切分殊之多，而又同時肯定都是圓足，通而為一，故圓頓之一本，是與分殊之多相融者。

三、胡五峰的「同體異用」說

胡五峰學問的主旨，牟先生定為「以心著性」，從五峰所說的性是天下之大本、天地鬼神之奧，然後說盡心以成性，可見牟先生之說，是非常恰當的。但「以心著性」表示了心性間有其距離，性體代表了客觀的大本，是一切存在的根據，而心體以踐仁為內容，即乃是道德的實踐

活動，人雖可以踐仁的道德活動，來具體化彰顯天道的意義，而證二者是同一回事，但由於主客、天人在此理論下不能不區分，而且由踐仁、盡心以成性，便顯出了不斷把本有者（性與天道）實現出來的過程相，於此便不同於上述明道所說的「圓頓一本」之理境。但雖如此，如同牟先生所說，此主客、天人之距離，只是在實踐中所顯的暫時之相，是可以泯化掉的。[11]因為盡心以踐仁所表現出來的，本來就是天地之化，雖有步步相，但每一步也就是無限意義的天道的呈現。由此也可以說，明道、五峰的義理表面雖有不同，但其實是相通的。我覺得五峰言性體的意義，著重了對一切存在的保住，很能表現儒家肯定一切存在的存心，其中也有一些較深微的意義可以闡發，五峰亦有同於上文所言，明道與天台宗對法的差別的肯定之意。又由此可以證牟先生對「圓善」問題的解決之思考。

（一）從「絕對必然的存有」與「最高真實的存有」來看五峰言性之二義

五峰言性，說「性，天下之大本也。」[12]「性也者，天地之所以立也。」「性也者，天地鬼神之奧也。」[13]「有而不能無者，性之謂歟！」[14]即以性為天地萬物存在之根據、本體，此本體是「實有」，是一定存在而不能不存在。五峰此一思考，表示了他所理解的性，是最高真實的存有，或絕對必然的存有。他對於此性的體會，同於西方哲學家所說的「根源的存有」之意。當然五峰對作為一切存在的根據的根源的存有，是從道德實踐的意義來契入的，即他認為引發道德實踐的根據，所謂性體，也就是引發天地生化，使一切存在得以存在的道體。雖然如此，五峰對

---

[11] 牟宗三：《從陸象山到劉蕺山》，〈第四章〉（臺北：臺灣學生書局，1979年），頁355。
[12] 胡宏：《胡宏集》，附錄一〈宋朱熹胡子知言疑義〉，頁328。
[13] 同上，頁333。
[14] 胡宏：《胡宏集》，頁28。

於此一意義的性的體會，頗有哲學性的思辨。言性是天下之大本，表示了此性的根源的存有之義，言性是天地之所以立，表示了一切的存在都依靠性體才能挺立得住，此略同於說一切的存在都是有所依待的，最後要靠一無所依待的必然的存有，來撐住，以維持一切之存在之意。而此無所依待的存有，是一定要存在，而不能不存在的，若性體一旦不存在，山河大地便不能再維持了。故曰性是「有而不能無者」。五峰從人的內在的道德性，而說明此性所具有的形而上的本體義，對此做出種種的規定，可謂甚有精思。由於五峰言性是從以上諸義來規定的，故牟先生言五峰所說的性是超越的、絕對的。而由於性是超越的而絕對的，故不能用相對意義的善惡來形容，以此了解五峰所說的性是「善不足以明之」之意，這當然也是十分恰當的，[15]此並非如朱子所理解的「性無善惡」[16]。

但五峰所謂性不能用善惡來說，除了是說性本身之外，又用來說存在事物，如說「好惡，性也。」，又說「凡人之生，粹然天地之心，道義完具，無適無莫，不可以善惡辨，不可以是非分。」(〈知言疑義〉，《胡宏集》附錄一，頁332。)，此是就人的存在來說，認為人不可以用善惡是非來分辨，如同其說性的意義。又五峰說「情、才、欲、術」等雖然是眾人有的，而聖人亦皆有(〈知言疑義〉，《胡宏集》附錄一，頁333。)，又曰：「萬物皆性所有也，聖人盡性，故無棄物。」(〈知言〉，《胡宏集》，頁28。)對於這種種的存在，也含以這些為性之義。總括以上所說，可證五峰有從存在事物言性之意，此一言性的意義，不同於單就天下之大本言性之義。此是從存在物本身來說性。這當然不是從經驗、自然的角度來說萬物之性；從經驗、自然的角度論萬物之性，那是「生之謂性」之性，五峰並非表示此義。當然朱子據五峰所說的「好惡，性也。」，批評五峰之言性是無善惡的，這便是從「生之謂性」來說五峰所說之性，這顯非五峰意；但假如從萬物之存在來說性，又說此性無善惡，是難免

---

[15] 見牟宗三：《心體與性體》(二)，頁461-463。

[16] 朱子：〈知言疑義〉，收入《胡宏集》附錄一。

讓人以為這是從氣性說,故此等語之意思是需要進一步釐清的。

　　我認為五峰從萬物說性,及說「萬物皆性所有」,並不同於從超越的大本言性之義,也不只是就性體雖是超越者,但也內在於萬物而為性之義。當然此超越的性體,的確也內在於人而為人性,對於物來說,在存在物處,也可以體會此性是存在物的「超越的本體」,此意當然是五峰所肯定的,也是五峰所以要肯定世間一切存在,反對佛教視人生倫常,乃至一切存在物為幻化之說之根據。但言好惡,乃至於一切存在物皆性,是偏重在存在事物上說,而非偏重在性體本身說。此與說超越的性體內在於萬物為萬物之性不同。又前引五峰說:「萬物皆性所有也。聖人盡性,故無棄物。」此段話可以有不同的理解,一是仍然是偏重在性體來說,由於性是天地萬物的本體,是根源的存有,故萬物皆因性而得以存在。又可解作萬物是性中本具的,依此義便可說萬物皆性也。此後一解較順,又五峰曰:「萬事萬物,性之質也。」(〈知言〉,《胡宏集》,頁14。)亦可表示此義。故說萬物皆性,並不同於說萬物以性體作存在之根據。五峰之意似乎是認為萬物為性本身所含具,而此含具是表示一切存在物都包含在性中,或萬物都以性體的內容作為其存在之本質,這便不同於以性作為超越之大本之意,此似乎表達了性之另外意義,或表示了性與萬物之另一種關係。

　　康德在批判西方傳統神學的有關上的存在的論證時,對「絕對必然的存有(absolutely necessary being)」與「最高真實的存有(ens realissimum)」作了一些討論,這一對概念,雖然是相連、分不開的,但意義仍有不同。「絕對必然的存有」從一切經驗的存有都是有所依待的,如果要對存在界作完整的說明,便需要肯定一無所依待的必然的存有。而「最真實的存有」以含具一切存有的屬性來規定,最真實的存有好比是一個最大的綜體,一切存在物所具有的屬性,都為此最大的綜體所含,以此來說明一切存在物的屬性的根據,或其所從出。即必須要假定一無所不包的綜體,才可以對一切存在所以有種種個別不同的屬性,給出一完整的說明。由於此綜體具有一切存在物所含所有的屬性,所以便

是「最高真實的存有」,而此「最高真實的存有」是不能不存在的,故亦即是「絕對必然的存有」。康德對此作了批判,認為「絕對必然的存有」與「最高真實的存有」皆非經驗界中的對象,吾人對之不能有知識,故藉「最高真實的存有」必是「絕對必然的存有」,此二義之分不開,來論證上帝的存在,是不能成功的。[17]雖然如此,我覺得借用「絕對必然的存有」與「最真實的存有」之二義來區分五峰所說的性之涵義,是可以把五峰言性體之意義的不同分際,說明清楚的。此即是說當五峰言性是「天地之所以立」、性是「有而不能無」時,是說性體的作為萬物存在的支持者,是絕對必然的存有之義。而當他說「好惡,性也」,或表示萬物都是性之所有時,說的是性作為最高真實的存有之義。從此後一義之角度來看,便表示了一切存在事物的性質都含在此最真實的存有中,都從此作為一切實在底綜體之性所流出之意。如果此說可通,可以看出五峰言性有他特別的理解。五峰說性,雖然是就超越的本體來說,但也可以作出如上的兩種意義之區分。而區分了五峰言性之二義,便可以說明何以他既從天下之大本言性,又會說好惡性也,乃至萬物都是性之所有。如果不作此區分,五峰之言性的確會引起質疑。又雖有此二義之區分,但由於此二義是相關聯的,甚至是同時並起的,故皆可說其為性。

　　由於萬物皆性所有,故存在界的萬事萬物都本來是善的,都有其存在的合理性,這如同上文所說的保住一切法。此所謂的保住一切法,與以性體是一切之大本,一切存在都以性體為根據而保住一切法是不同的;以大本的性體來保住一切法,萬物是依於性體,由於有性體,所以有意義,此說還不能就萬物本身,連同其差別相而說其有意義。因很可以只有性體有絕對的意義,而以性體作根據的一切存在,並不真實擁有如性體般的意義。而如果說萬物是性之所有,則萬物便是性體的內容,

---

[17] 康德:《純粹理性之批判》(下冊,牟宗三譯註,臺灣學生書局,1983年),《超越的辯證》,第三章〈純粹理性之理想〉。

此種內容本身就有其意義。於是說萬物是性所本有，萬物是性之內容，就可以說萬物本身便是有意義的，而不只是因為萬物都以超越的大本之性為體才有意義。依此義，五峰的肯定一切存在，是就一切存在本身本來就有其意義來肯定。此從五峰言聖人也有情、才、欲、術等，及論夫婦之道處可以看到。[18]從這一角度似乎可以對五峰的同體異用說給出較好的說明，也可以看出五峰此一圓教意義的特色。

（二）論「同體而異用」之圓教涵義

如果上述對五峰言性體是可有二義之區分之說可以成立，則「萬物皆性所有」或「好惡性也」便表示了性體中含有萬物一切之屬性，也可以說萬物的存在，其內容皆為性所本有。此表示性體有無限豐富的內容，而性體之內容便表現在萬事萬物的存在中，於是萬物之存在連同其差別皆有其從性體而來的意義與價值，於是各存在物單以其自己就可以挺立得住。此說不同於萬物皆因得性作為超越的根據而有其客觀的存在性之義。牟先生所說的性是客觀的存有原則，是就性體作為大本之意義上說的，而現在以性體作為最真實的存有，亦已含一切存在事物之屬性為其內容，則可說是將超越的大本之性體義打散而落在每一存在事物上說。性體的意義當然還是以道德為其內容，而且具有無限的價值意義，但現在是落在具體的存在事物的本性上說，則存在事物連同其差別性都有從性體而來的內容，故都有其存在之意義與價值。如是，性體的意義與價值便是一切存在所本有的，而且是連同每一存在之特殊性與差別性來說的，於是每一具體的、個別不同的存在便如同性體般有其意義與價值，及有其存在之必然性。如果從這一角度來理解五峰言「好惡性也」之語，便不會產生朱子般的質疑。此即是說「好惡性也」之性之意義，是就好惡本來含在性體的無限豐富的內容裡頭之意。如果是如此，則直

---

[18] 五峰言：「夫婦之道，人醜之者，以淫欲為事也。聖人安之者，以保合為義也。」（〈知言〉），《胡宏集》，頁 7。

接說「好惡性也」也是可以的。好惡是性中本有者,故好惡之存在有其意義與價值,亦有其存在之必然性。好惡是如此,其他人生一切事,亦莫不如此。於是可說,人生的一切事物都是性。此也即是說,在性體無限的內容中包含了宇宙人生種種事物本身所可能表現出來的價值與意義。譬如當人合理的表現其好惡時,則在好惡中便表現了性體的一種意義,即「好善而惡惡」。此好善惡惡當然是一種具有德性價值的活動,故是性中本有的。但雖是性中本有,必須通過好惡這事件才能表現出一種特別的意義。通過好惡,表現了德性的一種特殊意義,而這種特殊意義的表現是很有價值的。從好惡可以表現為好善惡惡,而讓德性的價值表現出一種特殊的面相,這就是好惡此一存在所以要存在的理由,亦可說這是好惡對於性體之一貢獻。而所謂同體而異用,即就在此好惡處,可以表現出好善惡惡的德性價值,也可以表現為全無道理的任意之好惡。離開了性體的價值意義,固然好惡仍然可以存在,但此存在是沒有價值的,或甚至有負面的價值,此是五峰所說,「小人好惡以己」之意。而假如人在好惡中做出了好善惡惡的表現,則此好惡便彰顯了性體的意義。這便是「好惡以道」之義。而此時也可以說是通過心的盡心活動,使好惡本具的性體的意義彰顯出來。順此義而推廣,則人間一切的活動、事物都如同好惡的存在一般,都是性中本有的,而都有其存在的意義與價值。問題是人是否明白這些存在事物本有的、以性體為內容的意義,而將其實現出來;能夠把此事物之性的意義體現出來,是心之自覺之事,故善惡是非,天理與人欲,是從心之作用的層次上說的。從萬物皆性的層次上,尚未有善惡是非之區分。此中體用之區分同於心性之別。五峰這「同體異用」之說,極類似天台宗「無明即法性」及「無明與法性同體相即」之義,天理與人欲及法性與無明的不同,當然是要保住的,不能混同。但此二者之區分不涵法之存在要作改變,此所謂「詭譎的相即」,天理或人欲,法性或無明,是可以在同一法上表現的。而由此便說三千法無一可去。五峰之說或源自橫渠所言「飲食男女皆性也,是烏可滅」(《正蒙・乾稱篇第十七》,《張載集》,頁 63。)之意,

此中「存有論地圓具一切法」是最關鍵的理論。

　　人可以在任何活動中表現出活動或存在物本身本有的意義與價值，而每一存在物或人生可能有的活動，都有表現出性體的意義或不能表現性體意義的兩種可能，於是此從萬物說性，說萬物是性中本有，便可以有如同五峰所說的不能以善惡、是非辨之說。即由於一切的存在都是性體無限豐富的內容所本有，故對一切存在，如人生倫常，乃至萬事萬物，都不能做出價值上的褒貶，或善惡的區分。一切的存在都可以表現性體的絕對意義，人不能於其中做出那些可以存在、那些不可以存在的分別。於是，五峰此說便可以達成了對一切存在都給出肯定，視一切存在都有其客觀的存在理由的儒家圓教。此一圓教的說法是從正面肯定一切存在的價值，而以作為最高實在之性作為一切存在之根源，而且也是保住了一切存在特殊性與差別性。此理論具有天台宗所說的種種玄義，又由於是從正面立言，較天台宗佛教義理更能肯定人生。天台宗作為佛教的圓教，有「存有論的圓具」以保住一切差別法，此雖然可以肯定一切法，對九法界的差別，甚至穢惡法都可以肯定，但一切法還是緣生無性、如幻如化，一切差別法本身的意義與價值不能如胡五峰的理論般給出根本的肯定。

　　由於性體之二義是連在一起的，故所謂同體異用雖是就好惡等事情上說，而於此言「性也」，雖是從最真實的存有中所含之內容、存在事物來說，而自然也會聯想到作為超越的大本之性，故此同體之「體」，既可如牟先生所言之「事體」，亦可以性體義來解之。即由於性有二義之區分，此「體」亦可有此二義之分。若是，則雖有此區分，直接將此同體之體，理解為性體、道體，亦是可以的。牟先生強調此體只能說是事體，而非本體義，雖可回答朱子之疑問，但並不合五峰體用連同時之語意。[19] 又五峰也往往從心性來分體用，即性是體而心是用，性是未發

---

[19] 牟先生之說見《心體與性體》(二)，頁454-458。從五峰所說的「聖人指明其體曰性，指明其用曰心。」(〈知言〉，《胡宏集》，頁336)可見五峰體用連用時，應以本體或性來說體，不能只是事體之義。

而心是已發，依此義來說同體而異用，則表示了每一存在法在未發時都是以作為性體本有，但還沒有彰顯出意義與價值的情況而存在。通過心的自覺才能把每一存在法本有的價值意義彰顯出來，此即「盡心成性」或「以心著性」之義。

四、結語：德福一致如何可能

程明道之言「一本」，及「身在京師，便是到長安」，除了表示道是一本而現，當體便是道，道的體現只有一個路頭之義外，又肯定了存在物的差別性，即從「只此便是道」，可以看出當下之「此」，絲毫不用改變；而五峰的「同體異用」說更明白表示了每一個存在都可以是天理的呈現，天理與人欲相即而為一體，每一當下的存在都可以或是天理，或是人欲，故每一存在都本具天理的意義，問題在於人是否能把其中的天理的意義展現出來。故每一存在原則上都是不可少的，而此時所說的「萬物皆性所有」是偏重在萬物本身說，即表示了種種差別的存在都不可少。故明道與五峰理論中所含的儒家圓教的說法，的確是肯定了一切的存在，而且此肯定是連同一切存在的不同的差別性相，而肯定的；有差別的存在才是具體的存在，人世間的事物、人生的倫常生活都是有差別的，如果不能保留這種差別性，而只往無限意義的天道性體尋歸宿，便不能正視人生，所過的生活也並非具體的而真實的人間生活。此一意義可以用牟先生借天台圓教，或五峰的「同體異用」說來解決「德福一致」的問題來說明。

由於天台宗肯定「法性即無明」、「佛即九法界而成佛」，九法界中的任何一法都可以是佛法的呈現，而佛法的呈現便是福，故德與福在圓佛的境界下，是詭譎的相即者。而所以是詭譎的相即，而非分析地同一，是因為福不離開存在，或可以說福是由存在事物所提供的，幸福感並不能由德行的意義或甚至是天道的無限意義給出來。幸福感不能離開感性、知性、或想像，此中感性是非常重要的。如果德與福的關係是分析

的,則此福只是有德之感,此感並非由感性與外物接觸而來,此可說並非從感性而來,故此感並不能夠包含幸福必須具有的感性的作用。故如果只有此對德之感受,而在感性中所接觸的存在事物是不如意的,則並不能說是幸福。所謂幸福中的感性的作用,必須由存在事物與人接觸的時候產生,於是至德者所以能無往而非福,是由於他所經歷到的每一存在事物都可以提供了至德者在感性上的滿足,如果此感性上的滿足是幸福必要的內容,則存在物的對於幸福的貢獻是不能少的。每一存在物假如都要對至德者的幸福感有貢獻,則每一存在物必須是一具體的存在物,必須是至德者當下的感受到的存在物,如是則每一存在物的不同性相,一定是非保留不可的。故言「德福一致」,不能只從有德者於每一個情況都表現德行的意義來說明,因為那只有德,而沒有感性的滿足感,不能算幸福。而如果「德福一致」中的福是真正的幸福,或有其獨立而不同於德的意義,則至德者所感到的存在事物必須是具體的、世間上的存在事物,這些存在事物的差別性、個體性,絲毫也不能夠改動。若需通過某些改動,才可是福,則這福便非必然地與德相關聯。我想牟先生所說的「福是屬於存在之事」,而德與福是詭譎的相即之義便是如此,我們的感性感觸到的存在物一定是具差別的存在,故具差別的存在才會對幸福有貢獻。在德福一致,或圓善的要求下,個別存在連同其差別性,非存在不可,如此便可說明了對德福一致問題的合理解決,也證成了儒家肯定世間的理論要求。當然若是至德者,其所遭遇的存在界,與一般所謂的經驗現實不同。由於至德者是本心、仁體或佛智、悲心之全幅朗現,而與萬物為一體,故在至德者,一定是心物渾然是一者,即由於是至德,其所遭遇者是「一切法隨心而轉」,一是皆德的意義的呈現。但雖如此,福仍是就對存在界之感受而有,不能只是德。福必因存在而有,而福在至德者是必然具有的,故存在界之種種具差別性之存在,必須保留,而每一差別存在,於與至德者相接觸時,都表現了存在法本具之性體之意義。於是德與福之存在不同,但有其必然之關聯性,由於「存有論的圓具」,無一法可去故,每一法都是法性與無明相即,

同體而異用,故只要悟法之真實意義(諸法實相)或盡心以成就存在事物本屬於性體之意義,便可於任一法之存在中,可表現德,亦得到了福。

朱子〈盡心章注〉與胡五峰思想之關係

朱子的《孟子集注・盡心章注》，認為盡心與知性的關係是知性在先，盡心在後；即知性是盡心所以可能的條件。朱子這一說法，應是不合於孟子的文脈的，故引起了後來許多的批評。朱子此一對孟子的詮釋，是由其自己的思想體系所決定，並不是偶然的。而他這一詮釋的形成，吾人認為，與朱子對胡五峰思想的反省與批評有關。本文擬從朱子〈盡心章注〉的分析，關聯五峰的有關思想，並涉及象山、陽明之說，探索孟子原義，希望從比較的角度，闡明對「盡心」的各種不同的詮釋型態。

一、朱子對「盡心知性」的詮釋

對孟子的「盡其心者，知其性也，知其性，則知天矣。」朱子注曰：

> 心者人之神明，所以具眾理而應萬事者也。性則心之所具之理，而天又理之所從以出者也。人有是心，莫非全體，然不窮理，則有所蔽而無以盡乎此心之量。故能極其心之全體而無不盡者，必其能窮夫理而無不知者也。既知其理，則其所從出，亦不外是矣。以《大學》之序言之，知性則物格之謂，盡心則知至之謂也。[1]

心是可以具眾理而應萬事者，故是人之神明。性是心所具之理。這心並

---

[1] 朱熹：《四書章句集注》（北京：中華書局，1983 年 10 月），卷十三，頁 349。

不是心即理之本心，而是心與理為二之心。心之為神明，是在心、理為二之思路下，從心可以知理，然後以理作根據而應萬事，而說的虛靈妙用。「人有是心，莫非全體」，是說人人都具有這心之全體，即這能具眾理以應萬事之妙用之心，是所有人無欠缺地具有的。但雖具此全體之心，而必須通過窮理之工夫，才能將這心本有的作用全部實現出來。若能對性理有完全的了解，則心的全體本具的作用便完全實現出來。故知性是心體得以完全表現其作用之條件，由於知性，故心得以盡，而知性，須由致知格物而達致。由致知格物、窮理而使心對性理有充分之知，而後心的具理以應事之妙用便得以完全實現。

朱子此一解釋，是在其思想架構下必有之解釋，內容十分曲折。其中的心只是虛靈，而不是理，雖不是理，但性理原則上具於心。性理雖原則上具於心，但必須格物窮理，方能使心對性理有完全之了解，而這心對理有完全之了解，由之而具理以應事，又是每個人的心本具的妙用，但這本具妙用之心又必須在致知格物之工夫後，其全體大用方彰顯出來。總之，朱子是認為必須加入格致的工夫，心的體用方能盡。

孟子此章之語意，似乎並非如此曲折的，應是只要直下盡我此心，便可知性知天，不是在盡心的踐履之外，另須一種工夫，心的體用方能盡。故牟宗三先生認為，朱子這一對孟子的解釋，是不相應孟子原義的，孟子的盡心，是充分實現本心，並非「知至」的「認知地盡」，亦非「依所知之理，盡心力而為之」的他律式的實行地盡。[2]即使是最尊崇朱子的錢穆先生，亦說這一詮釋不恰當。錢先生云：

> 要之見朱子必辨此章知性在先盡心在後，乃是有激而發也。孟子此章文義本非難解。盡我惻隱羞惡辭讓是非之心，而仁義禮智之為性者可知。朱子解此一章，自四十一歲至六十七歲近三十年，

---

[2] 見牟先生：《心體與性體》（三）（臺北：正中書局，1991年11月台版第十次印行），頁444。

四變其說，得之中年，失之晚歲。今《集注》所云，乃朱子晚歲四變其說後之結論，然實非孟子本義。大賢用心，時亦有蔽，豈誠如象山所譏著意精微轉陸沈乎？[3]

按朱子以知性在盡心之先，是其思想體系之必然歸結，並非因一時刺激而如此解。朱子對此章之解釋，雖前後有不同，但其不同並非本質上之不同，《朱子語類》中雖似有主張盡心在先之說，但並非其確定之說法。錢先生主張在朱子《論孟集注》成書以前，對盡心章之理解合於孟子原義，恐是不確的。朱子《論孟集注》成於四十八歲，而朱子在四十歲（己丑）中和問題論定，提出中和新說後，思想即告決定。朱子在評論胡五峰思想的〈知言疑義〉（朱子四十一、二歲寫成）[4]，及〈盡心說〉（朱子四十二歲）[5]已是這一思路，雖不如〈盡心章注〉之明確，此見下文之討論。

盡心與知性孰先孰後的問題，在漢代趙岐的注釋中，似未有明確的決定，趙注云：

> 人能極盡其心，以思行善，則可謂知其性矣。知其性，則知天道之貴善者也。[6]

趙注是說人能盡心以思行善，便可以說是知性的了，這「可謂知其性」，是對能盡心行善的評論，並不表示知性由於盡心。偽孫奭疏云：

---

[3] 錢穆：《朱子新學案》（第四冊）（臺北：三民書局），1989 年 11 月，3 版，頁 495。

[4] 據陳來教授之考據，朱子與呂祖謙、張栻討論五峰之知言，寫成〈知言疑義〉，是在庚寅、辛卯兩年，茲從之。見陳來：《朱熹哲學研究》（臺北：文津出版社，1990 年 12 月），頁 151。

[5] 同上陳來書，頁 136。

[6] 《孟子趙注》，見《十三經注疏》（臺北：宏業書局，民國 60 年 9 月）第七冊，《孟子注疏》卷十三，頁 6008。。

孟子言人能盡極其心以思之者，是能知其性也。[7]

孫氏疏語亦如趙注，對二者之先後次序無明確規定。說盡其心然後知性，或由於知性，所以能盡心，似乎都可以。這好比說：「能盡心以事父母，便可謂『知孝』矣」，此中行孝與知孝，並無明確之先後。王陽明便曾根據這類句子來說知行合一。[8]孫疏又云：

> 蓋仁、義、禮、智根於心，是性本固有而為天所賦也。盡惻隱、羞惡、恭敬、是非之心，則是知仁、義、禮、智之性。知吾性固有此者，則知天實賦之者也。

從此段看來，則孫氏是以盡心為知性之條件，而其解盡心為盡惻隱等心，更是十分恰當。[9]此章若以此處所釋為準，則孫氏所理解的趙岐之注，應亦是以盡心在先，知性在後者。

焦循《孟子正義》，引程瑤田之說曰：

> 曷為而可謂之盡其心也？由盡己之性而充極之，至於盡人之性、盡物之性，而心盡矣。是非先有以知其性不能也。曷知乎爾？格物以致其知，斯能盡物則，以知其心所具之性，而因以盡其心。然則盡其心者，知其性也。[10]

---

[7] 同注 6。

[8] 陽明云：「就是稱某人知孝、某人知弟，必是其人已曾行孝、行弟，方可稱他知孝、知弟；不成只是曉得說些孝、弟的話，便可稱為知孝、弟。……知行如何分得開？」（《傳習錄》上）

[9] 清儒陳澧認為孫疏此解甚明確，不可以其為偽而忽之也。（陳澧：《東塾讀書記》卷三，臺灣商務印書館，民國 56 年 5 月）又高步瀛解趙氏注曰：「善即謂仁義禮智，盡即以此四端擴而充之也。」（見高著《孟子文法讀本》，《香港中文大學新亞中文系，1979 年 12 月》，卷七。）此解亦如孫氏疏，是較合孟子文義的。

[10] 焦循：《孟子正義》（臺北：文津出版社，民國 77 年 7 月）卷二十六，頁 878。

程瑤田之說大略同於朱子,即以盡心為知性的結果。焦循引程說後,下按語說「按程說是也」[11],故程、焦都認為知性在盡心之先。又近人楊伯峻譯孟子此章曰:

> 充分擴張善良的本心,這就是懂得了人的本性。[12]

楊氏此譯,亦如趙岐之注,只表示「知其性也」是對能盡其心的評論,未明確表示二者之先後次序。
　　由以上所引,可知朱子的詮釋,未必定與古註相異,而孟子此章語意,確有讓人作不同詮釋之空間。朱子此釋,他認為在《孟子》文句語法中,可找到佐證。《朱子語類》有一條云:

> 李問:「盡其心者,知其性也」。曰:「此句文勢與『得其民者,得其心也』相似。」[13]

朱子認為「盡心知性」句之語法,同於「得其民者,得其心也」(應作「失其民者,失其心也」。《孟子·離婁上》:「桀紂之失天下也,失其民也;失其民者,失其心也。得天下有道:得其民,斯得天下矣;得其民有道:得其心,斯得民矣。」)。得民與否,在於是否能得民心。此種句法,確可表示以後者為在先者之條件。但當亦不能說凡此種句法皆是此義。

---

[11] 同上。

[12] 楊伯峻:《孟子譯注》(北京:中華書局,1984年5月)下冊,頁301。《朱子語類》卷六十,頁1422。

[13] 《朱子語類》卷六十,頁1422。

二、胡五峰的「盡心成性」說及朱子的批評

朱子的《大學・格致補傳》,與上說〈盡心章注〉的說法,可以相參證:

> 所謂致知在格物者,言欲致吾之知,在即物而窮其理也。蓋人心之靈莫不有知,而天下之物莫不有理,惟於理有未窮,故其知有不盡也。是以大學始教,必使學者即凡天下之物,莫不因其已知之理而益窮之,以求至乎其極。至於用力之久,而一旦豁然貫通焉,則眾物之表裏精粗無不到,而吾心之全體大用無不明矣。此謂物格,此謂知之至也。[14]

「人心之靈莫不有知」,此知即「人之神明」,是人所本具的全體之心;「理有未窮,知有不盡」,即「有所蔽而無以盡乎此心之量」。「一旦豁然貫通」,即心實現了其「具眾理而應萬事」的妙用,人面對各種事物處置皆無不當。「吾心之全體大用無不明」便是盡心,明即盡之意,即心本具之作用充分實現。這顯然是朱子以他理解的大學之義理,來詮釋孟子。朱子一生最重視《大學》,故這是朱子之確定見解,是非如此說不可的,並非如錢穆先生所謂的「有所激而發」。

朱子此一詮釋,不只是「知性在先,盡心在後」這一點須要商榷,他以對性理的極致之知,作為盡心的先行條件,即以認知理之全盡,來作道德實踐之可能之根據,又將盡心理解為心的全體大用的完全實現,即盡心是窮盡心之體用,這些說法,都是很值得討論的。

朱子此一對盡心義之解釋,似是由反省胡五峰的說法,而逐漸確定

---

[14] 同註1,頁 6-7。

的。胡五峰的「盡心成性」說,是其學說之要旨,五峰之〈知言〉曰:

> 性,天下之大本也。堯、舜、禹、湯、文王、仲尼六君子先後相詔,必曰心而不曰性,何也?曰:心也者,知天地,宰萬物以成性者也。六君子,盡心者也,故能立天下之大本。人至於今賴焉。不然,異端並作,物從其類而瓜分,孰能一之![15]

五峰以性是天下之大本,即性是天地萬物得以存在之本體、根據,而性之具體內容,必須由盡心才表現出來。故五峰之言盡心,並不只是人的活動,及不只是由心之活動以表現道德之意義,而是在心的活動處,天道、性體之意義亦得以彰顯。故盡心,即表現性體之意義,心不只是心之自覺活動,而亦是性;性不只是客觀自存的實有,而亦是心。如此而言盡心,是關聯到作為天下之大本的性體來說的,即乃是有一天道論、形上學作背景來說的。先肯定有一客觀自存之實有,然後說此實有之意義在盡心中呈現。五峰此說,與孟子之心性義略有不同,孟子言性,是人性,五峰則以性為天地萬物存在之根據。當然五峰所理解之性,亦如孟子般是以道德為內容的,但孟子並未以此道德性為一切存在之根據。五峰之言性,是孟子言性義之擴大,宋明儒之言性,大都是如此。

朱子對五峰此「盡心成性」說之批評如下:

> 熹謂「以成性者也」,此句可疑,欲作「而統性情也」,如何?⋯⋯熹按孟子「盡心」之意,正謂私意脫落,眾理貫通,盡得此心無盡之體,而自是擴充,則可以即事即物,而無不盡其全體之用焉爾。但人雖能盡得此體,然存養不熟,而於事物之間一有所蔽,則或有不得盡其用者。故孟子既言「盡心知性」,又言「存心養

---

[15] 引自朱子〈知言疑義〉(《朱子文集》【陳俊民校編,德富文教基金會,臺北,民國 89 年 2 月】卷七十二,頁 3696。)

性」，蓋欲此體常存，而即事即物，各用其極，無有不盡云爾。《大學》之序言之，則「盡心知性」者，致知格物之事；「存心養性」者，誠意正心之事；而「夭壽不貳，修身以俟之」者，修身以下之事也。此其次序甚明，皆學者之事也。然程子「盡心知性，不假存養，其唯聖人乎」者，蓋唯聖人合下盡得此體，而用處自然無所不盡，中間更不須下存養充擴節次工夫。然程子之意，亦指夫始條理者而為言，非便以「盡心」二字就功用上說也。今觀此書之言「盡心」，大抵皆就功用上說，又便以為聖人之事，竊疑未安。[16]

朱子不贊成「盡心成性」義，認為除心、性外，尚須言情，意方完備。因朱子所說的心並非心即理之本心，心可知理具理，而不即是理，故不能說在心之盡處見性之成。此義暫不討論。朱子此處以孟子「盡心」之意，是從體用兩方面來說，由私意脫落，而得此心無盡之體；以此心推而及物，便是此心之用。此所云的心之體，是就「心具理」之心來說，心不受私意障蔽，恢復其虛明，便可以清明之知以攝具性理，而這便是處事接物而得其當之根據。虛明靈覺之心知雖可說心體，但此體之實義應就心所具之性理來說。朱子批評胡五峰，說其只就心之功用上說盡心，即認為五峰不先作格物致知，使心知理之工夫，便遽欲盡心，這便只能盡心之知之功用，沒有性理作根據。心不認知理而便去盡其用，並不能保證其為合理。又朱子認為盡心知性是學者之事，並不如五峰就聖人說盡心。朱子以程子（明道）雖有「盡心知性而不假存養，其唯聖人乎」之說，但其義並不同於五峰。朱子認為程子語是表示聖人合下盡得此心之體。所謂盡得心體，即私意脫落，恢復心之廓然，而完全明白性理。若能盡得心體，則當然可「用處自然無所不盡」。故朱子以程子所說，是就心合下明理來說聖人，此聖人之心，是有性理作其活動之根據

---

[16] 同上註，頁 3696-3697。

的，並不似五峰不先言格物窮理，而只就心之知用、功用上說。又朱子認為，程子所說的聖人，是就始條理者而言。始條理者智之事，須至終條理方是聖之事。即若從盡心知性說聖人，此聖只是智者義，尚未是始終條理之聖也。朱子如此說，即堅持「盡心知性」只是對性理有充分之了解，未及於聖人之應物接物而無不合理之境。朱子在〈盡心章注〉之末段云：「盡心知性而知天，所以造其理也；存心養性以事天，所以履其事也」。他以前者屬知，後者屬行。此一註釋十分特別，引起了王陽明的議論，見後文。總言之，朱子認為盡心之道，是於致知格物上作工夫，不能不先知理而便去盡心之用。朱子在《語類》中，有些言論可說明此意：

> 人往往說先盡其心而後知其性，非也。心性本不可分，況其語脈是「盡其心者，知其性」。心只是包著這道理，盡知得其性之道理，便是盡其心。若只要理會盡心，不知如何地盡？或問「盡心、知性」。曰：「性者，吾心之實理，若不知得盡，卻盡箇甚麼？」[17]

上一條是黃㽔錄戊申所聞，朱子年五十九。[18]此雖是較後期之言論，但「若只要理會盡心，不知如何地盡」之語，亦可用來評五峰。

又依朱子的「中和新說」，在事物未至，思慮未萌，即情緒未發時，此時性理渾然在心，心是寂然的，此是心之「體」；而在事物交至，思慮已萌，即情緒發用時，此時之性理順著心之感通應物，而粲然表現，這是心之「用」。[19]依此說，亦可說明朱子所謂五峰只從功用說心之意，朱子認為心亦可分體用，使心涵具眾理，是「體」上之工夫，五峰之言

---

[17] 《朱子語類》卷六十（北京：中華書局，1986年3月），頁1422。

[18] 參考錢穆：《朱子新學案》（第四冊），頁485。

[19] 見朱子：〈答張欽夫〉十八，《朱子文集》卷三十二。

盡心，是直下地盡，欠缺了使心知理、具理之先行工夫。

朱子對五峰「盡心成性」說之疑義，並未明確說「盡心」在先，「知性」在後，但他說「盡心知性者，致知格物之事」，已涵此意，即盡得其心之體，須在致知格物工夫之後。

胡五峰之言盡心，並非如朱子所理解者，他的盡心，是仁心、道德心之充分實現，並不是盡心與理為二的氣心，或只從知覺說之心。〈知言〉有一條云：

> 彪居正問：「心無窮者也，孟子何以言盡其心？」曰：「惟仁者能盡其心。」居正問為仁，曰：「欲為仁，必先識仁之體。」曰：「其體如何？」曰：「仁之道弘大而親切，知者可以一言盡，不知者雖設千萬言，亦不知也。能者可以一事舉，不能者雖指千萬事，亦不能也。」曰：「萬物與我為一，可以為仁之體乎？」曰：「子以六尺之軀，若何而能與萬物為一？」……他日，某問曰：「人之所以不仁者，以放其良心也。以放心求心，可乎？」曰：「齊王見牛不忍殺，此良心之苗裔，因利欲之間而見者也。一有見焉，操而存之，存而養之，養而充之，以至於大。大而不已，與天同矣。此心在人，其發見之端不同，要在識之而已。」[20]

此條明白表示五峰認為仁心可隨時呈現，而仁心呈現，直下擴充，便可使心與天同樣的廣大。即由仁心之呈現而擴充，可充分實現心之為無限心之意義與作用。五峰並非沒有先行之工夫，而只去盡心之知用。他是先逆覺仁，恢復心之本體（如齊王見牛而不忍殺之本心），然後即此而求充分實現。逆覺仁心，即恢復心之「體」，仁心必有其無限之感通的作用，此即心之「用」，故五峰並不是只從功用上說心也。固然五峰有

---

[20] 引自朱子〈知言疑義〉，同註 15。

「性體心用」[21]之說,但這是性體呈現之用,即用顯體之用,並非如朱子所理解者。

朱子對五峰此條所說,大加批評:

> 熹按:「欲為仁,必先識仁之體」,此語大可疑。觀孔子答門人問為仁者多矣,不過以求仁之方告之,使之從事於此而自得焉爾,初不必使先識仁體也。又「以放心求心」之問甚切,而所答反若支離。夫心操存舍亡,間不容息,知其放而求之,則心在是矣。今於已放之心不可操而復存者置不復問,乃俟異時見其發於他處而後從而操之,則夫未見之間,此心遂成間斷,無復有用功處。及其見而操之,則所操者亦發用之一端耳。於其本源全體未嘗有一日涵養之功,便欲擴而充之,與天同大,愚竊恐其無是理也。[22]

朱子所理解之仁,是「心之德愛之理」[23],即仁是心所含具之德性,及惻隱之愛之根據,是形而上之性理;而不是感通不隔,與物混然為一之「覺」。五峰要彪居正從見牛不忍殺處體悟仁,即表示仁即是此不忍之覺情,此覺隨時可呈現,故人之於仁,求則得之。「以放心求心」之問,五峰之回答是藉此表示本心雖或有放失,但操之則在,並不是以一現實之已放之心去求本心也。朱子對此逆覺本心之說法,理解為「以心求心,以心觀心」。[24]他認為作為主體之心反觀以求另一主體,是不通的。此問題之主要關鍵在於朱子認為仁不是覺,若理解仁是覺,可知仁才是人之真正之主體。朱子後來便與湖湘學者展開對仁的理解之大辯論,力反「以

---

[21] 「聖人指明其體曰性,指明其用曰心」(〈知言〉)。
[22] 見朱子〈知言疑義〉。
[23] 朱子:《論語集注》卷一,〈其為人也孝弟〉章注。
[24] 見朱子:〈觀心說〉(《朱子文集》卷六十七)。

覺訓仁」之說。

朱子反對於仁心呈現之端倪逆覺體證,本此覺以力求擴充之進路,他所主張的是以敬涵養,致知窮理之工夫,故有以上之批評。從朱子對五峰之批評,可見二人對何以能盡心之道,有截然不同之理解。朱子在《孟子或問》中,對人如何能盡其心,有以下之討論:

> 或問:「心無限量者也,此其言盡心何也?」曰:「心之體無所不統,而其用無所不周者也。今窮理而貫通,以至於可以無所不知,則固盡其無所不統之體,無所不周之用矣。是以平居靜處,虛明洞達,固無毫髮疑慮存於胸中,至於事至物來,則雖舉天下之物或素所未嘗接於耳目思慮之間者,亦無不判然迎刃而解。此其所以為盡心。而所謂心者,則固未嘗有限量也。」[25]

朱子這心本無限量,何以能言盡心之討論,與上文彪居正之提問相似,此可以見到〈知言〉對朱子的影響。此段《或問》很明白表示朱子所意謂的盡心境界,是由心知對理之充分了解而達致的。由於窮理貫通,內心虛明洞達,無纖介之疑;事至物來,雖素所未曾經歷者,亦能處之而無不當。此種境界,朱子確有體會,言之甚美。但這是心與理為二,以理為心知之對象,通過格致而達之心清理明之境,並不是道德心之由逆覺擴充,成為吾人之真正主體,而承體起用,沛然莫之能禦的真實實踐。朱子此段《或問》之最後云:

> 曰:「然則心之為物與其所以盡之之方,奈何」?曰:「由窮理致知,積累其功以至於盡心,則心之體用在我,不必先事揣量,著意想象,而別求所以盡之也。」

---

[25] 朱熹:《孟子或問》卷十三。收入《四書或問》(漢城:保景文化社,1990 年 2 月再版)。

盡心之方是窮理致知，積累其功。此意如上述。「而不必先事揣量，著意想象，而別求所以盡之」，是批評五峰「先識仁之體」之說。朱子此段討論，很明顯是以五峰之說為敵論，而申述己說者，此可見朱子對孟子〈盡心章〉之思考，與五峰的說法有很大的關係。《朱子語類》有與此段意相近的，如云：

> 盡心，如何盡得？不可盡者心之事，可盡者心之理。理既盡之後，謂如一物初不曾識，來到面前，便識得此物，盡吾心之理。盡心之理，便是「知性，知天」（原注：末二句恐誤。）心有何窮盡？只得此本然之體，推而應事接物皆是。故於此無所不有，知天亦以此。[26]

此二條所說同於上引《或問》，說明心本不可盡，但何以又說可以盡其心之故。朱子所意謂的心沒有窮盡，並不同於胡五峰，五峰所說的無限心，是本心、仁心，從仁心之遍體無外而見其無限性。此是以理說的心。朱子則以心有知理具理的妙用，來說心的不可窮盡，此心雖是虛靈明覺，但乃是屬於氣。嚴格講，氣心是不可說為無限的。朱子在〈知言疑義〉中，便對五峰「心無死生」之說大力反對。由上述可知，對於如何才能盡其心，朱子的想法不同於五峰。五峰是從逆覺仁體，見仁心之無限性，故擴充之，使仁心充分實現，而與天同大。故盡心之道，五峰認為是在於先識仁，顯仁體而踐履，而踐履必須至與天同大，即成就一切，善化一切存在，方可算是仁者，而此才是盡心。如此而言盡心，則當然只有聖人才可能，如朱子在上文所評的，五峰言盡心，以為是聖人之事。五峰之盡心成性說，性體之意義，全幅彰顯於盡心之活動中，這當然不是一般可以做到的，朱子此評不誤，五峰此只有聖人才能盡心，才可算是仁者之論，在〈知言〉中是常見的，如云：

---

[26] 以上兩條見《朱子語類》卷六十，頁 1426-1427。

> 仁者，天地之心也。心不盡用，君子而不仁者，有矣。[27]
>
> 仲尼從心所欲不踰矩，可謂盡心矣。天即孔子也，孔子即天也。[28]
>
> 仁者，人所以肖天地之機要也。[29]
>
> 人盡其心，則可與言仁矣；心盡其理，則可與言性矣；性存其誠，則可與言命矣。[30]

從盡心才可與言仁，則可知仁者是以天道朗現於心來規定，即必至善化一切方可言盡心，故這必是聖人之事。未達聖境之賢人君子，因心未能盡其用，未能如天地般及於一切，故未可稱為仁者。五峰以他的「盡心」義來詮釋「君子而不仁者有矣乎」之言，雖未必合於《論語》原義，但亦可自成一說。又從「人盡其心，則可與言仁；心盡其理，則可與言性」之說，可知五峰是以盡心為知性之條件，即盡心在先，知性在後的。

五峰此先言性體為天下之大本，然後由心之盡以見性體之具體而真實之意義之說，很明顯是源自張橫渠，橫渠與五峰有相似之說法，如云：

> 心能盡性，人能弘道也。性不知檢其心，非道弘人也。[31]
>
> 大其心，則能體天下之物。物有未體，則心為有外。世人之心止於聞見之狹。聖人盡性，不以見聞梏其心。其視天下，無一物非我。孟子謂盡心則知性知天，以此。天大無外，故有外之心，不

---

[27] 胡宏：《胡宏集》（北京：中華書局，1987年6月），頁4。
[28] 《胡宏集》，頁10。
[29] 《胡宏集》，頁25。
[30] 《胡宏集》，頁26。
[31] 《正蒙・誠明篇》。

足以合天心。[32]

横渠言心能盡性，即以性為天下之大本，是客觀而自存之實有，此實有由心之盡而見。而人能不受形軀耳目所限，使心以天下之物為其所體之範圍，則心便恢復其為無外之心（即無限心）。橫渠言心，是關聯著性，以性在盡心處顯，心可以呈現性體含萬物之意義來說的，此與五峰是同一思路。又從「孟子謂盡心則知性知天」，可知橫渠對孟子此句的理解是盡心是知性知天之因，是在先者，此亦同於五峰。

對橫渠「大其心然後知性知天」之論，朱子不表同意，《朱子語類》載：

> 道夫曰：「孟子本意，當以《大學或問》所引為正。」曰：「然。孟子之意，只是說窮理之至，則心自然極其全體而無餘，非是要大其心而後知性知天也。」道夫曰：「只如橫渠所說，亦自難下手。」曰：「便是橫渠有時自要恁地說，似乎只是懸空想像而心自然大。這般處，元只是格物多後，自然豁然有箇貫通處，這便是『下學而上達』也。孟子之意，只是如此。」[33]

由朱子之評，可見朱子對橫渠、五峰之說並無相應的理解，他認為只有加入格物窮理之工夫，心才能明體達用，不能只一味去大其心。

朱子雖不切於五峰義，但他的思考盡心的義理，是由五峰義之反省而轉至的。此從上引《孟子或問》之提問可知。朱子和五峰一樣，從心的能充分實現來規定盡心之義，即同樣認為心是無限量的，而思考如何能盡此心，朱子的對心如何能盡之見解與五峰不同，但二人之思路是一樣的。朱子的〈盡心說〉，與〈知言疑義〉的寫作年代相近，而已大略

---

[32] 《正蒙·大心篇》。

[33] 《朱子語類》卷九十八，頁2518。

確定對孟子盡心義的理解;〈盡心說〉云:

> 「盡其心者,知其性也。知其性,則知天矣。」言人能盡其心,則是知其性;能知其性,則知天也。蓋天者,理之自然,而人之所由以生者也;性者,理之全體,而人之所得以生者也;心則人之所以主於身,而具是理者也。天大無外,而性稟其全,故人之本心,其體廓然,亦無限量,惟其梏於形器之私,滯於聞見之小,是以有所蔽而不盡。人能即事即物,窮究其理,至於一日會貫通徹而無所遺焉,則有以全其本心廓然之體,而吾之所以為性,與天之所以為天者,皆不外乎此,而一以貫之矣。[34]

朱子此文解盡心知性為「言人能盡其心,則是知其性」,這如同上文所引的趙岐注「人能極盡其心以思行善,則可謂知性矣」,此種句子,並不能決定盡心與知性之先後次序。但從後文所說,要即事即物窮究其理,方可全本心廓然之體,可知朱子是主張知性在先,盡心在後的。此文已是〈盡心章注〉的義理,而在行文上比較不明確,應是朱子通過對五峰思想之反省,而形成自己對盡心知性的理解後,作出初步之陳述。

三、「窮盡」與「往盡」及象山、陽明的盡心說

五峰以先識仁體為盡心之道,朱子反對之,認為通過格物窮理,先知性,然後能盡心。二人所言之所以能盡心之方法不同,但都是以「心是無限的,人何以能盡其心」之思路來探索此問題,而以此思路來思考「盡心」,此盡便是「窮盡」義,即「盡心」乃是心之作用得以全部實現之意,但這以「窮盡」義來規定盡心之「盡」,是否便是孟子原義呢?

---

[34] 《朱子文集》卷六十七。又朱子〈答張敬夫問目〉(《文集》卷三十二)首段論盡心知性,大意與此文相同,蓋同時之作也。

唐君毅先生在討論《中庸》的「盡性」義時，認為盡性之盡是往盡之盡，非窮盡之盡。此一區分，很有啟發性。唐先生說：

> 本仁智以自盡其性而自誠者，乃一純亦不已而相續無窮之歷程。盡人之性與盡物之性，亦為一無窮之歷程。盡而不窮，則此盡非窮盡之盡，乃往盡之盡。往盡而更無窮盡，是為盡而無盡之盡。故人物之無窮，聖人固亦終不能有一一皆完滿成就之一日。然此非聖人不能往盡彼人物之性之謂；唯是此聖人之盡己之性，盡人物之性之歷程，原是一盡而無盡之歷程之故，是正所以見聖人之聖德之無盡也。[35]

人、物之性，原則上是不能窮盡的，因那是一無限的範圍。但雖不能窮盡，仍可說盡人、物之性，此盡是往盡、去盡之意，亦即是從我這方面說的盡，此即竭力求盡。《中庸》所說的盡性，既是往盡之盡，孟子之言盡心，更應是此意。孟子所言之盡心，應是竭力求盡此當下呈現之四端之心，「凡有四端於我者，知皆擴而充之矣。……苟能充之，足以保四海，苟不充之，不足以事父母。」（《孟子‧公孫丑上》）「人皆有所不忍，達之於其所忍，仁也；人皆有所不為，達之於其所為，義也。人能充無欲害人之心，而仁不可勝用也；人能充無穿踰之心，而義不可勝用也。人能充無受爾汝之實，無所往而不為義也。」（《孟子‧盡心下》）盡心，是直下往盡此心，此道德心我本有之，隨時都可呈現，問題是我是否能擴充之，充盡之而已。不能充之，則本已呈顯之道德心便因受私欲之障蔽而縮回去，隱沒不見；苟能充之，則我這心便充沛而出，而仁德義行，便源源不絕了。故盡心知性，是表示在往盡其本心的竭力求盡之精誠活動下，仁義禮智之意義彰明昭著地顯現出來之意。知性是在盡心踐德下而知，此知是知其自己，是在自己之本性於道德心之充盡活動

---

[35] 唐君毅：《中國哲學原論‧原性篇》，（《唐君毅全集》，學生書局，卷十三），頁84。

中不住呈顯，心返照而知之。並不是以性理為對象而認知之。此性唯有在實踐之活動下方能真實呈現，故曰「思則得之」、「求則得之」、「操則存、舍則亡」，若性是在實踐中才得以顯，則盡心一定在先，而為知性之條件。此知性是心知其真正之自己，亦即證實其自己。此真正之自己，只有在道德實踐中，才可以真實呈現，此是孟子證成其性善論的進路、方法。孟子認為，若人往盡其心而極力實踐，便可真見此仁義之本性，若不盡心實踐，此性不顯，則你便如告子，只從人之生理本能，心理情緒來了解自己的本性了。人的義理之本性，是在竭力求盡時方朗然挺立的。而道德心，亦是在往盡其心之要求下，越顯其為一無窮無盡之淵泉。越去盡，越見其為無盡。故道德精神之表現，必是盡而不盡者。

若上說不誤，則孟子之言盡心，是即在本心之呈現時直下擴充，往盡。並非如五峰、朱子所說的。五峰之言盡心之道，在於先識仁體，而識仁之方，在於本心萌發時擴而充之，此不違孟子義。但五峰所說的盡心，是由心之盡以見性之成，他是關聯到性體來說，以主觀面之心之實踐以彰顯客觀面之天道本體。孟子並沒有這種曲折的義理架構，而且五峰如此而言之盡心，是完全實現，即是窮盡之盡，此亦不合孟子語意。由於五峰之盡心義關聯性體來說，性是絕對普遍的，故心必須充分實現其作用，全之盡之，方能彰顯無限意義的性。故五峰言盡心，是窮盡之盡。當然嚴格言之，五峰所理解之心，是無限心，既是無限心，亦應是不能窮盡的，故亦可說五峰之盡心，是盡而不盡之盡，是往盡。但這是就實義說。從五峰言盡心的語意上看，他所意謂的，是窮盡之盡。朱子亦關聯於性來說盡心，他以知性為盡心之道，此並不相應於孟子言盡心擴充，即在此當下之本心呈現時竭力求盡之意。他並不直下的往盡此心，而要繞出去，先作格物窮理以知性之工夫。如是盡心成為工夫後之結果，盡心是心得以盡之意，並無工夫義，而此盡，亦是窮盡之盡。故由往盡與窮盡之區分，可以分別出孟子與五峰、朱子言盡心義之不同。

在《朱子語類》卷六十中，朱子亦有以去盡，竭力求盡來釋「盡心」之義的，如云：

「某前以孟子『盡心』為如大學『知至』，今思之，恐當作『意誠』說。蓋孟子當時特地說箇『盡心』，煞須用功。所謂盡心者，言心之所存，更無一毫不盡，好善便『如好好色』，惡惡便『如惡惡臭』，徹底如此，沒些虛偽不實。」童云：「如所謂盡心力為之之『盡』否？」曰：「然。」

黃先之問「盡心」。曰：「盡心，是竭盡此心。今人做事，那曾做得盡，只盡得四五分心力，便道了。若盡心，只是一心為之，更無偏旁底心。『如惡惡臭，如好好色』，必定是如此。如云盡心力為之。」（頁1424）

此兩條（與此類似的尚有數條）以意誠釋盡心，如是則盡便是真誠地求盡之意，此便有工夫義，以此義釋孟子之盡心，是較切合的。但這意誠，是由知至而達致，工夫仍是以知性為先，由知之盡而達意誠之境，雖加入意誠義於盡心中，於朱子之盡心義，並無本質的影響。即此盡雖是實踐地盡，但乃是先作知理之工夫然後可能，是「以知性為先的實行地盡」，並不合孟子原意。而據《語類》記載，朱子後來又放棄此解，仍以知至釋盡心[36]。若是，則朱子所理解的盡心之盡，仍是窮盡之盡，工夫在知性上，盡心是結果，不是用工夫處。

在宋儒中，陸象山對盡心的體會，是較與孟子契合的，試看以下象山之有關說法：

天之所以與我者，即此心也。人皆有是心，心皆具是理，心即理也。故曰「理義之悅我心，猶芻豢之悅我口」。所貴乎學者，為其欲窮此理，盡此心也。有所蒙蔽，有所移奪，有所陷溺，則此

---

[36] 參考《朱子新學案》（第四冊），頁487-491。

心為之不靈，此理為之不明。[37]

> 彝倫在人，維天所命。良知之端，形於愛敬，擴而充之，聖哲之所以為聖哲也。先知者，知此而已，先覺者，覺此而已。……所謂格物致知者，格此物，致此知也，故能明明德於天下。易之窮理，窮此理也，故能盡性至命。孟子之盡心，盡此心也，故能知性知天。[38]

象山沒有正式詮釋盡心知性知天，他都是兼帶著說，但順著他的文脈，可知他所理解的盡心，是直下往盡此心。要人就在此道德心呈現時，推而盡之，不使其受物欲之陷溺、移奪。象山亦可說格物致知，但從他所說的「格此物，致此知」可知是就本心而言，格物致知，只是推擴，明白此心而已，並不是在發明本心之外，另作一段工夫。又從「孟子之盡心，盡此心也，故能知性知天」，可知他是以盡心在知性之先者。總言之，象山之言盡心，確如孟子般直下本著此心而去盡，並不似五峰、朱子所理解之曲折。〈象山語錄〉有一條云：

> 先生言：萬物森然於方寸之間，滿心而發，充塞宇宙無非此理。孟子就四端上指示人，豈是人心只有這四端而已？……又得此心昭然，但能充此心足矣。[39]

此言滿心而發，充塞宇宙無非此理，言此心此理並不是有限的，亦即孟子由盡心知性以知天之旨。性與天道，是在盡心中見，此是以心為主，從心的推擴而見此心之高明廣大，於是證實天之所以為天。此是直下由

---

[37] 〈與李宰〉二，《象山全集》（臺北：中華書局，民國59年4月）卷十一。
[38] 〈武陵縣學記〉，《象山全集》卷十九。
[39] 〈語錄上〉，《象山全集》，卷三十四。

心之申展而言性天,如牟宗三先生所說,是「一心之朗現,一心之申展,一心之遍潤」並非如五峰之「以心著性」。[40]

陽明亦是心學一系,但他詮釋孟子〈盡心章〉時,卻不同於象山,並不是直下擴充而言盡心。他說:

> 「盡心」由於「知性」,「致知」在於「格物」,此語然矣。……朱子以「盡心、知性、知天」為「物格、知致」,以「存心、養性、事天」為「誠意、正心、修身」,以「殀壽不貳,修身以俟」為「知至、仁盡、聖人之事」。若鄙人之見,則與朱子正相反矣。夫「盡心、知性、知天」者,生知、安行,聖人之事也;「存心、養性、事天」者,學知、利行,賢人之事也;「殀壽不貳,修身以俟」者,困知、勉行,學者之事也。豈可專以「盡心、知性」為知,「存心、養性」為行乎?……夫心之體,性也;性之原,天也。能盡其心,是能盡其性矣。《中庸》云:「惟天下至誠為能盡其性」。又云:「知天地之化育,質諸鬼神而無疑,知天也。」此惟聖人而後能然;故曰:「此生知、安行,聖人之事也。」存其心者,未能盡其心者也,故須加存之之功;必存之既久,不待於存而自無不存,然後可以進而言盡。蓋「知天」之「知」,如「知州」、「知縣」之「知」,「知州」則一州之事皆己事也,「知縣」則一縣之事皆己事也,是與天為一者也。[41]

陽明欲扭轉朱子,但他受朱子影響太深。他亦如朱子般,以知性是盡心之條件,雖然他所理解的盡心知性不同於朱子。陽明所謂的知性,此知是「主」之義,如所謂「知州」、「知縣」之知。陽明認為「知性」「知天」即已與性天為一。與性天為一,則天道之生化,即己分內之事,此

---

[40] 牟宗三:《心體與性體》(第一冊),頁 47-48。
[41] 〈答顧東橋書〉,《傳習錄》卷中。

即「知天地之化育」。陽明以此義來規定「盡心」，即他所理解的盡心，是己與天道為一，能參贊天地之化育之境界，這是聖人才可能作到的，故他也主張盡心由於知性，而「盡心知性知天」是生知安行的聖人之事。陽明所謂之「知性知天」之知，知中已涵行，所謂「知行合一」也，與朱子以認知義言「知」，大不相同。

　　由於與性、天為一，即達聖人化境，方是盡心，則陽明所說的「盡心」之「盡」，應亦是「窮盡」義。故他說盡心即盡性。而據《中庸》，只有至誠者（即聖人）才能盡性，此盡是「完全實現」之義，此可以說是窮盡。未必如前述唐君毅先生所說，《中庸》之盡性是往盡。陽明對盡性之理解並不錯。但孟子所說的盡心，如上文所述，應是直下往盡、擴充之意，故陽明以盡心即是盡性，是忽略了《孟子》與《中庸》義理之不同。孟子之盡心不必以《中庸》之盡性義來理解。當然，《中庸》之言盡性，雖是窮盡，但亦是永不能盡的，如唐先生所說，是「盡而無盡之盡」。

　　陽明為了扭轉朱子心與理為二，及先知後行，先窮理然後踐履之說，便以知性知天之「知」，為已涵行在內的「知行合一」之知，又以盡心為聖人之境界，而以生知安行，學知利行，困知勉行比配盡心知性知天、存心養性事天及殀壽不貳修身以俟命，他如此詮釋「盡心知性知天」章，是十分曲折而彆扭的，和朱子的詮釋一樣，都是孟子此章的「別解」，並不合孟子原義。陽明雖反對朱子對此章之解釋，但他言盡則取朱子、五峰之「窮盡」義，由此而使陽明認為只有聖人才能窮盡其心性，他認為朱子將原屬聖人之事來要求學者，是不合理的。其實如此理解，距離孟子原義更遠。若盡是往盡、去盡之意，則在本心呈現時力求盡其心，是任何人都可以作的工夫，怎可以以此專屬聖人？

四、結論：盡心義的諸型態

　　上述各家對「盡心」義的詮釋，可區分為幾種型態。朱子以知性為

盡心之條件,即心之盡須靠明心外之性,心與理為二,而盡是認知地盡,此是他律的盡心(如果心之明理是據對理之本知,進而求其知,則不能說是他律),或可謂是綜合的盡。其他各家的盡心義,都是實踐地盡道德心,而心即是理,都是自律的盡,或分析的盡。但五峰之盡心,雖是盡無限之仁心,但乃是視心之盡為超越之性體之形著,此可謂是超越的盡;而孟子、象山之言盡心,是直下就當前之本心擴充之而盡,不先言性與天道,而性、天之義盡在其中,此盡,完全以心為主,可曰內在的盡。又朱子、五峰、陽明言盡心,都是窮盡之盡;孟子及象山,則為往盡之盡。

最後,程明道之「一本論」,亦涉及「盡心知性知天」之義,而他所理解之盡心,則最為玄奧,他說:

> 〔橫渠〕嘗喻以心知天,猶居京師往長安。但知出西門,便可到長安。此猶是言作兩處。若要誠實(《宋元學案》作「至誠」),只在京師,便是到長安,更不可別求長安。只心便是天,盡之便知性,知性便知天。當處便認取,更不可外求。[42]

按橫渠認為以心知天,這好比身在京師而欲往長安,而只要知出西門,便可到長安。橫渠此一說法,心、性是有距離的,心是起點,性、天是終點。必須由心之盡,性、天方可具體呈現,此如上文所說「心能盡性」、「大其心」之意。雖然此心、性分說,由盡心以成性是權說,最後心性必是一,但此一系統顯心、性有距離,由心之盡以逐步呈現無限奧祕之性、天之相,如是心、性便分成兩頭來說。明道則認為,此分作兩頭是不須要的,當心之求盡其自己以知天時,便即是天道之呈現,離開此盡心之活動,亦別無天道也。故曰「只心便是天」。固然可說心是在我之

---

[42] 《河南程氏遺書》卷第二上,《二程集》(北京:中華書局,1981 年 7 月),頁 15。此段之首句,朱子《孟子精義》(《朱子遺書》第 11 冊,臺北:藝文印書館,民 58 年 5 月)引有「橫渠」二字,據補。朱子認為此條是伊川語,牟宗三先生認為應是明道語。

主體,而性、天是客觀自存的實有,但在我的盡心的活動處,便即是客觀的性、天的呈現,不管是主觀地說,或客觀地說,都是同一的活動。[43]主觀面的德行的純亦不已,即是客觀面的天道生化之於穆不已,人自盡其心的道德活動,頓時便是天地之生化。如此而言盡心,是內在地盡,但亦即是超越地盡。可以說是「即內在即超越」地盡。又由盡心以知天,好比由京師(開封)而往長安,這是往盡,而到了長安,是窮盡。但明道說,若是誠實,則身在京師即是到了長安,此即一念發心,便到達目的,當下即是。這可以說是「即往盡即窮盡」,此是將可以無限拉長的工夫過程,收約於當下之頓悟。故明道之說,是將內在與超越,起點與終點等分別泯化為當下之圓頓。

---

[43] 參考牟宗三先生《心體與性體》(二)(臺北:正中書局,民78年6月臺初版第八次印行)論程明道之「一本」處,頁18及91-116。

胡五峰之體用論與朱子「中和舊說」的關係

一、胡五峰的體用論

朱子〈跋胡五峰詩〉云:

幽人偏愛青山好,為是青山青不老。山中出雲雨太虛,一洗塵埃山更好。

右,衡山胡子詩也。初,紹興庚辰,熹臥病山間,親友仕於朝者以書見招。熹戲以兩詩代書報之,曰:「先生去上芸香閣,(時籍溪先生除正字,赴館供職。)閣老新峨豸角冠。(劉共父自祕書丞除察官。)留取幽人臥空谷,一川風月要人看。」(一章)「甕牖前頭列畫屏,晚來相對靜儀刑。浮雲一任閑舒卷,萬古青山只麼青。」(二章)或傳以語胡子,子謂其學者張欽夫曰:「吾未識此人,然觀此詩,知其庶幾能有進矣。特其言有體而無用,故吾為是詩以箴警之,庶其聞之而有發也。」明年,胡子卒。又四年,熹始見欽夫而後獲聞之。恨不及見胡子而卒請其目也,因敘其本末而書之于策,以無忘胡子之意云。[1]

朱子未能見到胡五峰,這是二人在文字上的一次因緣。作上述二詩時,朱子三十一歲。朱子之詩表示不欲做官,只願長處青山,觀賞風月。「甕

---

[1] 《朱文公文集》(四部叢刊正編,臺灣商務印書館,1979年11月)卷八十一。

牖前頭列畫屏，晚來相對靜儀刑」，是說自己雖家貧，但潛心聖賢之道。「浮雲一任閑舒卷，萬古青山只麼青」，既表示自己山中歲月意態悠然，亦藉青山之青萬古如是，以喻道體之恆存。朱子欲如浮雲常伴青山，即願以一生求道，不慕世間名利。五峰評朱子詩「有體而無用」，即以朱子專注於個人之潛心修德，及天道之恆存，而未能本天道以為用，以善化一切為心，是為不足。故人須既體道之恆常，又須顯體以成用，「山中出雲雨[2]太虛，一洗塵埃山更好」，喻成用以善化一切也。五峰因朱子之詩而作的絕句共有三首，上引為第二首，另兩首意亦相近，即勸朱子求用於世。其第一首云：

> 雲出青山得自由，西郊未解如薰憂，欲識山中最青處，雲物萬古生無休。[3]

朱子詩表示羨慕浮雲悠閒，依伴青山；五峰則認為雲出青山，更得自由，此喻由體而起用。雲出青山，自然是興雲作雨，滋潤大地；若密雲不雨，旱象不解，便不能免於如薰之憂。[4]此喻儒者關心人世之心情。雖可樂道終身，但對世間，有不容自已之憂慮。「欲識」二句，是「即用見體」之義。在興雲作雨，生物無窮處，才可體會到青山之至青處。此喻道體之奧妙，正在於其生物不已處，本體必興大用，而於大用流行處，方可真見本體。此二句很能顯示五峰思想的特色。朱子詩以「萬古青山只麼青」，喻道體之恆常不變，固是善喻；而五峰之意，則以繁興大用，方見道體之妙，不能只於道體本身之恆存性來用心，其意亦深。五峰詩第

---

[2] 《朱子大全》（四部備要本，臺灣中華書局）及《朱子文集》（陳俊民校訂，德富文教基金會，2000年2月，臺北）「雨」作「霧」，恐誤。又《胡宏集》（吳仁華點校，中華書局，1987年，北京），〈絕句三首〉，收入此詩，末二句作「山中雲出雨乾坤，洗過一番山更好。」（頁77）

[3] 〈絕句三首〉，《胡宏集》頁77。《四庫全書》本《五峰集》題為〈朱元晦寄詩劉貢父，有風藉溪先生之意，詞甚妙而意未員，因作三絕〉。

[4] 《易‧小畜》：「密雲不雨，自我西郊」。《詩‧大雅‧雲漢》：「我心憚暑，憂心如薰」。

三首云：

> 天生風月散人間，人間不止山中好。若也清明滿懷抱，到處氛埃任除掃。

朱子詩云「一川風月要人看」，意謂以觀賞山中風月為樂，不願出仕。五峰詩則認為風月遍於人間，山中風月固然好，而人間處處皆有值得觀賞之風月。五峰以風月散人間，不止山間有風月，是譬喻人間一切存在，都有其價值，都有美善存在，這是五峰之重要思想。即所謂道無所不在，「道外無物，物外無道」[5]也。「若也」二句，謂若自己能「清明在躬」，則所到之處，自然盡掃塵俗，[6]不必處於山中以圖清淨，此亦有體者必有用之意。

此中，五峰以「有體而無用」評朱子，當然不是朱子之實情，偏愛青山之青不老，不欲在世俗打轉，只是朱子一時之心情而已[7]。但由五峰之評語，可見「體用」一觀念，在五峰思想中，是十分重要的。吾人甚至可藉「有體者必須有用」，或「體必從用中見」之義，來理解五峰之思想。

在五峰著述中，體用是常見之語，如云：

> 學聖人之道，得其體，必得其用。有體而無用，與異端何辨？井田、封建、學校、軍制，皆聖人竭心思致用之大者也。[8]

---

[5] 〈與原仲兄書〉，《胡宏集》，頁120。

[6] 《禮記・孔子閒居》：「清明在躬，氣志如神，耆欲將至，有開必先，天降時雨，山川出雲。」又《後漢書・馬融傳》：「清氛埃，掃野場。」

[7] 朱子反對與金人議和，而當時的南宋朝廷，主和派仍在位，故朱子無心仕途。而朱子此詩，亦有諷勸胡憲（號籍溪）之意，籍溪為朱子少年時之師，他應朝廷之聘，赴館供職。他當時已七十五歲，當不能有為，故雖門人弟子亦皆疑之。

[8] 〈與張敬夫〉，《胡宏集・書》，頁131。

又五峰之〈知言〉曰：

> 法制者，道德之顯爾。道德者，法制之隱爾。天地之心，生生不窮者也。必有春秋冬夏之節、風雨霜露之變，然後生物之功遂。有道德結於民心，而無法制者為無用。無用者亡（劉虞之類）。有法制繫於民身，而無道德者為無體。無體者滅。（暴秦之類）是故法立制定，苟非其人，亦不可行也。[9]

> 道者，體用之總名。仁，其體；義，其用。合體與用，斯為道矣。大道廢，有仁義，老聃非知道者也。[10]

從五峰說道德是法制之體，法制是道德的用，又以道是體用之總名，即必合體與用，方是道，可見五峰對如何本體以成用，是十分關心的。合體用方是道，若有體而無用，便與異端（指佛老）無別，這是對往外開而成物之重視，五峰雖長期隱居不仕[11]，究心神明；但他卻不偏重在內聖問題上思考。他對如何致用有強烈之興趣。這一思考方向，或許便是他在討論心、性問題時，強調盡心以成性，性之奧義必須藉心之盡而顯之背景。〈知言・義理〉云：

> 為天下者，必本於理義。理也者，天下之大體也；義也者，天下之大用也。理不可以不明，義不可以不精。理明，然後綱紀可正；義精，然後權衡可平。綱紀正，權衡平，則萬事治，百姓服，四海同。夫理，天命也；義，人心也。惟天命至微，惟人心好動。

---

[9] 〈知言・修身〉，《胡宏集》，頁6。

[10] 〈知言・陰陽〉，《胡宏集》，頁10。「大道廢，有仁義」，《四庫》本〈知言〉作「大道廢焉有仁義」。

[11] 胡五峰父親胡安國早年和秦檜有過交誼，檜當國後一再要五峰兄弟出仕，五峰不肯，隱於衡山之下二十餘年。

微則難知,動則易亂。欲著其微,欲靜其動,則莫過乎學。(頁29)

此條從理、義以言體用。義是理之通達於外者,「義行而理明」(〈知言‧義理〉)。理是天命本體,亦是綱紀之理;義是人心,亦是權衡之準則。故五峰之體用論,既從道德上說,亦自政治上說。在前引文,五峰曾謂「井田、封建,……皆聖人竭心思致用之大者」,可以見到五峰對外王問題的一些思考。〈知言‧文王〉云:

文王之行王政,至善美也;孟子之言王道,至詳約也。然不越制其田里,導之樹畜,教之以孝悌忠信而已。自五霸之亂以至於今,田里之弊無窮,樹畜之業不修,孝悌之行不著,忠信之風不立,治道日苟,刑罰日煩。非有超百世英才之君臣,與文王、孟氏比肩者,其孰能復之?養民惟恐不足,此世之所以治安也;取民惟恐不足,此世之所以敗亡也。(頁18)

此言制田里(為民制產)、導之樹畜,及教以孝悌忠信,為王道之大端。為政須以養民為先務。此是本孟子意以言者。又云:

仁心,立政之本也。均田,為政之先也。田里不均,雖有仁心而民不被其澤矣。井田者,聖人均田之要法也。恩意聯屬,姦宄不容,少而不散,多而不亂。農賦既定,軍制亦明矣。三王之所以王者,以其能制天下之田里,政立仁施,雖匹夫匹婦一衣一食,如解衣衣之,推食食之。其於萬物,誠有調燮之法以佐贊乾坤化育之功,非如後世之君不仁於民也。(頁19)

此言井田制度之合理,以井田有為民制產之本意。井田合八家為一共同體,有「恩意聯屬,姦宄不容」之功效,且「農賦既定,軍制亦明」。

五峰此一想法，確有理據，並非泥古。又五峰此一構想，是希望做到人人皆足衣食之效。此以民食為急，確是仁政之最基本之要求。能為民制產，使匹夫匹婦無凍餒之虞，確是仁心所最先要求者，此若作不到，如何可言仁政王道？此制度確立，而百姓之衣食即有保障，而人心之仁，亦得以客觀而落實。故曰「政立仁施」。五峰又主張恢復封建，他對此有更深刻之思考，〈知言·修身〉云：

> 孝莫大於寧親，寧親莫大於存神。神存天地之間，順其命，勿絕滅之而已矣。死生者，身之常也。存亡者，國之常也。興廢者，天下之常也。絕滅者，非常之變也。聖人制四海之命，法天而不私己，盡制而不曲防，分天下之地以為萬國，而與英才共焉。誠知興廢之無常，不可以私守之也。故農夫受田百畝，諸侯百里，天子千里；農夫食其力，諸侯報其功，天子享其德。此天下之分，然非後世擅天下者以大制小、以強制弱之謀也，誠盡制而已矣。（頁5）

此處所說之「存神」，須稍作分析。「存神」一詞，出於孟子（「君子所過者化，所存者神，上下與天地同流。」〈盡心上〉）而五峰之說，應是本於張橫渠。橫渠云：「然則聖人盡道其間，兼體而不累者，存神其至矣。」（《正蒙·太和篇》）王夫之《張子正蒙注》在此處注云：

> 氣無可容吾作為，聖人所存者神爾。兼體，謂存順沒寧也。神清通而不可象，而健順五常之理以順，天地之經以貫，萬事之治以達，萬物之志皆其所涵。存者，不為物欲所遷。……使與太和絪縕之本體相合無間，則生以盡人道而無歉，死以返太虛而無累，全而生之，全而歸之，斯聖人之至德矣。

船山所云「氣無可容吾作為，聖人所存者神爾」，正可用來說明上引五

峰文之意。氣化有消息聚散，而人有死生，國有存亡，天下亦有興廢，此是不易之常理；但氣化聚而又散，散而復聚，生生不已，決不斷滅，因氣化中有神（太虛神體）妙運之故。在天地生化既是如此，若人能存神，則於一己生命形體之變化，亦可兼體而不累，即在人生之離合聚散，生死禍福之際，亦可善處之，而顯德性之無限價值，故人可於有限之生命取得無限意義，故橫渠云「知死之不亡者，可與言性矣」(《正蒙‧太和篇》)。五峰順此意而引申，認為如可以存神，則家國天下雖有存亡興廢，但亦會往而復來，否而復泰，而決不致滅絕。而存神之道在天下國家處之表現，在於行封建制度。五峰認為，封建制度「分天下之地以為萬國，而與英才共焉」，這是聖人「制四海之命，法天而不私己，盡制而不曲防」之意。此處五峰明顯有反對家天下之想法。他應是認為秦漢以後之君主專制，以中央集權之方式統治全國，視天下為一家所有，嚴防反側，以武力把持天下，是完全表現了人的私心。而一旦有勝於己者起來，便篡弒奪取，而原來之君主一家，便遭滅絕。故天子雖統領天下，但並不能視天下為自己私有，須分天下予天下賢才而共治，而這一念之公，便可以保持生機，天下雖有興廢，但決不致滅絕。五峰雖未能進而構思民主制度，但其對外王之思考，已十分深刻。

此一對存神義之體悟，應是五峰獨得之見。他從寧親必須存神（此如《中庸》所說：「反諸身不誠，不順乎親矣。」誠即神也。）進而言氣化生生之本體，再由此而言外王之超越根據。氣化生生，總是無平不陂，無往不復，故人不能期求一永久不變異之現實，而於天下國家，不可執為私有。人當安於陰陽變化，生死存亡，而求合於使氣化生生不已的天道。合於天道，即存神，而這一原則，是可通於內聖與外王的。五峰此說，當是儒家德化的政治論的很好的發揮。

五峰又云：

> 則必封建諸侯，藩垣屏翰，根深蒂固，難於崩陷，可以正中國四夷之分，不至畏匈奴，與之和親而手足倒置矣。則必復井田之制，

不致後世三十稅一，近於貊道，富者田連阡陌，僭擬公侯，而貧民冤苦失職矣。（頁37）

五峰主張恢復井田及封建制，據此段，是針對宋代積弱，而思改善之策。實行封建，則地方便有力量抵禦外侮。這亦見五峰思想雖以究心神明，言性命天道，內聖之學為主，而亦有強烈之現實關心，此當亦是五峰思想中強調本體必須成用之故。

二、心性與體用

在論心、性之問題上，五峰以性為體，以心為用，與前面由道德往外開而成用之說相關，而言之更為深遠，這由心、性以言體用之義，在〈知言〉中更是所在多有；如云：

> 有情無情，體同而用分。人以其耳目所學習，而不能超乎見聞之表，故昭體用以示之，則惑矣。惑則茫然無所底止，而為釋氏所引，以心為宗，心生萬法，萬法皆心，自滅天命，固為己私。小惑難解，大礙方張，不窮理之過也。[12]

「有情無情，體同而用分」是說一切存在雖都有性以為體，但人以外之存在物並無心覺，故用不同。人雖有心覺，可以由心之用以顯性體，但一般人並不能如此，故世人並不知由心以顯性體之無限意義，一般人不知此體用義，而易受釋氏之惑。五峰認為，佛教之主張心生萬法，是只言心而不及性，不肯定性體，故視一切之存在為如幻如化，此是「大礙方張」。即比較而言，世人限於聞見，以日用為真實，不見此體實是超

---

[12] 〈知言·陰陽〉，《胡宏集》，頁9。

越而無限的,這過失比以世間為虛幻者為小,故是「小惑」。佛教之說,雖使人不執於聞見,但卻使世人對世間之真實性不能肯定,不能肯定倫常,這是更大的迷惑。[13] 由此評可知五峰固然反對佛教心生萬法,一切無自性之說,而肯定世間;但他的肯定世界,並非如世俗般直下以人世為真實,而是要由心覺之活動,實現一切存在本有的性體之意義,由體以開用,如此地肯定世界。即乃是在通過心的不斷明覺,人力不斷的努力,以善化一切,在這實踐地善化一切之不已的積極主動的活動下,以肯定一切。即由人之盡心成用下,肯定人間一切。

所謂「昭體用以示之」之意,可於下列數則見之:

> 中者,道之體;和者,道之用。中和變化,萬物各正性命而純備者,人也,性之極也。故觀萬物之流形,其性則異;察萬物之本性,其源則一。聖人執天之機,惇敘五典,庸秩五禮。順是者,彰之以五服;逆是者,討之以五刑。調理萬物,各得其所。此人之所以為天地也。[14]

萬物皆有性,惟有人得其全而純備。而聖人之作為,正是彰顯性體。此處以中為體,以和為用,亦即以性為體,以心為用。當然若以和為心,是專就聖人之心而言,中和之道,只有聖人獨得,此意見下文:

> 胡子喟然歎曰:「至哉!吾觀天地之神道,其時無愆,賦形萬物,[15]無大無細,各足其分,太和保合,變化無窮也。凡人之生,粹然天地之心,道義完具,無適無莫,不可以善惡辨,不可以是非分,無過也,無不及也。此中之所以名也。夫心宰萬物,順之則

---

[13] 「小惑難解」句,四庫本作小惑「雖」解,於義為長。

[14] 〈知言‧往來〉,《胡宏集》,頁14。

[15] 四庫本〈知言〉作「賦命萬物」。

喜，逆之則怒，感於死則哀，動於生則樂。欲之所起，情亦隨之，心亦放焉。故有私於身，蔽於愛，動於氣，而失之毫釐，繆以千里者矣。眾人昏昏，不自知覺，方且為善惡亂，方且為是非惑。惟聖人超拔人群之上，處見而知隱，由顯而知微，靜與天同德，動與天同道，和順於萬物，渾融於天下，而無所不通。此中和之道所以聖人獨得，民鮮能久者矣。為君子者奈何？戒謹於隱微，恭敬乎顛沛，勿忘也，勿助長也，則中和自致，天高地下而位定，萬物正其性命而並育，成位乎其中，與天地參矣。[16]

此段開首說天命流行，賦與萬物，物皆有性，各足其分。人則更是完具此性，此性是超越的至善，不能用善惡是非以名之，是渾然之中。人雖有此性，但其心覺之活動會因受外物之影響，而放失其心。此時心乃為善惡是非所惑。而聖人則與天地合德，其心無所不通，故「中和」是聖人所獨得的。「處見而知隱，由顯而知微」，可說是由心而見性。即在聖人，其已發之心，完全是未發之性之彰顯。

此段言心，雖就本心說，心能成性，此心性當是一，但亦言心因物欲之影響而放失，只有聖人才得中和，即盡心成性之境，故在心之層次，人須自覺奮鬥，方能成性。而罪惡的產生，亦在此層次上說。五峰云：

夫人雖備萬物之性，然好惡有邪正，取舍有是非。或中於先，或否於後，或得於上，或失於下，故有不仁而入於夷狄禽獸之性者矣。[17]

此是說人雖有性，而亦有下墮為禽獸之可能，依此義，人之為善為惡，

---

[16] 引自朱熹：〈知言疑義〉，（《胡宏集》，頁332）。在四庫本〈知言〉，此條見於卷二，頁7。

[17] 〈知言・往來〉，《胡宏集》，頁14。

是在乎自己。不能說既有天命之性，必然為善，此是五峰強調「盡心」義之微意。五峰此段續云：

> 惟聖人既生而知之，又學以審之，盡人之性，盡物之性，德合天地，心統萬物，故與造化相參而主斯道也。不然，各適其適，雜於夷狄禽獸。是異類而已，豈人之道也哉！是故君子必戒謹恐懼，以無失父母之性，自別於異類，期全而歸之，以成吾孝也。[18]

即使是生而知之的聖人，亦須作學以審之。〈知言〉另一條云：

> 人雖備天道，必學然後識，習然後能，能然後用。用無不利，惟樂天者能之。[19]

人全備天道，此是原則上之肯定，但能否將此道體現出來，這便是實現的問題。雖然原則上肯定人人有此道，有此性，但能否體現此性，便要看人是否能下工夫。原則上肯定人人皆可成聖，不等於說在現實上人人都是聖人。而現實上不能人人都成聖，那是因為有限制之存在，如五峰所說的「私於身，蔽於愛，動於氣」，必須克服這些限制，性體方能體現。人人都有此「體」，但能否成「用」，端賴人的工夫。故上文云須學識、習能後，方能成用。五峰如此言體用，及對用的重視，是充分見到人的主體自覺，後天工夫之重要。

由上述可知，五峰是以性為體，以心為用，若以未發已發來區分，則是性為未發、心為已發。在以下之文獻表示得最為明白：

> 竊謂未發只可言性，已發乃可言心，故伊川曰「中者，所以狀性

---

[18] 同上。

[19] 〈知言・好惡〉，《胡宏集》，頁11。

之體段」,而不言狀心之體段也。心之體段,則聖人無思也,無為也,寂然不動感而遂通天下之故是也。未發之時,聖人與眾生同一性;已發,則無思無為,寂然不動感而遂通天下之故,聖人之所獨。[20]

五峰以性為未發,心為已發,他這段言論,是針對楊龜山的說法的,楊氏《中庸解》曰:「中也者,寂然不動之時也。」[21]即以寂然不動來說未發之中;五峰認為寂然不動已是心之活動,屬於已發,故寂、感都是從心上說,不能以寂然不動屬之性,而將感而遂通歸於心。但其實楊氏之解,本於程伊川。伊川曰:

> 喜怒哀樂未發謂之中,中也者,寂然不動者也,故曰天下之大本。發而皆中節謂之和,和也者,言感而遂通者也,故曰天下之達道。[22]

伊川便以寂然不動來形容未發之中,但他所理解的中,是心,或曰「心之體」,並不是如五峰般以中為性。伊川曰:

> 「凡言心者,指已發而言」,此固未當。心一也,有指體而言者,寂然不動是也;有指用而言者,感而遂通天下之故是也。[23]

伊川本來認為凡言心,都指已發而言,經呂大臨的論難,而作了修正,認為心亦可分體用,在寂然不動的「心之體」之狀態,是可以說未發的。

---

[20] 〈與僧吉甫書三首〉,《胡宏集·書》,頁115。

[21] 同上。

[22] 朱熹《中庸輯略》卷上(《朱子遺書》〔二〕,臺北藝文印書館,1969年5月。)

[23] 〈與呂與叔論中書〉,引自《中庸輯略》卷上。

故可知伊川以寂然不動言中，而此「中」，是就「心之體」來說，心之體仍是心，並不同於五峰之說。五峰以中為性，性為未發，而寂然不動是心之狀態，不可用來說性。五峰的「已發乃可言心」之說，大概是受到伊川「凡言心者指已發而言」所影響。雖然伊川後來有所修正，但以心屬已發，仍是可以說的。從心、性相對說，性是客觀自存之實有，是未發，而心是自覺的活動，故是已發。此已發未發之區分，並不嚴格遵守《中庸》從情緒（喜怒哀樂）來說發與未發之義。故說心是已發，依五峰之規定，是可以成立的。伊川的修正，從心之寂然說心之未發之體，則此未發是依《中庸》從情緒上說。當然《中庸》雖從情上說未發已發，但所謂未發之中，是從情之未發而指點超越之「中體」，此中體是「天下之大本」，並不是指情緒未發時較平靜之心也。伊川所理解的中，是寂然之心之體，但此「中」似並不是指超越的「性體」或「心體」。伊川曾與呂大臨討論「中和」問題，而在作此討論時，伊川對「中」，似未有明確的規定。他既說「中即道也」，但又反對呂大臨「中即性也」之論。這顯示其見解並不一致。伊川反對「中即性也」，其理由是「中也者所以狀性之體段。如稱天圓地方，遂謂方圓為天地可乎？」[24]即他以「中」是對性之形容，不能便以中為性。以這理由來反對中即性，是不很充分的。因若中可以形容性，則以中為性，是很自然而合理的。伊川此處要嚴格區分中與性之不同，應是表示他認為中不能就性說。他所說的「中也者所以狀性之體段」，並非積極地表示中是對性之形容之意。因若他積極肯定此義，則對於「中即性也」之說，便不致如此的排斥。胡五峰據伊川此語，斷定中只能在性體上說，應不合伊川意。

據以上分析，伊川所理解之「中」，應仍就心說，他是就情緒未發，心寂然平靜時，說「心之體」，而此便是「中」。但此心之體或中，並不是指一超越的本體，而只是就現實的較平靜時之心說，此中既非「性體」，亦非「本心」。如牟宗三先生所說，伊川之言中，是「內在於實然

---

[24] 同上。

的心自身說一實然的境況。如此說的『中』並不是異質地跳越一步指目一超越的性體或本心以為中」[25]。五峰則明確以中為性，是未發之體，此體是超越的大本。五峰雖極尊崇二程，但他對中和、心性之論，並不同於伊川。上文他的批評楊龜山，實即是批評伊川也。

五峰以寂、感都從心上說，而心能寂而感，感而寂者，只有聖人，故他說「已發，則無思無為，寂然不動感而遂通天下之故，聖人之所獨」。此亦即上文所說的中和之道為聖人所獨得之意。伊川與五峰都認為寂感是就心上說[26]。但伊川以寂然不動來說中（楊龜山亦是如此），而五峰則以中為性，故反對以寂然不動來說中，五峰嚴格以未發已發來區分性及心，而寂感是屬於人心之層次，都屬於已發，且是聖人的境界，故不能將寂、感拆開來，分屬已發及未發。五峰認為寂感不能以未發、已發來區分，除上述外，復見以下各條：

喜怒哀樂未發，恐說「寂然不動」未得。(《五峰集·與僧吉甫書三首》，頁 115。)

大體既是，正好用功，近察諸身，遠察諸物，窮竟萬理，一以貫之，直造寂然不動之地，然後吉凶與民同患，為天之所為矣。(同上，〈與張敬夫〉，頁 132。)

夫聖人盡性，故感物而靜，無有遠近幽深，遂知來物；眾生不能盡性，故感物而動，然後朋從爾思，而不得其正矣。若二先生以未發為寂然不動，是聖人感物亦動，與眾人何異？尹先生乃以未發為真心，然則聖人立天下之大業，成絕世之至行，舉非真心耶？

---

[25] 引自牟宗三先生《心體與性體》（二）（臺北：正中書局,，1985 年 8 月初版 6 刷），頁 361。

[26] 伊川以寂、感言心，亦可於下列一段見之：「寂然不動，感而遂通，此已言人分上事；若論道，更不說感與未感。」(《二程集》〔北京：中華書局，1981 年 7 月〕，頁 160)。

(〈與僧吉甫書三首〉，頁115。)

按：末條評楊時及尹焞之說，最顯五峰之意。五峰以寂然不動、感而遂通是聖人之事，而聖人是「盡心」者，故寂、感都是心上事，而未發，則是性，故寂然不動，不是未發時之事。他認為寂然不動感而遂通，是感於物而靜之境界。即雖感，但並不為物所動，即感即寂。而若感於物，而為物所動（〈樂記〉：「人生而靜，天之性也，感於物而動，性之欲也。」）則是庸眾之層次。按如此言聖人，是很恰當的。但以寂然不動言體，感而遂通言用，其實亦無不可。周濂溪便有「寂然不動者誠也，感而遂通者神也」之說，此是以寂然之誠為體，以感通之神為用。五峰必以寂感為心，為已發，應是如上文所說，是在「本體必須成用」的想法下之詮釋。五峰又云：

> 某愚謂方喜怒哀樂未發，沖漠無朕，同此大本，雖庸與聖，無以異也；而無思無為，寂然不動，乃是指易而言，易則發矣。故無思無為，寂然不動，聖人之所獨，而非庸人所及也。惟無思無為，寂然不動，故感而遂通天下之故，更不用擬議也。「喜怒哀樂未發」句下，還下得「感而遂通天下之故」一句否？若下不得，即知其立意自不同，不可合為一說矣。恐伊川指性指心，蓋有深意，非苟然也。心性，固是名，然名者，實之表著也。義各不同，故名亦異，難直混為一事也。尹先生指喜怒哀樂未發為真心，既以未發，恐難指為心。（同上）

此段更為明白，強調寂然不動，是發之層次，亦即心之層次。寂感不可分析成未發已發，不然感而遂通者便不能同時是寂然，未發之中，並不函感而遂通，而寂然不動與感而遂通則是相連的；故未發之中是一層，寂、感又是一層，一為性，一為心，不可混亂。五峰認為心、性之名不同，便函二者有不同的意義，須加以分別。五峰此說亦自成理路。但此

所謂已發，並不是喜怒哀樂之發，而是心之發用。心之發用，可以是本心明覺呈現，不同於情緒之發。五峰以寂感都屬於心，這是可以的，但他又規定心是已發之層次，而沒有簡別本心之發與情緒之發之不同，這便造成了朱子後來的疑問。五峰在〈與彪德美〉云：

> 又，寂然不動感而遂通天下之故，與未發已發不同。體用一源，不於已發未發而分也。宜深思之。（頁 135）

據此段，則五峰認為寂感不能言未發已發，此與上文以寂感為已發者不同，由此似亦可說五峰認為心之寂感，與已發是不同的。但這與上文不一致，且言之甚簡，恐五峰對心之發與情之發的不同，未有充分之意識。或此段仍只是表示寂感不能如未發、已發般分兩層之意，其實義如何，未能確定。

故在五峰，未發為性，已發為心；性是體，心是用，應是其定說。如云：

> 天地，聖人之父母；聖人，天地之子也。有父母則有子矣，有子則有父母矣。此萬物之所以著見，道之所以名也。非聖人能名道也，有是道則有是名也。聖人指明其體曰性，指明其用曰心。性不能不動，動則心矣。聖人傳心，教天下以仁也。[27]

此段明白說性是體，心是用；而性之活動即心，此亦即以性為未發，心為已發。說聖人是天地之子，此亦即是體用之別。天地之道，是本有、自存之體，而此體之奧義，須由聖人彰顯出來。而聖人是盡心者、仁者，仁心充分表現即是聖人。聖人仁心之表現，即是天道性體呈現其活動而為心也。故天地，是性、體之層次；聖人則是心、用之層次。性、體之

---

[27] 見〈知言疑義〉，又四庫本〈知言〉卷六。

意義，由於心之用方能彰顯，故聖人之教化天下，是傳心，而不是言性。依此而言，五峰的學說雖是心、性並舉，但似乎是更重視心。即雖言體、用，但如何本體以成用，是更為重要的。這有似於荀子言「天生人成」，重「人為」之義。

　　五峰的「盡心成性」義，是其思想要旨，似亦可用上述的重視心、用之意來詮釋；〈知言〉云：

> 天命之謂性。性，天下之大本也。堯、舜、禹、湯、文王、仲尼六君子先後相詔，必曰心而不曰性，何也？曰：心也者，知天地，宰萬物，以成性者也。六君子，盡心者也，故能立天下之大本，人至于今賴焉。不然，異端並作，物從其類而瓜分，孰能一之！[28]

六君子傳心而不言性，固然言心則性之奧義全在其中，但亦表示盡心之重要性，能盡心，性之義才得以彰顯，故聖人所傳者惟心，這便是上述的心、性，體、用並言，但較重心、用之義。由於聖人盡心，故天命之性得以彰顯，而為天下人立一價值之標準，此大本一立，便建立人道，使人生表現道德之價值，成就文化，此亦即上文所說合體用方為道之意。〈知言〉又云：

> 心無不在，本天道變化，為世俗酬酢，參天地，備萬物。人之為道，至大也，至善也。[29]

心根據天道而成就人倫活動，善化一切，故人為至大至善。五峰此處，明顯表示其重視「人成」之意。故聖人的參天地備萬物，或知天地宰萬

---

[28] 見〈知言疑義〉，四庫本〈知言〉卷一。

[29] 〈知言疑義〉，四庫本〈知言〉卷二，又「心無不在」，四庫本作「心無乎不在」。

物，是天地間至大至善者。當然這重「人成」，並不表示性與天道為本無價值者，或為虛擬者。五峰對天道、性體為一切存在之根源之義，是屢屢強調的，性是「天地鬼神之奧」，當然不是虛擬而無實義的。只是性與天道，若不通過盡心的活動而彰顯之，則只是一客觀自存之潛存的有，並不彰顯於人間。聖人盡心成性，造就了人倫教化，天道、性體便真正彰顯其自己，在人類文化之成就處，天道亦得以成。這一意思，我想徵引賀麟先生一段話來幫助說明：

> 朱子說：「道之顯者謂之文」。古哲所謂文，大都是指我們現時所謂文化。……所謂「道之顯者謂之文」應當解釋為文化為道的顯現，換言之，道是文化之體，文化是道之用。所謂「道」是宇宙人生的真理，萬事萬物的準則。[30]

此說道是文化的體，文化是道的用，很可借以表示五峰之意。五峰所謂的知天地宰萬物，即是善化自然而成就文化，這便是「用」。賀先生又云：

> 我們雖承認自然萬物，小至稊米花草，皆是道的顯現，但我們卻不能說，自然事物都是文化。……「道之憑藉人類的精神活動而顯現者謂之文化」，反之，「道之未透過人類精神的活動，而自然地隱晦地（implicitly）昧覺地（unconsciously）顯現者謂之自然。」換言之，文化乃道之自覺的顯現，自然乃道之昧覺的顯現。

五峰之言盡心成性，性由心之盡而成，似亦可以上述道藉人的精神活動而顯現之義來解釋，而知天地宰萬物，即使道從隱昧的狀態轉而為自覺

---

[30] 賀麟：〈文化的體與用〉，收入宋志明編《儒家思想的新開展》（北京：中國電視廣播出版社，1995 年 8 月）

顯現的狀態。此中，人的精神活動是使道由隱而顯的關鍵。賀先生續云：

> 精神就是心靈與真理的契合。換言之，精神就是指道或理之活動於內心而言。也可以說，精神就是為真理所鼓舞著的心（spirit is mind inspired by truth）。在這個意義下，精神也就是提高了，升華了洋溢著意義與價值的生命。精神亦即指真理之誠於中形於外，著於生活之文教，蔚為潮流風氣而言。……若從體用的觀點來說，精神是以道為體而以自然和文化為用的意識活動。……假使道或理不透過精神的活動，便不能實現或顯現成為文化，而只是潛伏的、縹紗的，有體而無用的道或理罷了。

賀先生之論，所根據的是黑格爾的哲學思想。五峰的性體心用，盡心成性，又強調人之作用為至大至善，雖沒有黑氏哲學之曲折內容，但大抵是同一種思路、同一型態。

　　牟宗三先生認為五峰「盡心成性」的思想，是客觀面的天道、性體，在本心的道德活動中具體化之義，牟先生以「以心著性」來表示此義，並認為，五峰此說，是宋儒由客觀面之天道說下來，又回歸到孔、孟的言主體自覺之道德實踐，所必須有的說法。即主觀面之本心之自覺的活動，乃客觀本有的道體之形著、具體化，在心的活動處，性體之內容意義得以彰顯；成性之「成」非本無今有之成，而是彰顯義。牟先生認為，此以心著性之義理架構，使儒學本有的主客兩面之意義，都得以充分的挺立，而又表明二者之相關聯。[31] 心之活動，是天道的形著，此一說法，既表示心之自覺自決，又能肯定道的客觀性、自存性。主觀面的自覺的道德心之活動，完全是自發的、自決的，道德的實踐，完全由心的自我立法，自覺地依本心所給出之法則而實踐，而決不是依一外於本心的客觀之法則，或外在之天道；道德之實踐，必是本心之自覺自決，才是可

---

[31] 見牟宗三先生《心體與性體》（二），頁 501-502。

能的；於此，本心是自足而無待於外的。但這並不表示天道性體為不存在，或只是由本心所要求的一虛擬的存在；而是在自發自覺之本心活動處，肯定，或證實天道之為客觀之實在。主觀面之自發自覺的本心之活動，正是性命天道之逐步具體化，逐步由客觀自存而成為道德價值的彰顯。如是，自覺而無待於外的主觀面之實踐，與客觀而自存天道實有通而為一。此中，性、天為至尊至奧，而人、心亦為至善至大；主體之自覺自由，與天道天命之超越之決定，即「自由與決定論」可同時成立，並不相礙。[32]不特不相礙，必合此二義，方能見儒學義理之全貌，此義可從牟先生之說引申出。牟先生看出五峰思想所隱含的「以心著性」義，實在是對五峰思想最深微之闡發。

牟先生之以心著性說，重在言客觀面之天道性體在主觀面之心覺中形著、具體化之義，說明儒學義理有此主客觀兩方面，缺一不可，而此兩面，在以心著性之說下得到其關聯性。牟先生此說，其實亦涵客觀本有者必須由主觀面的自覺之心之實踐，才得以彰顯，不然道只是一潛存，未能真實朗現之義，此義在牟先生之著述中，亦一再談及[33]，只是在言五峰處，較偏重主客觀面之義理之關係義；而吾人認為，五峰之以心、性配已發、未發及體、用來說，似是較重此必須盡心致用，天道方彰顯，即較重由人之努力成就文化，使道由隱而顯之義者。

五峰所謂「聖人傳心」，心指仁心，故曰「教天下以仁」，即他以指出人本有之仁心，是聖人之功績。即此中有從現實的生命逆覺其仁心、本心之意義。故盡心之道，在於識仁，這是五峰的重要之工夫論，〈知言〉云：

> 彪居正問：「心無窮者也，孟子何以言盡其心？」曰：「惟仁者能

---

[32] 見拙著〈再論儒家形上學與意志自由〉，收入《當代儒學思辨錄》（臺北：鵝湖出版社，1998年）。

[33] 見牟宗三先生：《中國哲學十九講》（臺灣學生書局，1983年）第十八講。

盡其心。」居正問為仁。曰:「欲為仁,必先識仁之體。」曰:「其體如何?」曰:「仁之道弘大而親切,知者可以一言盡,不知者雖設千萬言亦不知也;能者可以一事舉,不能者雖指千萬事亦不能也。」曰:「萬物與我為一,可以為仁之體乎?」曰:「子以六尺之軀,若何而能與萬物為一!」曰:「身不能與萬物為一,心則能矣。」曰:「人心有百病一死,天下之物有一變萬生,子若何而能與之為一!」居正竦然而去。他日某問曰:「人之所以不仁者,以放其良心也。以放心求心可乎?」曰:「齊王見牛而不忍殺,此良心之苗裔,因利欲之間而見者也。一有見焉,操而存之,存而養之,養而充之,以至於大,大而不已,與天同矣。此心在人,其發見之端不同,要在識之而已。」

盡心之道,在於為仁,欲為仁,必先識仁之體。此體是「自身」、「自體」之意,仁之體,即仁之自己,此體非體用之體。仁是心之道,而心是已發之層次,並不是未發之體之層次。當然,從心中之仁,或盡心,便可証實性體、道體之內容意義。踐仁即是盡心,而盡心即成性,性體之無限奧義,朗現在踐仁之道德活動中。仁是心之道,故欲識仁之體,須從已發之心上來體察,故五峰指點說,從齊王見牛而不忍殺之心,便可體悟仁,如此體會仁體,則仁很顯然是惻然有所覺之心,即仁是活動的,並不只是理而已。五峰如此體會仁,後來為朱子大加反對。問者質疑道,已發者可以是已放失良心之心,以已放之心求本心,是可以的嗎?五峰謂人心雖有物欲之蒙蔽,但本心必有其發見之時,故可即此而操存之。故可以即已發而悟仁體。從良心之發而體証仁,即可恢復心之廣大高明,此為盡心之道。當然此良心之發,與失其本心之放心,即現實的心之發用,是不同的。此段如牟先生所說,是「內在的逆覺體證」。

論五峰之體用義,〈知言〉下面一段是必須討論的:

天理人欲,同體而異用,同行而異情。進修君子,宜深別焉。

五峰此段話十分費解。同體異用之「體」，若指的是本體、性體，則說性體本具天理人欲，是不合理的。故朱子在〈知言疑義〉中，便說五峰此言是「天理人欲混為一區」。但五峰之言性體，明白表示其為一超越而絕對之大本，是善亦不足以言之的，他不會認為超越而絕對的大本是善惡同體的。故牟宗三先生認為此「體」並非本體之體，而應是「事體」之體。即認為五峰意是指在同一事情、行為上，因為存心的不同，可以有不同的意義。如同樣是殺人的行為，在湯武，是弔民伐罪，在桀紂，便是殘民以逞。但據上文的分析，五峰此處既是「體用」連用，則體當指未發之性，用則指已發之心。但體雖指未發之性，五峰之意，當不是直接就性體本身說同具天理人欲，而是就性所具的一切存在來說。性是天下之大本，一切皆以性為根據，故一說性，一切皆在其內，一切存在皆為性所有。（請參考本書〈程明道、胡五峰思想中的圓教涵義〉，第三節）如〈知言〉云：「道充乎身，塞乎天地，而拘於軀者不見其大；存乎飲食男女之事，而溺於流者不知其精。」「是天地之間無適而非道也」。一切存在皆性之所本有，道無不在，但這些性所本有者能否表現出價值意義，便須看心之發用是否合理。故〈知言〉云：

> 好惡，性也，小人好惡以己，君子好惡以道，察乎是，而天理人欲可知。

好惡是性所本有者，在未發之狀態，聖人與凡俗都是一樣的，但在已發之心之層次，則有好惡以己或以道之分別。故天理人欲的區分，不在未發之性之層次，而在於已發之心。此亦表示了上述的較重心之用之義。〈知言〉又云：

> 凡天命所有而眾人有之者，聖人皆有之。人以情為有累也，聖人不去情。人以才為有害也，聖人不病才。人以欲為不善也，聖人不絕欲。……然則何必別於眾人乎？聖人發而中節，而眾人不中

節也。中節者為是,不中節者為非。挾是而行,則為正。挾非而行,則為邪。正者為善,邪者為惡。而世儒乃以善惡言性,邈乎遠哉。[34]

此段與上述之意相同,即在未發之層次,性所具之一切不能言善惡。有善惡之區別,是在已發之心、用之層次。當然若是從性具一切,道無不在的觀點看,在未發時之一切存在,亦都是善的,具有價值意義的,但那只是潛存地具,或「隱昧地具」,必須在已發的心的層次,有恰當的表現時,一切存在本具之德性價值,才得以實現出來。此處云不能以善惡言性,應是就性所有之一切存在事物來說,而不是就性體本身說。五峰言未發之性,其義應有兩指,一指性本身,一指一切存在。此後一意義,略近於佛教天台宗「性具」之說,即一說性(空性),一切法皆具於性中。此未發之性兼指性及性所具一切存在,五峰有此意,但未有明白的簡別。

　　由以上所述,可見五峰以體用、未發已發來區別心、性,是其思想上之基本架構;由此而推衍出盡心成性,性不可以善惡言,天理人欲同體異用等說。而他所強調的體必須成用,本有之善須通過心之自覺實現,才成就價值意義等思想特色,亦朗然可見矣。

三、朱子的中和舊說

　　朱子對《中庸》所說的中和問題,有前後兩次不同的體悟,這在朱子思想的發展與完成,有關鍵性之地位。而二說各代表一種儒學的義理型態,這在牟先生《心體與性體》第三冊中,已有詳盡的分析。「中和舊說」所表現的思想內容,是近於五峰之學的,這點牟先生亦已說及,

---

[34] 以上數段〈知言〉之文,皆見〈知言疑義〉。

但牟先生並未明確以性體心用，未發為性已發為心，及即用見體，這些五峰的理論架構來解說「中和舊說」，以下我想從此一角度嘗試作一些詮釋。

「舊說」，據王懋竑《朱子年譜》[35]共有四書，其第一書云：

> 人自有生，即有知識。事物交來，應接不暇，念念遷革，以至於死。其間初無頃刻停息，舉世皆然也。然聖賢之言，則有所謂未發之中，寂然不動者。夫豈以日用流行者為已發，而指夫暫而休息，不與事接之際為未發時耶？嘗試以此求之，則泯然無覺之中，邪暗鬱塞，似非虛明應物之體，而幾微之際一有覺焉，則又便為已發，而非寂然之謂。蓋愈求而愈不可見。（〈與張欽夫〉，《朱文公文集》卷三十）

此段是說朱子最先以為未發之中，是指人暫而未與物接之時，但體會到此時之心境並不一定是虛明之體。朱子意即表示未發之中不能是一情緒未發時的較平靜之心，因為此時之心仍是在感性限制中的現實的主體，此心並不必然是善的。朱子之師李延平的「默坐澄心，體認天理」，是求未發之中之工夫，但其中必涵一逆覺體證在，即必是從情之未發而體證一與現實之心境不同的超越的天理、或本心，而不是就現實的較平靜之心境來說未發之中。朱子此時不契於延平之教法。

> 於是退而驗之於日用之間，則凡感之而通，觸之而覺，蓋有渾然全體應物而不窮者，是乃天命流行，生生不已之機，雖一日之間萬起萬滅，而其寂然之本體，則未嘗不寂然也。所謂未發，如是而已。夫豈別有一物限於一時，拘於一處而可以謂之中哉。

---

[35] 王懋竑：《朱子年譜》（臺灣商務印書館，1965年）「乾道二年丙戌，三十七歲」下。

朱子從日用中能感通而應物不窮處，體會到有天命流行，生生不已之機存在，便認為這生生不已者便是未發之中。而且他認為所謂未發之中、寂然之體，便在這感通而應物不窮處。不是離開了感通，另有寂然之體。朱子這一體悟，大抵近於五峰從已發之心見未發之性，即用見體之義，而朱子以寂然者為未發之中，則與五峰所主張的寂、感不能分拆，都屬已發之心者不同。但朱子亦認為寂然者即在感通中，與五峰之意仍是相近的。

> 然則天理本真，隨處發見，不少停息者，其體用固如是，而豈物欲之私所能壅遏而梏亡之哉！故雖汩於物欲流蕩之中，而其良心萌蘖亦未嘗不因事而發見；學者於是致察而操存之，則庶乎可以貫乎大本達道之全體而復其初矣。……程子曰：「未發之前更如何求？只平日涵養便是。」又曰：「善觀者卻於已發之際觀之。」……亦足以驗大本之無所不在，良心之未嘗不發矣。

此段朱子之意，更接近五峰，此處亦言體用，而亦是以性為體，以心為用，認為即於已發之心之用處，方可見未發之性體。文末引程子之言，是要證離了已發之心，不能另求未發之性之意。而又肯定本心時刻可以呈現，人可當下察識，此同於上文五峰答彪居正，要在良心呈現處致察之意。人若當下見良心，便可識仁體，離了察識良心，別無可以識仁之方。他以良心為「已發」，近於五峰之思路。

「中和舊說」之第二書云：

> 前書所扣，正恐未得端的，所以求正。茲辱誨喻，乃知尚有認為兩物之蔽，深所欲聞，幸甚幸甚。(〈與張欽夫〉，《文集》卷三十)

南軒認為朱子尚有認為兩物之蔽，所謂兩物，是指未發已發、心性、體用而言。五峰雖以未發為性，已發為心，但「性不能不動，動則心矣」，

性之義,只有在心之活動處看到,故心性體用等,不能區分為二物。又朱子以寂然感通分屬未發已發,不同於五峰之以寂感不可分拆,此亦或為南軒認為有兩物之蔽之故。

  當時乍見此理,言之唯恐不親切分明,故有指東畫西,張皇走作之態。自今觀之,只一念間已具此體用。發者方往而未發者方來,了無間斷隔截處。夫豈別有物可指而名之哉。

此是說即於心便可見性,故曰只一念間已具此體用。即用便可見體,未發之性必在已發之心上見,故工夫是在已發之心上用,要即於良心之發,而體悟未發之中。「發者方往而未發者方來」,是說性不斷呈現於心,體不斷成用。此處朱子強調體用之不離,未發與已發並不間斷,確與五峰義相近。[36]

  向見所著〈中論〉有云:「未發之前,心妙乎性,既發,則性行乎心之用矣。」於此竊亦有疑。蓋性無時不行乎心之用,但不妨常有未行乎用之性耳。今下一前字,亦微有前後隔截氣象,如何如何。

朱子認為未發者即在已發中,即心便可見性,故質疑南軒「未發之前」之語。按五峰區分心、性,體、用,固有先後之別,但那是形上學義之先後,性是根據,心是性之活動處,但二者不能以時間之先後論,故朱子之批評是有道理的。南軒之〈中論〉,今本《南軒集》中未見[37],據朱子所引,南軒之意是於未發時心含於性中,已發時性在心中顯。「心妙

---

[36] 陳榮捷先生認為「南軒大抵以朱子分未發已發為兩截,故朱子強調體用一源,如是更近於五峰之心性如一矣。及後思之,益為不安。故自注云:『此書所論尤乖戾。』」(《朱熹》〔臺北:東大,1990 年〕,頁 188)

[37] 張栻:《南軒集》(臺北:廣學社,1975 年)。

乎性」本五峰「心妙性情之德」(〈知言・事物〉)，但依五峰，心之妙用，只能於已發之層次上說，而南軒則於未發之前言心之妙，並不完全合於五峰之義。

第三書云：

> 大抵日前所見，累書所陳者，只是儱侗地見得箇大本達道底影像，便執認以為是了，卻於致中和一句全不曾入思議，所以累蒙教，告以求仁之為急，而自覺殊無立腳下工夫處。蓋只見得箇直截根源，傾湫倒海氣象，日間但覺為大化所驅，如在洪濤巨浪之中，不容少頃停泊。……而今而後，乃知浩浩大化之中，一家自有一箇安宅，正是自家安身立命、主宰知覺處，所以立大本行達道之樞要，所謂體用一源，顯微無間者，乃在於此。(〈答張敬夫〉，《文集》卷三十二)

朱子此時求未發之中的工夫，是即已發見未發，即於良心之呈現處，體悟天命不已之體，這如牟先生所說的「內在的逆覺體證」，不離於日用生活而見天命本體。但雖說不離日用，必須見到一與日用不同的、惻然有所覺的本心、仁心才可以。故此必須逆覺。即必須于日用中逆感性之欲之流，而透悟本心，此中必有一逆流而上的覺悟，而不能隨順感性欲望而往下流。朱子對於此逆流而上之生命奮鬥振作之義，可能體會不切，故有張皇走作之弊。而南軒告以求仁之為急，便是要朱子於已發之心中，直下體證一與日常生命不同之仁心，此即由覺、感通而體悟仁也。一旦體悟及此，則於已發中，感通中便得寂然之體，即寂即感，於盡心之活動處，當下得一安宅。(孟子：「仁，人之安宅也」)此即上文五峰所說聖人感於物而靜之意。內聖學之本質工夫，確在於此。南軒之說，本於五峰，上文曾引之〈知言〉「彪居正問心無窮者也」一段，即表示此意。「盡心」是五峰學最關鍵的工夫，而盡心之道，在於「識仁之體」。在已發之心，才可見未發之性，故須盡心，而盡心是要在掌握到當下呈

現之「仁」，然後可能。故五峰之工夫論，雖是於已發上作，但此已發，是本心、仁心之發，並不是現實的受到感性欲望影響之情緒之發。五峰之於已發見未發，即用以見體，是逆覺當下呈現之本心、仁心。本心、仁心雖說是發，但此已發是未發之體之發，未發已發雖可區分為心、性與體、用，但其實是一致的，此如朱子上一書之所說。後來朱子「中和新說」成立後，卻將此於已發見未發，於仁心之呈現處而作操存擴充之工夫，理解為氣機、情緒之發，隱沒了其中之仁體呈現、本心流露之義。故以為此「舊說」是「於日用之際欠缺本領一段工夫」[38]，即欠缺未發時涵養之工夫。朱子此評，確是不如理的。於本心呈現而逆覺，與朱子後來之未發時涵養、已發時察識之工夫，並不處在同一層次上。逆覺本心、仁體，是一超越的、定常的本心，而涵養察識，是在經驗層之氣心上著力。

第四書云：

> 蓋通天下只是一箇天機活物，流行發用，無間容息，據其已發者而指其未發者，則已發者人心，而凡未發者皆其性也，亦無一物而不備矣。夫豈別有一物，拘於一時，限於一處，而名之哉！即夫日用之間渾然全體，如川流之不息，天運之不窮耳。此所以體用精粗、動靜本末洞然無一毫之間，而鳶飛魚躍，觸處朗然也。存者存此而已，養者養此而已。（〈答張敬夫〉，《文集》卷三十二）

朱子此段明說未發是性，已發是心，全同於五峰。又認為未發之中，渾全之體即於日用之間，即前書所說的於感通而應物不窮處，見天命之體。性即於已發之心中，而不是別有一物。此處說據已發而指未發，於當前本心之呈現處，見天命之發用流行，由是而體悟到未發已發、體用本末之無間，言之甚美。

---

[38] 見〈已發未發說〉，《朱文公文集》卷六十七。

綜觀朱子之「中和舊說」，其立論確很接近五峰。若以五峰之性體心用，未發為性，已發為心，性之意義必於心之活動上見，須於良心之發而體證仁體等義來分疏，「中和舊說」之義理是十分明白的。可見此時朱子對五峰之說，是十分熟識的，很受五峰的影響。似非如王懋竑《朱子年譜》中所說，「中和舊說」是朱子所自悟。[39]關於「中和舊說」之寫作年代，以往定在朱子三十九歲，即於朱子三十八歲往長沙會晤南軒，二人詳論學問兩個多月之後。王懋竑經考證，認為舊說應定在朱子三十七歲時。牟宗三先生從王氏之說，錢穆先生則主張仍是三十九歲。錢先生以朱子〈中和舊說序〉[40]所云：「余早年從延平先生受中庸之書，求喜怒哀樂未發之旨未達而先生沒，余竊自悼其不敏，若窮人之無歸。聞張欽夫得衡山胡氏學，則往從而問焉。」其中「往從而問焉」，應是指朱子三十八歲時長沙之行。陳榮捷、劉述先亦主錢氏之說。但陳來、束景南二位再經詳細之考證，認為王懋竑之說甚確。「中和舊說」成於朱子三十七歲，應是可信的；但上述朱子〈舊說序〉中「往從而問焉」句，若非指長沙之行，究指何事？王懋竑認為是指「甲申（朱子三十五歲時）晤南軒於豫章舟中，自是書問往來。」[41]案此時朱子因張南軒之父張浚卒，赴豫章弔唁，在舟中朱子與南軒相處三天，此後朱、張二人書信往來論學。王氏認為「往從而問」，是指「書問往來」。按此說頗牽強。束景南則認為朱子三十五歲與南軒見面時，便已論及中和之說，此時朱子從南軒處得五峰之〈知言〉，並結識五峰弟子吳晦叔。[42]即束氏認為，往

---

[39] 《朱子年譜》，〈考異〉卷一，三十七歲下：「其以心為已發，性為未發，更不分時節，此朱子所自悟，非受之南軒。」

[40] 見《朱文公文集》卷七十五。

[41] 同上。《朱子年譜》，〈考異〉卷一。

[42] 束景南：《朱熹年譜長編》（上海：華東師範大學，2001年）卷上，頁330-360。又此段亦參考以下各書：
一、錢穆：《朱子新學案》第二冊，〈朱子論未發與已發〉。
二、陳榮捷：《朱熹》，第十三章〈朱子與張南軒〉。
三、陳來：《朱熹哲學研究》（臺北：文津，1990年），〈中和舊說年考〉，頁116-121。
四、劉述先：《朱子哲學思想的發展與完成》（臺北：學生書局，1995年），第三章。

從而問是指朱子三十五歲時與南軒之會面。綜合以上之說法，朱子「中和舊說」即使是發於三十七歲，在朱子往長沙晤南軒之前，但其中之思想，仍很有可能受五峰之影響，因其與南軒論學，得胡子〈知言〉，是在三十七歲之前。

　　朱子〈中和舊說序〉中說：「欽夫告余以所聞，余亦未之省也。退而沈思，殆忘寢食，一日喟然嘆曰。……後得胡氏書有與曾吉父論未發之旨者，其論又適與余意合，用是益自信。」據此段文意，朱子確認為「舊說」是他自己悟出的。但由上文的分析，「中和舊說」四書信中之思想確近於五峰，而在成立「舊說」之前，已得胡子〈知言〉，又與張南軒書信往來論學，若是，則舊說的思想，不應是朱子自悟的。對此，吾人認為，胡五峰「性為未發，心為已發」之說，在〈知言〉中已含，只是未明白表示，在與曾吉父書中，則明確說出，而五峰〈與曾吉父書〉（收入《五峰集》中），是朱子後來才看到的。[43]即朱子在讀〈知言〉及與南軒往復論學後，自然想出「性為未發，心為已發」之義，而與五峰之說不謀而合。故雖可據〈中和舊說序〉而認為「舊說」為朱子所自悟，但其中所受到五峰的影響，實十分重要，不可泯也。朱子三十七歲有悟，成「中和舊說」，但並未穩妥，故有三十八歲長沙之行，至三十九歲宗旨未變，但到四十歲而有中和新說。中和問題一論定，朱子即擺脫五峰學，而成立自己的思想，亦開始對五峰作強烈之批評。

四、結語

　　（一）本文認為從「體用」及「本體必須成用」的觀點來理解胡五峰的思想，是頗能見出其思想特色的。本體或天命之性，必須通過心而

---

[43] 張南軒〈五峰集序〉（見《南軒集》卷十四）云：「五峰胡先生遺書有〈知言〉一編，某既序而傳之同志矣，近歲先生季子大時復裒集先生所為詩文之屬，凡五卷以示某……。」可知《五峰集》之編成，後於〈知言〉。

實現出來，而心必須「盡」，方能完全彰顯性。故「盡心」方能成用，而唯有聖人，方可說是盡心者。故人必須盡其心，盡其用。五峰之理論，固然是有牟宗三先生所講，心、性並舉，而性之義須從心上見，即「以心著性」之義，但據上文之分析，五峰更側重在本體如何成用，如何盡其心，使性體全幅彰顯之義。即他似更重視通過人的努力，以顯示天道之無限，即是重人的自覺努力，由人之自覺，以求全面合於天。這很顯示人存在於天地間之價值與意義。此即是說，五峰雖是天人、體用、心性、未發已發並舉，主、客兩方面之意義都具備，但比較而言，是較重視「心之用」、「人之成」的。〈知言〉云：「人之為道至大也，至善也」。五峰之思想，即重在說明何以人之道為至大至善。又朱子後來評五峰之思想為「仁以用言，心以用盡」，此對五峰雖有誤解，但也看出五峰是重視「用」及「心之用」的。

又若上述對五峰思想之分析為不錯，則胡五峰與劉蕺山雖可如牟宗三先生所論，都屬於「以心著性」之型態，但亦可分別其二者之不同。五峰與蕺山，都是心、性並舉，而認為性體之義，須從心中看出，顯示了客觀面的性與天道，與主觀面的道德心的關係，故可以是屬於同一型態的思想；但五峰所重的，是由盡心以成性，即重在如何將本有之性充分實現出來，其精神是力求實踐，往前開展的，要人在當前的心上充盡之，成就當前的世界一切存在之意義與價值，成就文化。而蕺山之學，則為堵截陽明良知教所引起之流弊，倡「知藏於意，意蘊於心」，即以好善惡惡之意定住知善知惡之知，使知有所主，又以心宗、性宗的對舉，以心、意之活動，為性體天道之形著，這是步步往內收，如牟先生所說的「歸顯於密」，將心學的顯教歸於慎獨的密教。[44]如是則蕺山學的精神，是收斂退藏，深根寧極的，此與五峰並不相同。

（二）五峰所強調的「有體必有用」、「心盡其用」涵兩方面的意義，一是個人之成德，一是成就外王。在成德處，即須成聖，聖人之生命活

---

[44] 見《從陸象山到劉蕺山》（臺灣學生書局，1979 年）第六章。

動,如天命之流行,其德行純亦不已。而在外王方面,五峰已有如何開出理想的政治制度之思考。

（三）朱子的「中和舊說」,若以五峰之「以未發為性,已發為心」及「性體心用」,「性體之意義在盡心中見」等來理解,是十分清楚的,此可見朱子的「中和舊說」,很受五峰思想的影響。而朱子所以會由「中和舊說」轉至「中和新說」,亦是由於對五峰之思想未能有切當之掌握,即混本心之發與情緒之發之故,此可見朱子與五峰思想關係之密切。

胡五峰對孟子政治論之詮釋

　　孟子在儒門，是儒學理論之奠基者，他主張及證成性善，使人人有一實現最高的人格價值之可能；嚴辨義利以明本心，使道德之純粹意義，得以明白展示；「盡心知性知天」之說，更顯示人道之實踐可上通天德，人間之倫常實踐，並不為有限之時空所限，其意義實與天道同為無限與悠久。他所說的求放心、寡欲、養氣等工夫，亦是後來儒家工夫論之基礎。但這些都是屬於內聖之學的範圍，在外王方面，孟子雖亦有所論列，但當時人以其論為迂闊。[1]牟宗三先生比較孟、荀之思想，亦認為孟子的客觀精神稍為不足。[2]

　　近讀胡五峰之〈知言〉，覺其論政之部分，大多本於孟子學而發揮，他認為仁義為國政之本，有感於宋代之積弱，對封建、井田制度十分肯定，又由討論封建制，而闡發出此制度所含的「公天下」之理想，其論十分深入。可以說，胡五峰對內聖如何開出外王，表達了一傳統式的思考，其論雖或仍有久缺，但已足以證明孟子之論政，決非迂闊。

一、五峰對孟子學的肯定

　　胡五峰之思想，以「盡心成性」為主旨，強調天命性體之意義，須在人心盡其用處，方能彰顯，若心不能盡其用，性體之意義只是潛存，此義若用「體用」一觀念來說明，則是「體」必須成用。五峰云：

---

[1] 《史記・孟子荀卿列傳》：「（孟子）適梁，梁惠王不果所言，則見以為迂遠而闊於事情。」
[2] 見牟宗三：《名家與荀子》（臺北：臺灣學生書局，民國八十三年八月），頁203。

> 學聖人之道，得其體，必得其用。有體而無用，與異端何辨？井田、封建、學校、軍制，皆聖人竭心思致用之大者也。[3]

五峰認為聖人之學有體有用，不然便同於佛老；而此並不只就心性論上說，亦含內聖必須開出外王之義。故五峰說井田封建等，皆是聖人求致用而開出之法制。五峰之思想，雖以有關心性天道方面之見解為突出，但〈知言〉一書，論政治法制方面之篇幅，卻多於論心性方面者，此表現了五峰重「體必須成用」的見解，即天道性命之體，必須由心來體現，而心之盡性，必由內聖而及於外王，若只關心一己之修德成聖，而不關心國家現實之政治，不關心民生之疾苦，亦是「有體而無用」之學，是不足取的。

五峰對孟子十分肯定，〈知言〉云：

> 見善有不明，則守之不固。或憚於威嚴而失之，或沒於情恩而失之，或亂於精微而失之，或汩於末流而失之。偉哉，孟氏之子！生世之大弊，承道之至衰，蘊經綸之大業，進退辭受，執極而不變，用極而不亂，屹然獨立於橫流。使天下後世曉然知強大威力之不可用，士所以立身，大夫所以立家，諸侯所以立國，天子所以保天下，必本諸仁義也。偉哉，孟氏之子！[4]

此言孟子見善明而守善固。孟子認仁義具絕對之價值，而仁義由本心自發自決，故人之人格本身，亦是具絕對價值者，故決不肯因外在之威力或利害計較而動搖心志，違背原則。五峰對孟子「義利之辨」之旨，了解十分深切。以上是從孟子個人的立身行事上說，〈知言〉又云：

---

[3] 〈與張敬夫〉，《胡宏集》（北京：中華書局，1987年6月），〈書〉，頁131。

[4] 〈知言·天命〉，見《胡宏集》，頁2-3。

為天下者，必本於理義。理也者，天下之大體也；義也者，天下之大用也。理不可以不明，義不可以不精。理明，然後綱紀可正；義精，然後權衡可平。綱紀正，權衡平，則萬事治，百姓服，四海同。夫理，天命也；義，人心也。惟天命至微，惟人心好動。微則難知，動則易亂。欲著其微，欲靜其動，則莫過於學。學之道，則莫過乎繹孔子，孟軻之遺文。孔子定書，刪詩，繫易，作春秋，何區區於空言？所以上承天意，下憫斯人，故丁寧反復三四不倦，使人知所以正心誠意，修身齊家、治國平天下之本也。孟軻氏閑先聖之道，慨然憂世，見齊、梁之君，間陳理義，提世大綱，一掃東周五霸之弊，發興衰撥亂之心要。愚因其言，上稽三代，下考兩漢、三國、東西晉、南北朝，至於隋唐，以及五代，雖成功有小大，為政有治忽，制事有優劣，然總於大略，其興隆也，未始不由奉身以理義；其敗亡也，未始不由肆志於利欲。然後知孟軻氏之言信而有徵，其傳聖人道純乎純者也。[5]

五峰以理義為天下之本，理是體，義是用。即理是本有之天理，或天命之性；理通過人心而實現出來便是義。理須透過人心才能彰顯，而人心能彰顯天理，人間才能有意義與價值，人間才能長久存在。人心時為欲望所亂，並不容易表現天理，故必須學，而學須以孔、孟之遺教作準。若心能盡其用，則可以正綱紀，平權衡，由是而治萬事，服百姓。文中對孟子之學，再加肯定，認為孟子以仁義說齊、梁（魏）之君，嚴辨義利及王霸，確是孔子的傳。五峰又根據自己的治史心得，[6]證明孟子以仁義為立國之本，是信而有徵的。即五峰認為歷代君主，能興隆的，必因遵奉理義，而恣肆於利欲者，則敗亡。此是從治國平天下處，即客觀精神的表現上，言義利之辨。五峰亦如孟子，認為從義利之辨所透顯的仁

---

[5] 〈知言·義理〉，《胡宏集》，頁 29-30。
[6] 胡五峰著有《皇王大紀》，是一部編年體的史著。

義,道德法則,不只是內聖的個人修德的原則,亦是外王的,理想的政治之根據。

二、君臣之德與其相與之道

上文所說的仁義是外王的根據,可從五峰論君臣之義而見之,〈知言〉云:

> 自三代之道不行,君臣之義不明,君誘其臣以富貴,臣干其君以文行。夫君臣相與之際,萬化之原也。既汩其利矣,末流其可禁乎?此三代之治所以不復也。[7]

五峰認為三代以下的君臣,都是以利相結合。君以名位籠絡臣子,以鞏固其君權,而臣子則以個人之文行以求富貴,即都是有所為而為,藉從政以滿足個人私利。這好比本源已混濁,又如何能有理想之政治呢?這是義利之辨應用在君臣關係上,言之十分恰當。孔子亦曰:「政者正也,子帥以正,孰敢不正?」[8]政治並不是滿足個人私利之活動,人並不能為實現其野心、權力欲而從政。

五峰對孟子之言義利之辨,有深切的了解,即道德本身即有其絕對之價值,人之行仁義,是行其所應為,並不是藉此而達致另一目的。此即康德所說道德的行為是依無條件的律令而行之意,〈知言〉云:

> 堯、舜、禹、湯、文王、仲尼之道,天地中和之至,非有取而後為之者也。是以周乎萬物,通乎無窮,日用而不可離也。釋氏乃為厭生、死、苦、病、老,然後有取於心以自私耳。本既如是,

---

[7] 〈知言·天命〉,《胡宏集》,頁 1-2。

[8] 《論語·顏淵》。

求欲無弊，其可得乎？[9]

此段以有取、無取來辨儒釋。認為佛教是有取，即為利。故儒佛之辨亦是義利之辨。這是宋明儒分辨儒佛之共識。此有取、無取，亦即是康德所說的有條件、無條件之辨。五峰又認為唯有無取，方能有周遍萬物，通乎無窮的聖功。即人若能真依無條件的律令而行，其道德之本心便能真實呈現，本心呈現，便能有真實為善之根源、動力，有此根源、動力，便會親親、仁民，知周乎萬物而道濟天下，並不以利天下作為自己行動之目的，但自然會利天下。〈知言〉云：

「維天之命，於穆不已」，聖人知天命存於身者，淵源無窮，故施於民者，溥博無盡，而事功不同也。知之，則於一事功可以盡聖人之蘊；不知，則一事功而已矣，不足以言聖人也。莊周乃曰：「聖人之道，真以治身，其緒餘土苴以治天下。」豈其然乎？[10]

此段言不可以事功來決定聖德之價值，雖然事功亦不可小看，但聖德並不可以事功論。聖王並不是為了成就事功，他們的用心，並不黏著於現實上。如上文所說，由於是無條件地行所當為，呈現了真實的道德之本心，於是便有無窮無盡的實踐之要求，有無限的動力，於是自然有博施濟眾的事功表現。故五峰云：「知之，則於一事功可以盡聖人之蘊；不知，則一事功而已矣。」即於一事功，便可見此事功實有無窮者為其淵源。聖德自然而不容已，故有事功，而不是為了事功而為。五峰又言：

二帝三王施仁政，定天下之功，盡道而已，非有利天下之心也。五霸仗義結信，摟諸侯，獎王室，謀自強大，非有正天下之心

---

[9] 〈知言・天命〉，《胡宏集》，頁2。
[10] 〈知言・陰陽〉，《胡宏集》，頁9。

也。……此孟子之所謂假也。……五霸假仁義而不歸，則既有之矣，其得罪於三王者，何也？以有為而為之也。此王霸之所以分乎！[11]

五峰認為二帝三王之行仁政，定天下，只是「盡道」而已，並非有「利天下」之心，此一辨析，實至為中肯。而亦唯有只為了盡道，為所當為，而不陷溺於現實之事功上，方能生發、創造出最大的事功，即眼光遠大，不著眼於利益，反而造就了最大的利益。五峰此一辨析，可以明白說明孟子之意。孟子勸梁惠王「亦有仁義而已矣，何必曰利？」但後文又說「未有仁而遺其親者也，未有義而後其君者也」，似可解作為了得更大的利益而行仁義，故有人將孟子所謂之義理解為功利主義所說的「多數人的幸福」，即「公利」，[12]其實這是誤解。為了公利而行仁義，仍是「有取」而為，即其行義仍是有條件的，這並不是真正的實踐道德。必如五峰所說，聖王之平治天下，只是盡道，並無利天下之心，此方相應於孟子之說。五峰此段以「有所為而為」來解釋霸者之用心，十分切當。

又如果因見到不求利而自然有利之理，於是表面不求利，而其實希冀隨著不求利而來之大利，則這便是權術、計謀，亦是不合道德的。五峰對此一更深微之求利之用心，亦有論及，〈知言〉云：

小道任術，先其得，後其利，智己而愚民者也。聖人由道而行，其施也博，其報也厚，其散也廣，其聚也多，貪慾不生而天下通焉。[13]

所謂「先其得，後其利」，應是老子所謂「後其身而身先」之意，即不

---

[11] 〈釋疑孟・霸〉，《胡宏集》，頁322-3。

[12] 見胡毓寰《孟學大旨》（臺北：正中書局，1980年三版），頁95。

[13] 〈知言・陰陽〉，《胡宏集》，頁7。

求利,卻先得利,以「後其利」為手段,希冀「先其得」之效果。這便是用智謀、權術。此是更深微的私欲。聖人之行事,完全是無條件地由道而行,並無這深微之私心。雖無私心,但「其施心博,其報也厚;其散也廣,其聚也多」即可博施濟眾,使天下人皆蒙其利,而自己亦得到最好的報答,極盡尊榮富貴。此有用智謀權術者希冀之結果,但用心則截然不同。五峰之意,認為純粹的無條件地踐德,不只可以成德,亦自然產生最大的利益,故曰:「貪慾不生而天下通焉。」此確是最圓滿的善,涵「德福一致」之義。〈知言〉尚有一條亦表示此意:

> 天地之生生萬物,聖人之生生萬民,固其理也。老聃用其道,計其成,而以不爭行之,是舞智尚術,求怙天下之權以自私也。其去王事遠矣。[14]

天地生萬物,聖人生萬民,固其理也,即是自然如此的,純然無條件的。老子表面順自然而不爭,其用心實是求利計功的,故與聖王之治並不相同。老子是否如胡五峰所理解的「舞智尚術」,表面無為,其實計較,這是可以討論的。但由五峰之比較儒道之不同,可以看出五峰對道德之無條件性,確有深切中肯的了解。而由上述,亦可明白看到五峰一真誠的肯定與嚮往。此即唯有如天德般的純粹無私,才可生天地,濟萬事,化萬民,純粹之德性必可引發無限的創造,成就最理想的政治。無條件的純粹的仁義之心,不只是德性價值的根源,亦是實現理想的政治之根據。即外王是由內聖所直接開出者。此是對孟子所說的「有不忍人之心,斯有不忍人之政」,所謂王道,只是「舉斯心加諸彼」之意,作了很好的詮釋。〈知言〉又有一條云:

> 有為之為,出於智巧。血氣方剛,則智巧出焉;血氣既衰,則智

---

[14] 同上註,《胡宏集》,頁10。

> 巧窮矣。或知功之可利而銳於立功，或知名之可利而進以求名，或知正直之可利而勉於正直，或知文詞之可利而習於文詞，皆智巧之智也。上好恬退，則為恬退以中其欲；上好剛勁，則為剛勁以中其欲；上好溫厚，則為溫厚以中其欲；上好勤恪，則為勤恪以中其欲；上好文雅，則為文雅以中其欲；皆智巧之巧也。年方壯則血氣盛，得所欲則血氣盛壯邁往，失則血氣挫折消懦，而所為屈矣，無不可變之操也。無為之為，本於仁義。善不以名而為，功不以利而勸，通於造化，與天地相終始，苟不至德，則至道不凝焉。[15]

此段以有為之為與無為之為辨智巧與仁義之不同，即上述義利之辨之意。五峰認為智巧出於血氣，由血氣產生者，必是有限的，不會生生不已；故氣盛時會有智巧，氣衰，則其智巧亦窮矣。即五峰認為以德性作根據，才有不已的創造性。而如果是有所為而為，由智巧，投君主所好表現出來的品德，如溫厚、恬退、勤恪等，若不得其所欲，便血氣挫折，其德亦不能維持。故只有無條件地踐德者，其德行才可恆久不變。至德者不為名而為善，不求利而成就事功，其心純亦不已，通於造化。五峰此段辨真德與偽德之不同甚為明白。〈知言〉又云：

> 道無不可行之時，時無不可處之事。時無窮，事萬變，惟仁者為能處之，不失其道而有成功。權數智術，用而或中則成，不中則敗。其成敗係人之能否，而權變縱釋不在我者也，豈不殆哉！[16]

此段亦如上述之意，五峰總要推上一層，洞開道德價值，行動之源，不肯只著眼於事功上，及落在利害上計較臆度。他當時所處的時代，是南

---

[15] 〈知言・好惡〉，《胡宏集》，頁 11-12。又按《胡宏集》此段之斷句有誤。

[16] 〈知言・修身〉，《胡宏集》，頁 5。

宋高宗之時，國家積弱，受到金人強烈的威脅，在這時代，五峰提出的救國良方，仍上述之意，五峰上書高宗云：

> 上以利勢誘下，下以智術干上，犯法者不必誅，亂政者不必退，是非由此不公，名實由此不核，賞罰由此失當，亂臣賊子由此得志，人紀由此不脩。以臣干君，以賤干貴，子不聽于父，弟不聽于兄，邊隅不聽于中國，天下萬事倒行逆施，人欲肆而天理滅矣。殘賊之政暴著天下，危亡之憂日以益甚，孟子所謂「由今之道，無變今之俗，雖與之天下，不能一朝居也。」將何以異于先朝，求救禍亂而致升平乎？然上而公卿之議，下而士大夫之論，習以殘賊為常，更為當今之亂，將卒不精練，兵甲不堅利，饋餉不豐給，城池不高深之過也。……故孟子曰：「城郭不完，兵甲不多，非國之災也；田野不辟，貨財不聚，非國之害也。上無禮，下無學，賊民興，喪無日矣。」臣是以願陛下深念三綱，潛心神化，明脩政事，大革風俗，使卓然與熙寧之政相反。則中國之道立，而邊鄙之叛逆可破也。[17]

在國家積弱危疑之際，一般人都著眼於現實上之問題，故當時士論，都以為如何練兵，加強防禦，增加糧餉，是當務之急。而五峰認為現實上的設施，軍備不夠，並不足為害，而人的心術不正，以殘賊為常，才是根本之病。故勸宋高宗「深念三綱，潛心神化，明脩政事，大革風俗」。

平情而論，在此危急之情況下，要君主以明本心，正三綱及潛心神化為念，是難免迂遠之譏的。但五峰所述者，確是為政之根本道理，亦是儒學觀點的「理想之君德」，其論是十分正大的。

這「理想之君德」，不只是為匡救國家一時之困局而設想，乃是可以成就「萬世之業」的。〈知言〉云：

---

[17]〈上光堯皇帝書〉，《胡宏集》，頁89。

> 天下之道有三：大本也，大幾也，大法也。此聖人之事，非常人所知也。……大本，一心也；大幾，萬變也；大法，三綱也。……「維天之命，於穆不已」。王者法天，心不可怠放，怠則應變必失其幾，放則三綱不得其正也。幾一失，則事難定；綱不正，則亂易生。[18]

此言為政有三根本要道，而尤以心更為根本。若心能效法天之於穆不已，不怠不放，便可以應萬變，正三綱。〈知言〉續云：

> 王者，法天以行其政者也。法天之道，必先知天。知天之道，必先識心。識心之道，必先識心之性情，欲識心之性情，察諸乾行而已矣。……乾元統天，健而無息，大明終始，四時不忒，雲行雨施，萬物生焉。察乎是，則天心可識矣。是心也，陛下怠之則放，放之則死，死則不能應變投機，而大法不舉矣。臣子可以乘間而謀逆，妾婦可以乘間而犯順，夷狄可以乘間而抗衡矣。後嗣雖有賢明之君，亦終不能致大治矣。[19]

心為治國之大本，故治國根本之道，在於心上作工夫，前文所言之義利之辨，便是正心以立本之工夫。在此處五峰所言之治心工夫，以法天為主。他要求君主須效法天道，使己心如天道之不息不已，又如乾德之剛健無雜。人主之心能如是，便能不怠不放，心能不怠不放，自能應變投機，提振三綱，而天下亦可平治矣。五峰此說，亦含「盡心成性」之義。五峰認為天道之無窮意義與價值，可通過人心而彰顯出來，而唯有能彰顯天道，如天道般不息不止者，方是盡心。故要識人之真心，須察諸乾

---

[18] 〈知言・復義〉，《胡宏集》，頁38。

[19] 同上註。

道。五峰又有「惟仁者能盡其心」[20]之說，認為能全幅體現天道者，方可謂之「仁」。

　　五峰之說，是由內聖直接開出外王之想法。即認為理想之政治，必須由能明本心，其心全幅體現天道之聖王，才能真正達致。五峰對漢唐以來之君主，有以下之評論：

> 漢唐以來，天下既定，人君非因循自怠，則沈溺聲色；非沈溺聲色，則開拓邊境；非開拓邊境，則崇飾虛文。其下乃有惑於神仙真空之術。曷若講明先王之道，存其心，正其情，大其德，新其政，光其國，為萬世之人君乎！[21]

由此可見五峰論君，並不以能匡救一時之困局，能使人民富足為滿足，他理想上之君主，是能為後代開萬世治平之業的。開萬世治平之業，除了上述明辨義利，體現天德，應機，振三綱，即存其心，大其德，光其國等作法外，五峰尚有關於制度上之思考，此見下一節。

　　以上是論君德，而對於臣子之德，五峰亦有論及，〈知言〉云：

> 守身以仁。以守身之道正其君者，大臣也。漢、唐之盛，忠臣烈士攻其君之過，禁其君之欲，糾其政之繆，彈其人之佞而止已。求其大君心，引之志於仁者，則吾未之見也。惟董生其庶幾乎！[22]

五峰認為漢、唐許多忠臣烈士，雖有其可取之處，但並未作到「守身以仁，以守身之道正其君」，能守身以仁，又能以仁義正其君，方是大臣。

---

[20] 見朱子〈知言疑義〉，《胡宏集》，頁334。

[21] 〈知言・文王〉，《胡宏集》，頁20。

[22] 〈知言・陰陽〉，《胡宏集》，頁8。

此如同前文所論君德，並不著眼於事功，而重在能洞開道德價值及行動之源。五峰認為董子庶幾近乎大臣，應是因董仲舒能明辨義利，嚴斥秦之暴政，及要君主上體天心，以行仁政之故。董子所見，確比其他賢臣為深遠，又合於五峰之見解。〈知言〉又云：

> 當爵祿而不輕，行道德而不舍者，君子人歟？君子人也。天下之臣有三：有好功名而輕爵祿之臣，是人也，名得功成而止矣；有貪爵祿而昧功名之臣，是人也，必忘其性命矣，鮮不及哉；有由道義而行之臣，是人也，爵位功名，得之不以為重，失之不以為輕，顧吾道義如何耳。君天下，臨百官，是三臣者雜然而進，為人君者烏知乎進退之？孟子曰：「君仁，莫不仁。」[23]

五峰此處區分三種臣子，亦即是義利之辨之意。好功名而輕爵祿及貪爵祿而昧功名之臣，都是有所為而為臣者，其從政之目的在求自己之利，故得其所欲便停止努力。只有無條件地行所當行，即由道義而行之臣，能實踐道義，不會止息。能當爵祿而不輕，即不會因另有所圖而故意看輕爵祿；即對於該得者不會推辭。五峰此說甚有深意，此一分析十分中肯，只有純粹的道德心呈現，人才會健行不息。比較這三類臣子，當然由道義而行之臣是最理想的，而為君主者如何能區別之？五峰認為，這必須人君反求諸己。君主以仁義為心，自然知何者為仁義之臣。若人君反己而行仁，呈現其無條件地為善之本心，自然能感召道義之臣。〈知言〉又云：

> 誠者，天之道也。心涵造化之妙，則萬物畢應。彼夫懷之以恩，令之以義，憚之以威，結之以信者，末矣。易曰：「雲從龍，風

---

[23] 〈知言・往來〉，《胡宏集》，頁13。

從虎。」此之謂也。[24]

此言理想之君臣相與之道，能以至誠待人，自然有真實生命之感應，君至誠，自有臣子以精誠報之，以成理想之治。由於不能以至誠待人，才須以恩義、威信以籠絡臣子，這是為政之末。

對於君臣相與之道，五峰肯定三綱，當然是尊君的，如云：

> 人君，剛健、中正、純粹，首出庶物者也。人臣，柔順、利貞，承乎天而時行者也。[25]

這是以天道喻君，以地道喻臣，這即表示臣子當承順君。但五峰亦認為君當謙下以待臣，如云：

> 君者，天之道也。臣者，地之道也。君道必謙恭盡下，則臣可以上納其忠。是故天下地上而為泰，天上地下而為否，成象之謂乾，效法之謂坤。[26]

五峰以《易經》泰卦之卦象，以譬喻君臣相與之道。即君固是天，而臣是地，但天氣下行，地氣上行方為泰，否則便天地不交而為否。五峰依此卦象而言君當謙下以待臣，甚有妙義。故他以天地比之君臣，並非無條件地主張君尊臣卑。此意在五峰之著述中是常見的，如云：

> 君臣有法，然後天地泰。[27]

---

[24] 〈知言・中原〉，《胡宏集》，頁44。
[25] 〈知言・漢文〉，《胡宏集》，頁43。
[26] 〈知言・中原〉，《胡宏集》，頁45。
[27] 〈知言・漢文〉，《胡宏集》，頁43。

則必不襲秦故，尊君抑臣，而朝廷之上制禮以道，謙尊而光，乾剛下充，臣道上行，致天道於交泰，而大臣可以託天下，委六尺之孤矣。[28]

此段以尊君抑臣為秦之暴政，可知五峰以天地之道喻君臣，並不表示臣子定要卑伏於君主之下，反而是主張君道謙下，臣道上行。五峰又云：

> 天地感乎下，則地氣應乎上，一有感而不應，則為水旱寒燠之災。君臣之義，猶天地之道也，其感應從違豈有異乎？因君用舍以有行藏，察君厚薄以有去就，過則為抗為驕傲，不及則為諂為邪佞。[29]

君道下行，臣道上行，君臣相得，天地交泰，如是便可實現理想之政治，有如天地生萬物之功效。〈知言〉亦云「君得臣而後有萬化」（〈知言·陰陽〉）。五峰又言為臣之道須不亢不卑，無過無不及，其說甚為通達。五峰很能了解孟子言君臣之道之意，如云：

> 孟子曰：「天下有達尊三：朝廷尚爵，鄉黨尚齒，輔世長民尚德。烏得恃其一，慢其二？」所以明進退之分，權輕重之義，明為臣之道非可以奴隸使也。[30]

五峰引孟子之說，國君之位，是爵位上之尊貴，但那並非是唯一的尊貴，齒與德，亦是可尊貴的。豈可以因自己有尊爵，便輕慢其他？故可知五峰認為君臣之尊卑，只是相對的，並不是絕對的，即對身居高位之國君，

---

[28] 〈知言·復義〉，《胡宏集》，頁37。
[29] 〈釋疑孟·仕〉，《胡宏集》，頁321-322。
[30] 〈釋疑孟·德〉，《胡宏集》，頁323。

臣子並不是要絕對的服從，臣子亦有其尊貴，亦須得國君之尊重。若君待臣不以其道，臣子是有進退之自由。對五峰說「為臣之道非可以奴隸役使也」，表達了對秦以後君臣地位之懸殊、君主摧抑壓迫臣子之現象之不滿。在上引文之前，五峰有一段論君臣之道之文，其義亦精：

> 君子於天下無成心，不徇人以失己，不徇物以失道，稱情而施，當於義而已。周道之衰，人懷利以相與，為君者自恃崇高，足以致士，而懷輕士之心。為士者懷利宴安，知進而不知退，死生謬制於人。海內蕩蕩，綱紀文章掃地盡廢者，以君臣之道不明於天下也。[31]

「不徇人以失己，不徇物以失道，稱情而施，當於義而已」，即是無條件地依自己認為當行而行，並不希冀藉義行以得其他；如果能如此立身行事，人的或仕或隱，或進或退，可以完全自由、自決，不受制於人，亦不會受到自己的私欲所裹脅。但若一旦懷利相與，藉行為而取得自己欲求之利益，並不以行為本身是否合於義來決定是否去行，則人上述的自由、自主性便沒有了。君主以利益籠絡臣子，以臣為可買可養者，視人為工具，亦便不會對臣子有真正的尊重。故君臣一旦懷利以相與，君便不會使臣以禮，臣子為滿足一己私欲，亦會迷於權位富貴，知進而不知退，遂至生死榮辱操之於君。五峰此一分析十分中肯，人能明辨義利，行所當行，確可得真正之自由，能自尊自重，進退裕如。五峰此一反省，是希望人能從為利而行之習性中超脫出來，能如此正本清源，便可重新建立君臣之道。

---

[31] 同上註。

三、封建制意義之闡發

　　上文已述及胡五峰對封建、井田制的肯定，這顯示五峰很有客觀面之思考。即對於如何建立制度，以實現人內心之道德要求，如何使人之仁心能客觀地落實，亦是五峰的哲學之重要課題，這亦是他強調「體」必須成「用」之意。五峰之重法制之建立，在〈知言〉是常見的，如云：

> 法制者，道德之顯爾。道德者，法制之隱爾。天地之心，生生不窮者也。必有春秋冬夏之節、風雨霜露之變，然後生物之功遂。有道德結於民心，而無法制者為無用。無用者亡（自注：劉虞之類。）有法制繫於民身，而無道德者為無體。無體者滅。（自注：暴秦之類。）是故法立制定，苟非其人，亦不可行也。[32]

此段明白表示道德與法制二者，缺一不可。道德須藉法制以客觀表現，而法制亦須以道德為根據，有道德而無法制，便徒有仁心，不能達致仁民愛物之願；若徒有法制，無道德為其體，則法制很可以是殘民以逞之暴政。五峰又云：

> 欲修身平天下者，必先知天。欲知天者，必先識心。欲識心者，必先識乾。乾者，天之性情也。乾道變化，各正性命，命之所以不已，性之所以不一，物之所以萬殊也。萬物之性，動殖、小大、高下，各有分焉，循其性而不以欲亂，則無一物不得其所。非知道者，孰能識之？是故聖人順萬物之性，惇五典，庸五禮，章五服，用五刑，賢愚有別，親疏有倫，貴賤有序，高下有等，輕重

---

[32]〈知言・修身〉，《胡宏集》，頁6。

有權,體萬物而昭明之,各當其用,一物不遺。聖人之教可謂至矣。[33]

此段言聖人宏願。聖人欲遂其萬物各得其所之目的,必須就萬物不同之存在情況,以善成之,使一切之存在皆能實現其價值與意義。這便須因應萬物之分殊而有種種禮樂制度,制度所以使萬物於不同之存在情況,而有最合理之表現。此明仁心要實現,必須建構種種制度,而制度之所以複雜,因存在之情況殊異。人物存在之所以分殊,因天命不已,生生無窮。此言有甚深之微意。建立制度,為的是順萬物之性情以善成萬物,是要「物各付物」,並不是以某一人(如君主)之觀點,立制度以規範人、物。建立制度,是要達致善成一切存在之目的,這是「天德」之實現,五峰以天命之純粹無私,生生不已,又讓萬物依其自己之情況而遂其生,此一敞開的精神,為法制之超越根據。

孟子論政制,對井田及封建,是很贊成的,五峰之見同於孟子,而又有個人之引申發揮,五峰論井田云:

仁心,立政之本也。均田,為政之先也。田里不均,雖有仁心而民不被其澤矣。井田者,聖人均田之要法也。恩意聯屬,姦宄不容,少而不散,多而不亂。農賦既定,軍制亦明矣。三王之所以王者,以其能制天下之田里,政立仁施,雖匹夫匹婦一衣一食,如解衣衣之,推食食之。其於萬物,誠有調燮之法以佐贊乾坤化育之功,非如後世之君不仁於民也。[34]

井田制度使各家有一定之田產,這便可解決百姓基本生活需要,使匹夫匹婦,都無凍餒之虞。這確是仁心的最低限度之要求。人之仁心必求萬

---

[33] 〈知言・漢文〉,《胡宏集》,頁 41。
[34] 〈知言・文王〉,《胡宏集》,頁 19。

物各得其所,而若人之免於凍餒之權利亦不能保,如何能得其所呢?五峰說井田制是「政立仁施」,即立此制度,仁心之要求才得以實現,又說此制有「佐贊乾坤化育之功」,即可幫助天道達成生養萬民萬物之目的。五峰認為井田制可以實現仁心之要求,甚至可以裁成輔相,達成天道要萬物各得其所之目的,其思考可謂深矣。

五峰又認為井田制是聖人均田之要求,這表示了他對貧富懸殊,富者連田阡陌,而貧者無立錐之地的不滿。又井田合八家為生活共同體,五峰認為有「恩意聯屬,姦宄不容」,「農賦既定,軍制亦明」的效果,這亦表達了他對當時現實社會問題之思考。

對於封建制度,五峰之思考更為深微,〈知言〉云:

> 孝莫大於寧親,寧親莫大於存神。神存天地之間,順其命,勿絕滅之而已矣。死生者,身之常也。存亡者,國之常也。興廢者,天下之常也。絕滅者,非常之變也。聖人制四海之命,法天而不私己,盡制而不曲防,分天下之地以為萬國,而與英才共焉。誠知興廢之無常,不可以私守之也。故農夫受田百畝,諸侯百里,天子千里,農夫食其力,諸侯報其功,天子享其德。此天下之分,然非後世擅天下者以大制小,以強制弱之謀也,誠盡制而已矣。[35]

五峰說寧親莫大於存神,此如《中庸》所云「反諸身不誠,不順乎親矣」之意,反身而誠,便是「所存者神」。孟子曰:「君子所過者化,所存者神」(《孟子・盡心上》),聖人之生命真實無妄,故有過化存神之妙。依孟子,存神是「心所存主處,便神妙不測」[36]即聖人之用心處,便有神妙之效。但五峰此處所說之存神,應是神存於心、或使心能誠、神之意,

---

[35] 〈知言・修身〉,《胡宏集》,頁5。
[36] 朱子對孟子此語之注釋,見《孟子集注》。

其義與孟子略有不同。故五峰曰:「神存天地之間,勿絕滅之而已」。五峰此存神義,應出自張橫渠,橫渠云:

> 然則聖人盡道其間,兼體而不累者,存神其至矣。[37]

橫渠認為,聖人於氣化之聚散往來兩面,都能安之,於生死存亡,禍害吉凶都能表現無限價值,這即「兼體無累」,這是存神之功效。五峰即取此意,他認為存亡興廢,本是自然之常理,人不必求久聚不散,須安於氣化之往來聚散。能安於存亡興廢,亦即能存神。所謂神本存天地之間,即由於有天地生化之神存在,天地之氣化才能生生不息,往來聚散,永不滅絕。

　　「存神」是修德而成聖者之境界,五峰由此而轉出「公天下」之義。他認為封建制正是聖人存神之表現。聖人「分天下之地以為萬國,而與英才共焉」,所以能如此,是因為「誠知興廢之無常,不可以私守之也」。在此處,五峰明顯表示他對「公天下」的嚮往,即他反對秦以來的中央集權、家天下的政制。此公天下的想法,何以能由「存神」義轉出?五峰之意,應是人能存神,便能以天地生物之心為心,而希望使一切存在皆得其所。由是便可以均田,使天下百姓都有基本的衣食,亦能分封天下,使天下英才都有機會實現其治國之長材。又人若能將一己之心思提升至天地生化之神之層次,便可體會到氣化之往來聚散是必然的,因如此才能有過去、現在、未來的一切存在生而又生,若氣化聚而不散,則便不可能生生不已了。故對聚散往來,及人生之存亡得失,國家之興衰,都一律平看,並不偏愛其中一面,若如此,便可一念放開,對國家天下,都不會起把持為己有,又希望能永遠保存之的想法。

　　如以上解說不誤,則五峰是從聖人之德處,找到公天下的思想根據。這是要從內聖轉出外王。

---

[37] 張載:《正蒙・太和》。

五峰續云：

> 是以虞、夏、商、周傳祀長久，皆千餘歲。論興廢，則均有焉；語絕滅，則至暴秦郡縣天下，然後及也。自秦滅先王之制，海內蕩然無有根本之固。有今世王天下，而繼世無置錐之地者。有今年貴為天子，而明年欲為匹夫不可得者。天王尚焉，況其下者乎？是以等威不立，禮義難行，俗化衰薄，雖當世興廢之常，而受絕滅之禍也。其為不孝孰大焉！悲夫！秦、漢、魏、晉、隋、唐之君，真可謂居絕滅之中而不自知者也。是故大易垂訓，必建萬國而親諸侯，春秋立法，興滅國而繼絕世。[38]

此段從封建制之現實功用上來證此制度之合理。五峰治史，了解到春秋列國，多享國長久，雖有興衰，但無滅絕；但秦漢以後，廢封建為郡縣，意欲直接統治四方，把持天下，但享國既不長久，最後並遭滅絕之禍。每當改朝換代之際，末代君王及其子孫，確是多遭夷滅，少有例外。五峰對此大概深有感觸。對於一治一亂之歷史循環，家天下，君主專制的中國傳統政治，胡五峰很用心地思考以求解決之。他的解決之道，仍是遵孟子之說，歸本於仁義，由義利之辨以顯本心，作為政治之根本。由是而應用在君臣之道上。又由聖人之德處，為公天下立一超越之根據，他已想到以客觀的制度實現仁心的理想，其思考雖未至現代的民主憲政的層次，但識見已十分深遠了。

---

[38] 〈知言・修身〉，《胡宏集》，頁5。

▪第二部分▪

陽明學新詮

從王學的流弊看康德道德哲學作為「居間型態」的意義

從良知學之發展看朱子思想的型態

朱子學與陽明學的會通

王龍溪對王陽明良知說的繼承與發展

王龍溪哲學與道德教育

王龍溪與季彭山的論辯

朝鮮儒者鄭霞谷思想的現代詮釋

從王學的流弊看康德道德哲學作為
「居間型態」的意義

　　對於王學流弊的成因,學界討論已多,本文希望藉康德對自由與道德法則之先後之思考,提出一較新的看法。吾人認為,王龍溪及羅近溪的工夫入路,都是從自由契入,而且此自由是化境下的本心之自由,是聖人境界;以此作為入道途徑,而不先之以對道德法則的體悟,是不能免於蕩越的。又牟宗三先生說,以康德的道德哲學和儒學比較,康德是朱子與陸、王間的居間型態,吾人順此意作進一步思考,認為康德的說法,對於儒學此兩大系,或可以有作為中介橋梁的意義。

一、陽明學的特色及其虛歉

　　陽明從朱子學入手,因悟心即理,而歸宗孟子與象山。心即理,即表示道德之理由本心所自發自決,人要明白道德之理,必須反求諸心,不能於外在事物上尋求。而求理於心,其方法是於發心動念上作正心誠意的工夫,省察念慮之微,要求意念之發,合乎天理。而人若肯作如是省察,必見有不可欺瞞的知是知非之良知存在,只要依良知而行,便可產生真正的道德行為。故人只要一念反省,便可知道德之理之所在,依之而行,越致其良知,良知越發精明,行動之力量越見篤實。陽明之教法,確是令人一言之下,即得本心,即見天理,當下暢通行動實踐之源,越實踐而本心良知之作用越大,確是有本有源,切於道德實踐之教法。

　　陽明扭轉朱子之說,認為理即心,不假外求,這很能表示道德之理

與知識之理的不同，知識之理的構成，雖亦有事於人本有的，先驗的知性概念（範疇），但知識之獲得，必由於經驗。而道德之理，根源於人的道德意識，並不依賴經驗的提供，在道德實踐上，人越少受經驗的影響，便越能依內在的良知本心之命令而行。故求知識與求道德二者的途徑是不同的。若要求知識，則經驗越多越好；若要使自己的行為成為具有道德價值的行為，則須純粹地依本心良知所發之命令而行，不能受感性欲望影響，不能落在經驗上作利害之計較，而要行所當行。故道德的命令，是直接從自己的本心發出來，要求依之而見諸行動，不管人之本能感性欲望願不願意，不論現實的經驗是何種情況。故求知識，須有事於經驗，求道德，便要求自己發心動念的純粹。二者截然不同。朱子的格物理論，要人即物以窮理，便有將知識之理與道德之理相混之嫌，陽明將致知理解為致良知，即將自己本有的道德意識，德性之知充分實現出來；而格物，因物是意之所在，故格物是在意上做工夫，即在行動的存心、動機上用心，使不正者歸於正。若念頭純粹，行為便是道德的行為。陽明此說，雖未必合於〈大學〉原義，但很能顯示出道德行動的本質，內聖之學的獨立性，而求道德與求知識途徑之不同，亦明顯地表示出來。人生固然不能沒有知識，道德行為，雖在發動上看，並不依經驗，但必落實於經驗，無經驗知識，道德行動亦不能善成。但雖如此，道德與知識並不相同，二者須分別地看，承認各有其獨立性。依此而言，陽明學作為一內聖之學、成德之教來看，應是很中肯，而沒有問題的。然而陽明學何以仍會有流弊？

　　牟宗三先生認為，陽明學的流弊，並不是陽明的學說、教法本身有缺陷、有問題，而是陽明後學依陽明教法，而自己產生偏差，即不是教法本身之問題，而是後學自己實踐上出了問題，是「人病」，而非「法病」。牟先生應是認為陽明學在作為內聖之學、成德之教上看，其理論與教法，都是合理的，並無問題。但雖如此，他又認為陽明學是「顯教」，

王學之流弊,與顯教之義理型態有關。[1]王陽明之致良知教,天理即在良知中顯,而良知可即於當前之日用倫常中呈現,不假外求,當下即是,故是顯教。理論雖無問題,若本心呈現,天理確是當下顯現,本此而行,當然亦即是真正的道德行為。但人的生命不免有感性的限制,有習氣私欲,良知雖可當下顯,但當前的生命活動,未必便是良知之流行,即使有良知呈現,亦未必無夾雜,常會有誤以情識、意氣為良知,這便產生流弊,如所謂「情識而肆」[2]。此流弊誠然是「人病」,因良知本來當下可呈現,而若人混現實生命與良知為一,誤以當前之私欲意氣為良知,此是人的問題,與良知教無關。但若此流弊與良知教之義理型態,即其為顯教有關,則似乎不能只視為「人病」。牟先生在《心體與性體》論宋明儒學的分系處,曾說象山陽明系是「一心之伸展,一心之遍潤,一心之朗現」。並不先客觀地說天道性命,而當本心良知能充分實現,天道之意義便在其中。此一義理型態,使作為客觀存有的天道的意義,由作為主體的本心良知的挺立而彰顯,此固顯良知靈明之自我作主之義,但客觀面的義理稍嫌不足,令人有「虛歉」之感。故牟先生認為,能肯定主客觀兩方面的原則,又能用「以心著性」說明此兩原則之關係之「五峰、蕺山系」之義理型態,是最為飽滿的。[3]他也認為劉蕺山的慎獨之學,是「歸顯於密」,可有效地堵住王學的流弊。照如此說,則王學的流弊與其理論中對客觀面原則不能充分挺立,致有虛歉,是有關係的。因既然良知即天理,人可只反求諸心便可,只信其良知便可,對於客觀絕對的天理,對於人之為有限存在之事實便會輕忽。如果是如此,則王學之流弊,與其義理型態,是很有關係的,這便不能說只是「人病」了。

　　牟先生在《心體與性體》又曾討論到陽明所說良知的意義,認為陽明強調本心的智的作用,於仁的體悟有不足,這一評論與本文所要處理

---

[1] 牟宗三:《從陸象山到劉蕺山》(臺灣學生書局,1979年8月),第六章。

[2] 同上。

[3] 牟宗三:《心體與性體》第一冊(臺北:正中書局,民國五十七年五月),〈綜論〉。

的問題比較有關，茲引之以助說明：

> 仁心覺情在對特殊之機上澄然貞定收歛而為智相，其最初之收歛是孟子所謂「是非之心」，是明辨道德上的是非者，常與羞惡之義心連在一起合用。再收歛而向下貞定，順其及物之用而及那純然的外物以為知識之對象，這便是純知識的是非之心，這與那仁心覺情之超越體距離尤遠。然而亦未始不以仁心覺情為本也。而仁心覺情在為輔助其自己之實現上，亦要求此種純知識活動之出現。當王陽明言良知時，則是順最初之智相（道德上的是非之心）向裡看（即順其「及」而內在地看，不是外在地看），把這智用轉而為良知，特重其自律自發自定方向的「內在的道德決斷」之作用。此作用與羞惡之義心連在一起，再向裡收，便逼近於那仁心覺情之自體矣。故陽明常以精誠惻怛與明覺說良知，此即以良知表仁體也。（王學末流只順明覺去玩弄，忘掉精誠惻怛義，……）。「明覺」是其自知是非，（善惡），自定方向；由自知是非（善惡），自定方向而形成內在的道德決斷，便是其天理性，故云良知之天理，因而亦云心即理；此明覺之作用本於精誠惻怛之仁體，故良知本仁體，亦表仁體，此當是陽明言良知所當有之必然歸宿。（此點順精誠惻怛說是必然的。但四句教中「無善無惡心之體」一句，便容易引遐想，起誤會。此亦由于陽明于仁體下工夫少，于良知下工夫多之故。但若當說「無善無惡心之體」時，表明此乃直指仁心覺情說，則便可擋住那些遐想與誤會，而亦可使良知教更為正大而健康。惜乎陽明雖切說精誠惻怛，而究于正視仁體上嫌弱嫌少。此其悟道入路多迂曲，不甚正大故也。亦時代處境使然，故翻上來難。翻至陽明之境亦算不易。此讀王學者所不可不知也。）[4]

---

[4] 《心體與性體》（三），頁 278-279。

此段說明陽明所說的良知,是一智的覺情,而並非認知的智心,而此智的覺情可通於羞惡之義心與惻隱之仁心,即良知是統四端而言的,四端的內容意義以智的覺情統攝而表現,故良知雖可從知是知非一端說,但亦不止於知是知非。由良知統四端,而突顯了本心的自發自律自定方向自作決斷之作用。此一解說應很切於良知之涵義。但牟先生於此又作批評,說陽明言良知雖可關聯於義心,歸宿到惻怛之仁,但陽明於惻怛之仁未能充分正視,用心較少,使良知教未能更正大而健康。牟先生之意應是認為言道德心,仍是從仁說,從惻隱契入,較為正大。或從仁義說本心,較能突顯本心的道德內涵。以良知言心體,雖顯道德是非之自發自作判斷之義,但亦容易往智的作用處想,偏向分別、判斷處,而於惻怛之仁,當然之義等本心本有之內容,較不易彰顯。又從知是非之智顯本心,如上文所說,是顯教,似乎心體之意義全在當下呈現,一覽無遺,而非含藏凝斂,深遠無盡。本體含無限德性,並不能一下子便全部顯現,故含藏深遠之義,是不能去掉的。此亦是良知教作為顯教,其教相上不足之處。

又知是知非之良知當然是可當下付諸行動,亦是實踐的把柄,但此是一分別,「分別」是自覺的層次。德性的實踐,不能止於分別,不能止於自覺,而要達至化境。如孟子所說的「大而化之」。即由自覺的道德實踐,必須進至超自覺的自然而然,自然任運。即此時是雖踐德而不覺其是在踐德;雖為善,但只覺得是自然如此。如果此超自覺的化境是實踐之所必至,或人在現實上雖未必能至,而在理上是當有之生命境界,則若從知是知非,知善知惡的良知來作實踐的主體,而由此路數而言之化境,勢必是無是無非,無善無惡。但以無是無非,無善無惡來說道德實踐的最高境界,便容易引起誤會。此應是上引牟先生所說,陽明的「四句教」之首句,會引起遐想與誤會之故。

所謂遐想與誤會,應是指無善無惡之說,會與佛老的思想相混,或甚至混同於告子的性無善無不善的說法。當然如果對「無善無惡心之體」作明確的規定,說明這是由為善去惡之道德實踐而至的化境,且說心體

無善無惡,亦表示心體是絕對的至善,並非是在經驗中,通過比較而言的相對的善;若如此闡明,是可以避免誤會。但以無善無惡說本體,乃是遮詮,並不正面表示本體的道德之特性,由此而契入本體,確易與佛老相混,此即劉蕺山所謂的「虛玄而蕩」之流弊生成原因之一。比較而言,若從惻隱之仁以契悟心體,又由踐仁的極致而言化境,應不必用無善無惡來形容、規定,而又不失本體之道德涵義。

如果從惻隱之心以契入心體,對心體之形容,應不必用遮詮,即不必如莊子所說的「大仁不仁」;仁是惻隱,是愛,由此而體悟之本體,應如程明道所說,為一「一體無間」、「感通不隔」之無限心。明道說「仁者渾然與物同體,義禮智信皆仁也。」(〈識仁篇〉)這是從本體的意義說仁。明道又說「博施濟眾,乃聖人之功用。」而從「己欲立而立人,己欲達而達人」處體會,便「可以得仁之體」[5]。此即以不痿痺、不麻木,人我間感通不隔以言仁體。胡五峰亦有「欲為仁,必先識仁之體」之說。而他的識仁體之方,是舉孟子所說的齊王見牛而不忍殺為例,認為將此不忍之心擴而充之,便可「與天同矣」。[6]即天地之道,亦即是此惻怛不忍之情。由上述可見,從惻隱契入本體,不必用無善無惡,而其中之道德本質,仍是非常強烈的。由此意而推,若從羞惡、恭敬以契悟本體,其對本體之體悟,亦應有所不同,亦都不會以「無善無惡」來說。[7]

「無善無惡心之體」,除是表示心體為超越的至善外,尚有實踐之化境義,即「為善去惡而無跡」。[8]對比此一義,踐仁之化境,應如程明道所說的「萬物皆備於我,不獨人爾,物皆然」[9]之境。人踐仁而不住推廣拓充其與物無間之感,到最後,感到不只是我與天地萬物為一體,而是每一存在物,都與天地萬物為一體。物沒有生命,何以能感到萬物皆

---

[5] 《河南程氏遺書》,見《二程集》(北京中華,1981年7月)卷二上。

[6] 胡宏:〈知言〉,(《四庫全書》本)卷四。

[7] 如劉蕺山說意是好善惡惡的,由誠意而言慎獨,便是從羞惡之心以言心體。

[8] 此是周海門〈九解〉中語(見《明儒學案》卷三十六)。

[9] 《河南程氏遺書》卷二上。

備?此境可如是解釋:在我踐仁與物為一體時,不自覺我在踐仁而與物為一,而是覺得物在踐仁,而與我為一。不自覺我在感通於物,而是覺得物在感通於我。這不能不說是一實踐仁而至其極之化境[10]。

對於「仁」的一體無間之義,及踐仁之化境,陽明不是沒有體悟,其實可以說,他對此的體悟是非常深刻的。他的〈大學問〉中所說「大人者,以天地萬物為一體者也」及「大人之能以天地萬物為一體也,非意之也,其心之仁本若是其與天地萬物而為一也。」這些有名的句子,顯示了他對仁之「一體」義,有深刻了解。而這一體之感,與物無間之悲情,屢屢出現在他的書信文字中,在申述他的「拔本塞原論」中[11],有一段話,我認為可看作陽明對踐仁之化境的體會,他說:

> 當是之時,天下之人熙熙皞皞,皆相視如一家之親。其才質之下者,則安其農工商賈之分,各勤其業以相生相養,而無有乎希高慕外之心。其才能之異若臯、夔、稷、契者,則出而各效其能。若一家之務,或營其衣食,或通其有無,或備其器用,集謀并力以求遂其仰事俯育之願,惟恐當其事者之或怠而重己之累也。故稷勤其稼而不恥其不知教,視契之善教即己之善教也;夔司其樂而不恥於不明禮,視夷之通禮即己之通禮也。蓋其心學純明而有以全其萬物一體之仁,故其精神流貫,志氣通達,而無有乎人己之分,物我之間。譬之一人之身,目視耳聽,手持足行,以濟一身之用。目不恥其無聰,而耳之所涉,目必營焉;足不恥其無執,而手之所探,足必前焉。蓋其元氣充周,血脈條暢。是以痒疴呼吸,感觸神應,有不言而喻之妙。此聖人之學所以至易至簡,易知易從,學易能而才易成者,正以大端惟在復心體之同然,而知

---

[10] 張橫渠說:「我體物未嘗遺,物體我知其不遺也。」(《正蒙・誠明篇第六》)亦表示此意。

[11] 《傳習錄》卷中,〈答顧東橋書〉。

> 識技能非所與論也。

這是陽明對一切人若都能恢復心體,完全實現一體之仁的理想境地之描述。此時之所有人,都是感到人我彼此之間,都是感通不隔,一體無間的。而這一體無間,並非只是泛然無分別的合成一體,而仍是有不同的、差別的存在以作為內容的。其中有人我彼此的不同,亦有各個人才智之高下,各人所司之職分亦各有專業。但因為實現了一體之仁,雖有分別,有高下,並不會因此而產生爭競計較之心,不會希高慕大,賤小卑下;而是視人如己,己亦猶人。彼之高才即我之高才,我之成功即彼之成功。一切人如合成一軀體般,各個人如身體中之各部分,彼此相濟,互相配合,互相補足,感觸神應,自然而然。這確是一實踐一體之仁而至化境之貼切描述。一切人聯結成為一有機體,缺一不可。在此境界中,當然有無心、無為之玄智道心在表現,但全由一體之仁之意所收攝,故亦不必言無善無惡。比較而言,由良知知善知惡而至無善無惡,較能顯示超越的玄思活智,較為虛靈;而由惻隱之仁以至萬物一體,則是以一切殊異之存在作為仁心無限感通之內容,既一體無間,又關聯一切存在以成其一體,似是較為充實飽滿。若陽明的良知教能歸宿於仁,則虛靈者便有無限的感通內容以實之,這的確會使良知教更為正大而健康。

其實如上述,陽明對仁的體會已極為深切,他說良知,亦強調良知的真誠惻怛,即以知攝仁。而他所以提倡致良知之教,是為了給出一個人人可行的入聖之路,使人人皆可以為堯舜的理想宏願能真正實現,這亦表現了由內在的惻怛仁心發出來的迫切要求。可以說,惻怛之仁正是陽明之說的最後根據,此是他的生命本懷所在,若能正視此意,由此而理解陽明學,應可免於走作偏頗。

二、王龍溪的四無說與王學的流弊

以上是就陽明學本身,探討所謂王學流弊的產生原因。而一般說王

學末流之弊,大都集矢於王龍溪的四無說,認為龍溪應負的責任較大。如劉蕺山云:

> 王門有心齋、龍溪,學皆尊悟,世稱二王。心齋言悟雖超曠,不離師門宗旨。至龍溪,直把良知作佛性看,懸空期個悟,終成玩弄光景,雖謂之操戈入室可也。[12]

蕺山之意,「尊悟」(以悟為首要之工夫)乃是造成王學流弊之原因,而龍溪把良知作佛性看,懸空期個悟,即不先作實踐工夫,先期覺悟,且希望一悟便入於聖域。蕺山認為龍溪將良知作佛性看,此未必然;但以龍溪重悟,由此造成流弊,此一認定,是有根據的。後文我擬引用康德所說的,必須由法則為先以認識無條件地實踐,不能以自由為先此一區分,來探索龍溪學何以會引致王學之流弊。

錢緒山在〈大學問〉之跋語[13]上說:

> 然師既沒,音容日遠,吾黨各以己見立說。學者稍見本體,即好為徑超頓悟之說,無復有省身克己之功。謂「一見本體,超聖可以跂足」,視師門誠意格物,為善去惡之旨,皆相鄙以為第二義。簡略事為,言行無顧,甚者蕩滅禮教,猶自以為得聖門之最上乘。噫!亦已過矣。自便徑約,而不知已淪入佛氏寂滅之教,莫之覺也。古人立言,不過為學者示下學之功,而上達之機,待人自悟而有得,言語知解,非所及也。

緒山所說的王門弟子之毛病,如「簡略事為,言行無顧,甚者蕩滅禮教,猶自以為得聖門之最上乘」云云,當然不會是龍溪本人之行徑,龍溪一

---

[12] 見黃宗羲:《明儒學案・師說》。

[13] 《王陽明全集》(上海古籍出版社,1992年12月)卷二十六。

生踐履過人,當世許為大賢,不可能有上述毛病;但據緒山,此等流弊,是由「稍見本體,即好為徑超頓悟之說,無復有省身克己之功。」的作法所引起,而此一作法或流風,其理論根據,是「一見本體,超聖可以跂足」,而此則明是龍溪四無說中,對上根人之教法。若是如此,則此時之王門流弊,緒山雖未必是指龍溪本人而言,但應認為是因龍溪之學說而引起的。

按所謂龍溪的學說,即指「若悟得心是無善無惡之心,意即是無善無惡之意,知即是無善無惡之知,物即是無善無惡之物。」[14]之說,一悟無善惡的心體,則心意知物頓時都是無善無惡的,而此便是聖人之境界。對於此說,陽明給予肯定,又作了規範:

> 上根之人,悟得無善無惡心體,便從無處立根基,意與知物,皆從無生,一了百當,即本體便是工夫,易簡直截,更無剩欠,頓悟之學也。……世間上根人不易得,只得就中根以下人立教。……但吾人凡心未了,雖已得悟,仍當隨時用漸修工夫。不如此,不足以超凡入聖,所謂上乘兼修中下也。汝中此意,正好保任,不宜輕以示人,概而言之,反成漏泄。[15]

龍溪這一「以悟心體為先,且此心體是無善無惡的」之工夫,雖陽明認為只適用於上根人,而即使是上根人,亦須兼修中下根人之工夫,但既肯定此是一種工夫教法,則表示此一入聖之途是可能的。此既是一可成立的工夫,雖限於上根人,但人若不一試,何以知自己不是上根人?且此既是簡易直截,一了百當的工夫,則人既知有此便捷的途徑,豈可不一試?故若說由此以悟本體為先的工夫論引發流弊,則其責任不能只由龍溪負擔,陽明對此說之肯定與分疏,亦須負責任。龍溪此說,是由陽

---

[14] 《王龍溪全集》卷一〈天泉證道紀〉(臺北:華文書局,1970年),頁 89-90。

[15] 同上,頁 91-92。

明四句教之首句引申發揮而來,若不是陽明以「無善無惡」形容心體,則不會有龍溪此說。

關於龍溪四無說的義理內涵,及其中可能引發的問題,學界討論已多,本文不擬再詳論其內容,而只擬從下面兩問題來探討:

（1）從「無善無惡」而悟入心體,此心體是否必是道德義之心體?

（2）從無處悟入心體,即本體便是工夫,即由悟心體便可生起道德實踐,而且這道德實踐是聖人化境下的自然而然的實踐,這是否是可能的?此問題亦可如是表示:此先悟本體,繼之而起道德實踐之工夫次序是否恰當?

關於第一問題,據上文的分析,從無善無惡契入,本來便不是唯一悟入本體之途徑,無善無惡是遮詮,不能正面表示儒家所說的本體之道德本質。無是共法,是儒釋道三家都可說的智慧、境界,故從無入,並不必然契悟儒家義的心體。故吾人上文說,要契入心體,從惻隱之仁,與物無間,感通無外來契入心體,應是較恰當的做法。如果這「無善無惡」的心體一定要是儒家義的心體,則不能只從無善無惡處說,不能只從「無」來規定,而須從所以達到這無的境界之工夫進路來規定。即只有從儒家義的工夫,而達到無的境界,此時之無善無惡,方是儒家義的心體之呈現。所謂儒家義的工夫,即於念慮上作義利之辨之工夫,以存天理去人欲,亦即陽明所主張的致良知以為善去惡。致良知工夫至其極致,便可恢復心體,而此時之心體,是無欲而自然的,便亦可用無善無惡來形容。在陽明的著述中,雖亦肯定無欲、無為,甚至無善無惡的境界,雖也說本體是虛無的,但他大抵是以為善去惡的工夫為先,很少離開工夫以言虛無的本體。以下稍引文獻來證此意。

陽明說工夫,大都是從人之念慮之微用工夫,要去妄存誠,存天理去人欲,此即是如康德所說的,要從道德法則開始（此義見後文）。從心上作義利之辨之工夫,久之便可恢復心之本體,此時之心,應是自然、

自由的。如陽明之〈答舒國用〉[16]云：

> 君子之所謂灑落者，非曠蕩放逸，縱情肆意之謂也，乃其心體不累於欲，無入而不自得之謂耳。夫心之本體，即天理也；天理之昭明靈覺，所謂良知也。君子之戒慎恐懼，惟恐其昭明靈覺者或有所昏昧放逸，流於非僻邪妄，而失其本體之正耳。戒慎恐懼之功無時或閒，則天理常存，而其昭明靈覺之本體無所虧蔽，無所牽纏，無所恐懼憂患，無所好樂忿懥，無所意必固我，無所歉餒愧作。和融瑩徹，充塞流行，動容周旋而中禮，從心所欲而不踰，斯乃所謂真灑落矣。是灑落生於天理之常存；天理常存，生於戒慎恐懼之無閒。孰謂「敬畏之增，乃反為灑落之累」耶？惟夫不知灑落為吾心之體，敬畏乃灑落之功，歧為二物，而分用其心，是以互相牴牾，動多拂戾而流於欲速助長。

舒國用問敬畏是否有累於灑落，陽明答以存天理方能灑落自然，而戒慎恐懼，是存天理的工夫。即由戒懼以存天理去人欲，方能自然灑落，自由自在。戒懼以求心之念頭合理，是工夫之開始，而且必須由此開始，方有自然灑落之結果。戒懼與灑落，並不能分作兩物，而分別用工夫。陽明此說，非常切於實踐，又使儒釋道的學理，有明顯的區分。如果只從灑落自然上說，道家的「無心」，佛教的般若智，都是可以說的，即灑落自然的心境，三教都依其修養工夫，都可以達致，但依陽明之說，此灑落自然之心境，必須由存天理才可達到，而存天理，須戒懼。人只有戒懼警惕，時時用心於澄治自己的生命，發心動念，都謹依天理而行，方可達到真正的灑落自然。此不同於佛教的觀空破執，及道家的自然無為之工夫。陽明續云：

---

[16] 《王陽明全集》卷五。據《年譜》，陽明此答書作於五十三歲時，已屬晚年見解。

程子常言:「人言無心,只可言無私心,不可言無心。」戒慎不睹,恐懼不聞,是心不可無也;有所恐懼,有所憂患,是私心,不可有也。堯舜之兢兢業業,文王之小心翼翼,皆敬畏之謂也,皆出乎其心體之自然也。出乎心體,非有所為而為之者,自然之謂也;敬畏之功,無間於動靜,是所謂「敬以直內,義以方外」也。

陽明贊成程子只可言無私心,不可言無心之說;說無私心,突顯去人欲存天理之義,此時是無所為而為之者,便是自然;只說無心,便不顯道德實踐義。

　　陽明此必須由敬畏,依天理而行,方能自然灑落之說,在其著作中,是屢屢見到的,如云:

僕近時與朋友論學,惟說「立誠」二字。殺人須就咽喉上著刀,吾人為學,當從心髓入微處用力,自然篤實光輝,雖私欲之萌,真是洪爐點雪,天下之大本立矣。[17]

心無動靜者也,其靜也者,以言其體也;其動也者,以言其用也。故君子之學無間於動靜,其靜也,常覺而未嘗無也,故常應;其動也,常定而未嘗有也,故常寂。常應常寂,動靜皆有事焉,是謂集義。……故循理之謂靜,從欲之謂動;欲也者,非必聲色貨利之外誘也,有心之私,皆欲也。故循理焉,雖酬酢萬變,皆靜也;濂溪所謂「主靜無欲」之謂也,是謂集義者也。從欲焉,雖心齋坐忘,亦動也。告子之強制,正助之謂也。[18]

---

[17] 〈與黃宗賢〉五(癸酉),《王陽明全集》卷四。
[18] 〈答倫彥式〉(辛巳),《王陽明全集》卷五。

循理，則不求靜而自靜，且無間於動靜，若動於欲，則雖莊子所說的心齋坐忘，亦是動。即陽明認為，只有心不動於欲，完全按照天理而行，為所應為，方可有真正的靜。此亦表示，不能離開存天理去人欲之工夫，而另求一寧靜自然之心境。

> 至善者，明德、親民之極則也。天命之性，粹然至善，其靈昭不昧者，此其至善之發見，是乃明德之本體，而所謂良知者也。至善之發見，是而是焉，非而非焉，輕重厚薄，隨感隨應，變動不居，而亦莫不自有天然之中，是乃民彝物則之極，而不容少有議擬增損於其間也。少有議擬增損於其間，則是私意小智，而非至善之謂矣。自非慎獨之至惟精惟一者，其孰能與於此乎？[19]

良知是至善之發見，故若要知至善所在，須從良知之知是知非處體會，此是陽明之至善在於人心之論。人若能順良知之知是知非，而是其所是，非其所非，便見其中自有天則，此是是非非，是天則自然如此，並非有絲毫人為造作、私意己見在其中起作用的。這便是通過良知的知是非，為善去惡，而體會到自然；此時亦體會到一完全不受感性欲望，私意我見所影響的自由心境。

> 一友問：「工夫，欲得此知時時接續，一切應感處，反覺照管不及。若去事上周旋，又覺不見了，如何則可？」先生曰：「此只認良知未真，尚有內外之間。我這裏工夫不由人急心。認得良知頭腦是當，去樸實用功，自會透徹。到此便是內外兩忘。又何心事不合一？」

此是問如何才能使良知時時流行，通於內外。當然若是良知真切，便不

---

[19]〈大學問〉，《王陽明全集》卷二十六。

論有事無事,居內處外,都是良知作主,行所當行,如是便無內外人我之分,此是忘內外。但忘內外是致良知之結果,不能先存一忘內外之目的以為做工夫的條件,若先設此目的,便是求果效,終亦不能忘內外。

> 先生曰:「仙家說到虛,聖人豈能於虛上加得一毫實?佛氏說到無,聖人豈能無上加得一毫有?但仙家說虛,從養生上來;佛氏說無,從出離生死苦海上來。卻於本體上加卻這些子意思在,便不是他虛無的本色了,便於本體有障礙。聖人只是還他良知的本色,更不著些子意在。」[20]

陽明對佛道的以虛無言本體,亦加以肯定,但認為從良知體會本體,才見到真正的虛無。佛道二家言虛無,及依此而言修養,仍是有目的者,是有所為而為者。佛教為出離苦海,道教是為了長生。有所為而為,便不是真虛無。依儒家,人依循良知而行,該行則行,該止則止,該生便生,該死便死;完全是無條件的,此便是虛無的本色。故陽明說本體虛無,是以踐德的「無條件性」來規定的,即由依良知而實踐,方能真正達到無心無為,不執著,無煩惱的虛無境界。

綜上所述,陽明言灑落自然及本體之虛無,都必以致良知為善去惡為前提,強調只管致良知,不要求果效,不能以追求灑落,精神自由為目的,而若切實致良知,亦自能灑落自由,體現真正的虛無本體。依此而言,龍溪的要以悟無善無惡的心體為工夫,而不先之以致良知為善去惡,則是很有問題的。沒有致良知的實踐,如何能體會到踐德之無條件性?若不體會到踐德的無條件性,如何能得知真正的虛無的本體?[21]或

---

[20] 以上兩條皆見《傳習錄》下。

[21] 有人據《傳習錄》上所載陽明所說「無中生有的工夫」,認為陽明早年便有近似於龍溪「四無」之說,但此說並不確。陽明此說之原文如下:「種樹者必培其根,種德者必養其心。欲樹之長,必於始生時刪其繁枝;欲德之盛,必於始學時去夫外好。如好詩文,則精神日漸漏泄在詩文上去,凡百外好皆然。」又曰:「我此論學,是無中生有的工夫,諸公須要信得及,只是立志。學者一念為善之志,如樹之種,但勿助勿忘,只管培植將去,自然

許具有大智慧，有高度領悟力之人可逕自體會虛無之本體，但這虛無，是儒家義？抑是佛老義？並不能確定。故若不以成德工夫作根據，要直下悟無善無惡之本體，是有問題的，不能有保證的。

　　由於儒家義的虛無本體必須由踐德，由無條件地依良知而行方能契悟，方能決定其本質內容，則道德實踐與領悟本體之先後次序便可有明確的決定，即吾人必須先作道德實踐，方能領悟本體，不能先悟本體，再行作道德實踐。此一分辨，可借康德有關對無條件地實踐的知識，即對道德的知識必須由法則開始，不能由自由開始之討論來作說明。[22]康德認為道德法則與自由意志雖然是互相函蘊的，但必通過道德法則來認識自由，不能由自由來認識道德法則。當人意識到道德法則，人便會要求自己無條件地實踐道德，行所當行，而由踐德的無條件性，人便可知道必須有一能純粹地按照法則而行，完全不考慮感性欲望的要求，亦不顧現實經驗之情況，利害關係之自由意志存在，如是人對於自由便可有了解。自由的消極意義，即不受任何其他因素影響，自由的積極意義，即人可按照他自己給出之道德法則而行。故從人之對法則之意識，可明白地導出自由之意義。而在經驗現實上，人可否找到此一完全不受感性欲望、現實情況影響，直接受自己的理性決定而行動的「自由意志」呢？康德認為是找不到的，在經驗上，一切存在事物都在機械因果的必然決定底下，是沒有自由的，故這只依法則而行的純善的自由意志，只能是理性之實踐要求下必要預設的設準。既然在現實上找不到自由意志，自由並不是一可認識的經驗對象，則要認識自由，必須經由對道德法則的意識，不能反過來，先認識自由，再理解道德法則。

日夜滋長，生氣日完，枝葉日茂。樹初生時，便抽繁枝，亦須刊落，然後根幹能大。初學時亦然，故立志貴精一。」依此段，所謂無中生有，並不是以無，或悟無之本體，為開始之工夫。工夫之始，是立為善之志，然後去除外好。去除外好，如種樹之去除繁枝，若如此一意為善，生命自然日漸光大。據此可知陽明此處所說之「無」是立志為善，專心一致，去除外好之結果，並非直下從無立根基之意。

[22] 康德《實踐理性底批判》第一章，定理三，問題二，注說。牟宗三先生譯本頁 165。關於康德此段原文，吾人在後文有較詳細之疏釋。

康德這關於法則與自由何者在先之思考，對我們上文所提出的問題，是很有啟發性的。雖然儒學與康德的義理內容亦有其不同處。雖然依儒家，自由意志是可以呈現的，孟子所說的本心，陽明說的良知，應即是康德所說的自由意志，而都是可以呈現的，不是一理性之實踐要求下之設準，但雖如此，先由道德意識契入，先本於人的道德意識，要求自己的發心動念，要無條件地行所當行，這作為實踐的開始，是較為穩妥的。人對於道德法則是很清楚的，對自由之理解，則不很清楚，故須先從清楚處開始。人對於何者方是真正的道德行為，有很清楚的判斷，即若是有條件地為善的，這行為便不是道德行為，行動之外表雖然符合道德，但若行動者的存心不是為了義，不是為了道德而行，其行動便不具有道德價值，這是常人都清楚明白的。故踐德應從提振人的道德意識，要求自己的存心合於無條件的律令開始，由此契入，本心善性之作用，便可源源而來。離開了道德意識，不從道德法則入，而先要契悟本體，便是要以不易認知、不清楚者為先，要以不清楚者來理解清楚者，這一次序當然是不對的，由此，龍溪之以悟本體為先之工夫論，其會引致流弊之緣故，便很清楚了。

此中，還有一問題須分辨，龍溪所說的悟本體，是「無善無惡」之心體，而此時之心，是與意、知、物渾而為一者，是分不出何者心，何者為意、知、物者，是「體用顯微只是一機，心意知物只是一事」而「神感神應」者，即這時之本體，是化境下的本體，是道德實踐已至化境的聖人生命中的本體，此時是天理流行之境界。龍溪要悟的，是此一意義之本體。此在化境下之本體，與在努力作道德實踐，要求自己的念慮合乎天理時所呈現之良知，應是不同的。良知知是知非，即是天理所在，當然亦可說是本體，且本體只有一，不能說有不同。但同一本體，在不同的生命情況中，其表現當可以有不同。在聖人生命中，良知本體之呈現毫無障礙，其呈現之情況，應便是如龍溪所說的神感神應；而在常人依良知之知是知非以為善去惡時，則是本體表現為知善惡，是為善去惡之標準，此時之心、意、知、物是要區分的。故可說化境下之本體

與在為善去惡中之本體,是可以區分的。前者是在聖人地位下完全實現之本體,後者是在障蔽下勉力求實現之本體。若可作此區分,則龍溪所要悟的無善無惡的本體,便只有聖人方能悟得,常人必不能一下子便臻此境界。由於本體可有此不同的意義,則吾人不能因為良知即本體,良知當下可呈現,便認為龍溪所說的悟本體之工夫是人人可能的。在〈天泉證道紀〉中,載陽明之言曰:「上根之人,悟得無善無惡心體,便從無處立根基。……中根以下之人,未嘗悟得本體,未免在有善有惡上立根基。」如果本體是指良知,則良知人人當下可致,不能說中下根人未嘗悟得。可知所謂無善無惡之本體,是指在聖人化境之生命下之本體。[23]

雖然依孟子,悟本心以承體起用,產生真正的道德行為是可能的,但要達到大而化之之聖人之境,便不是一般人所可企及。故張橫渠說:「大可為也,大而化之不可為也,在熟而已」[24]所謂不可為,即表示對此化境是不能用工夫的,那是一個用工夫之後的自然而然,水到渠成的結果。橫渠此一理解,應是十分恰當的。若依康德,悟本心,即呈現自由意志,這已是不可能的;人要得有純善的意志,需要一長期的奮鬥,在有限的一生中,是不可能達到純德的境地的,由是可肯定靈魂之不滅。若自由意志之呈現已是千難萬難,而呈現而至自然而然之神化之境,那就更不可能了。故龍溪以化境下之本體,心意知物渾是一事之境界作為工夫入路,對於康德之說,是越過了兩個不可能達到的層次,由此看來,龍溪此四無之論,確可說是「蕩越」了。

與王龍溪合稱二溪的羅汝芳(號近溪),雖以歸本於仁,從孝弟慈處指點,為論學要旨,而切於倫常;但亦似是從「自然而然」的化境契入,而與龍溪同病。此意可於下面之文字見之:

---

[23] 牟宗三先生說:「此所謂『未嘗悟得』當該是沒有頓悟得或達到無善無惡一體而化的化境。」見《從陸象山到劉蕺山》,頁275。

[24] 見《正蒙・神化篇第四》。

若陽明先生之致良知,雖是亦主於通明,然良知卻即是明,不屬效驗;良知卻原自通,不必等待。況從良知之不慮而知,而通之聖人之不思而得;從良知之不學而能,而通之聖人之不勉而中。渾然天成,更無斧鑿也。[25]

此言良知本身便是通明,並非經過工夫後方有通明之結果(效驗),如此理解良知,是很恰當的;而近溪由良知之本具通明,不學不慮而自見天則處,體會聖人的不思而得,不勉而中,亦是很好的指點。但近溪似要人直下由此處契入,以此為入道之途徑,這便有上述的由化境入,而蕩越之毛病了。此意於下面一段,尤為明顯:

後世不察,乃謂孝之與弟,止舉聖道中之淺近為言。噫!天下之理豈有妙於不思而得者乎?孝弟之不慮而知,即所謂不思而得也;天下之行豈有神於不勉而中者乎?孝弟之不學而能,即所謂不勉而中也。故舍卻孝弟之不慮而知,則堯舜之不思而得必不可至;舍卻孝弟之不學而能,則堯舜之不勉而中必不可及。即如赴海者,流須發於源泉,而桔橰沼瀦,縱多而無用也;結果者,芽須萌於真種,而染彩鏤劃,徒勞而鮮功也。故曰:「堯舜之道,孝弟而已矣。」豈是有意將淺近之事,以見堯舜可為?乃是直指入道之途徑,明揭造聖之指南,為天下後世一切有志之士,而安魂定魄;一切拂經之人,而起死回生也。諸生能日周旋於事親從兄之間,以涵泳乎良知良能之妙,俾此身此道,不離於須臾之頃焉,則人皆堯舜之歸,而世皆雍熙之化矣。[26]

近溪此段從人人本具,且隨時可以表現之孝弟之情,來指點聖人之道。

---

[25] 《盱江羅近溪先生全集》(臺北,國家圖書館藏)卷五。

[26] 同上,卷八。

他認為孝弟並非如一般所認為,乃聖道中之淺近者,其實孝弟便是聖人之道、聖人境界。近溪從赤子之心的不學不慮而自然知愛知敬,以指點聖人神化之境,其言至為真摯動人,真天下之美言也。此亦可見聖人境界,人可當下體會,至高明其實便寓於至平常處。此一說法,當然是近溪一大發明。但這是由日常之孝弟以指點聖人神化之境界。孝弟固可通於此境,但現實上的一般人,並不即此便可表現此神化,而是須長久之工夫方可達至者。以此作為對聖人境界之親切指點,是非常好的;以此來鼓勵人,說聖人境界不離倫常,人人可以達至,亦是最好的教言,但若以此即於孝弟而呈現的化境作為入道的工夫,則亦如王龍溪般要一下子從聖人境界契入,即本體(化境下之本體)便是工夫,如此亦難免於蕩越了。此中孝弟與由孝弟言之化境,仍是須要區別的,近溪於此,或有所滑轉。近溪又一條云:

> 有歌陽明:「欲識渾淪無斧鑿,須從規矩出方圓。」問曰:「此與孔子從心不踰矩,意如何?」羅子曰:「一也。蓋孝弟即日用內事,不慮而知,即先天未畫也;生惡可已,而不知手舞足蹈,即無斧鑿而從心所欲不踰矩矣。」[27]

此處所討論的,是陽明〈別諸生〉詩[28]。陽明詩之意,應是如上文所說,須由義利之辨,立誠為工夫,然後可以自然之化境,「欲識渾淪無斧鑿,須從規矩出方圓」,是說良知固然有其渾淪的化境,即無善無惡;但必須依良知之知是非以行,方能達至。良知之知是非,是為規矩。此亦意即若無切實之踐履,便不會有聖人境界。羅近溪之理解,則認為日用之孝弟,便即是先天未畫之易,亦即是從心所欲不踰矩之化境。這一說法,

---

[27] 此條載於《近溪先生一貫編》,參考李慶龍《羅汝芳思想研究》(臺灣大學歷史研究所博士論文,民國八十八年六月)附錄五,〈羅汝芳語錄彙集〉,頁497。

[28] 《王陽明全集》卷二十。

是一圓頓之境界，與陽明原意，是有出入的。陽明詩表示了工夫與化境之分別，二者有先後之次序，近溪認為陽明之說與孔子從心所欲不踰矩之說是「一也」，這便化去了此一分別。故近溪以孝弟慈作工夫入路，又從赤子之不學不慮而自然愛敬處指點聖境，固然十分親切，較之龍溪之由無處立根基，亦更切於倫常實踐；但近溪所重的，或其學說特別之精彩處，仍在於對化境之闡釋。由倫常之實踐，固可通至聖人化境，但若是以此化境來作工夫入路，便是如康德所說，從自由契入無條件的實踐，而非從法則契入，而且此自由是聖人化境下之自由。若不先有依無條件律令而行的實踐，未引發由義利之辨而來的道德意識，而要由化境入手以體現聖人般之生命，是很有問題的，這應不合於實踐的次序。

三、法則與自由的先後

上文用了康德所說的「法則先於自由」之論，分析龍溪之學會引起流弊之故。康德此一說法，對儒學有很大的啟發性，值得詳細討論，吾人希望由此一問題之討論，顯示出康德的道德哲學與儒學之異同，及康德學作為居間型態的意義。

康德的道德哲學，從他主張意志之自律，道德法則是無條件的律令，道德的價值在於行動的存心，而不在於行動之後果，凡此皆符合孟子系儒學理論，但由於康德雖肯定意志之自我立法為真正道德行為之根源，而能自我立法之意志，只是一必要的預設（設準），而不能呈現。其工夫，亦由對法則的意識引生的尊敬，使現實的生命，意志逐漸接近法則，不能肯定自由意志，即本心呈現，由本心之發用，而為道德實踐之真實動力。故牟宗三先生認為，康德道德哲學理論，是孟子與朱子間的一「居間型態」。孟子以仁義禮智本具於心，而此本心是「求則得之」，「思則得之」者，本心即理，應即是康德所說的自由意志、純粹意志，此在孟子，並非只是設準，是可以呈現者，故孟子比康德進了一步。而朱子不能肯定心即理，只可說性即理，理外於心，為心之所依，心與理

為二,須持敬窮理,方能明理、合理。朱子不能說意志之自我立法,比之肯定意志之自律的康德,為不及。[29]牟先生這一衡定,是十分精察而允當的。

但若判定康德學為居間之型態,便表示康德此一理論型態須進一步;它是停不下的。故牟先生亦一再說康德的理論析理未精。[30]現在我不擬順著此方向去想,而是反過來,看康德學對於孟子(包括陸、王)及朱子二系的思想,是否可以有補充的地方。

康德說:

> 這樣,「自由」與「一無條件的實踐法則」是互相函蘊的。現在,在這裡,我不問:是否它們兩者事實上是不同的,抑或是否一個無條件的法則不寧只是一純粹理性之意識,而此純粹實踐理性之意識又是與積極的自由之概念為同一的;我只問:我們的關於「無條件地實踐的東西」之知識從何處開始,是否它是從自由開始,抑或是從實踐的法則開始。
>
> 現在,它不能從自由開始,因為關於自由我們不能直接地意識及之,蓋因關於自由之首次概念是消極的故;我們也不能從經驗而推斷之,因為經驗只給我們以現象底法則之知識,因而亦只給我們以「自然之機械性,自由之直接的反面」之知識。因此,就是這道德法則,即,對之我們能直接意識及之(正當我們為我們自己追溯意志之格言時我們能意識及之)的這道德法則,它首先把「它自己」呈現給我們,而且他直接地引至自由之概念,因為理性呈現道德法則為一決定底原則,此原則乃是「不為任何感觸條件所勝過」的決定原則,不,乃是「完全獨立不依於感觸條件」

---

[29] 牟宗三:《康德的道德哲學》(臺北:臺灣學生書局,民國71年9月初版),頁266。
[30] 同上註,從頁261-342的許多案語都有此意。

的決定原則。[31]

道德行為是按照無條件的律令而行者，而能依無條件律令而行，必須預設自由意志之存在。從道德行為之必須是只因行動是該行而行，不能夾雜有其他動機之義說，踐德者之意志、存心，必須是自由的，不受任何感性意欲的影響。此是自由的消極義。而道德法則、無條件的律令，是由人之意志自我立法者，意志之依道德法則而行，是依其自己所定之法則，此是自由的積極義。故自由與道德法則，是「互相函蘊」。康德在別處亦曾說「自由是道德法則底成立（或存在）之根據，而道德法則是自由底認知之根據。」[32]自由與道德法則之關係既是如此，則二者應是分不開的，不能有先後的區分。但康德卻認為，法則必須先於自由，細察他所謂的以法則為先，有兩層意思：

（一）對無條件地實踐的事情的認識，須由法則開始，不能由自由開始

無條件地實踐，即是道德的行動，故此處說的是對道德的認識問題。康德認為，對於何謂道德，必須先通過法則來了解，不能先由自由來了解。道德行為是只因行動是當行而行，故道德行為之意義，在人有對法則之了解後，然後可能。當然，知道道德法則，便是知道何謂道德行為，二者其實是一事，說必須由道德法則以認知道德，好像是同語重複。既是同語重複，似不必強調。但由於道德實踐是依無條件律令而行之事，而此並非經驗現象之事，人不容易認識。而康德此一討論，是比較法則與自由，看誰是使人首先契入道德，此則並非無意義。道德乃是無條件地實踐，而「無條件的實踐法則」是道德行為所依以行動的法則，

---

[31] 康德：《實踐理性底批判》，第一部，卷一，第一章，牟宗三：《康德的道德哲學》，頁165。

[32] 《實踐理性底批判‧序》，牟宗三：《康德的道德哲學》，頁129。

而人之能依無條件的實踐法則而行,他必須是自由的;故若真正有一道德行為出現,此行為必包含法則與自由二者,或可如此說,道德法則是道德行為的「理」的一面,而自由則是道德行為的「心」的一面,二者同屬一活動,不能分開。而康德主張,對於道德,須從「理」契入,不能從「心」契入。當然,從理入,容易顯出道德行為之無條件性,莊嚴性,及客觀普遍性,但在道德法則之純粹、莊嚴,普遍之意義下,容易見到人現實生命之不純粹,顯示法則與現實生命之距離。似乎要人努力上企之,而不敢肯定此法則是吾人生命所本有,是意志之自我立法。康德雖肯定自由,但並不認為自由是一可經驗對象,即吾人並不能得有之。故上引文康德說關於自由,我們不能直接地意識及之,只能由法則以引至自由的概念。這由法則以逼顯自由,並不能說人便具有此自由意志,可以是「當有」,而非「本有」。即按理是當該有,若沒有,則人便不可能有道德行為,人亦不能為其行為負責。但事實上,人是否有之,仍是可疑的,此便見到對於道德行為之契入,不能止於「理入」,亦須強調可從「心入」。

當孔子說「人而不仁,如禮何;人而不仁,如樂何?」及「禮云禮云,玉帛云乎哉!」時,便表示了人的行為所以有道德價值,不是只因行為之合乎禮義,而是要行為之存心是為了禮義而行,如同康德區分行動的合法性與道德性。而康德此一區分的意義,在孔子的啟發性指點性的言說下,一下子便朗現出來了,而從這些啟發指點性的語言所顯示的「仁」,並不只是理,而且亦是心,故孔子會以宰我回答若居喪時,仍安於食稻衣錦為不仁,又指點子貢從己欲立而立人,己欲達而達人處,體會仁。此即顯示孔子所理解的仁,是一通人我的「感通不隔」之心情。孔子如此體會仁,即是從「心入」。此從心入以體悟道德的作法,在孟子更為明顯,如說「所欲有甚於生,所惡有甚於死」,這即表示本心是可不受任何感性本能欲望影響的,此如康德所說的消極義的自由,孟子從惻隱說仁,又說仁義禮智根於心,主張仁義內在,此即康德所說的意

志的自我立法,為積極義之自由。[33]在康德不能成為直覺之對象,不能認知,只能由理性的道德法則逼顯的自由,在孟子則是時刻可感受到的,無比親切的事實,此自由意志,本心,是人的真正主體,真正的人性,從人可自發地依本心所定之理而行,見到人之所以為人,及異於禽獸之所在。從這本心契入,一下子便可了解道德的真實義,而可包括康德對道德的分析(他所謂的「道德底形上學」)。

比較而言,從心契入道德、確是更是更明白而具體的,但此心,必須是道德的心。據上文所引孔孟之說,仁心、本心當然是道德的心,是抖落一切感性意欲的純粹意志,是自發地實踐仁義之心。此心不同於日常的生命主體,故在此心呈現時,人必須有所覺,並持守之,此心方可常在而作生命之主宰。此覺本心為與日常不同之生命主體,又持守之,即牟先生所說的「逆覺體證」之工夫。此是從「心入」以理解道德所必須之工夫。

若逆覺是從心契入道德之工夫,則從理契入,亦應有其工夫,或可說從理入隱含一種工夫。依康德,道德法則對於人,是清楚明白,就在眼前的,人越時常而不斷地,反省它,會越發產生敬畏。[34]即人若正視法則,便越有道德意識,由敬畏法則而使人產生真正的道德行為,這便應是以理入之工夫。此義於下節再行討論。而在儒學中,此由正視道德法則以提振道德意識之工夫,亦是常被提到的,如朱子與陽明,雖見解不同,但都強調「存天理、去人欲」[35]。嚴天理人欲之辨,亦即嚴義利之辨。義利之辨即康德所謂的有條件律令與無條件律令之分別。存天理,即正視無條件的道德法則。程明道對天理的強調,是很有名的。他

---

[33] 消極義與積極義,見康德:《道德底形上學之基本原則》第三章,牟宗三:《康德的道德哲學》,頁93-94。

[34] 見《實踐理性底批判》之「結語」,《康德的道德哲學》,頁433。

[35] 朱子在討論道心及人心問題時,說「二者雜於方寸之間,而不知所以治之,則危者愈危,微者愈微,而天理之公卒無以勝夫人欲之私矣。」(《中庸章句序》)陽明亦說「此心無私欲之蔽,即是天理。」及「只是就此心去人欲存天理上講求。」(《傳習錄》上)。

對天理的體悟，近於康德所說的定然律令之義，如云：

> 天理云者，這一個道理，更有甚窮已？不為堯存，不為桀亡。人得之者，故大行不加，窮居不損。這上頭來，更怎生說得存亡加減？是他元無少欠，百理具備。

此言天理之無限、恆常、絕對。人若能體現天理，便具有絕對價值；明道所言之天理，當然不只是道德法則，而是一切存在之根據，但明道對天理之體悟，應是從道德法則契入的。從道德法則之無條件性，很容易進至道德法則即絕對的天理之義。此意可於下面一段見之：

> 萬物皆只是一個天理，己何與焉？至如言「天討有罪，五刑五用哉。天命有德，五服五章哉」。此都只是天理，自然當如此，人幾時與？與則便是私意。有善有惡。善則理當喜，如五服自有一個次第以章顯之。惡則理當惡，彼自絕於理，故五刑五用。曷嘗容心喜怒於其間哉？……只有一個義理，義之與比。[36]

賞善懲惡，事情雖有不同，但都是應該如此的，並沒有人為作意於其間，由此可見萬物只是一個天理，即不管面對人間何等事，都可見到一理當如此的「理」，只是此一遍在之理即物而在。可見明道是從人當該無私地面對善惡而證天理，即從道德法則的無條件性，體悟到天理的超越性，絕對性。

明道如此言天理，很能表示康德從法則契入道德的意義，由法則契入，確可使人振作精神，從感性的限制中超拔而出，而願依無條件的律令而行。當然明道由道德的當然而無條件，其價值非一般之事功可比擬

---

[36] 以上兩條見《河南程氏遺書》卷二上。

(「雖堯舜之事,亦只是如太虛中一點浮雲過目。」[37])由是而言天理,言心即是天,是較康德義理為更進一步,但這亦應是由理入之自然發展。又吾人雖可從明道重天理處,言明道有康德所說的由法則理解道德之為無條件地實踐之意,但明道對仁為「渾然與物同體」,又由不麻木之覺以識仁體之論,亦是很重要的,由此處亦可說明道是由心契入道德,此亦可說是由自由契入。故依明道,由法則及由心之覺,都是契入道德之途徑。

由以上討論,可知康德所說的對無條件地實踐之事的認識,必須由法則開始,是由於他認為自由意志不是人之認知對象,此一見解,容有未盡處,但康德這必須先由法則契入之強調,則是一很正確的悟入道德之途徑。此一契入道德之途徑,並不因傳統儒學肯定本心可以呈現,可有從心契入道德之途,而減損其價值。

以上是討論法則與自由二者,對契入道德以何者為開始之問題。而康德論法則與自由何者為先,尚含有另一義,即:

(二)必須由法則理解自由,不能由自由理解法則

這是討論法則與自由二者關係的問題,與上文所說對於契入道德,究竟以何為先,是不同的,雖然此兩問題之義理是相關的。

康德在上引文說關於自由,我們不能直接意識及之,因在經驗上,只有自然之機械性,而這是與自由相反的。是以我們能直接意識及的,只是道德法則,而由法則達致對自由的肯定,此由道德法則而至自由的順序,是不可逆反的,即不能由自由而意識法則。康德續云:

> 但是那道德法則之意識如何可能?我們能意識及純粹的實踐法則恰如我們能意識及純粹的理論原則(知解原則),我們之如此

---

[37] 《河南程氏遺書》卷三。

意識及之是因著注意於「理性所用以規定純粹實踐法則」的那必然性，以及注意於〔從純粹實踐法則身上〕消除理性所指導（所管理）的一切經驗條件，而意識及之。「一純粹意志」之概念是從純粹的實踐法則而生出，此恰如「一純粹知性」之概念是從純粹的理論原則（知解原則）而生出，「此義即是我們的概念之真正的歸屬〔正確的組織——依拜克譯〕……」[38]

　　康德認為人對於道德法則的意識是直截而明白的，人若依循理性所指導，注意到法則的必然性，並排除一切經驗條件，由是人便會自覺到道德法則。人意識到道德法則，則一純粹意志（自由意志）之概念，便由是而生出，康德說此是「我們的概念之真正歸屬」，是指由法則而導至自由意志，此一次序，即自由從屬於法則。不能反過來，以自由導至法則。

　　康德這一自由與法則之從屬關係之論，嚴格規定此由法則而自由的順序，認為不可逆反，顯示出他對自由的體證之不足。由上文之分析，對於無條件地實踐之事（即道德）可以從理契入，亦可從心契入。而現在討論的由法則導至自由，即是由理證悟本心，若肯定自由意志可呈現，即成為本心，則從心證悟理，亦是可以的。如孟子，便從人有惻隱之心，而說惻隱之心，仁也。此便是由本心（即自由意志）導出理（道德法則）。而象山、陽明，亦正是由本心之呈現而證理之存有。象山的工夫主要在於發明本心，苟能存得本心，則能明得理，因「心即理也」，陽明說「有孝親之心，則有孝之理」，故工夫在先顯此心，這是以心為先，由心之顯以證理。比較而言，朱子重視格物窮理，又將「盡其心者，知其性也」解釋為「知性方能盡心」，亦可以說是從理證心。但朱子所理解的理、性，是客觀的存有，事物的所以然，並非出於意志之自我立法，故朱子的從理證心，是使心明理合理，並不同於康德。康德肯定意

---

[38] 《康德的道德哲學》，頁 166。

志之自我立法,法則與意志是一,但自由不能呈現,必須由法則以逼顯。從此一比較,確可見出康德的說法,是朱子與陸、王間的居間型態。

但雖如此,康德此必須由法則導至自由之說,相當有啟發性。首先,由道德法則契入自由,既可使人對自由有正確明白的了解,又可與其他型態的自由相區別。道德法則是不考慮其他,義之與比的無條件的律令,要人去掉一切私人的動機、想法,依循可以普遍化的格準而行,故由道德法則,人便可契入一完全不受私心欲望影響,自發地唯理是從的意志,此一意志,確如康德所講的,並不是經驗的意志,由此人便證悟到一與日常生活為不同的真實的自我,從此一自我之自我立法,自願地無條件為善,見出人的尊嚴與價值。由此可見,此從理證心,是開顯人的道德心的正大入路。而此所體證的自由,亦應是自由的最恰當的意義。不受任何經驗、感性情緒、私利計慮之影響,而又自願無條件為善,此確是人的真正的自由,為自由之正義。

王陽明便曾比較儒釋道三教所追求的最高心靈境界,認為都可以用「虛無」來說,但只有從儒學義理契入的,才能得見虛無的本色。[39]陽明此說,很能表示康德從法則契入自由的義理內涵。與此相似的還有一段:

> 先生嘗言:「佛氏不著相,其實著了相。吾儒著相,其實不著相。」請問。曰:「佛怕父子累,卻逃了父子,怕君臣累,卻逃了君臣;怕夫婦累,卻逃了夫婦。都是為個君臣、父子,夫婦著了相,便須逃避。如吾儒有個父子,還他以仁;有個君臣,還他以義;有個夫婦,還他以別。何嘗著父子、君臣、夫婦的相?」[40]

陽明此處所論,正是以有條件律令與無條件律令之區分,來辨別儒釋道

---

[39] 即「仙家說到虛」一段,前文已引及,茲不贅。

[40] 《傳習錄》卷下。

之不同。亦可以藉此說明康德所謂的由法則證自由的涵義。儒家的本質便是一道德意識，即確如康德所說，是要人相應於無條件的法則而行，此要求自己相應於無條件的法則，一定要排除一切個人主觀的想法，能排除了，便一定是一至虛至無的心境，此是由法則而契入一虛無的本體。此本體至虛至無，但一旦遇到事物對象，便能作出應該如何面對此等對象之決定，即見父便孝，見兄便弟，有君臣即還他以義，有夫婦即還他以別。完全出於自然。此如同於至虛至無中湧現出天理，迸發出道德行為。唯有至虛至無，方能生發出真正的道德行為。

　　故從道德法則契入自由，使自由之意義非常清晰明白。陽明認為佛道二家所追求的虛無並非不合理，只是所以達致虛無之路不必正確。佛老若是為了出離生死，為了長生而追求虛無，便非虛無的本色。即佛老的存心，尚不是完全無條件的，仍然是有所為而為的。既是依有條件的（假然的）律令，有所為而為，則他們所要求達到的解脫、涅槃境，或逍遙無待，似是自由，但並不是真正的自由。如此批評佛老，似乎過嚴，但此一存心是有條件的或是無條件的詰問，佛老之徒也很難辯解。故康德此一對法則與自由之順序之規定，即必須由法則以認識自由，是很有意義的。　此說對自由有嚴格的規定，防止混漫。依陽明的義理型態，他應是由自由以悟入法則，即由真誠惻怛而見此心，良知即是無條件的道德法則，但由上引文可知他亦有由法則以理解自由之義，故儒學之心學一系，雖重從心契入，但亦涵理入之義，此二入並非如康德般有嚴格之先後次序。

　　從防止混漫之角度上看，從道德法則以證自由，除可辨佛老外，就儒家的內部義理言，亦可有防止流弊的作用。上文說，依儒學，亦可以由自由契入，而見道德法則，如由本心之惻隱而證此心即仁，這當然是沒有問題的，但必須是本心呈現，是真誠惻怛之良知呈現，方可證此心便是道德之理，而對於無條件的律令的理解，可以作為引發本心的先導工夫。或對法則的正確理解，可以區別人當下之心是否為本心。人往往會有以為自己當下是本心良知呈現，其實是私心欲望流行的情況，故對

道德法則之正確了解，可以防備誤以人欲為天理之弊病。又就王學的發展來說，如陽明上文所說，由儒學義理，可見儒學體證的，是真正的虛無，此虛無以法則的無條件性，以及人排除一切感性影響來規定，這亦是沒有問題的；但王門弟子，若有希望直下從虛無的本體處生發出道德行為，而於存天理去人欲，嚴義利之辨之工夫，較為輕忽，這便造成了所謂王學末流之弊。王龍溪強調「四無」的教法，大抵而言，即是要人從本體原屬虛無處著手，此工夫重在頓悟，認為即本體便是工夫，一了百當。以康德的義理類比之，即是要從自由而至法則。而此一型態的由自由以至法則，是很成問題的。故康德強調的由法則至自由的工夫次序是很有意義的。

四、實踐的動力問題

依康德，自由意志是道德法則的存在根據，則自由意志呈現時，方會有真正的道德行為出現，但自由並不是認知的對象，在現實經驗中並沒有自由。此意即是說，人的現實意志，並不是自由的。若是如此，則道德行為，是否可能？這是必須解決的問題。若依孟子陸、王一系的理論，心即理，理即心，從道德之理契入，或於本心呈現時逆覺，都會了解到道德實踐的意義，而且由理入必促使本心之呈現，從本心入，亦同時可證理，如上節之所說，故依孟子系義理，不論從心或從理契入，都會生起道德實踐。對於道德實踐如何可能之問題，有明白的解答。而其實孟子系義理，正好證成康德所說的法則與自由互相涵蘊之論。而康德雖在理上肯定法則與自由相涵，認為由法則可導至對自由的肯定，但現實的意志是否可成為自由意志，則是有問題的。在上節所引康德討論法則與自由先後處，他說雖然自由在經驗上不能認知，但認為在經驗上，亦可肯認由法則而證自由之存在，他舉例說：

> 但是經驗亦穩固了我們的概念底這種次序。設想某人肯斷他的色

> 欲說：當這可欲的對象以及機會現在時，他的色欲是完全不可抗拒的。〔試問他〕：如果一個絞架豎在他得有這機會的住所之前，這樣，在他的色欲滿足之後，他定須直接被吊在這絞架之上，此時試問他是否不能控制他的情欲；我們不須遲疑他要答覆什麼。[41]

某人雖斷定他的色欲不可抗拒，但如果在滿足欲望之後，結果是被吊死，他當然會壓抑他的色欲，因為求生的欲望更為根本，則他經過考慮後，當然會作這樣的取捨。康德這例子顯示了人有選擇上的自由，但這選擇上的自由，仍是以自然欲望作根據，較強的欲望決定了人的選擇，故這人能作出選擇的事實，仍未顯示人有真正的意志自由。康德續云：

> 但是，試問他：如果他的統治者以同樣直接施絞刑之痛苦來命令他去作假見證以反對一個正直可敬的人，此正直可敬的人是這君主在一像煞有理的口實之下所想去毀滅之者，此時試問他在那種情形中是否他認為去克服他的生命之愛戀乃是可能的，不管這生命是如何之重要。他或許不願冒險去肯定是否他必如此或不如此作，但是他必須毫無遲疑地承認去如此作乃是可能的。因此，他斷定：他能作某種事因為他意識到他應當作某種事，而且他承認：他是自由的這一事實，倘無道德法則，他必應不會知之。[42]

上一例子，由於人的欲生之欲強過好色之欲，所以為了生存而壓抑色欲，是可能的，這合於機械性的自然法則，故此一選擇之可能不需再加說明。但現在面臨的情況是要為義捨生，此必須排除生命之自然本能之影響，此一可能性便須說明；康德認為，雖然人或不敢肯定是否能克服

---

[41] 《康德的道德哲學》，頁 166。

[42] 同上註，頁 166-167。

貪生怕死之念，但他必能肯定，他是可以如此作的，當他意識到此事是他應當作的之時，他便能如此作。康德這一說法，仍是從法則意識到自由，並肯定自由之意，亦表示應當是包含「能夠」之意。這一例子確是非常明白親切，似乎康德認為道德行為是隨時可能，自由意志隨時可呈現，但事實並非如此。康德之說，仍是表示必須由法則開始，方能肯定自由之意，此肯定自由，並不等於自由便當下呈現。若由法則肯定，或逼顯自由，而自由便可呈現，則此對法則之意識，便足以產生真正的道德行為，不必其他工夫，但依康德，對法則的意識雖然重要，但此並不能便生起道德行為，要生起道德行為，須由對法則之意識所產生的尊敬，以提撕人的現實生命，使人趨近法則，如是方可能產生道德行為。這中間甚有曲折，並不是由理契入便可促成本心的呈現。

在討論純粹實踐理性的動力處，康德說：

> 在因著道德法則而作成的意志底每一決定中那本質的一點便是：由於是一自由的意志，所以它只是為道德法則所決定，不只是沒有感性的衝動之合作，且甚至拒絕一切感性的衝動，以及抑制一切性好，當這性好相反於那法則時。[43]

能為道德法則決定的意志是自由意志，則若只被法則決定，全不受感性欲求影響者，便是自由。而這仍是從理上說，人必須能完全不受感性影響，才可以有自由意志，即自由意志是一通過工夫修養後的結果，是一理想的意志，此意志本身是一「果」，而非「因」，若非因，便不能生起，不能作為踐德之根據。故康德雖肯定自由意志，但並不以其作為實踐之根據，動力。實踐之動力仍在於法則。若動力在法則，而法則只是理，如何起作用呢？故法則之作用必在於人意識到法則時產生。人意識到法則，法則便對人產生影響。康德說：

---

[43] 《康德的道德哲學》，頁 245-246。

> 依是，當作一動力看的道德法則，其所有的結果（或所產生的結果）只是消極的，而此動力能夠先驗地被知是如此的。因為一切性好及每一感性的衝動皆基於情感，而所產生於情感上的這消極的結果（因著抑制性好而產生的）其本身也是一情感，所以結果，我們能先驗地見到：道德法則，作為意志底一決定原則，它必須因著抑制一切我們的性好而產生一種情感，此情感可被名曰痛苦。[44]

法則要求人無條件地遵守，而不顧性好欲求，故對於人現實生命而言，從法則之要求處，便可知其對人會產生痛苦的情感，此痛苦產生於性好的被壓抑。此可見康德所言的由法則而生的動力，是針對法則作用於感性生命上說，他並不從由對法則之意識而肯定自由，促使自由意志、善的意志呈現上說。由於康德只注意法則對現實生命之作用，可知他雖由法則而肯定自由，但此自由意志並不能起用。即在康德，並不能說「承體起用」。自由意志並不是經驗之可認知的對象，它並不能生起活動。康德續云：

> 而在此情形中，我們即有一第一事例，或許亦是唯一的事例，在此事例中，我們能從先驗的考慮去決定一個認知（在此是純粹實踐理性底認知）對於苦樂之情底關係。一切性好（這一切性好能被化歸為一可容忍的系統，在此情形中，它們的滿足即被名曰幸福）總起來構成「自我顧念」。這自我顧念它或是「自我貪戀」，即存於一過度的溺愛個人自己的那自我貪戀（我愛），或是滿足於個人自己。前者更嚴格一點說，名曰「自私」，後者則名曰「自滿」（自大）。純粹實踐理性只抑制自私，由於視之為在我們生命中甚至是先於道德法則的自然的而且是主動的東西而抑制之，只

---

[44] 同上註。

> 要當去把它限制於「與此法則相契合」這個條件時,即可如此抑制之,而如此抑制之已,它即可被名曰「合理的自我貪戀」。但是「自滿」(自大),則理性必全部擊滅之,因為先於「與道德法則相契合」的一切對於「自我尊重或尊大」的要求皆是徒然而不可證成的,因為「與這法則相一致」的一種心靈狀態之確定是人格價值底第一條件(此如我們現在及將要較清楚地表示之者),而若先於這種一致,則任何對於價值的虛偽要求或擅定皆是虛偽而不合法的。現在,傾向於「自我珍貴或尊大」的脾性就是道德法則所要抑制的性好之一種,只要當這珍貴或尊大是只基於「感性」時。因此,道德法則必擊滅自滿自大。[45]

認知了道德法則,對於性好的要求是要壓抑限制,但並不是要完全否定。即法則要求人無條件地遵行,不能摻入私利的考慮,在不能因感性性好之要求而踐德,使存心成為不純粹處,要求排除性好的作用,而並非對性好作原則性的否定。踐德時之存心必須是不受性好影響的,這不表示要完全滅絕性好。在法則的規範下,性好可以合理地被滿足。但對於自滿自大,則道德法則必要擊滅之。康德所謂的自滿自大,即「滿足於個人自己」,而這自大,是「先於與道德相契合」的主觀狀態。亦即人在要求自己的存心符合於要無條件地遵從道德法則之前,對自己感到滿意。依康德,在人意識到法則時,他必會感到自己意志的不純粹,不可能無條件地循理而行,在此時,人的感受應是慚愧,甚至自卑。故若人安於一順著性好的生命狀態,而自以為是,以為自己行出來的都是合理的,這根本就是不知德而卻自大自矜,在這種安於受性好影響而自矜的狀態下,人是不可能有相應於道德法則的實踐行動者,故對於這自大,必須擊滅之。康德此處所說,恰如陸象山所云的「己之未克,雖自

---

[45] 《康德的道德哲學》,頁246。

命以仁義道德，自期以可至聖賢之地者，皆其私也。」之意。[46]不先克己，即安於一現實的主觀狀態，這是不會有真正的仁義之行者。康德此一省察確十分切至，但亦由此可見他所說的實踐理性的動力，是在於對治現實生命，重視現實生命與純粹的法則間的距離，而不在於興發自由意志。康德續云：

> 但是，因為這法則是某種其自身是積極的東西，即是說，是一理智因果的形成，即自由底形式，所以它必須是尊敬底一個對象；因為，因著與性好底主觀對抗相對反，它減弱了自大；又因為它甚至擊滅了自大，即貶抑了自大，所以它是最高尊敬底一個對象，結果也就是說它是一種積極情感底基礎，此積極情感不是屬於「經驗的起源」的，乃是先驗地被知的。因此，尊敬道德法則是一種為一理智原因所產生的情感，而此情感乃是那唯一「我們完全先驗地知之」的一種情感，而此種情感底必然性，我們亦能覺察之。[47]

此處康德點出了尊敬，當人意識到道德法則，便會產生尊敬。本來從法則的無條件性，及其本身便具有絕對價值等義，當然會引發人的尊敬，如上節所說程明道對天理的體悟。但程明道對天理之體會中固然感到天理自足而無限，非人世事業之價值所可比擬，但並沒有如康德所說的在法則之前，須謙抑，減殺自大。明道言敬，亦與康德所言的意味不同，如云：「天地設位而易行乎其中，只是敬也。敬則無間斷，體物而不可遺者，誠敬而已矣。不誠則無物也。」[48]明道之言敬是就天道生生，體物不遺，無間斷處說，這是從本體、天道之活動來說敬。如此言敬，是

---

[46] 〈與胡季隨〉，《象山全集》卷一。

[47] 《康德的道德哲學》，頁247。

[48] 《河南程氏遺書》卷十一。

工夫,亦是本體。應是明道從敬之工夫中體悟到生生不已的天道,直下肯定天道之生生不已,與自己當下生命德行之不間斷,是同一種的活動。如此言敬,與康德言尊敬,意味大有不同。康德以法則在情感上所產生的結果,痛苦是消極的,尊敬是積極的[49],而尊敬所以是積極的,是從它可以排除感性性好的影響,使人可趨近法則,相應於法則而實踐。比較而言,明道言敬,便更為積極,敬不只是面對法則而生之情感,而是進一步興發其仁心,是本體呈現時之敬。由敬而興發真生命。敬是情,亦是本心本有之活動。孟子言本心,亦有恭敬之心,故依儒學,敬不只是法則作用於主體所生之情感,而亦是本心自發之活動。從此處,亦可很明白見出康德與孟子系義理之不同,牟宗三先生便在論康德言道德情感處,判定康德是孟子與朱子間的居間型態。

康德論尊敬,涵義頗豐富,他說:

> 現在,道德法則(單是這道德法則才真正是客觀的,即在每一方面皆是客觀的),它依最高的實踐原則完全排除了那自我貪戀底影響,並且無限定地抑制了這自滿自大(即把自我貪戀底主觀條件規定為法則的那自滿自大)。現在,不管是什麼,它如果在我們自己的判斷中抑制了我們的自滿自大,它即以這自滿自大為可恥(貶抑了自滿自大)。因此,道德法則不可免地謙卑了每一人,當一個人他把他的本性底感性脾性與這法則相比較時。凡一個東西,其觀念作為我們的意志之一決定原則,在我們的自覺中謙卑了我們,它即喚醒了對於它自己的尊敬,只要當它本身是積極的,而且是一決定原則時。因此,道德法則主觀地說甚至是尊敬底一個原因。[50]

---

[49] 此是牟宗三先生的案語,見《康德的道德哲學》,頁247。
[50] 《康德的道德哲學》,頁248。

人在意識到道德法則時會起尊敬，而這尊敬感的產生，依康德，是與人在以自己的現實生命與法則相對照，而感到自己生命的不純粹，因而產生謙卑，甚至羞恥之情，很有關係的。人越反省沈思道德法則，越見其純粹而崇高，為自己所必須遵從，但就在此時，亦越見自己之不純粹，似乎不可能依此無條件之律令而行。人都習慣於順感性慾望而行動，又常以為此日常的自我便是合理的，一旦意識到道德法則，才知道這安於習欲，又妄自尊大的平常的自我，是十分可恥的。有此愧恥之情，人對於道德法則，便會有真實的敬意。

康德如此言尊敬，確是十分深切的，亦顯示了上文所說的重法則，強調由理契入的思想特色。康德如此言敬，可與儒學有關說法相比較，如上文提到明道言敬，直從本體、天道來說，他當亦由正視法則（天理）之定然而無條件之義而契入的，但並不強調人的不如理，而直下由敬證本體。陸象山言人必須克己，方能自期以仁義道德，此似於康德對於人之妄自尊大，必須擊滅之說，而象山曾討論到人應以何為恥，此亦可與康德之說相參，象山說：

> 鈞是人也，己私安有不可克者？顧不能自知其非，則不知自克耳。今謂之學問思辨，而於此不能深切著明，依憑空言，傳著意見，……自以為是，沒世不復，此其為罪，浮於自暴自棄之人矣。……夫子曰：「知之為知之，不知為不知，是知也。」後世恥一物之不知者，亦恥非其恥矣。人情物理之變，何可勝窮？若其標末，雖古聖人不能盡知也。[51]

象山所說的「恥非其恥」，是指一般人以知識不若人為恥。知識不如人，並非真正可恥，而心不若人，才真正可恥。依象山，本心人人皆有，人反求便可得之，一旦恢復本心，人的生命便高明廣大，自然可居仁由義，

---

[51] 〈與邵叔誼〉，《象山全集》卷一。

當惻隱便惻隱,當羞惡便羞惡;即呈現此相應於道德法則而實踐之心,是人人可能的,亦是人的最高價值、尊嚴之所在,於此人是最當關心的。而人現實上常沒有呈顯此心,為學者不在此用心,不以此人人本有而為最高價值所在之心,並不存在於我此時之生命為可恥,卻以知識不及人為恥,而用心於博文窮理,這便是恥非其恥,若恥非其恥,則人這以道德不及人為恥的恥心,便會日漸消失。

象山如此言恥,亦是十分痛切的,他從意識到本心之不存說恥,此恥是由道德意識發出來的;他此說包含了康德言愧恥之義,而確亦比康德進了一步,即若人真有此「恥心不若人」之恥,人之本心便可當下呈現。象山意在由知恥興發本心,並不似康德般停留在人的生命不純粹,妄自尊大處多所著墨。象山所批評的不在己心不若人處用心,而以一物不知為恥者,是指朱子之理論而言。依象山的看法,內聖學之工夫,在於恢復心即理之本心,而不在於格物窮理,能發明本心,即能明理,不明本心,而向外窮理,會愈轉愈糊塗。當然朱子的格物窮理並不是追求經驗知識的理,而是要明天理,亦即明道德之理;但朱子以心與理為二,認為可從格物而知物之所以然之理,如此窮理,便易將道德之理與經驗知識相混,便會引發陸象山「人情事物之變,何可勝窮」的詰問。雖然此所以然之理是超越的,即於物而顯眾理之相,而其實只是一理;如此說可保住理的超越性,但因心與理為二,理須窮格而方可得,如是便將道德之理本來是人一反省便可認知,及此理是意志所自發之義失落了。這是朱子之不切處。朱子亦言敬,持敬是朱子心性工夫中的最關鍵者,未發涵養,已發察識,都須以敬維持此心之清明,使心能明理合理。但朱子之言敬,多從意志之集中、專一,使精神不渙散,及外表行為態度之整齊嚴肅上說,如此言敬,固然是很好的修持工夫,但並不似康德般正視法則之無條件性,正視人之不如理而生敬,朱子之言敬恐怕亦有不切處。

康德論尊敬連同人的自感愧恥來說,此義可於下一段見之:

影響於情感上的消極結果（不愉快）是感性的，就像每一影響於情感上的影響以及一般說的每一情感本身一樣。但是，當作道德法則意識之一結果看，因而亦就是說在關聯於一超感觸的原因即純粹實踐理性底主體（最高的立法者之主體）中，一個「被性好所影響」的理性存有底這種情感即叫做愧恥（理智的自貶）；但是在涉及這種情感的積極根源即法則時，這種情感即是對於法則的尊敬。對於這種法則，實無情感可言（意即並無一種情感為此法則而有）；但是因為這法則移除了這抵阻，則這種對於一障礙的移除，在理性之判斷中，即被估計為等值於對於這法則底因果性之一積極的幫助。因此，這種情感亦可被叫做「尊敬道德法則」之情，而基於那兩層理由（即愧恥與尊敬兩理由）合而言之，他便可被叫做道德的情感。[52]

此段明白表示愧恥與尊敬是相關聯的，相與而生的；合這兩者，是所謂道德情感。此情並非如一般之情感之為感性的，而是基於理性的，可先驗而知的情感。此情感由意識到道德法則而生起，故是基於理性的，法則要我們排除性好的影響，甚至要為義捨身，故法則並不是我們喜愛的對象；但對法則雖無喜愛，而卻有尊敬，這尊敬之情使我們不得不趨近法則，服膺法則。在《道德底形上學之基本原則》，康德曾說人之所以會感興趣於道德法則，是不可解明的，對無條件律令，吾人之感性應該反抗，不應有情感，故道德情感何以會有，是不可解明的。[53]康德此處以愧恥與尊敬相俱來說道德情感，似乎可以作出說明，即在對照於法則時，人會生起愧恥，由愧恥而生尊敬。但這只是作出心理學的說明，愧恥、尊敬的根源應是人人本具的道德心、自由意志；不點出本心、自由意志為實有，為人所本具，便不能對道德情感作根源的說明。

---

[52] 《康德的道德哲學》，頁 249。

[53] 《康德的道德哲學》，頁 98-99。

康德以尊敬可移除實踐的障礙，即由尊敬可逐漸純淨化人的現實生命，使相應於無條件律令而實踐成真實的可能；這當然是有效的修養工夫，但這應是屬於漸教的工夫作法。若肯定本心，肯定自由意志可以呈現，則可以有逆覺、擴充本心的工夫，這便可言頓悟的工夫。本心、自由意志若可呈現，人便可當下承體起用，而表現一與平常受性好影響的生命迥然不同的純粹的生命。人有感性，有其有限性，生命固然是常常不純粹的；但人亦皆有本心，純粹的、善的意志呈現，亦是可能的，此兩義並不相衝突，康德似尤重視人的現實性、有限性。

尊敬與愧恥俱起，這兩種情感雖可合稱為道德情感，而排除實踐的障礙，但人亦會對之起反抗，康德說：

> 尊敬是如此之遠非一快樂之情，以至於就一個人說，我們只是很不情願地屈服於尊敬（亦即很不情願地對於一個人不得不尊敬）。我們設法去找出某種「可以為我們減輕尊敬底負擔」的東西，去找出某種錯誤（疵瑕）去為這樣一種範例所引起的自貶或愧恥來補償我們。即使是死者也常不能逃脫這種批評（檢查），如果這些死者之為範例顯現為無比的（仿效不來的）時，這尤其如此。即使是莊嚴崇高的道德法則本身也要招受人們之力求不予以尊敬。我們常想去把這道德法則還原到（降低到）我們習見的性好之層次，我們又皆費如許之麻煩去把這道德法則作出來使之成為我們自己的易知的利益之規準（箴言）──被選用的規準，我們之所以這樣作，除我們要想去解脫（免除）這有嚇阻作用或警戒作用的尊敬（這尊敬以如此之嚴屬把我們自己之無價值表示給我們）以外，這還有任何其他理由可想嗎？[54]

康德認為，對法則的尊敬及與之俱起的感到自己的無價值而愧恥，是令

---

[54] 《康德的道德哲學》，頁253。

人很不愉快，很不好受的，因此人會設法減輕由尊敬法則而來的沈重負擔，及對由尊敬而來的愧恥尋求補償；於是人會對引發我們尊敬，足以為道德範例的人格起懷疑，試圖找出瑕疵，以毀掉此一範例。人甚至希望將無條件的道德法則，還原為有條件的律令，以為道德的律令只是以獲得利益為目的之箴言，如此，便從根上毀壞道德法則。人這樣作是為了減輕無條件的實踐之事對於人的沈重負擔。康德此一對現實人性的分析，不能不說是很中肯，很痛切的，這正好說明了人喜歡質疑、嘲諷聖賢人格，及以否定道德法則為快的習性。其實當人越是要否定無條件的律令，及無私的聖賢人格存在時，越證明人是清楚地意識到道德法則，及深切意願自己能有無條件為善之意志的。於此反省回思，便可得本心。康德續云：

> 可是縱然如此，另一方面，在尊敬中所有的痛苦（不樂）是如此之少以至於是這樣，即，如果一旦一個人已放棄他的自滿自大，並且允許尊敬有實踐的影響力，則他決不能以默識這法則之崇高而被滿足，而靈魂亦相信它自己依照這比例，即如「它看見這神聖的法則被升舉在它之上以及在它的脆弱的本性之上」之比例而被升高。[55]

上文說尊敬與愧恥令人不快，此處則說尊敬其實並不那麼使人痛苦，只要人肯放下他的自滿自大，便不會因尊敬法則，鄙夷自己而痛苦。人放下他的自滿自大，即承認自己生命本來便是不純粹的，與崇高莊嚴之法則相比，本來就是相距不可以里數計者，只要人承認自己的有限性，便會接受法則作主，此時人會衷心承認法則之崇高，由是自己的心靈便得以提高，此即是上文所說由尊敬移除實踐上之障礙之意。除此之外，康德似有人若越承認自己的有限、不完美，其心靈越會被提升之意，此如

---

[55] 同上。

上引文所說,若見到神聖的法則超越於人脆弱的本性,則人的心靈(靈魂)將以同於法則超越于本性之程度被提高。即你越承認法則遠高於你的本性,此時你的心靈便會提升至同樣的高度;這實在是很奇詭的談法。從此處可見康德仍是深受基督教的教義影響的。[56]

五、康德學作為居間型態的意義

上文藉康德的強調對於無條件的實踐之認識,必須由法則開始,不能由自由開始之說,以探討王龍溪之學引發王學末流之弊的原因,而羅近溪雖較切實,但或許亦與龍溪同屬蕩越。又從法則與自由之先後問題之討論,闡發康德重道德法則,必須先由法則契入何謂無條件的實踐之思想特色;而從康德言尊敬與愧恥等道德情感處,亦可見他強調法則之作用。因正視法則之崇高、無條件性,才會引發人的道德情感,興發人之生命,以實踐道德。故康德完全是一「從理契入」之思想。依儒學,若能對道德有相應之理解,即知德者,必連帶對本心有相應的證悟,如程明道;若對本心有體悟者,亦必對道德法則有相應的理解,如孟子及象山、陽明。即從理證入與從心證入,是相涵的,而康德雖說法則與自由相涵蘊,但卻強調必須以法則為先,此應是其不足之處。但康德對理的體會是至為恰當的,他的以法則為先的想法,吾人認為對儒學的心學一系,可作補充,或作為使本心呈現之預備工夫。康德強調從理入,而突顯法則的無條件性、普遍性,是很可以提振人的道德意識的。且理雖由意志所自發,但重理,使實踐有一客觀普遍者作為依循,亦作為鑑別此心是否為本心之標準,這是很必要的。若只從心契入,以心為標準,則本心固然真切具體,活潑潑地,亦有與物為一體,感通不隔的特殊感受,但亦因為是具體活潑,本心亦是不易掌握的,本心頃刻可得,亦頃

---

[56] 保羅說:「祂對我說:『我的恩典夠你用的,因為我的能力,是在人的軟弱上顯得完全。』」又說:「因我什麼時候軟弱,什麼時候就有能力了。」(《新約・哥林多後書》12章)

刻可失。[57]故由心契入必須輔以由理契入。

　　對於孟子、陸、王之學而言，由於肯定本心可以呈現，心即是理，便可以有「體證本體」之工夫，這工夫是在本心呈現時，當下體證，而又擴而充之；牟先生名之曰「逆覺體證」，由於呈現者是本心，是人的「真正自我」，故須反求逆覺，由逆覺而更進一步地真實呈現之。這固然是儒學作為成德之教的最本質的工夫，是很具關鍵性的；但這逆覺體證，是在本心呈現時方可用之工夫，而人的現實生命，現實的意志，不一定是本心，甚至可說，常常不是本心。若人的現實意志不是本心，則如何能用這逆覺工夫？固然本心之不呈現，只是受遮蔽，並非不存在，而在某些機緣觸發下，便會惻然而覺，而人亦可求則得之，思則得之。但若缺乏使本心呈現之機緣，此反求逆覺，便不容易。故於此，是須要有一使現實的生命、受感性影響的意志逐漸純淨化，而使本心容易呈現之工夫。我認為康德的理論，可充當此一任務。康德所說的道德情感（moral feeling）正是一可逐漸純淨人的意志，使人接近道德法則的動力。康德認為，當人意識到無條件的律令時，內心自然會產生尊敬，此尊敬一方面會限制人的性好，另一方面亦會打消人的自大（自負）。人面對純粹的道德法則時，會清楚地對照出自己意志之不純粹，由是而產生謙卑。而此一道德情感，會使人體會到道德價值之絕對性，亦使人體會到無條件地依道德法則而行，是人的「天職」，是人之為人的價值所在[58]。這是由理性作根據而生的情感，是由於人意識到道德法則，法則作用於主體而產生的結果。若人能產生這道德的情感，當然是可使現實生命接近道德法則的，而對這道德情感的培養，應可以是為本心之呈現作一準備之工夫。人意識到法則之無條件性、莊嚴性，自然便明白所謂義利之辨，通過不斷的明義利之辨之「辨志」的工夫，應該是會使人從

---

[57] 象山說：「念慮之不正者，頃刻而知之，即可以正；念慮之正者，頃刻而失之，即為不正。」（《象山全集》卷36，〈年譜〉）

[58] 《實踐理性底批判》第一部，第三章，《康德的道德哲學》，頁 244-282。

現實的利害計較中超拔出來，生命便得以感發興起，而在此時，純粹的本心應會躍然而出。故吾人認為，康德之說可作為「逆覺體證」之先行的、準備的工夫。

其次，康德言尊敬，未能由敬而證體，只言因法則影響於主體而生敬，未能見到敬之情實發自本心，此亦為其不足之處；但康德如此論敬，正好對朱子之持敬論作一補充。康德此說正視現實生命與法則之距離，承認存心之不能純粹，希望由尊敬以排除性好，及打擊自大，此確提出一由認識法則而對治現實生命的辦法。如果現實生命不能漸次純淨，則人之本心呈現雖可一下子衝破私欲習氣，但私欲習氣亦會去而復來，無有了期。對治現實生命的毛病，持敬的工夫，確有功效。朱子之強調持敬，其用心亦是如此，只是朱子言敬，多從精神主一，集中，養成好習慣處說，並未扣緊道德法則以說明敬畏之根源。朱子之言敬，未必切於道德實踐，故象山有「持敬是後人杜撰」[59]之批評，而康德之言敬，是從對法則有恰當的理解而來，更能顯發人的道德意識，故康德之言敬、道德情感，可收攝朱子之論，使成內聖之學的切要工夫。又康德所說的尊敬與愧恥相俱，二者合而為道德情感，人唯有承認自己的不純淨與脆弱，才能藉對法則之尊敬以提升心靈，是甚為奇詭的說法，為儒學所沒有的，此一說法甚可參考。

就朱子思想而言，朱子反對陸象山所說的心即理，認為象山不知人之氣稟複雜，這如同康德，不承認現實的意志便是純粹的自由意志，即朱子與康德一樣，是較能正視人的生命時時受感性影響之現實。由於朱子將心理解為現實的心，心與理為二，他便以格物窮理為使心能知理之途徑，而以敬涵養為使心氣專一集中之修養工夫，希望以敬義夾持，使生命合理。但格物窮理之工夫，視理為心知所對之對象，非心之所自發，道德之理不是由意志之自律而生，此不合於道德之本意。又此理雖是超越的天理，並非經驗之理，但視理為超越的「所以然」，此是將道德之

---

[59] 〈與曾宅之〉，《象山全集》卷一。

理了解為「存有論義之存有」，理的道德意義便被減殺。[60]此是朱子之不足處。如果以康德學來補充朱子，則可以將朱子所重視的格物致知之工夫，規範在對行為的存心之為義抑為利，是有條件的抑是無條件的分辨上。即將格物工夫用在念慮的省察上。而朱子所重視的讀書，體察事物之情，亦應扣緊在道德之善惡之分別上。道德的善惡，如康德所說，是純粹實踐理性之對象的概念，此善惡之概念，是由道德法則所規定的[61]，若行動的存心是按照無條件的律令而行，便是善，若否，便是惡。善惡之為對象，必在心對道德法則有所意識之後，若補充以康德這些意思，則格物窮理便可以更切於道德實踐，而為不可少的修養工夫。人的現實心靈，若能時時於一己行動之存心上省察，在讀書、接物，或研究存在之事物時，探討道德上之是非善惡，即若能扣緊在道德之是非判斷上格物窮理，便可使格物之過程成為心知對無條件的律令（道德法則）加深理解之過程，如此，心知的真知理，確可以加強人的道德意識，使人真正作出道德實踐。

　　康德的道德哲學與儒學比較，確顯出其不足之處，所以是一居間型態；但其不足之處，卻又顯出了特別的精彩，而可以作為儒學的參考及補充。故康德學作為孟子與朱子間之居間型態，對於中國儒學的這兩大系統，或可有作為會通的中介、橋樑的作用。此或許是康德學在中國未來應有之發展。

---

[60] 此是牟宗三先生語，見《心體與性體》（三）。
[61] 見《實踐理性底批判》第一部，第二章。

從良知學之發展看朱子思想的型態

　　朱子與陸象山、王陽明思想不同,而為宋明儒學之兩大對立陣營,這是傳統的看法,而為大家所熟知。歷來朱王二派各有其支持者,聚訟不已,為儒學內部最大的論爭。至當代牟宗三先生寫出《心體與性體》,[1]根據朱子大量的文獻,作系統的分析,而認為朱子之學說並不合於孔孟,及宋明儒之主流說法,朱子固是大家,開一大宗派,但乃是「別子為宗」。牟先生此說對朱子之思想型態作出了明白的衡定。他此一對朱子思想之規定雖引起了許多的批評及反對,但迄今仍未見有能根據朱子的文獻作有系統地反駁者。牟先生對朱子學之分析,及據他的分析而作的對朱子思想的定性,實不易動搖,但朱子思想實亦有其切中人心處,朱子所言之持敬窮理工夫,對生命之成德,亦實有其效果。若說朱子為儒門別子,似乎是認為其教法為非本質者,為第二義,甚至認為不必要,可有可無,此當然並非牟先生之意。但牟先生此一正宗、別子及其中所涵的「直貫、橫攝」,「逆覺、順取」及「自律、他律」之區分,確會使人對朱子之學易生輕視、貶抑之心。我數年前於研究蕺山對陽明之批評時,已感到蕺山對良知之規定,是從「好善惡惡」處言,此即以「義」契入良知,後亦注意到羅近溪之言良知,明顯地是從惻隱之仁來說。近來因研究陽明弟子王龍溪、季彭山之論辯,又讀到朱湘鈺君博士論文中有關鄒東廓之部分,[2]忽有所觸發,似乎可對朱子的思想型態作另外之歸類,以為朱子之思想,可屬於「由恭敬契入本心」之型態。如此一想法

---

[1] 牟宗三:《心體與性體》(三冊)(臺北:正中書局,1968 年)。

[2] 朱湘鈺:《平實道中啟新局——江右三子良知學研究》第二章〈鄒東廓的戒懼之學〉(臺北:臺灣師範大學國文學系博士論文,2006 年 12 月)。

可成立，則或可避免判朱子為「別子而不正宗」。當然此一想法須詳引文以證，這是本文暫未能做到的。

一、陽明後學對良知之不同理解

（一）陽明之良知說，於知是知非處指點本心，使人一言之下洞見全體，極有發明之功。而言良知，雖以知是知非之智為主，但乃是「以知統四端」而言的。故良知不只是智，而是包涵了惻隱之仁、羞惡之義、辭讓（恭敬）之禮在其中的。此以知統四端，異於以往的「以仁統四端」，如王龍溪所說，「知之充滿處，即是仁；知之斷制處，即是義；知之節文處，即是禮」。[3]由於陽明從朱子所言之格物致知用功而無所入，後悟知是知行合一之知，知即心即理，將朱子所言致知之知轉而為本心明覺之良知，良知在及物時當下給出該如何回應之判斷，由此判斷而產生相應的道德行為。此知本身即是道德之理之呈現，亦是道德行動之根據。故此明覺之知性，雖以知是非為發端，而實是生起道德行動之本體、根源。此如牟先生所說，陽明所言之良知，是實體性之本心，其知是直貫創生之明覺，並非橫攝之認知。[4]

（二）雖說良知是統四端而言，為實體性之本心，但這是由知是非之智以體認心體，於心體之意義，仍不免是有所偏重的。言良知，從知是非之智契入，突顯了本心之明覺義。良知在事物之來時，而應之以明覺，則是非善惡，當下即見，是則是之，非則非之，亦不須等待。此一說法，於本心之智性有所闡發，是一大發明，亦由此而可體悟本心之妙義。王龍溪承陽明之說，對良知之知是非為「天理之自然明覺」之義有深切體悟，即在此知是非之明覺感應處便見天理之呈現，於當下一念之微處，便可見真心。龍溪學之特色，在於他重視良知本來「虛寂」

---

[3] 〈東遊會語〉，《王龍溪全集》（臺北：華文書局，1970年），卷四。

[4] 《從陸象山到劉蕺山》（臺北：臺灣學生書局，1979年），第三章。

之義,及由良知本體之虛寂、虛無處契入,從無而有,從無處立根基,即本體便是工夫之「四無」說。良知之知是非而是是非非,本來便是自然而然,毫無偏執成見者,故良知知是知非,而實無是無非。雖經綸天地,裁成萬物,而實是虛寂自然,並無一事。此如陽明所說「時時是驚天動地,時時是寂天寞地」。[5]由此推衍,人越於倫物間努力實踐,便越能體會良知之虛寂自然;越能體悟良知之虛寂自然,便越能生起真正之道德實踐。良知即感即寂,即是未發之中,亦是已發之和。龍溪闡發了良知的許多妙義,他認為良知虛寂義,可通三教,證成了良知範圍三教之說;而龍溪此說,仍可說是偏重於本心之智性。此可從他喜以水鏡以喻良知心體處見到。水鏡之照物,是「無情之照,因物顯象,應而皆實,過而不留。自妍自醜,自去自來,水鏡無與焉。」[6]本來如前文所述,陽明之言良知是以知統四端,道德本心之全幅意義都可由知處顯發,而良知所生起的是直貫創生的道德活動,並非如認知心之橫攝,但龍溪以水鏡喻心,言本體自然無欲,則道德之直貫,似轉成了認知性之橫攝。應物而自然之義甚顯,而自作主宰、奮發植立之義,便有不足。龍溪之同門季彭山(季本,字明德,號彭山,1485-1563)主張論心需以龍惕為喻,貴主宰而惡自然,而與龍溪爭辯,亦應是見出了這問題。彭山與龍溪之辯,可說是直貫與橫攝之辯;彭山貴主宰而惡自然,認為良知即是主宰之知,而自然,是對作為主宰者之理之順從。他對自然規定為對主宰之順從,故必須以主宰來統自然,而不能以自然為體。他又以乾知坤從來表示此主宰與順從之意義,以乾為陽而坤為陰,又以乾為理,坤為氣。他以此駁龍溪,當然不能成功。龍溪之言自然無欲,是從體上說,並不如季本所說,從氣說自然,亦不是從順理上說。龍溪以良知本來便是自然無欲者,故可以於應物時是是非非,無所滯礙。並非先

---

[5] 《傳習錄》卷三。

[6] 〈答季彭山龍鏡書〉,《王龍溪全集》卷九。又龍溪與彭山之論辯內容及其涵義,詳見本書〈王龍溪與季彭山的論辯〉。

有是非之成見在心,用以判斷事物。言良知無知,亦表示知是非之知雖是應物而起,但並非由事物所引致。即良知之知是超越的,並非來自經驗。良知本體寂然,因物而感通,雖感通,而其自身是自發自主的。故越體悟良知之寂然、自然無欲,便越能顯良知之用。據此,彭山之「惡自然」,而欲貶自然無欲於氣之層次,並不合理。

但彭山之論,可顯示良知或道德心的另一方面的意義。即彭山強調了知的主宰性,而此主宰性,當然是良知、道德心本有之意義。依陽明與龍溪,良知應物而可當下給出道德上之是非之判斷,此當然是良知之重要意義,而此道德是非之判斷純是自然而然,並非人為做作,更是對良知之恰當理解;但彭山強調的警惕奮發,乾健不息,及自作主宰、由中而出等義,亦是道德心的重要涵義,此亦是不可輕忽的。彭山對此特有體會。比較而言,彭山較能觸及道德心是人生命中的本體、深根之義。孟子曰:「仁義禮智根於心」(〈盡心〉上),道德心是人之真生命,固然於知是非處可自然呈現,但亦可說是生命之深根、基礎。對此生命之深根,須作深刻之體證方能見到。彭山對慎獨之工夫十分重視,他又以獨知來說良知,都表示了良知為生命中之深根之義。如云:

> 聖人之學,只是謹獨,獨處人所不見聞,最為隱微,而己之見顯莫過於此。故獨為獨知,蓋我所得於天之明命,我自知之,而非他人所能與者也。……故欺人不見之知,乃十目所視、十手所指之處也,不可以為獨知。然則獨知者,其源頭不雜之知乎?源頭不雜之知,心之官虛靈而常覺者也。

> 謹於獨知,即致知也。謹獨之功不已,即力行也。故獨知之外無知矣,常知之外無行矣,工夫何等簡易耶![7]

---

[7] 《明儒學案》,《黃宗羲全集》第七冊(杭州:浙江古籍,2005 年),卷十三,〈浙中王

彭山以由慎獨而證的「莫見乎隱莫顯乎微」的「獨知」為良知，如此言良知，是以慎獨工夫體證生命之深根，見「源頭不雜」之知，此與龍溪言良知之意味，確是很不相同的。彭山又云：

> 聖人之道，不於用上求自然，而於體上做工夫。故雖至聖，猶孜孜矍矍以自勉，此工夫也。工夫只在不覩不聞上做；不覩不聞，蓋人所不知最微之處也。微則不為聞見所牽，而反復入身，其入身者即其本體之知也。故知為獨知，獨知處知謹，則天理中存，無有障礙，流行之勢自然阻遏不住。故自然者，道之著於顯處以言用也。然非本於微，則所謂顯者，乃在聞見，而物失其則矣，不可以言道。凡言道而主於自然者，以天道之不勉而中，不思而得者觀之，似亦由中流出，不假人為。然謂之中，則即是勉；謂之得，則即是思，而謹獨工夫在自然中，所謂知微之顯者，即此是矣。舍謹獨而言自然，則自然者氣化也，必有忽於細微而衍於理義之正者，其入於佛老無疑矣。[8]

彭山認為須於獨知之體上作工夫，此是體證生命之深根之工夫。此至隱至微而又莫現莫顯者，即是人之真生命，是為「體」。故此知為「本體之知」。有此生命之體作主，方有合理之自然流行。若不能以此獨知作主，則自然之流行，只是氣化之用，其發不必能中節。彭山將良知理解為獨知、本體之知，又以慎獨義以規定獨知，如是便將良知收攝為至隱微而為生命深根之體，此是彭山對良知之特別體會。此一慎獨工夫，最能顯發人的道德意識。即在深切自反、省察自己之意念時，自己意念是否純粹，行動的存心是為義、抑是為利，是最清楚的，此真如《中庸》

門學案三〉，頁 314-315。

[8] 同上注，頁 313-314。此段《黃宗羲全集》本排版錯誤，跳接了下一段，茲以「四部備要」本為據。《明儒學案》冊一（臺北：臺灣中華書局，1984 年）。

所說的「莫見乎隱,莫顯乎微」。

從彭山主張以龍惕言心體,重視此心體的主宰性及乾健不息之義,又以從慎獨工夫下所證之獨知以言良知,可以說他的體悟良知,是從「義」這一面相來說的。彭山亦為陽明之重要弟子,他承陽明之教,而特重良知的義道之一面。

（三）季彭山對良知之體悟,近於明末之劉蕺山（劉宗周,號蕺山,1578-1645）。蕺山亦特重慎獨工夫,由慎獨而言誠意。其所言之意,是「好善好惡」者。他從慎獨而體證人生命中本有之「純粹意志」。由是蕺山對陽明良知學正式作出修正,認為陽明言良知,是據孟子而言,非《大學》本義,他認為《大學》所言之致知,是知止、知本之知。而知止（止於至善）知本,是就「誠意」說者,知止知本是知「意」之為本而持守之。意淵然有定向,善必好,惡必惡。此意亦即是至善所在。如是而言知,則是先意而後知,故蕺山認為「知藏於意」。蕺山雖亦說意與知是一「合相」,即好善惡惡之意即知是知非之知,二者不必區分,但蕺山學明顯地是要以能作主宰之意定住良知。蕺山並不反對言良知,但知須藏於意,而要以好善惡惡為主。蕺山云：

> 然則致知工夫不是另一項,仍只就誠意中看出。如離卻意根一步,亦更無致知可言。予嘗謂好善惡惡是良知,舍好善惡惡,別無所謂知善知惡者。好即是知好,惡即是知惡。非謂既知了善,方去好善；既知了惡,方去惡惡。審如此,亦安見其所謂良者？乃知「知」之與「意」,只是一合相,分不得精粗動靜。[9]

蕺山之說,明顯地要以意攝知。認為良知是在好善惡惡之意中,即在好惡中藏有知好知惡之知。好善惡惡是道德心之真實而具體之呈現,人之道德之本性便表現在對善之好、對惡之惡上,故此是「純粹意志」,而

---

[9] 〈學言下〉,《劉宗周全集》（臺北：中研院文哲所,1996年）,第二冊,頁525。

非經驗層之意念。蕺山要呈現此意,作為人之行動實踐之根源,認為只要呈現此意,便會有真正之道德行為出現。此意一旦呈現,見善必好,見惡必惡,當下便是道德的實踐;此中,並不必須言知善知惡之知。依蕺山,知善知惡之知不能離開好善惡惡,有好惡即有知。而若獨立說知善知惡,則此知尚只是分別善惡之層次,並不必然帶出道德實踐之行動。若知善而後好善,知惡然後惡惡,則是落於後著,「亦安見其所謂良者」?故蕺山認為良知是知好知惡之知,在好善惡惡的道德意志中,藏有知好知惡之知在。蕺山此知藏於意之說是將陽明所說之良知收攝於誠意之下,如此規定良知,當然不會為陽明所接受,但蕺山如此規定良知,連同上述彭山之說,則表現了從慎獨工夫所證之生命之深根以體悟良知之意義,此一理解良知之型態,可說是從「羞惡之義」來體認良知。於上段引文,蕺山說「予嘗謂好善惡惡是良知」,好善惡惡,即孟子所說的羞惡之心,「羞惡之心,義之端也。」就此而言,蕺山是從好惡之好必於善及惡必於惡以言良知,可以說是突顯良知之「義」相。此如同彭山之言龍惕。比較而言,蕺山之道德意識特強,更能顯出義道之莊嚴。蕺山對陽明、龍溪學說的不滿,亦可從偏重於智或偏重於義之不同來理解。

（四）蕺山雖說陽明之言良知是從孟子來,但又認為從知是非說良知,不合孟子從知愛知敬說良知之本義。蕺山此說近於羅近溪（羅汝芳,字惟德,號近溪,1515-1588）。蕺山云：

> 陽明子言良知,最有功於後學,然只是傳孟子教法,於《大學》之說終有分合。……「知善知惡」與「知愛知敬」相似而實不同。知愛知敬,知在愛敬之中;知善知惡,知在善惡之外。知在愛敬中,更無不愛不敬者以參之,是以謂之良知。知在善惡外,第取分別見,謂之良知所發則可,而已落第二義矣。[10]

---

[10] 〈良知說〉,《劉宗周全集》第二冊,〈語類十〉,頁 372。

蕺山本來便認為陽明之良知說是孟子學,而未能合《大學》原義。但即使如此,如上引文,蕺山又認為陽明所說之良知是從知善知惡處說,與孟子所言良知之原義仍有距離。蕺山此處「知在愛敬中」與「知在善惡外」之分別雖不甚恰當,但亦有其意義。本來依陽明,良知知善知惡,此知便是體,而此體便是價值判斷的標準所在。即此知便是善,而且是超越的善。若是,說良知之知善惡是知在善惡之外,是不恰當的。良知判斷經驗事物,或判斷自己發心動念之善惡,善則是之,惡則非之,可說良知是超越於經驗事物而下道德之判斷,良知是道德判斷之根據,並非可簡單地說在善惡之外。雖然蕺山此說於陽明學理解不恰當,但他要表達的是良知不能只是對善惡作客觀的判斷,而是要見善必好,見惡必惡,如上述蕺山要以好善惡惡來規定良知。此則是有意義的。用現代的術語來說,蕺山對從知善惡言良知,有將良知只看成認知性的主體,而不是可當下給出真正的道德行動的實踐之主體之疑慮。

蕺山認為孟子言良知,是從知愛知敬說的,若從此處說良知,則良知在愛敬中,此亦可說良知即是愛敬,或可依蕺山對意、知的區分,良知是在愛親敬長時之「自知」。總之,是以愛敬或孝弟之活動為主,以之收攝良知。此以孝弟、愛敬攝良知,或直接以良知即是孝弟之說,正是羅近溪所要強調的。這是近溪思想之主旨,近溪云:

> 知足該能,言知,則能自在其中。如下文孩提知愛其親、知敬其兄,既說知愛親知敬兄,則能愛親能敬兄,不待言矣。……陽明先生乘宋儒窮致事物之後,直指心體說個良知,極是有功不少。但其時止要解釋《大學》,而於孟子所言良知,卻未暇照管,故只單說個良知。而此說(按:此指孟子之言良知,亦即近溪本人的說法。)良知,則即人之愛親敬長處言之,其理便自實落,而工夫便好下手。且與孔子「仁者人也,親親為大」的宗旨毫髮不差,始是傳心真脈也。[11]

---

[11] 《近溪子明道錄》(臺北:廣文書局,1987年),卷四,頁169-170。

依此段，近溪雖亦肯定陽明言良知之功績，但認為良知之意義須以孟子為準，此即上文所說，從知愛知敬說良知。說知愛知敬，便涵能愛親敬兄。而如此說良知，則亦只是愛敬之活動，良知含於愛敬中；或如蕺山之思路，良知是於表現愛敬活動時之自知。而此時知是虛的，愛敬是實的。有愛敬方能知愛知敬，如是，便將良知收攝於孝弟之心之下。如此理解良知，當然與陽明原義不同，此不同之詮釋與規定，實表現了近溪之思想主旨。近溪續有以下之討論：

> 曰：「陽明說要致良知，則其意專重致字，原亦不止單說良知已也。」曰：「即〈良知〉本章，孟子亦自有說致的工夫處，原非格其不正以歸於正也。」曰：「如何見得是致的工夫？」曰：「致也者，直而養之，順而推之。所謂致其愛而愛焉，而事親極其孝，致其敬而敬焉，而事長極其弟，則其為父子兄弟足法，而人自法之，是親親以達孝，一家仁而一國皆興仁也；敬長以達弟，一家義而一國興義也。非所謂人人親其親、長其長而天下平耶？」

近溪認為《孟子》「良知」章之本文，已明白表示致良知之意，不必如陽明從「格其不正以歸於正」說。陽明所言之致知格物之工夫是「為善去惡」，亦即「格其不正以歸於正」。近溪認為孟子所云的「親親，仁也；敬長，義也。無他，達之天下也。」(〈盡心〉上)便是致良知。依此意，所謂致良知，便是擴充愛親敬長之心。此只須將孝弟「直而養之，順而推之」，並不須為善去惡、格不正以歸於正之對治工夫。此是近溪本著以知孝弟為良知、能孝弟為良能而推衍出之見解。此當然不能取代陽明之格物致知說，但由近溪此詮釋，可見他認為良知及致良知，須從知孝弟及將孝弟順而推之來理解，此可證他雖亦言良知之教，但其對良知之規定，並不同於陽明。

故近溪說良知，明白地表示須從知孝知弟上說。他認為從知孝知弟說良知，較為落實。近溪從赤子之心的自然愛親敬長、知孝知敬來規定

良知,而「孝弟也者,其為仁之本與」(《論語・學而》),故可以說他是由惻隱之仁來理解良知。近溪的其他思想見解,如從知愛知敬,而言大人與萬物為一體,由愛親敬兄所生之樂,以言天道之生生,見天地渾是一團生意,凡此皆是惻隱之仁呈現時之意義與境界。[12]故近溪是「歸本於仁」。他由惻隱之仁以規定良知,又回到了「以仁統四端」之傳統說法上。又近溪喜從赤子孝親之不學不慮而自然生發處,言神感神應,說此如天道之「莫之為而為,莫之致而至」。此亦可說是將龍溪所特重之「虛寂」、「虛無」之義,規範在孝弟之實踐上。此亦即將「虛無」規範於仁。龍溪與近溪都喜言聖人之化境,但有從「智」說與從「仁」說之不同。

由以上所述,可見陽明之言良知,雖不止於知而是以知統四端,但既是以知統,便不免偏重在以知體會本體,此於本體(心體)之內容涵義固有新的發明,但亦有偏重。故陽明後學,雖承陽明而言良知,但對良知的體會便不肯只在知上,或知是知非上,而自然地隨性之所近而將良知規定在惻隱之仁,或羞惡之義上。此一情況,亦在韓國儒學中出現。韓國朝鮮朝唯一的陽明學大家鄭齊斗(字士仰,號霞谷,1649-1736),亦是從惻隱來說良知,如云:

> 人身之能痛能癢者,即是良知良能也。無良知,是誰能痛能癢耶?惟其心體之知,自能痛能癢焉。既能痛能癢,斯能知其疾嚌之發焉。是一知而已,非有二也,此所謂仁理也。其痛焉者即知,其癢焉者即知,其惻隱焉者即知,其傷切焉者即知,是其知也即痛癢惻傷之謂耳,豈其於痛癢惻傷之外,別有一端所謂知之者更在於其後邪?[13]

---

[12] 詳見本書〈羅近溪思想的當代詮釋〉及〈羅近溪的道德形上學及對孟子思想的詮釋〉二文。
[13]《霞谷集》(收入《韓國文集叢刊》第 160 冊,首爾:景仁文化社,1997 年)卷一,〈書二〉,頁 20。

霞谷對陽明所言的心即理有恰當的理解，但他言良知，則從惻隱契入。我覺得這些現象，並不是偶然的，言本心良知，並不能太偏重四端的某一端上說。本心涵義無窮，從某一端上說，總有不盡。既有不盡，則對良知之講述，便有不同之型態。

二、鄒東廓及朱子的思想型態

（一）以上論述了從智、義、仁三方面契悟良知。既有此諸型態，按理，亦應有從禮或恭敬之心契入良知之型態。與王龍溪、錢緒山同為陽明嫡傳之鄒東廓（鄒守益，字謙之，1491-1562），以戒懼為講學宗旨，他既主戒懼，又強調敬，似乎便是從禮敬來看良知，如云：「不睹不聞是指良知本體，戒慎恐懼所以致良知也。良知一也，自其無昏昧謂之覺；自其無放逸，謂之戒懼。自其無加損謂之平等。」（〈答曾弘之〉，《東廓鄒先生文集》卷五。）「聖門要旨只在修己以敬。敬也者良知之精明而不雜以塵俗也。戒慎恐懼，常精常明，則出門如賓，承事如祭。」（〈簡胡鹿崖巨卿〉，同上。）[14]東廓此等語甚多，他明顯地是從心之恭敬處來體會良知。東廓是由戒懼主敬而生之心體精明來規定良知，此表示由恭敬而使生命警醒振作，是可產生「精明」的，故良知之明，可由敬發。東廓云：

> 戒懼之功，是聖門兢兢業業一派源流。自戒懼之精明為知，自戒懼之流貫為行。自戒懼之凝定為敬，自戒懼之裁制為義，名目雖異，工夫則一。[15]

---

[14] 本文所引鄒東廓文獻，見《東廓鄒先生文集》（《四庫全書存目叢書》集部第65冊〔臺南：莊嚴文化，1997年〕及《東廓鄒先生遺稿》〔臺北國家圖書館館藏微卷〕）。參考朱湘鈺：《平實道中啟新局──江右三子良知學研究》第二章〈鄒東廓的戒懼之學〉。

[15] 〈答李南屏〉（二），《東廓鄒先生遺稿》卷五。

「戒懼之精明為知」等數句，是將良知、敬、義等收攝於戒懼上，以戒懼為體。如此言良知，確是另闢蹊徑的。東廓特重戒懼，又強調敬，他對於道德心的恭敬一面，應特有體悟。東廓又云：

> 良知之明也，譬諸鏡然。廓然精明，萬象畢照，初無不足之患，所患者未能明耳。好問好察以用中也，誦詩讀書以尚友也，前言往行以蓄德也，皆磨鏡以求明之功也。及其明也，只是原初明也，非合天下古今之明而增益之也。[16]

> 戒懼勿離，時時操存，時時呈露。若須臾不存，便失所止。故大學中庸論有詳略，而慎獨一脈炯然無異。不提而省，是縱誕之說也。[17]

上段言良知之明，須由好問好察，多識前言往行，讀書尚友以明之。後段言須時時用戒懼工夫，若不先用戒懼慎獨工夫，而謂可「不提而省」，便是放縱誕妄之說。按此明是批評主張本體自然，良知現成之論。東廓亦強調慎獨，似彭山及戢山，但他應是從恭敬之心處說，而非從羞惡之義上說。東廓相當重視以禮儀對治現實生命之工夫，如云：

> 年來學者大患，非溺於自畫，則勇於自是。自畫者以堯堯為不能，而甘以一善成名。自是者未濯未暴，而冒認之，雖高下不同，其違於堯堯均也！聖門切磋琢磨，瑟僴赫喧，是何等切實，何等慎密！故夔夔恂慄，更無滲漏，棣棣威儀，更無疎放，三千三百，發育峻極。不是枝節點檢，不是懸空担當，方是肫肫堯堯，天德王道之學。故不能齋戒而謂神明其德，不能小心翼翼而謂昭事上

---

[16] 〈復夏太僕敦夫〉，《東廓鄒先生文集》卷五。

[17] 〈寄孫德涵、德溥〉，《東廓鄒先生遺稿》卷六。

帝,皆夢說也。[18]

　　此段既強調戒懼工夫之重要,又強調禮儀規矩之作用。此可以重恭敬來契入道德心之意來解釋。心存恭敬者自然於己不敢懈怠,於人不敢無禮。如是而在對己對人方面,會有訂定種種禮儀之要求,故禮儀三百、威儀三千,都是恭敬之心求以開出的。所謂「同則相親,異則相敬」,「禮以別異,樂以和同」。(〈樂記〉)見人我之分別,而思恰當地對應之,這是敬心生起之機緣。有三百三千之禮文分別,才能曲盡吾人對於不同於自己者的敬意。此與由惻隱悟本心良知,而重人我、物我一體者不同。雖不同,應都是道德心之真切要求。此對三百三千的強調,在《東廓集》中,是屢屢見到的。此可證東廓確是從恭敬體悟良知。東廓此義,實可與朱子作仔細之比較,而主敬之說,亦是本心該有,而須顯發之義。

　　由上文對陽明之後良知學之發展及演變之分析,可見單從某一端來論良知,是不能盡良知之涵義的。對良知或道德心,人隨其性情所近及體悟之不同,可各有偏重的看法,雖各有偏重,但並不能說有對錯。在思想發展過程中,或許會因學者依其體會而於良知或道德心之某一義加以強調,於其他義有所忽略,便導致流弊。而為修正、挽救其流弊,遂有人強調另一義。但這並不表示良知之諸義有其客觀上之長短高下。為針對流弊固可特別提倡另一義,但此另一義亦只是「偏義」,亦可能引致流弊也。故與其對所謂的「王學末流」加以渲染,大加批評;不如將其看作為義理思想之漸次發展,合前後學者的不同看法,而見一整體而全面之義理。

　　(二)若上文所說的自王陽明倡良知後,其後學分從仁、義、禮、智四端體會良知之說是恰當的,而其中亦可有由恭敬之心體會良知一型態;則特別重視敬,又重視博文約禮、下學上達的朱子,是否亦可屬於此由敬體會良知之型態呢?既然由恭敬戒懼可契入良知心體,由敬可見

---

[18] 〈簡湛甘泉先生〉(二),《東廓鄒先生遺稿》卷五。

心體之精明,而朱子如此重視敬,從他言敬處,是否亦涵於此可見「心體」,及對由敬而生之心之精明,視為良心呈現之說呢?固然依牟宗三先生對朱子思想之分析,朱子屬理氣二分,心性情三分之型態,心是氣心,心可統性情,但心不即是理。這些對朱子思想理論的衡定,當然是不易動搖的。但由上述,鄒東廓確從戒懼及敬來體悟良知,他的一些見解,是很接近朱子的。他要以戒懼、恭敬為先,認為必先有此工夫,心體之明方可呈現。他雖服膺王學,但其言工夫,亦是先從現實的心下手,重禮文之約身,「逆覺體證」之義並不顯。又重禮儀三百、威儀三千。此更近於朱子。鄒東廓在陽明門下有相當崇高的地位,他對陽明所說之良知及心即理義應當有深刻的理解,不會歧出。故吾人似可作如此推論,在肯定心即理,及良知即天理之陽明學中,若從恭敬處契入良知,則其對良知之體會,及工夫之說法,仍是會與朱子之說相近的。若是如此,則朱子之所以會與陸王之學不同,所以會有心、理為二等說,亦可能是由於朱子重敬,由敬契入道德心之故。若是則朱、陸(王)之不同,很可能是由契入道德心之角度不同,而產生的不同之義理型態。

朱子重敬,以敬為成德之教最為關鍵的工夫,這是眾所周知的。如云:

> 蓋吾聞之,敬之一字,聖學所以成始而成終者也。為小學者,不由乎此,固無以涵養本原,而謹夫灑掃應對進退之節,與夫六藝之教。為大學者,不由乎此,亦無以開發聰明,進德脩業,而致夫明德新民之功也。是以程子發明格物之道,而必以是為說焉。不幸過時而後學者,誠能用力於此,以進乎大,而不害兼補乎其小,則其所以進者,將不患於無本而不能自達矣。其或摧頹已甚,而不足以有所兼,則其所以固其肌膚之會,筋骸之束,而養其良知良能之本者,亦可以得之於此,而不患其失之於前也。[19]

---

[19] 朱熹:〈大學或問〉,《四書或問》(上海:上海古籍出版社,2001年),頁2。

此言敬是小學、大學都需致力的工夫，是聖學成始成終之道。且敬之工夫，當下可作，雖以前未作此工夫，現在用功，亦未為晚。此即表示持敬之工夫是隨時可作，亦馬上有功效的。而朱子此段文亦涵持敬固然須從灑掃應對作起，但其作用不止於端正外表容貌，實可開發聰明；及工夫用於形體上，可固其肌膚，束其筋骸，又可進而涵養人之良知、良能之意。而若要致知格物，即物以窮理，亦須以敬為根據，故朱子引程伊川「未有致知不在敬者」之意為證。由上述可見，依朱子對敬之理解，持敬之道，是可統小大，通內外，為人人可行，亦隨時可行者。朱子續有以下之討論：

> 曰：敬之所以為學之始者然矣，其所以為學之終也，奈何？曰：敬者，一心之主宰，而萬事之本根也。知其所以用力之方，則知小學之不能無賴於此以為始；知小學之賴此以始，則夫大學之不能無賴乎此以為終者，可以一以貫之而無疑矣。蓋此心既立，而由是格物致知以盡事物之理，則所謂尊德性而道問學，由是誠意正心以脩其身，則所謂先立其大者而小者不能奪，由是齊家治國以及乎天下，則所謂脩己以安百姓，篤恭而天下平。是皆未始一日而離乎敬也，然則敬之一字，豈非聖學始終之要也哉？[20]

朱子於此段強調敬不只是為學之始之工夫，而亦是成終之工夫。因格物窮理必以敬為根據，而修齊治平亦不能離乎敬。當然朱子此處認為敬是立大本之道，此說是否合於孟子本義？又認為正心誠意亦以敬為本，此似是以誠意為未足，而要補上敬之工夫，如後來陽明所批評者。[21]此皆是須討論之問題，但由此引文，可以明白見到朱子對敬之重視。由朱子對敬如此的重視，認為是聖學的首要工夫，則說朱子是由敬契入道德

---

[20] 同上，頁 2-3。

[21] 見《傳習錄》卷一，「蔡希淵問」一段。

心,似非無據。

而朱子之言敬,亦應是將敬視為道德之情,由此而可引發道德實踐,這亦應無疑義。固然依朱子理氣二分,心性情三分的理論之規定,恭敬是屬於情,而不是理,性理在朱子,如牟先生所說,是「存有而不活動」的。若依此區分,則若以持敬為先行之工夫,而不先之以格物窮理,則此時之敬,未必是道德之情,即此敬情,只是要心意集中,精神專一的工夫,未必是由意識到道德法則而引發的。若是則此持敬,並不保證人可由此契入道德性,引發其具道德價值之行為。但言敬,依傳統之說法,當然是道德之情。《書經》所言之敬及敬德,是由憂患意識所生之反求諸己,以愛民而祈天永命之寅畏之情。孔子言「居處恭,執事敬」,又以「出門如見大賓,使民如承大祭」言仁,孟子更直接以恭敬之心為本心四端之一。依此言敬之傳統,敬當然是道德之情。朱子言敬,當亦是預設此傳統之涵義者。

朱子本人,其道德意識是極強者,雖然於心即理之義不能肯定。不肯定心即理,則道德法則為意志之自我立法,即康德所言之道德是「意志之自律」義,在朱子是不能說的。但對於道德法則之無條件性,道德為依無條件之律令而行之義,朱子則有充分之理解。朱子嚴辨公私、義利、王霸,強調存天理去人欲,又與陳同甫爭論漢唐,認為不能以事功之成就等同於道德。凡此皆表示朱子對道德之無條件性,及道德之存心本身便有絕對之價值之義,是有深切入微之體悟者。在此一角度下,吾人認為,朱子之言敬,亦可以如康德之言尊敬般,是由意識到道德法則之無條件性,及法則要人不顧其感性之要求,須直下依理而行,所生之情感。[22]康德言尊敬,亦如朱子般,以為是情,而不是理性,亦不是法則本身。但此尊敬之情,是由於意識到法則而生發的,故是以理性為根據之情,而由此尊敬,可使人接近道德法則,產生合理之行為。依康德,尊敬之情是當人意識到道德法則之無條件的律令而生的,此中,道德律

---

[22] 康德之說,見康德:《實踐理性底批判》第一部,卷一,第三章。

令之無條件性是要點,而意志之自律義,雖與無條件之律令意義是相連的,但對於引發道德之情而言,似並不是要點所在。即由法則為無條件之律令,進一步固可推至道德法則為意志之自我立法,再由此可悟一自我立法之意志為自由的意志。此一步步之分析是很自然的,但尊敬之情之產生,只須了解道德法則為無條件者,便可以了,並不必須知心即理,及肯定此即理之心可當下呈現。在康德,能自立道德法則之自由意志,亦只能是設準,而不能是呈現。其言法則作用於主體而生敬,此一受法則所影響之主體,仍是就現實的意念而言。

若上說不誤,以朱子對道德法則之無條件性體會之真切,則由對法則之意識,受法則之影響而生敬,當然是很可能的。由是吾人可說朱子所言之敬,是道德的情感。如果其言之敬確是道德情感,則由敬入手,當然是可以了解道德性,及道德生命之內容者。如上文所述,陽明由良知言本心,自然有對惻隱、羞惡等義之了解。而陽明之弟子及後學,對良知之規定,可由好善惡惡(如戢山),或由知孝弟而至之一體之仁(如近溪),及由恭敬而生之精明(如東廓)來說。可知不論從本心那一端契入,都可以通到其他諸德。若是,則朱子由敬契入,以持敬為工夫,當亦可以體悟道德性之其他內容,通至其他諸德,如是則朱子視持敬為聖學之切要工夫,亦非不合理。

若持敬可契入道德性、道德生命之內容,則朱子此一理論及工夫教法,於內聖成德之教來說,亦是一可有及應有之說。而由朱子之重敬,對於作為本心一端之恭敬之內容,亦得一明白而詳細的展示。即通過朱子,確立了儒家重恭敬這一義理型態,彰明了恭敬之心之道德涵義。

朱子學與陽明學的會通

　　朱子與陽明在宋明理學中是分屬不同的義理型態,據牟宗三先生的分判,他們是宋明儒三系中的兩大系。牟先生認為,象山、陽明系與五峰、蕺山系是可以相通的兩個型態,此二系是同一圓圈的兩個來往,故是宋明儒的大宗;而伊川、朱子則為宋明儒中的別子。程、朱與陸、王、胡、劉有橫攝與直貫的分別,依此分判,二者是不能融通的。[1]

　　學界當然也有探索朱、王二系統是否有可以融通的可能,但主要的作法是就朱子的心性理氣論可以與陽明的理論相通上著手,如唐君毅先生認為朱子與象山或陽明的第一義之不同,並非在於本體論上心與理為一為二之問題,而是在於工夫論之不同。[2]又有學者認為朱子所說的心除了是思慮見聞之外,還有道德本體之心之義,可以與陸、王言心相通。[3]這些見解雖可參考,但朱子論心與陽明、象山所說的良知、本心確有不同,從此處求其會通,是很困難的。心即理與心不即理,及工夫論上的格物窮理與明本心、致良知的分別,確如牟先生所說的有逆覺與順取之不同,故二系的義理的型態有明顯的不同,不易和會。我現在希望從朱子與陽明的學說都是有針對「自然的辯證」的問題,而給出思考,以求解決此一德性實踐者所會產生的生命問題來看,此二系是否可理解為對同一問題的不同解決方式。而如果可以這樣看,則伊川、朱子系與象山、陽明系便可以看作是殊途同歸的理論,二者可以相通,或互相補足。

---

[1] 牟宗三:《心體與性體》第一冊(臺北:正中書局,1968年5月),綜論,頁42-60。

[2] 唐君毅:《中國哲學原論・原性篇》(香港:新亞書院研究所,1968年),附編〈朱陸異同探源〉,頁531-536。

[3] 金春峰:《朱子哲學思想》(臺北:東大圖書公司,1998年),頁41。

一、從伊川、朱子之區別「常知」與「真知」說起

程伊川有「常知」與「真知」的區分，此是他很有名的講法。[4]從伊川此一說法，雖不足證他所言之心有本心、心為心即理之心之義，但可以看出伊川是肯定人人對於何謂道德、何謂義務都是有了解的，只是這種了解是初步的，不一定能貫徹成為真正的道德實踐。而所謂人人都有對德性的了解，應該是就道德行為是無條件的，只是為所應為，不能因著別的目的而從事之義上說，此一意思是每個人很容易知道的。伊川所說的「常知」應該就此義而言。此一對道德意義的了解，不需要通過經驗的認識，人只需要反省一下行為的動機，就可以給出是道德或不道德的判斷，而這種判斷是非常明白而無錯誤的。如果伊川所說的「常知」不就此意而言，便很難索解。因為若是從經驗上認知才可以理解何謂道德，則「常知」一詞所涵的「人人對道德都有了解」之意，就不能成立了。伊川有「德性之知不假見聞」[5]之語，可以與「常知」關聯在一起來看。由此可證伊川是肯定一般人對道德之意義，本來便有了解的。

一般人對道德雖有了解，但那只是「常知」，要從「常知」進到「真知」，才可以由知德貫徹為行動，而產生真正的道德實踐。伊川舉例說曾親見遭遇過老虎傷害的農夫，談虎而色變。該農夫是真知老虎的可

---

[4]「真知與常知異，……若虎能傷人，雖三尺童子莫不知之，然未嘗真知。……若真知，決不為矣。」（《二程遺書》卷一），《二程集》（北京：中華書局，2004年2月），頁16。此段未標明是誰的話。而在《河南程氏遺書》，卷十五載有「昔若經傷於虎者，他人語虎，則雖三尺童子，皆知虎之可畏，終不似曾經傷者，神色懾懼，至誠畏之，是實見得也。得之於心，是謂有德，不待勉強，然學者則需勉強。古人有捐軀隕命者，若不實見得，則烏能如此？須是實見得生不重於義，生不安於死也。固有殺身成仁者，只是成就一箇是而已。」此段見於《二程遺書》卷十五，「伊川先生語一」，應是伊川的講法；但該卷前有小註云：「或云：明道先生語」。故此段也有可能是明道語。但在《二程遺書》卷十八（伊川先生語四）載：「向親見一人曾為虎所傷，因言及虎，神色便變，……蓋真知虎者也。」（頁188）據此可見以「談虎色變為真知」，確定為伊川的說法。

[5]《二程遺書》卷二十五，《二程集》，頁317。

怕，而假如從事道德實踐的人真知道德性理的意義，那便會見善必為，見不善如探湯，即便能無例外地行所當行。依此說，伊川持敬窮理的工夫，是在對道德法則有基本了解的「常知」的情況下，作進一步的了解；而不是原來對道德性理毫無了解，希望通過致知格物來明理。伊川是要從對道德的一般理解而作更進一步的深化，不能因為他主張須由窮理而達至真知，便被批評為完全依靠後天的經驗認識來理解道德之理。同樣地，在朱子的學說裡，「常知」與「真知」的區分，及順著「常知」而進一步達到對於理的真切了解，是常見的說法。如朱子《大學》「格致補傳」謂「因其已知之理而益窮之，以求至乎其極」，此涵對道德性理的意義是人本來便知道的之意；而朱子對《大學》所說的「明德」註云：「明德者，人之所得乎天，而虛靈不昧，以具眾理而應萬事者也。」[6] 他所理解的明德，應是就人心對德性本來就具備之義上說，此亦涵人心對道德之理本來就有了解[7]。此一意思，朱子是常常提到的。因此我們可以對所謂「因其已知之理而益窮之」理解為：朱子肯定對於道德法則的了解，是人人都有的。一般人即使在經驗知識方面十分貧乏，但一旦討論到道德問題，都可以給出明確的判斷，人對於真正的為善必須出於純粹的存心之義是有了解的，對於行動的存心究竟是有條件的或無條件的，一般人也很容易分辨。此如王船山所說「愚夫愚婦是至愚而又至神」[8]，所謂「至神」當然是就對行為是否有道德意義，可以給出明確分判而言。對於此一般人都能了解何謂道德的事實，伊川與朱子應該是肯定的。如果肯定此，又以此為格物窮理的起點，則以為伊川、朱子是意志底他律的倫理學，或是用講知識的方式來講道德，恐怕非伊川、朱子原意。

---

[6] 《大學章句》在「明明德」朱子註語，《四書章句集註》，頁3。

[7] 關於「明德」究竟是心或是性？是需要詳細討論的，本文暫不能及。

[8] 轉引自牟宗三先生：《中國哲學十九講・第八講》（臺北：臺灣學生書局，1991年）。

二、所以要由「常知」進到「真知」之故

如果伊川、朱子肯定關於道德,一般人都有「常知」的了解,則何以他們不像象山、陽明所主張的,當下本著道德本心或知是知非的良知而擴充出去,承體起用,直接生起道德的行為,而要繞出去從事格物窮理的工夫,希望對道德法則作進一步的了解?牟先生便根據此義來判定伊川、朱子是橫攝的系統,而陸、王(也包括五峰、蕺山)的發明本心,當下致良知是為「逆覺體證」的系統,而牟先生認為只有「逆覺體證」的工夫才能讓道德之理當下呈現於人,而挺立人的道德主體,而此才是恰當的了解道德之理的途徑。如果把道德之理當作外在的對象,通過認識、分辨來探索,便是把理當作知識的對象,此時心是認識的心,而理成為靜態、只存有而不活動之理。依著這種了解,伊川、朱子因為主張心理為二,不能當下體證本心,故需從事對事事物物的了解來理解道德之理。而程、朱此一作法是以講知識的方式來講道德。

但根據上文所說,伊川、朱子對道德法則是有了解的,而且肯定這種了解是人人都有的,則對於他們所以要主張格物窮理的工夫,就需要有另外的說明,不能只因為用格物窮理的方式來了解道德法則,便被理解為視理為外在的對象,為本不知何謂理,要從然追溯所以然,或以存有論的圓滿來規定道德。案以存有論的圓滿概念來規定善,是在對道德之理沒有了解或沒有常知之情況下,希望通過對何謂「圓滿」的探究,來了解善。如果以此義理型態來了解伊川、朱子,便不合於他們對理有「常知」的肯定,故用「以存有論的圓滿來規定善之他律型態」來詮釋程、朱應該是不恰當的。但如上文所說,如果是對理有常知,何以不本著此「常知」而承體起用,作擴充的工夫,而要去格物窮理呢?這裡可以引入康德「自然之辯證」之說來作說明。關於此問題,我已經有幾篇

論文討論，不擬詳說，只略說大意。[9]康德認為，在人對道德法則或義務有了解時，便會產生感性的反彈，使此本有的德性之知變成曖昧不明。此中感性的反彈，是很關鍵的。人在知道道德的行動必須單純因為該行而行，是理所當然之故，即道德的行動是完全由理性直接決定的，不能夾雜其他的原因或考慮。在這種情況下，人的感性欲望或求幸福的要求，是完全沒有地位的。此一只由理性直接決定，完全不考慮感性的要求的情況，便引發了感性性好的反彈。人的感性性好之要求滿足，或人追求其人生的幸福，也是很合理的；但在人自覺要實踐道德時，感性的性好卻完全不被承認，或甚至遭受藐視，於是在理性顯示其實踐的作用時（理性成為實踐的時），感性性好便會產生反彈，質疑這種純粹的依理而行，直接由理性決定的作法或要求，是否合理。人一旦遭遇到感性性好的反彈，便會使原來清楚明白的、要無條件的行所當行才是道德的行為此一理性之事實，或可說是不由經驗而有的德性之知，變成曖昧不明，甚至懷疑是否真有這種理性的事實，或德性之知的存在。於是便從無條件的實踐，轉成為有條件的行動，即會因為遷就感性的欲求，而為了其他的目的來從事道德行為，如藉道德的善行來謀取個人的私利。這種因感性性好的反彈而產生的行動之存心的滑轉、自欺，康德名之曰「自然的辯證」[10]。

康德此一說法，正好給出了伊川、朱子何以要由「常知」進到「真知」的理由，即是說，只依靠人人本有的對道德的一般了解是不夠的。所謂的「不夠」並不是說人對於何謂道德的了解有問題，一般人對道德的「常知」的了解是很準確的，是沒有錯誤的；但由於這種對道德的了解，或要求理性直接成為實踐的，而不能摻雜其他的要求之說，會因為

---

[9] 請參考拙著：〈程伊川、朱子『真知』說新詮──從康德道德哲學的觀點看〉（臺灣東亞文明研究學刊，第 8 卷第 2 期，2011 年 12 月），頁 177-203。

[10] 牟宗三譯註：《道德底形上學之基本原則》，第一節，《康德的道德哲學》（牟宗三先生全集，第十五冊，臺北：聯經出版公司，2003 年），頁 33-34。

感性的反彈而造成自我懷疑、曖昧不明。對於何謂道德的了解，雖然是人人都清楚，但在這清楚了解的地方，就產生了感性性好的反彈、質疑。這可說是自己對自己的質疑。順著感性性好的要求，而對於自己這種本有的、甚為清楚的，當該單只以道德理性作為實踐動力，完全不可以考慮其他的想法，產生了自我懷疑。順此懷疑，而使自己本來是為所當為的無條件的實踐，漸轉而為有條件的，或甚至以為善作為工具以遂其私。此是人的道德之惡所以會產生的原因。此一道德之惡的產生，對於人似乎是不能避免的，因為人不能沒有感性，不能不受感性的影響。如果不克服此一生命實踐上的問題，人是不可能真正的、長期的實踐道德。對於此一普遍的、人人都會遇到的實踐上的困境，據康德的說法，只有從對道德法則的一般理解進至哲學的理解，才能克服。[11] 所謂對道德作哲學的理解，即是康德所謂的實踐哲學，此是把「常知」中的道德的純粹意義、道德法則抽出來，而作明白的分析。康德又有「道德形上學」之說，此即對道德作形上學的解釋，如說明道德的律令是無條件的律令，道德法則是先驗的，其價值不依於行動的任何結果，而內在於依無條件的律令而行的行動本身。道德行動的價值並非世間的幸福、功利所能比擬等。明白了這些道德本身的意義，才能克服「自然的辯證」。即是說，依康德，對道德法則或道德性本身作思辨的、哲學的分析，以充分展現其本義，對於克服因著知德而引發的感性性好的反彈，此一問題之解決，是有必要的。康德此說甚有理據，他此說表明了在人的道德意識之生發處就是惡的力量藉以起用處，此意非常深微，確實對人性有深刻的洞見。

依康德此一思考，伊川所強調的從「常知」到「真知」，或朱子所重視的「因其已知之理而益窮之，以求至乎其極」之工夫是有必要的。伊川、朱子確是看到對道德的初步了解，所謂「常知」是不可靠的，他們對於由道德的常知會引發感性的反彈，應是有了解的。以上說明了，

---

[11] 同上註，頁 34。

雖然肯定了人對道德法則本有所知，但不能據此便不要求對道德進一步求知。而要對道德之理作進一步的了解，以求真知，並不表示對道德之理本來是無所知的。故主張通過格物致知，而對道德作真正的了解，並不必是心理截然為二的型態。即在要求對道德之理作進一步了解的時候，可以是把心中本知之理抽象出來，對之作哲學性的思辨工夫，而希望對理本身有充分的了解。而這種對道德之理的思辨的、哲學的理解，如果是可以將道德行動所根據的道德之理之意義，作充分的展示，便可以讓人明白到道德行動的價值是自足而無待於外的，甚至是絕對的。則在感性反彈而產生對德性懷疑時，就可以給出消解、對治的作用；於是由進一步透徹地知善、明善而消除自欺，這便是由明善而誠身（《中庸》語），而《大學》所說的「欲誠其意者，先致其知」，也可以得到一順當的解釋。依此義，程、朱之所以要講「格物窮理」，便是要克服因為知德而產生的自然的辨證。由此我們可以了解朱子何以批評象山，謂象山不知氣稟之複雜的緣故。朱子對於人在知德的同時，會引發對道德的懷疑；在知善的同時，內心會產生暗中不想為善的想法，是有了解的，[12]故強調致知對於誠意的重要性。而對此一生命現象的了解，也成為朱子依循《大學》的實踐次序，強調以致知為誠意的先決條件之理由。如此理解也可以回答陽明對朱子的批評。陽明曾質問，縱使格得天下之物之理，又如何能誠得了自家之意？[13]陽明認為誠意是當下在意念上作去妄存誠的工夫，就可以達到目的之事，而去妄存誠，靠的是自己良知的力量，並不能繞出去，希望通過對事物之理的了解來誠意。但如果按照上

---

[12] 朱子曰：「自欺是箇半知半不知底人。知道善我所當為，卻又不十分為善；知道惡不可作，卻又是自家所愛，舍他不得，這便是自欺。」《朱子語類》卷十六，頁 327-328。又《朱子語類》所載〈誠意章〉之舊註云：「人莫不知之當為，然知之不切，則其心之所發，必有陰在於惡而陽為善以自欺者。故欲誠其意者無他，亦曰禁止乎此而已矣。」《朱子語類》卷十六，頁 336。此段舊註雖後來不為朱子所取，但其中所說確明白表示要為善時會產生感性的反彈之意。

[13] 陽明曰：「先儒解格物為格天下之物，天下之物如何格得？且謂一草一木亦皆有理，今如何去格？縱格得草木來，如何反來誠得自家意？」（《傳習錄》下）

文的理解，進一步的明理是可以對治在知理時引發的內心之不誠，則格物致知以明理的工夫對於誠意，也確有其必要。

三、從「自然之辯證」看朱、王會通之道

據上文所說，對道德的「常知」之所以不可靠，是因為知德的同時便產生了對道德的懷疑。如果這是人實踐道德時的普遍現象，則不肯安於對於道德的一般的了解，而要求得「真知」，是很合理的想法。這是因為在知德的同時有感性的反彈加進來，如果承認或正視此在知德時引發感性反彈之事實，則不能說要以「格物窮理」來深化對道德之理的認識，是繞出去作於道德實踐為不相干之事。如上文所說，陽明對朱子的批評，認為朱子是求理於外，此一批評也不能真正反對伊川、朱子之說。反過來說，於良知之生發呈現處，用致良知之工夫確是洞見本源，生發真正之實踐的作法；但於良知之呈現處，依上述，亦應有感性之反彈產生。因良知是知是知非，知善知惡的，知善便應有感性之反彈生起。對此王學亦應有體會，及思有以對治之。我認為陽明的「四句教」所以會以「無善無惡心之體」為第一句；王龍溪所以強調「四無說」，認為心、意、知、物要以「無心」來渾化；而周海門在「九諦九解」的論辯所以會說無善之善方是至善，而了解此「至善」是最重要工夫之故。陽明學這些理論的發展，其實可以從回應此「自然的辯證」的問題來理解。以下大略論述其中的涵義。

陽明論良知也有深淺良知的分別，認為要從淺淺的良知進至較深知良知，即就良知而言，亦可有常知與真知之分；此意雖不見於通行本的《傳習錄》，但也應是陽明及陽明弟子意識到的問題。[14]陸、王所言之本心良知當然就是心體，知即是理；與程、朱言心對於理的知，當然可以

---

[14] 見後文註 16 所引。

作嚴格的分析,程、朱所說的「心知理」之「知」並非實體性的本心,但此處未必是需要嚴格分辨的關鍵問題。上文論述的重點在於對於道德作為無條件的、理所當然的行動之認知,會引發感性的反彈,在這個問題上,若能證明程、朱對於德性的了解有所謂常知之肯定,就可以說明問題。陽明所說的良知雖然是實體性的本心,體證此一本體雖然可以湧現相應於道德法則而起的道德行為,但即於良知之起處,便亦可有感性性好之反彈,即在這個時候也當該會面對從無條件的實踐要求而引發的感性反彈,故陽明言良知,重「致」的工夫,又強調「知行合一」。即強調良知本具實踐之動力,而若致良知而湧現實踐的動力,是當該可以克服感性性好的反彈者。從暢通行動實踐的源頭著力,當然是可以克服隨著軀殼起念而來的對實踐的阻力。故在強調良知必須往前致,知必須要在行動中完成的重實踐的說法下,似乎是不需要討論上面所說的「自然的辯證」的問題。但從陽明所說的「四句教」會以「無善無惡」為首句,及龍溪展開了良知呈現時的自然而然,心、意、知、物都在無心的意義下通而為一之義,也可以看到上述的問題。我認為從「無善無惡」來說心體,除了牟先生所說的心體是絕對的至善,其為善是超越於相對比較的善惡一義外,還有自然而然、為善而不自以為是善之義,而且此後一義可能比較重要。從心體的超越於相對的善惡而為至善來理解「無善無惡心之體」,固然表示了心體是至善,是超越於一般善惡判斷之上;但還是捨不下「善」,與「四無說」所說的「惡固本無,善亦不可得而有」之言不相類。可能陽明、龍溪所說的「無善無惡」是偏重在牟先生所說的「作用層的無心」之義上,對於存有層上的「有」之義比較不重視。後來周海門與許敬菴作「九諦九解」的論辯,周海門即完全強調「作用層的無」的意義,他說「無善無惡,即為善去惡而無迹;而為善去惡,悟無善無惡而始真」(《明儒學案》卷三十六),我認為他們這些說法,正是面對或試圖解決「自然的辯證」的問題。如上文所述,所謂「自然的辯證」是在知道德性行為的無條件性而引發感性的反彈,問題是出在對於德性之善或對道德法則的意義有了解之處,因為知道了道德的無條

件性,而使得人自己的感性欲求感到受打壓,而起反彈,故為善而如果不以為是善,則這種因明善而來的反彈應該就能避免。如果從這個角度來思考,陽明、龍溪以至周海門的以「無」來形容心體,應該便是避免突顯本體之善,以免因善惡的對比而產生上述生命的毛病。這有點像《老子》所說的「天下皆知美之為美,斯惡矣;皆知善之為善,斯不善矣。」之意,而如果能為善又不自以為是善,則是最高層次的道德實踐,能達到這個境界是需要有絕大工夫的。從這個角度看可以了解龍溪「四無說」所謂「從無處立根基」之義,即他要人體悟一至善無善的本體,即不只是體悟一超越的至善本體,而是進一步連「至善之善」也要放下,如此才能讓真正的心體自由活潑地如如呈現。周海門的〈九解〉說明不能捨棄善的道德實踐,是會引生很大毛病的,他舉東漢末年黨錮之禍為例,認為正人君子每每自以為善,激化兩派的鬥爭。周海門此說其實是借古諷今,批評了當時的東林黨人。固然東林黨人之忠孝節義令人敬佩,但天下間自以為善的人所作為者,往往產生惡事,是屢見不鮮的,而且其所造成之禍害未必比小人的為輕,周海門說:「學問不力之人,病在有惡而閉藏;學問有力之人,患在有善而執著」[15],此處表示了為善之人如果不捨掉其善,或會在自以為善的情況下肆行自己的惡,周海門此義表達了為善執著的問題,但其實可以加上「自然的辯證」來說明之。即是說,在知善的同時,會引發感性的反彈,會在為善的表象下暗中滿足自己感性的欲求,即在好善的同時,很可能好名、好利及滿足各種感性欲求的欲望,是很熾熱強烈的,因感性受到壓抑而反彈之故。在此時如果不加省察,很容易有藉為善而行其自私的欲求的危機。我認為陽明門下所以那麼強調「無善」或以無為體的意義,其理由也在於此。周海門便用此義來解釋《中庸》所說的「明善誠身」之旨,他認為如果要明白的是一般所謂的善,並不困難;何以《中庸》會說明善才能誠身,以明

---

[15] 《明儒學案》卷三十六,又見周汝登:《東越證學錄》(臺北:文海出版社)卷一,〈南都會語〉。

善作為最後的工夫呢?所以他認為此善當該是「無善之善」,即既知道德天理之為善,又進一層覺悟到此天理自然,無善可名,要明白這更高層次的善,非要對良知本體作最精微的體悟不可。周海門此一分辨也略同於程伊川的要從「常知」進到「真知」之說。

如果以上的詮釋是可通的,則陽明、龍溪及周海門強調從「無」來體悟良知本體,是很切於道德實踐的,不能說是「虛玄而蕩」,如果一定要說這是往虛玄處發展,則吾人可說此虛玄是不可避免的。這是面對從事道德實踐時會發生的深微的生命毛病,而起的對治工夫,必須要達至「無善之善」的體會,才可以克服因明善而引發的感性反彈。

以上是藉康德所說的「自然的辯證」問題,說明程、朱與陸、王二系的工夫論,都可以此問題為核心來理解。伊川、朱子的不止於對道德法則的初步了解,而要進一步通過「格物致知」來達到真知,此一作法如果是為了克服「自然的辯證」來作的工夫,則程、朱所主張的「格物窮理」是有必要的。吾人不能根據「意志自律」義認為理即心,於是主張不必把理當作認知對象來進一步求理解,而以「格物窮理」的為歧出。又程、朱都肯定人對於道德之理本有了解,故不能說明理的工夫是求理於外,心與理為二,心、理不能湊泊。對於道德之理的了解,依伊川之說是雖然三尺童子都能知道的,而根據伊川、朱子對於道德之理的分析,也可證他們對道德之理之為無條件律令是有了解的。引入康德的說法,應該可以證成伊川、朱子「格物窮理」的工夫論對於以成聖為目標的儒家成德之教是可行的工夫。

在陸、王心學方面,本心良知固然是實體性的本心,體證此本體當然可以承體起用,當下有直貫創生的道德實踐的大用,而使實踐成為當下可行的易簡之事,似乎不需要如伊川、朱子作曲折的學問思辨工夫;但從陽明強調的以「無善無惡」形容心體,及龍溪、海門對「無」或「無善之善」的強調,可以看出他們對實踐時產生的善惡分別,及由此分別生成的問題,是深有體會的。即是說,從他們對「無善無惡」、「無善之善」的強調,及要從無處立根基,可見他們嚮往一不分別善惡,而又能

自然為善的境界。何以會嚮往此一境界？吾人以為，他們很能體會到為善而又自以為善所引生的問題。牟先生分析「無善無惡心之體」及「四無說」，或是強調心體的絕對性，或是強調聖人實踐的化境，此當然是論述深微的，但如上文所說，強調心體的絕對至善並不合於龍溪、海門的體會；而從聖人的化境上說，則「四無說」沒有工夫對治的意義，即那是工夫後的化境，並非用工夫的地方。我現在提議的解釋是良知的知善知惡固然是本心的明白呈現，但在知善惡的良知呈現時，很容易引發感性的反彈而有「自然的辯證」的現象。而由知善惡進到體認良知本體本無善惡之念，只是行所當行，不是為了善而為善，或不是有意為善、有意去惡，所謂為善去惡而自然。體證到這一層的意義，即既知良知知是知非，又進一步體悟此知本是無是無非的，就會化去體證良知時所產生的善惡對待的情況。如果能去掉善惡的對待，感性欲望便不會因為道德意識的興起而產生反彈。故如果直接契入本來是無善可為、無惡可去的自然無欲的良知本體，就可以生發純粹的道德行為，而此道德行為的流行，是自然而然，行所無事的。我覺得從這個角度來理解，可以更能說明王門良知教的發展的工夫論涵義。重「無」或「善而無善」，是扣緊突破為善時所會引發的感性欲望的反彈來用心，故此一發展是切於道德實踐的問題的，不能以「虛玄而蕩」來批評。後來劉蕺山雖然對良知學要作出修正，但他也強調或保留了「四無說」所強調的道德實踐是自然而然之義，蕺山認為人體證到的好善惡惡之意根，其好善惡惡的表現是如春夏秋冬的變化般自然而然、一氣流行的。他不滿意良知教由「知善知惡」來對治善惡的意念，認為這是後一著的工夫，蕺山之說應該也是意識到上文所說的善惡的分別而引發感性的反彈此一生命問題。程朱、陸王二系義理型態的確不同，我們不能強行牽合或會通，但從他們面對的是共同的生命問題，即感性欲望會在人要去從事德性的實踐時，因無條件的德性命令所刺激而引發的反彈，如果這是二系所共同面對的問題，則可見此二系都有共同關心的生命課題，而他們提出的不同工夫論，其實是針對同一個生命問題給出的解決方法，從這個角度上看，或

者也可以說,程朱、陸王二系是殊途而同歸的工夫論。

四、引文獻以證義

(一)林致之問先生曰:「知行自合一不得。如人有曉得哪個事該做,卻自不能做者,便是知而不能行。」先生曰:「此還不是真知。」又曰:「即那曉得處,也是個淺淺底知,便也是個淺淺底行,不可道那曉得不是行也。」後致之多執此為說:「人也有個淺淺的知行,有個真知的知行。」以方曰:「先生謂淺的知便有淺的行,此只是遷就爾意思說。其實行不到處還是不知,未可以淺淺底行,卻便謂知也。」致之後以問先生,先生亦曰:「我前謂淺淺底知便有淺淺底行,此只是隨爾意思。」[16]

按此條見於日本所藏的《陽明先生遺言錄》,資料來源未知是否真確,若此條真為陽明所說,則陽明的良知教也可以有真知、淺知之分別,如上文林致之所說,人有個淺淺的知行,也有個真知的知行。

(二)唐詡問:「立志是常存箇善念,要為善去惡否?」曰:「此念即善,更思何善?此念非惡,更去何惡?」[17]

(三)黃勉叔問:「心無惡念時,亦需存箇善念否?」曰:「既去惡念,便是善念,若又要存箇善念,即是日光之下添燃一

---

[16] 見《陽明先生遺言錄》,《王陽明全集(新編本)》第五冊(吳光、錢明等編校,杭州:浙江古籍出版社,2010年12月),卷四十,頁1597。

[17] 見《聖學宗傳·王守仁》(濟南:山東友誼書社,1989年7月)冊二,卷十三,頁1011-1012。

燈。」[18]

（四）問：「善惡兩端如冰炭，如何謂只一物？」曰：「至善者，心之本體，本體上才過當些子，便是惡了，不是有一善，又有一個惡來相對也。故善惡只是一物。」[19]

（五）薛侃去花間草，曰：「天地間何善難培，惡難去？」先生曰：「未培未去耳！」少間曰：「此等看善惡，皆從軀殼起念，便會錯。」侃未達，曰：「天地生意，花草一般，何曾有善惡之分，子欲觀花，則以花為善、以草為惡，如欲用草時，則復以草為善矣！此等善惡皆由汝心好惡所生，故知是錯。」曰：「然則無善無惡乎？」曰：「無善無惡者，理之靜；有善有惡者，氣之動，不動於氣，即無善無惡，是謂至善。」[20]

按以上數條陽明的言論見於周汝登（號海門）所編撰的《聖學宗傳》，周海門選錄陽明的文獻特別注重為善而不自以為是善之意，陽明原文確表示要化去有意為善的念頭，如後來周海門的〈九解〉所說的意思。海門雖是承王龍溪的說法而來，但於陽明也有據。為善而不自以為是善，是為善而自然，道德實踐的化境，使應然、實然的區分化掉了，這當然是陽明或龍溪、海門要表達的意思，但也應含他們意識到在為善時，善惡的分別會引發自然生命的反彈；而在為善時沒有善惡分別的意識，應該是避免感性欲望的反彈的最好方法。依以上真知與淺知的區分，及為善而不以為有善可為的想法，應該可以提供對王龍溪〈天泉證道紀〉裡頭的說法，給出一些切於工夫論的詮釋，如所謂「天命之性，粹然至善，

---

[18] 見《聖學宗傳・王守仁》，冊二，卷十三，頁1012。
[19] 見《聖學宗傳・王守仁》，冊二，卷十三，頁1012。
[20] 見《聖學宗傳・王守仁》，冊二，卷十三，頁1012-1013。

神感神應,其機自不容已,無善可名。惡固本無,善亦不可得而有也。是謂無善無惡。若有善有惡,則意動於物,非自然之流行,著於有矣。」[21]此是表示本著無善無惡的心體直接流行,是神感神應不容自已的,而如果有善惡的分別,便非自然流行,非自然流行的道德實踐總會出問題。這兩種實踐的區分,是以對本體是否有真切的體認所引致的,如云:「上根之人,悟得無善無惡心體,便從無處立根基,意與知物,皆從無生,一了百當,即本體便是工夫,易簡直截,更無剩欠,頓悟之學也。中根以下之人,未嘗悟得本體,未免有善有惡上立根基,心與知物,皆從有生,須用為善去惡工夫,隨處對治,使之漸漸入悟,從有以歸於無,復還本體,及其成功一也。」[22]上根之人悟得無善無惡的心體,故其實踐行動都從無生,即上述所說的不落於善惡對待,從而避免了自然之辯證,故能神感神應,其機自不容已,表現了雖是道德行為但與日常自然行動是沒有兩樣的,是善而無善的境界。而如果未悟得本體是無善無惡的,那麼他的道德實踐便是為善去惡,逐漸歸於無善無惡,此一層次的實踐,固然是勉力為善,也算不容易,但未必不會產生毛病。而悟得本體是無善無惡可說是真知,若以為本體只能用善來形容,便是淺知。錢緒山也有近似的言論:

> (六)人之心體一也,指名曰「善」可也。曰「至善無惡」亦可也,曰「無善無惡」,亦可也。曰「善」曰「至善」,人皆信而無疑,又為無善無惡者何也?至善之體,惡固非其所有,善亦不得而有也。至善之體,虛靈也。即目之明,耳之聰也。虛靈之體,不可有乎善,即明之不可有乎色,聰之不可有乎聲也。目無色,故能盡萬物之色,耳無聲,故能盡萬物之聲,心無善,故能盡天

---

[21] 見吳震編校整理:《王畿集・天泉證道紀》(南京:鳳凰出版社,2007年3月),卷一,頁1。

[22] 見《王畿集・天泉證道紀》,卷一,頁2。

下萬事之善。今之論至善者，乃索之於事事物物之中，先求其所謂定理者，以為應事宰物之則，是虛靈之內先有乎善也。」[23]

按緒山對心體的看法，認為至善無惡與無善無惡都是恰當的形容，他所了解的無善無惡是至善之體本無惡，善亦不可得而有，這也是體會到真正的為善是不會自以為是善的。而龍溪、海門的看法則更進一步，專從無善無惡來說心體，依上文的理路來看，龍溪、海門對於有其善或有善惡的分別所引發的生命問題，有更深切的體會。王龍溪下面一段文字似乎可以解釋為，只有渾化了善惡的分別，才能對治聲色貨利引發的毛病：

（七）今人講學，以神理為極精，開口便說性說命，以日用飲食、聲色財貨為極粗，人面前便不肯出口。不知講解得性命到入微處，一種意見終日盤桓其中，只是口說，縱令婉轉歸己，亦只是比擬卜度，與本來性命生機了無相干，終成俗學。若能於日用貨色上料理經綸，時時以天則應之，超脫得淨，如明珠混泥沙而不汙，乃見定力。極精的是極粗的學問，極粗的是極精的學問。[24]

龍溪此段要破去以神理（天道性命）為精，日用飲食聲色貨利為粗的分別，此處應含康德所說的自然的辯證之義，即一般人都以道德仁義為至精，而鄙視聲色貨利、飲食男女的感性欲望，其實這種分別反而會引發了感性欲望的反彈。於是造成了在這種分別下從事道德實踐的人，他們的實踐只是「比擬卜度」，即都是有為做作、模仿的，而非真實生命的流行。而他們談論至精的道德仁義時，都有「一種意見終日盤桓其中」，[25] 使自己的論說只成口頭說說而已，此即涵由於精粗之分別，引發了感

---

[23] 見《聖學宗傳・錢德洪》，冊二，卷十四，頁 1067-1068。

[24] 見《王畿集・沖元會紀》，卷一，頁 3。

[25] 《明儒學案・浙中王門學案二》收有此條，而此句作「意見盤桓，只是比擬卜度。」

性之反彈,而隨時遭受自己感性的質疑,對自己講的其實是沒有自信的。如果不在此處起分別,不先存在何者為精、何者為粗之想法,則無知之知即於生活上任一種情況起作用,如是便能在的日用飲食上用功,使至精的天理即於至粗的聲色貨利上表現。故沒有了精粗的分別,才能夠使道德實踐能夠真切表現。我覺得這一段確能表示在要去從事實踐時,會引發感性反彈的情況。至精與至粗者的渾化,也同於無善無惡之境,此證悟到無善無惡的心體是克服感性欲望的反彈的最佳方法。

王龍溪強調良知本來虛寂,知善知惡之知本來是無知之知,是一般所熟知的。我認為龍溪是從義利之辨體會到本心虛寂之意義,並非從佛老的學說來。此意可從下一條見之。

（八）夫學,一而已矣,而莫先於立志。惟其立志不真,故用功未免間斷;用功不密,故所受之病未免於牽纏。是未可以他求也。諸君果欲此志之真,亦未可以虛見襲之及以勝心求之,須從本原上徹底理會,將無始以來種種嗜好、種種貪著、種種奇特技能、種種凡心習態,全體斬斷,令乾乾淨淨,從混沌中立根基,自此生天生地生大業,方為本來生生真命脈耳。此志既真,然後工夫方有商量處。譬之真陽受胎,而收攝保任之力,自不容緩也;真種投地,而培灌芟鋤之功,自不容廢也。昔顏子之好學,惟在於不遷怒、不貳過,此與後世守書冊、資見聞全無交涉,惟其此志常足,故能不遷;此志常一,故能不二。是從混沌中直下承當,先師所謂「有未發之中,始能者」,是也。顏子之學既明,則曾子、子思之說可類推而得矣。[26]

由此段可知,龍溪所謂的從無、或混沌中直下承當,是以抖落種種感性的嗜好、於貪欲、習氣全體斬斷,而後體證的境界。這是通過義利之辨

---

[26] 見《王畿集·斗山會語》,卷二,頁 28-29。

的省察,而抖落一切感性的欲求,如此言虛無,雖似道家的境界,但其實不同:這是由道德的省察,而恢復純粹的本心之境,虛無是形容道德本心之自由、自主,純粹而毫無夾雜。如此言虛無,似乎更為合理。而由此虛無的本體引發道德實踐,可以說明道德的實踐是根於本性,自然而然發出來的。而如果依此義,即道德實踐是從至虛至無的本心性體自然發出來的,則應可以避免康德所說的「自然的辯證」的現象。對於依無條件的道德法則而實踐,會引發感性的反彈之意,龍溪說得不多,但從他強調心性的本體為虛無,應可涵他對於由理欲相持而產生實踐的不自然情況,是有體會的。如果龍溪所說的虛無之義是從義利之辨的道德意識所契入的,則他所說的義理是儒家的正宗義理,不能說龍溪已經離開了儒學宗旨,「昧於『化成精神』與『捨離精神』之大界限」。[27]由自信本心,直下從虛無之本體立根基,是當下逆反現實生命之習欲、計較之成心,讓純粹之本心呈現之工夫。此處需有絕大的自信自肯及覺悟的力量,並非無工夫可作。此有似於佛教禪宗所說的頓悟,但因為此是由相信人性之善,及由本心引發之道德創造之力量而悟,與禪宗之悟不同。龍溪又云:

(九)今日良知之說,人孰不聞,然能實致其知者有幾?此中無玄妙可說,無奇特可尚,須將種種向外精神打併歸一,從一念獨知處樸實理會,自省自訟,時時見得有過可改,徹底掃蕩,以收廓清之效,方是入微工夫。若從氣魄上支持、知解上湊泊、格套上倚傍,傲然以為道在於是,雖與世之營營役役、紛華勢利者稍有不同,其為未得本原、無補於性命,則一而已。[28]

---

[27] 見勞思光:《中國哲學史》第三卷上冊(香港:友聯出版社有限公司,1980 年 12 月),頁 493。

[28] 見《王畿集‧斗山會語》,卷二,頁 29。

此條更明白表示道德的省察工夫,可見龍溪所謂的心性虛無,是從本心純粹,完全不受感性意欲的影響之意來規定。對於感性意欲對人的生命造成的影響,即造成了人在作出行動時,習慣地以滿足本能欲望為先的根深蒂固的傾向,龍溪也有很深的省察。故云:

> (十)功利之毒,淪浹人於人之心髓,本原潛伏,循習流注,以密制其命,雖豪傑有所不免,非一朝一夕之故矣。於此時,而倡為道德之說,何異奏雅樂於鄭、衛之墟?亦見其難也已。所幸靈知之在人心,亙千百年而未嘗亡。故利欲騰沸之中,而炯然不容昧者,未嘗不存乎其間。譬諸寶鼎之淪於重淵,赤日之蔽於層雲,而精華光耀,初未嘗有所損汙也。[29]

此處龍溪所說的「功利之毒」,應可從人在發心動念要作出行動時,往往會遷就感性的欲求,而使自己的道德行為在動機上從無條件轉而有條件的傾向來了解。此條說,若不消除這功利之根而論道德,是完全無效的。而體悟良知,此功利之根便可化去。如果可以這樣理解,則陽明、龍溪所強調的無善無惡,是使人心徹底擺脫功利之根,為惡的傾向之工夫。

> (十一)吾人之學,不曾從源頭判斷得一番,本念與欲念,未免夾帶過去。此等處,良知未嘗不明。到本念主張不起時,欲念消煞不下時,便因循依阿,默默放他出路。……胸中渣滓澄汰未淨,未見有宇泰收功之期,源頭上不得清澈,種種才力氣魄只在功利窠臼裏增得一番藩籬,與先師良知宗旨尚隔幾重公案,未可草草承當也。[30]

---

[29] 見《王畿集·道山亭會語》,卷二,頁 31。
[30] 見《王畿集·留都會紀》,卷四,頁 90。

此條也明白表示以虛無為心體是從源頭上廓清一切功利性的想法之意，而如果不從源頭上作判斷何為本念與欲念之工夫，則雖良知未嘗不明，但仍會因循依阿，此處應表示有更進一步的真知之工夫。如果以此來了解龍溪所謂的「頓悟本體」，則此工夫應該還是儒家應有之義。而如果以此了解虛無的心體為頓悟，則可以類比伊川所說的「真知」之義，即了解良知的知是知非是一層，而了解良知的無是無非是更進一層，而真正的道德實踐必須要體證良知本無是非才可以。如云：

（十二）良知二字，是徹上徹下語。良知知是知非，良知無是無非。知是知非，即所謂規矩；忘是非而得其巧，即所謂悟也。[31]

「知是知非」與「無是無非」本不能分離來看，但一般人會只從「知是知非」來體會良知，若如此便會著於「有」，即會自以為是善，而有善便有惡；若悟良知本無知，至善本無善，則良知是在自然而然、神感神應中創發道德的活動，便不會引發感性的反彈。

（十三）罔覺之覺，始為真覺；不知之知，始為真知。是豈氣魄所能支撐？此中須得簡悟入處，始能通乎晝夜。[32]

此處以「不知之知」為真知，吾人可以此類比伊川所說的「常知」與「真知」之分，陽明及其門下似是以「知善知惡」之良知為常知，而悟此良知本無知，知善知惡本來是無善無惡的，是為真知。必須要從知善知惡而進到無善無惡，才能使良知之活動不會引發感性的反彈，而落於有為

---

[31] 見《明儒學案‧浙中王門學案二》（《黃宗羲全集》第七冊，杭州：浙江古籍出版社），頁281。

[32] 見《王畿集‧東遊會語》，卷四，頁87。

造作之層次,這也是周海門〈九解〉中所說的「為善去惡,悟無善無惡而始真」之意,此真亦可說是「真於良知有所知」。而此對良知本無知,或為善去惡是本無善惡之境所以能達致,雖然在龍溪強調是「悟」的工夫,但據前文所述,也可以理解為根據義利之辨的道德省察,而抖落一切感性的影響而至,或可說此悟是由道德省察而至的最高境界。此省察工夫,不只是抖落經驗現實中的感性影響,也要深入地剝落根深蒂固的功利意識。如果從此義來看,龍溪所謂的「悟本體」,並非憑空的頓悟,而是有道德意識引發的當下自信,絕去一切妨礙心之本體呈現的習氣,故龍溪的工夫與禪宗的頓悟還是不一樣的。又上文所述,應該符合龍溪所言陽明的晚年境界:

> (十四)時時知是知非,時時無是無非,開口即得本心,更無假借湊泊,如赤日麗空而萬象自照,如元氣運於四時而萬化自行,亦莫知其所以然也。[33]

時時知是知非,而又時時無是無非,應是對良知的真知,由此體悟才可以保住良知的時時呈現。

五、結語

　　據以上引文可證王門所言之良知,確可有常知與真知之別,必至於真知良知,讓其本體虛無之良知呈現,才能免於因知善惡而引發的生命毛病,而有真實的道德實踐。如是,則陽明及其後學對良知教的發展,偏重於往無善無惡及無知之知之義發展,是有義理發展及工夫實踐上的必要性者。

---

[33] 見《王畿集·滁陽會語》,卷二,頁 34。

而若此一發展可以從克服「自然之辯證」來理解，則朱、王二系都是面對同一生命問題而思有以消解之，而消解之道都強調「真知」，於此可說此二系實有其相通處。

王龍溪對王陽明良知說的繼承與發展

　　王畿（龍溪）是王陽明的著名弟子。由於他提出「四無說」（心、意、知、物都是無善無惡），常被認為已越出了陽明學，而以己意解釋師說。本文討論王龍溪關於良知的一些看法。筆者認為：由王龍溪所作的陽明良知說的分析，可以很清晰地了解陽明良知說的涵義和特色，亦可證明王龍溪對陽明學的理解是恰當的。筆者並指出：王龍溪對於陽明良知說的闡釋和討論（主要是與江右王門之間的討論）促進了陽明學的發展。

　　王龍溪是王陽明最著名之弟子之一，他對陽明之學，自認了解最為真切，平生弘揚陽明良知之教，不遺餘力，對王學多有發明，而亦引生了許多論爭，是陽明之後王學之中心人物。龍溪之學，以四無句最為有名，亦是其學之最大之特色。關於四無句之義蘊，前輩先生言之詳矣；本文雖有涉及，但並不以此為處理的重點。本文希望透過龍溪對良知本身的種種了解和體悟，看龍溪對陽明學之繼承與發展。

一、陽明提出良知的時節因緣

　　陽明之學，「致良知」一語即可盡之；而陽明所說之良知，雖源自孟子，但其意義並不完全同於孟子。王龍溪對此有所說明，他說：

> 仁統四端，知亦統四端。良知是人身靈氣，醫家以手足痿痺為不仁，蓋言靈氣有所不貫也。故知之充滿處，即是仁；知之斷制處，即是義；知之節文處，即是禮。說箇仁字，沿習既久，一時未易覺悟。說箇良知，一念自反，當下便有歸著，喚醒人心，尤為簡

易,所謂時節因緣也。[1]

孟子言本心,四端即本心之內容,若要從四端中以一端來統攝其他三端,則當然是以惻隱之心,故曰仁統四端。孔孟說仁,是統攝本心的全部意義來說的,不只是惻隱之心一端而已。而龍溪認為,陽明所說的良知,亦是統四端而言的,即不能以為良知只是四端中的是非之心,只是智的一端,而不能涵蓋本心的其他意義。良知固然是知是知非之智,但這智心同時具有仁、義、禮的意義,故曰:「知之充滿處,即是仁;知之斷制處,即是義;知之節文處,即是禮。」龍溪此說,當是陽明的本旨。陽明常說良知知是知非,又好是惡非。此良知之好惡,便即是羞惡之心。陽明亦常言良知真誠惻怛,真誠惻怛便即是惻隱之心[2]。故陽明之言良知,確是以知來統四端。又龍溪認為,以知統四端而言,在當時是有其時節因緣,即乃是有其時代意義、有當機性的。陽明以知統四端,使本心的意義,透過知是知非之智而明白彰顯出來。說本心,說仁,固然已很切要、很明白;但說知,則尤為簡易明白,人當下便可有道德的是非之判斷,在此一念自反,即可得本心。一旦有知是非之知,便可循之而了解到此心的斷制、惻怛諸義。即本心的全體內容,都可透過知而顯發出來,使人當下體會到自己本具的道德心,而此方是人的真心,真正之自己。

關於陽明提出良知之時節因緣之意義,龍溪尚有另一段文字言及:

孔門之學,務於求仁;今日之學,務於致知,非有異也。春秋之時,列國分爭,天下四分五裂,不復知有一體之義,故以求仁立

---

[1] 《王龍溪全集》(臺北:華文書局,1970 年 5 月初版),卷 4,〈東遊會語〉。

[2] 如陽明云:「良知只是個是非之心,是非只是個好惡。」(《傳習錄》下)又云:「蓋良知只是一箇天理自然明覺發見處,只是箇真誠惻怛,便是他本體。」(《傳習錄》中,〈答聶文蔚二〉)。又參考牟宗三先生之說,見《從陸象山到劉蕺山》(臺北:臺灣學生書局,1979 年初版),頁 217-220。

教。自聖學失傳，學者求明物理於外，不復知有本心之明，故以致知立教，時節因緣使之然也。[3]

龍溪於此處指出，陽明之倡致良知之教，是針對學者於外物上求明理，而不知本心之明之故。此顯然是針對朱子之學而說。朱子之格物致知說，主張以心知之明即物以窮理。陽明認為如此便是析心與理為二，其實理即在本心之明中呈顯出來。陽明所說的良知，是道德明覺之知，此知之呈現，即是理之呈現，而不是朱子所說的以理為對象之認知。二者固然不同，但陽明之強調知即理，以知來統四端，言本心，很明顯是由朱子所倡以心知之明以明在物之理之說所引發。陽明從朱子的格物致知的工夫入手而無所得，後來體悟到理不外於吾心，此心知之明覺便是理，於是回歸孟子，倡致良知之教。由於有這樣的轉折，遂使他側重本心的知是知非之意義，而由知來契入本心，使本心的意義有一番新的面目。

從龍溪所闡述的陽明以知統四端之義，可知陽明言良知，即是孔子所說的仁，仁是實體性之心，是以道德為內容的。仁既是如此，則陽明所說的良知，也是實體性的以道德為內容的心，不能因其說知，便以為只是智心，或只是認知的心，或只如鏡之明，並無道德法則為其內容，凡此皆是誤解[4]。龍溪尚有一段話言知與仁之關係十分明白：

良知者，仁體也。以其愛無不周，而惻然不容已也，而謂之仁。以其端有所發，而炯然不容昧也，而謂之知。天之所以與我，而與天地萬物同具而無不足者也。[5]

---

[3] 《王龍溪全集》，卷5，〈與陽和張子問答〉。

[4] 徐復觀先生便曾認為陽明以知言心之本體，不同於孟子所說的本心，並不是道德的心。見《中國思想史論集》，〈象山學述〉。

[5] 《王龍溪全集》，卷13，〈賀中丞新源江公武功告成序〉。

故知與仁所指者是同一本體。以本心之炯然不容自昧處而謂之知，如此言本心，便突顯了本心的炯然明白之特性。這一說法，確有喚醒人心，使人易於覺悟之效果。而這便是陽明學的最大的特色。龍溪對陽明學的特色及其貢獻所在，述說得十分明白。

二、一念之微與一念萬年

既然本心良知炯然不容自昧，則無論何人，不論處於何時何地，作何事，都可當下體證其良知。為表達此義，龍溪喜以一念之微來說良知，他說：

> 先師提出良知兩字，本諸一念之微。徵諸愛敬而達諸天下，乃千古經綸之靈樞。諸君果信得良知及時，只從一念上理會照察，安本末之分，循始終之則，從心悟入，從身發明。[6]

此「一念之微」一詞，或須稍作分析。首先，一念是指人當下的念頭，龍溪有云：

> 今心為念，念者見在心也。吾人終日應酬，不離見在。千頭萬端，皆此一念之主宰。[7]

人當下的、現在的一念，未必都是合理的，故陽明有云：「有善有惡意之動」，念即意也。但不論意念是善是惡，人苟能自省，則自己必知此當下之念是善抑惡，是該有或不該有，即於念頭起處，便會有知善知惡之良知隨之，而不容人之自欺。故人可以即於當下一念而體會察見良

---

[6] 《王龍溪全集》，卷1，〈聞聽書院會語〉。

[7] 《王龍溪全集》，卷15，〈趨庭謾語付應斌兒〉。

知。故念雖是當前現在的念頭，而一念之微，則是指良知而說。龍溪亦常說「一念獨知之微」、「一念靈明」、「一點靈竅」，所指的都是一樣的，即皆是指良知。

以一念之微來說或形容良知，突顯了良知隨時可在人的生命活動中呈現，人當下便可體察良知之事實。此如陸象山的〈鵝湖之會詩〉所云「真偽先須辨只今」之意，今是指見在，當下而言，本心良知當下便可呈現，是非善惡，可以立判，而不假外求，不須等待。

人於當前之一念便可契悟良知，則道德實踐，乃至成賢成聖，是人人可能的。龍溪說：

> 吾人今日之學，若欲讀盡天下之書，格盡天下之物，而後可以入道，則誠有所不能，苟只求諸一念之微，向裏尋究，一念自反，即得本心。……人人可學而至，但患其無志耳。[8]

即使是下愚之人，或正處於欲望沸騰之時，苟能自反，亦可當下體證其良知：

> 愚謂良知在人，本無污壞，雖昏蔽之極，苟能一念自反，即得本心。[9]

> 雖萬欲騰沸之中，若肯反諸一念良知，其真是真非，炯然未嘗不明。只此便是天命不容滅息所在，只此便是人心不容蔽昧所在。此是千古入賢入聖真正路頭，舍此更無下手用力處矣。[10]

---

[8] 《王龍溪全集》，卷7，〈華陽明倫堂會語〉。
[9] 《王龍溪全集》，卷6，〈致知議辨〉。
[10] 《王龍溪全集》，卷9，〈答茅治卿〉。

龍溪這兩段話十分警策、動人，很能顯良知教切于實踐之特色。能把握此一念之微之良知，便如同有把柄在手，切實用功，便能入聖。龍溪云：

> 諸君不必復追往事，只今立起必為聖人之志，從一念靈明，日著日察，養成中和之體。種種客氣，日就消滅，不為所動，種種身家之事，隨緣遣釋，不為所累。……或平時動氣求勝，只今謙下得來；或平時徇情貪欲，只今廉靜得來。或平時多言躁競，只今沈默得來。或平時怠惰縱逸，只今勤勵得來。寖微寖昌，寖幽寖著。省緣息累，循習久久，脫凡近以游高明，日臻昭曠。[11]

一旦體證良知，便可當下用力，不論往日有多少毛病、多少私欲，都可革新改過，過去種種，譬如昨日死。此一念靈明，便是私欲的剋星。時時保任此一念靈明，便可消去種種私欲習氣。

陽明提出良知，要人從當下知是知非處體認本心，已是非常明白的表示；而王龍溪以一念之微來形容良知，更是指出了一個至為切近的用力之地。這對於陽明學，很有闡明之功。此意可於龍溪下面一段話見之：

> 陽明先師提出良知兩字，乃生身受命之靈竅。其機只在一念入微，使知有用力之地，譬之赤日麗空，而魑魅魍魎，自無所遁其形也。[12]

龍溪所說的一念之微或一念入微，固是就良知說，而他對良知本體的虛寂、虛無的意義，又特別強調，因此他有時又會說體悟虛無，方能入微，及以一念為無念：

---

[11]《王龍溪全集》，卷7，〈白雲山房問答〉。
[12]《王龍溪全集》，卷15，〈雲間樂聚冊後語〉。

> 夫心性虛無，千聖之學脈也。譬之日月之照臨，萬變紛紜，而實虛也。萬象呈露，而實無也。不虛則與以周流而適變，不無則無以致寂而通感。不虛不無，則無以入微而成德業，此所謂求端用力之地也。[13]

> 念歸於一，精神自不至流散。……一念者，無念也，即念而離念也，故君子之學，以無念為宗。[14]

從虛無來界定或形容良知本體，是龍溪學的特色，他的四無說，亦主要是此義。此處暫不討論。

　　人能一念入微而悟良知，除能把握入聖之機竅外，復可因體悟良知，而體會到無限的意義，因而可真正安身立命。此意龍溪名之曰「一念萬年」，他說：

> 若果信得良知及時，不論在此在彼，在好在病，在順在逆，只從一念靈明，自作主宰，自去自來，不從境上生心。……從一念生生不息，直達流行，常見天則，便是真為性命。從一念真機，綿密凝翕，不以習染情識參次攪和其間，便是混沌立根。良知本無起滅，一念萬年，恆久而不已。[15]

人能證悟良知，則不論處於何種境遇，皆能自在無礙，不受影響。蓋氣化之流行，有往來聚散，人之境遇，亦會有順逆吉凶。於此等處，人或不能改變，但良知非氣化之流化，本無生滅，故時時致其良知，便可即於有限而體現無限之意義，當下之一念，便即是永恆。龍溪下面一段話

---

[13] 《王龍溪全集》，卷2，〈白鹿洞續講義〉。

[14] 同註7。

[15] 《王龍溪全集》，卷12，〈答周居安〉。

言之尤為精切：

> 夫天積氣耳，地積形耳，千聖過影耳。氣有時而散，形有時而消，影有時而滅，皆若未究其義。予所信者，此心一念之靈明耳。一念靈明，從混沌立根基。專而直，翕而闢。從此生天生地，生人生萬物。是謂大生廣生，生生而未嘗息也。乾坤動靜，神智往來，天地有盡而我無盡，聖人有為而我無為。[16]

天地萬物，甚至以往之聖賢，皆有時而盡，一往不返。只有此當下之一點靈明，未嘗止息，此靈明即是生天生地、生人生萬物之天道本身。人一旦體悟之，便可即於生死而超生死，即於現實生命的一切活動體現無限之意義。故龍溪續云：

> 冥權密運，不尸其功。混迹埋光，有而若無。與民同其吉凶，與世同其好惡，若無以異於人者。我尚不知有我，何有於天地，何有於聖人。外示塵勞，心遊邃古，一以為龍，一以為蛇，此世出世法也。[17]

按此段話很類似於魏晉人所說的「迹冥」義。聖人過著與世俗人一樣的生活，但他的內心卻是逍遙無待，外示塵勞，而心遊邃古，此是即於世間而出世間。此可說是儒釋道同證之圓境。人而能如此，自然可以即生死而超生死。龍溪又云：

> 吾人從生至死，只有此一點靈明本心為之主宰。人生在世，有閒有忙，有順有逆。毀譽得喪諸境，若一點靈明，時時做得主宰，

---

[16] 《王龍溪全集》，卷7，〈龍南山居會語〉。
[17] 同上註。

閒時不至落空,忙時不至逐物。閒忙境上,此心一得來,即是生死境上一得來樣子。順逆毀譽得喪諸境亦然。知生即知死。一點靈明,與太虛同體,萬劫常存。本未嘗有生,未嘗有死也。[18]

故時時致良知,人便可得究極之安頓,而無不足之感。又此處說人在閒忙境上一得來,於生死上亦一得來。此一,是由良知主宰,念歸於一之意。不論生死得失,都無所動心,是謂一念。若是好生而惡死,便是二念,二念便是執著,便是生死之根。龍溪云:

平時一切毀譽得喪諸境,纔有二念,便是生死之根。毀譽得喪能一,則生死一矣。苟從軀殼起念,執吝生死,務求長生,固佛氏之所呵也。[19]

如此言一念,則「一」是動詞,「一念」是使念能貞一,此與前文所說的「一念之微」義不同。或龍溪言一念,是二義兼言的,即既指當下一念,亦涵要使此念能一,完全為良知所主宰之意。故龍溪言一念萬年,亦有從使意念貞一之義來說的,如云:

若楊慈湖不起意之說,善用之未為不是。蓋人心惟有一意,始能起經綸,成德業。意根於心,心不離念。心無欲則念自一,一念萬年。[20]

如此言一念,是不起意,使意念貞一之工夫。「一意始能起經綸」,語甚警策。

---

[18] 《王龍溪全集》,卷7,〈華陽明倫堂會語〉。
[19] 《王龍溪全集》,卷5,〈天柱山房會語〉。
[20] 《王龍溪全集》,卷9,〈答季彭山龍鏡書〉。

三、關於見在良知的討論

　　由前文所述,可知陽明及龍溪所說的良知,是就當下可呈現之炯然不昧的心之靈明說的,此知當下可以體證。故此知雖是本體,但此本體並非深藏不露的,人於當下一念自反,即可得之。且良知本體無間於智愚,本無污壞,苟能當下發憤立志,良知便能呈現。良知的這些意思,可以為龍溪所喜言的「見在良知」一詞所包含,而此說亦是龍溪學之一大特色。江右王門的學者,如聶雙江、羅念菴等,亦主要因對此義不能把握,而與龍溪辯論。

　　龍溪認為陽明倡良知,宗旨雖明白,但同門學者仍有不同的理解,而生種種異說。對此,龍溪有以下之敘述:

> 有謂良知非覺照,須本於歸寂而始得,如鏡之照物,明體寂然而妍媸自辨,滯於照,則明反眩矣。有謂良知無見成,由於修證而始全,如金之在礦,非火符鍛鍊,則金不可得而成也。有謂良知是從已發立教,非未發無知之本旨。有謂良知本來無欲,直心以動,無不是道,不待復加銷欲之功。有謂學有主宰,有流行,主宰所以立性,流行所以立命,而以良知分體用。有謂學貴循序,求之有本末,得之無內外,而以致知別始終。[21]

前三說皆是認當下呈現之良知為未足,即都不相信有見成之良知。對於此三說,龍溪之批評是:

> 寂者,心之本體。寂以照為用,守其空知而遺照,是乖其用也。

---

[21] 《王龍溪全集》,卷1,〈撫州擬峴臺會語〉。

> 見入井之孺子而惻隱，見嘑蹴之食而羞惡，仁義之心，本來完具，感觸神應，不學而能也。若謂良知由修而後全，撓其體也。良知原是未發之中，無知而無不知，若良知之前，復求未發，即為沈空之見矣。[22]

此三種異說，大抵是江右王門的聶雙江、羅念菴之說法[23]。第一說認為覺照並非良知之本體，良知之本體寂然，故須歸寂，然後得其本體，歸寂以得其體，然後可有覺照之用。因此工夫之首要處，在於歸寂，而不是在當下的明覺上作致良知的工夫。譬如明鏡之能照物，因其本身寂然無任何影像，故能照物，因此須先求鏡之明，不可先在照上用功。龍溪本人並不反對良知本體寂然之說，但他認為，良知即寂即照，明覺是照，而其體寂然，不能以為良知表現了明覺之活動，便失了寂然之體，如上節之引文，便有認為心性是虛無的，如日月之照臨，及於一切，而其本體其實虛無。在〈致知議略〉中，龍溪更明確說：「良知者，無所思為，自然之明覺。即寂而感行焉，寂非內也；即感而寂存焉，感非外也。」[24]意即寂體即在照中表現，不能離照而另有寂然之體。而照雖是明覺活動，但並不能因其是活動，便說其失了寂然之體。明覺或覺照，並不同於由感性而來之知覺。由感性，如耳目聞見而來之知覺，龍溪稱為知識，知識固然不能說是即寂即感的，但良知並不是知識。良知與知識之區別，龍溪是屢屢言之的，如：

> 夫良知之與知識，差若毫釐，究實千里。同一知也，如是則為良，如是則為識；如是則為德性之知，如是則為聞見之知，不可不早辨也。知者本心之明，不由學慮而得，先天之學也。知識則不

---

[22] 同上註。

[23] 參考牟宗三先生：《從陸象山到劉蕺山》，第4章，頁316。

[24] 《王龍溪全集》，卷6，〈致知議略〉。

能自信其心，未免假於多學億中之助，而已入於後天矣。[25]

故良知是即寂即感的，當下呈現之明覺本身既是用，亦是體。若不相信此當下之明覺是體，而另求一寂然之體，便是「乖其用」。

第二說認為沒有現成的良知，必須通過修鍊的工夫，良知才可以得完全。此說當是有感於人的現實生命有種種的私欲習染，不容易見善必為，見惡必去之現象而發。但龍溪說見在良知，或良知現成，並不是認為人的現實生活都是天理流行，而是認為不論現實之生命是何等情況，良知總可以當下呈現。此當下呈現之本心良知，並不同於現實生命。現實生命固有種種私欲習染，但都不足以完全障蔽良知，使良知不能呈現。良知是隨時可突破私欲的限制的，如象山所說，「太陽一出，魅魑魍魎便消」。龍溪引孟子所說的證明本心存在的例證來說，是十分恰當的。在乍見孺子入井而現惻隱之心，及在不受嘑爾蹴爾之食時之羞惡之心，便是純粹的道德心，你不能說此刻的惻隱、羞惡之心並不純粹，尚不夠完全，而須要再加修鍊。龍溪說，若認為此刻之本心良知仍未完全，仍不夠純粹，是幾於自誣：

> 因舉乍見孺子入井怵惕，未嘗有三念之雜，乃不動于欲之真心，所謂良知也，與堯舜未嘗有異者也。若於此不能自信，亦幾於自誣矣。[26]

故由惻隱、羞惡之心的可以當下呈現，可證良知在人，本無污壞，人人都具有良知本體，而不是要通過修鍊，良知方能完全。但這並不是說人的生命中不存在著私欲習染，或私欲習染不會障蔽良知。龍溪對人生命中存在著私欲之事實是很能正視的，如云：

---

[25] 同上註。

[26] 《王龍溪全集》，卷2，〈松原晤語〉。

世間薰天塞地，無非欲海；學者舉心動念，無非欲根；而往往假托現成良知，騰播無動無靜之說，以成其放逸無忌憚之私。[27]

故致良知的工夫是必須的，如果認為良知既可當下純粹呈現，自己之生命便沒有毛病，於是便不須要克去私欲，以求本體之朗現，即以為自己當下便是聖人，那便是自欺，所謂「假托現成良知」也，此義可深思。龍溪云：

苟不用致知之功，不能時時保任此心，時時無雜念，徒認現成虛見，附和欲根，而謂即與堯舜相對，未嘗不同者，亦幾於自欺矣。[28]

不能保任良知，便會以現成虛見，附和欲根，這便是自欺。由上面之引述，可知龍溪之意實在十分周備。良知炯然不昧，故雖然是私欲習氣極重的人，亦可以一念自反而得本心，人對於此刻呈現之純粹之本心，應自信自肯。而人之私欲習氣又確會障蔽良知，故在一般人，良知雖可於乍見孺子入井等特殊機緣下呈現，但並不能時時呈現，不能如聖人般天理流行，此是聖凡之別，故致良知的工夫是必須的。但工夫雖是必須，而工夫乃在恢復或呈現其本具的、自足的本體，工夫於本體不能有所增加。反之，不用工夫，雖然良知不能呈現，但其本體亦非不存在。

故龍溪雖說良知見在，或良知現成，但並不廢工夫，良知雖是不學不慮，天則自然，但亦不廢學慮。龍溪云：

良知不學不慮，終日學，只是復他不學之體；終日慮，只是復他不慮之體。無工夫中真工夫，非有所加也。工夫只求日減，不求

---

[27] 《王龍溪全集》，卷14，〈松原晤語〉。
[28] 同註26。

日增,減得盡,便是聖人。[29]

此段話雖若十分詭譎,但亦是實情。

第三說認為良知是已發,而非未發之本體。此說與第一說相類,而更不合陽明言良知之本旨,茲不再論。

四、結語

龍溪認為陽明之言良知,是以知統四端而言的,故良知即是本體、真心,而以知言本體,使本體之內容意義,朗然明白,一言而洞見全體,使人當下有一入手處。龍溪此語,很能闡明良知教之特色。龍溪以一念之微來說良知,亦發揮了良知是人當下便可以掌握,馬上便可以體證的意義,而龍溪所說的一念萬年之義,可以說明良知之教可以超生死,而滿足一般人之宗教性之要求。龍溪關於見在良知之討論,指出良知本體人人具足,不因私欲習氣之障蔽而有所污毀。故人對於當下呈現之本心良知須自信自肯。又良知雖現成,但並非不必用工夫,人必須馬上致其良知,求本體之完全朗現。

龍溪對良知的上述體會,吾人以為,都是符合陽明本旨的。

當然,龍溪除上述的諸說外,尚有許多或更為深微的理論,如以虛寂、自然來說本體,以良知本虛,但不離日用倫常感應之實事,即以虛實之義以解釋「致知在格物」之意義,又以悟入良知本來虛寂之義來說頓悟之工夫及四無句之說,此皆本文所未及,希望日後能加以論述。

---

[29] 《王龍溪全集》,卷6,〈與存齋徐子問答〉。

王龍溪哲學與道德教育

儒學是成德之教，即是以使人能實踐道德，成為君子或聖賢為立教的目的，雖不必完全同於所謂道德教育，但儒學對道德及道德實踐等問題的思考，亦應是研究道德教育者所須關心的。

一、道德意識的培養

儒家對道德一問題的省察，一般都以孟子的說法為正宗。而孟子之學，是以義利之辨為首出之論。所謂義利之辨，即是陸象山所說的「辨志」，即要在所以會作出行為的存心或動機上省察，看其是出於為義抑是為利之心，這是為學的第一步。「須是打疊田地淨潔，然後令他奮發植立」(《陸九淵集》，卷三十五，〈語錄下〉)。此即康德所說的，一行為之道德價值，是在於行為的格準（存心），而不在於行為的結果。一個有道德價值的行為，必須是由於義務之心所作成，而不能僅是行為合於義務。[1] 故真正的道德行為，依儒家及康德，是由只因為此行為是義之故的存心而發出的。人只因那是義之故而行，而全不考慮此行為所引致的後果對自己是有利抑有害，這便是人的道德意識。即道德意識是在人了解到道德法則是無條件的律令時而生起的，認識到道德法則的無條件性，便認識了它的崇高和莊嚴。如此崇高和莊嚴的道德法則，只靠它自己即能使我們遵從之，而不須靠其他作為動力。而人在只因為道德法則是應當遵從而遵從之，完全摒除利害之計較時，亦認識到自己生命中有一值得尊敬的道德人格。即人從自己竟可以只因為義之故而行中認識到

---

[1] 康德：《道德底形上學之基本原則》，第一章。

自己的尊貴性,由是而體會到人的確有不會為感性慾望、生理本能所限制、裹脅的自由。

如上說不誤,則怎樣做才是培養人的道德意識的恰當方法,便已經很清楚了。我們可以引康德一段話來幫助說明,康德說:

> 我有一信來自已故的卓越的蘇爾蔡(Sulzer),信中他問我:道德的教訓,雖然它含有很多在理性上足以令人信服者,然而它成就的卻甚少,這是何故?……但這答覆也只如此,即:教師們自己不曾把他們自己的觀念弄清楚,而當他們因著到處收集那「道德的善」之動機而努力去補救其不清楚之缺陷,以便去使他們的醫藥真強有力時,他們卻正破壞了其醫藥。[2]

由於道德的教師從各方面收集道德行為的動機,結果卻使道德的教訓失去了效力。即由於人感到只因為義務之故而作出道德實踐,似乎是動力不夠的,於是便從其他方面提供產生道德實踐的動力;而這樣做,卻反而是對道德作了根本的破壞。宋儒徐積有一段勸人為善的話,正好是犯了此一錯誤,他說:

> 諸君欲為君子,而使勞己之力,費己之財,如此而不為君子,猶可也;不勞己之力,不費己之財,諸君何不為君子?鄉人賤之,父母惡之,如此而不為君子,猶可也;鄉人榮之,父母欲之,諸君何不為君子?[3]

人為君子,為善,則會有父母愛之,兄弟悅之,宗族鄉黨敬信之的後果,

---

[2] 同註 1,第二章。譯文依牟宗三先生譯本,見牟宗三:《康德的道德哲學》(臺北:臺灣學生書局,1982 年),頁 40。

[3] 徐積:〈訓學者文〉,見《宋元學案》(北京:中華書局,1986 年),卷一,〈安定學案〉,頁 40。又徐積此段文義,後為王陽明〈立志〉一文〈教條示龍場諸生〉之一)所引用。

人何苦不為善?這初看似是很有力的勸告,其實卻會使道德的實踐成為有條件的、有所為而為的行為。如此一來,道德的崇高性及莊嚴性便沒有了,因此這種說法,是決不能豁醒人的道德意識的。像徐積這類的對人何以要為善的說明,在現在的道德及公民教育課本中,乃是常見的。這是一種功利主義的道德論,是會把道德的善與現實上的利益視為同類、同性質的東西,而其實二者是截然不同的。康德於前引文後續云:

> 因為最普通的理解亦表示出這意思,即:如果一方面我們想像一種正直底行動,以堅定心靈而作成,毫不計及今世或來世的任何利益,甚至在迫切的需要或引誘底最大試探之下亦不在意。而另一方面,我們又想像一類似的行動,它為一外來的動機所影響,儘管其程度甚低,如是,則兩者相較,前者遠超過了後者,而且使後者黯淡無光;它〔前者〕提升了靈魂,並引發了一個人能如此去行動的心願。甚至不太年輕的兒童[4]亦有此印象,所以一個人決不可在任何別的路向中把義務表象給他們〔兒童〕。[5]

康德這段話提供了一個豁醒或興發人的道德意識的方法[6],即從比較由純粹的道德存心而作成的行為與由夾雜了其他動機而作成的行為,使人清楚地看到兩種行為的價值是迥然不同的,前者的價值遠遠超過後者。對於這兩種行為的不同,一般人,甚至很年輕的兒童,都是很容易便鑑別出來的。由此便可以提升人的靈魂,鼓舞人的善心,即由此可使人產生一種只因為道德法則或義務是應該行,吾人便要去遵行,雖因而犧牲了種種利益,甚至自己的性命亦在所不惜的心志。只有闡明道德的真義,即道德的善本身便具有絕對的價值。只有道德法則,才可以充當道德行

---

[4] 此句謝扶雅譯本:《康德的道德哲學》(香港:基督教文藝出版社,1972年)作「相當年輕」,頁46。

[5] 同註3。

[6] 在《實踐理性底批判》的「方法學」部分,康德曾較詳細地討論此一方法。

為實踐的動力。惟有闡明此義,方可以真正培養人的道德意識。

二、聖人的化境

如上述,如果對道德有正確的認識,人會體會到道德法則的崇高及莊嚴,又可感受到人的可以無條件地遵行法則時所顯示的尊貴人格,此固然是美事。但人現實的生命,和道德法則及理想的道德人格比較起來,距離是非常遙遠的。人固然可因為意識到道德的崇高、絕對,而生命有所興發;但人的現實的生命並不會因此而完全改變,徹底化去生命中所有的種種毛病。因此人的踐德,常是勉強的,在理想與現實對比底下,不免有緊張性、對立性。必須至現實生命中所有的毛病、私欲皆消化淨盡,人的踐德方會是自然順遂的,這便是孟子所說的「大而化之之謂聖」的境界。大而化之,是將「大」相化去了,即將道德的崇高相、莊嚴相都 化去了,使踐德的行為,如日常生活般平常、自然,這便是聖人的境界。雖說這大而化之是聖人的境界,但必須進至此境,方可說是德性人格的完成。未至此境,則生命仍在自覺地奮鬥中,而時有衝突矛盾,起伏跌宕,並不能安息。如曾子臨終,仍說:

> 啟予足,啟予手!詩云:「戰戰兢兢,如臨深淵,如履薄冰。」而今而後,吾知免夫!(《論語·泰伯》)

可見曾子一生都在踐德的自覺奮鬥中渡過。又宋儒張載亦曾言自己欲學孔子的恭而安的境界,卻達不到:

> 橫渠嘗言:「吾十五年學箇恭而安不成。」明道曰:「可知是學不成有多少病在。」[7]

---

[7] 張載:《張載集》(北京:中華書局,1977年),《張子語錄》,〈後錄上〉,頁338。

恭而安,即恭敬而又不失其自然,這已是聖賢之境界,故橫渠學之十五年,仍自感未能達到。從程明道的評論,可見若未至聖人的自然踐德之境,是有許多毛病的。又聖人化境,亦即《中庸》所說的「不勉而中,不思而得,從容中道」(《中庸》第二十章)之義。而從「勉而中,思而得」至「不勉而中,不思而得」,是有一大段距離的。程伊川有以下的分析:

> 「不勉而中,不思而得」,與勉而中,思而得,何止有差等,直是相去懸絕。「不勉而中」即常中,「不思而得」即常得。所謂從容中道者,指他人所見而言之。若不勉不思者,自在道上行,又何必言中?……學者不學聖人則已,欲學之,須熟玩味聖人之氣象,不可只於名上理會。[8]

伊川此段體會甚精。不思而得、不勉而中的聖人境界,是常中常得,而亦無所謂中與得。說聖人中道,是自旁人觀聖人而說的,聖人並不覺得有一道為自己所遵守。此所謂「自在道上行」,道便在當下的生命活動中表現,並非另有所謂道。伊川這段話甚能表示聖人化境之義。伊川又有一段討論顏淵樂道的話,亦是要表明此義:

> 鮮于侁問伊川曰:「顏子何以能不改其樂?」正叔曰:「顏子所樂者何事?」侁對曰:「樂道而已。」伊川曰:「使顏子而樂道,不為顏子矣。」侁未達,以告鄒浩。浩曰:「夫人所造如是之深,吾今日始識伊川面。」[9]

---

[8] 程顥、程頤:《二程集》(北京:中華書局,1981年),〈河南程氏遺書卷第十五〉,頁158。

[9] 同註8,〈河南程氏外書卷第七〉,頁395。

此言顏子若是樂道,即表示顏子覺得有道可樂,便不是顏子了。伊川此言甚有玄義。顏淵固然是樂道,但他的樂道,並不是以道為所樂的對象而樂道,而是道與生命相融相合,雖樂道而不見有道可樂,無往而非樂,亦無非是道。故雖居陋巷,亦不改其樂。此是渾化之境,而此方是顏子的造詣及生命境界。伊川此論至精,他對聖賢氣象甚有體會,故鄒浩有「吾今日始識伊川面」之歎。

三、為善去惡與無善無惡

由上述可知踐德須至聖人境界,即踐德履中而忘其為德,忘其為中,方是圓成。若未達此境,則尚是在奮鬥而求免於過錯之階段,會有許多毛病,不算是成德。由是吾人便可知王陽明的四句教,所以要以「無善無惡」言心體之故,陽明云:

> 無善無惡是心之體,有善有惡是意之動,知善知惡是良知,為善去惡是格物。(王陽明《傳習錄》下)

以知善知惡的良知對治有善有惡的意念,故有為善去惡的格物工夫。人的生命常在感性欲求的影響中,故所發的意念不能是純善而無惡,因此人須自覺地為善去惡。陽明指出在有善惡的念頭生出之時,必有自知其念頭是該有或不該有,是善念抑惡念的良知呈現,此知先天本有,不由經驗而得。人只要依良知而行,充分致其良知,便可真正為善去惡。陽明此說是很切於道德實踐的。由知善惡而為善去惡,是自覺地勉力作道德的實踐,要求自己的發心動念,都符合道德法則,這固然是真正的道德實踐,但這只是如上文所述的勉而中、思而得的階段;而陽明說無善無惡是心之體,即能呈現良知以為善去惡之心,本是無善無惡的,這便意含聖人的化境之義。此可引明儒周海門的話來說明,他說:

無善無惡,即為善去惡而無跡;而為善去惡,悟無善無惡而始真。[10]

為善去惡而不覺有善可為,有惡可去,是為為善去惡而無跡;雖是為善去惡,但須知本來無善,本來無惡,而為善去惡方能不執著,即不會有意地為善去惡。不會有意地為善去惡,這樣的為善去惡才沒有弊病,故曰:「為善去惡,悟無善無惡而始真。」對於執著於善惡的分別,而有意地為善去惡的弊病,周海門說得十分透徹,他說:

無作好無作惡之心,是秉彞之良,是直道而行。著善著惡,便作好作惡,非直矣。喻昏愚,馴強暴,移風易俗,須以善養人。以善養人者,無善之善也。有其善者,以善服人,喻之馴之必不從,如昏愚強暴何?如風俗何![11]

周海門認為人的本心,本是為善去惡而自然而然,即無有作好無有作惡(語見《尚書・洪範》)的。故本著這本心直道而行,方是真正的道德實踐。若執著於善惡的分別,以己為善,以人為惡,在此種心情下,去教人遷善改過,別人一定不會接受,這是所謂以善教人。若渾忘善惡的分別,不認為自己為善,別人為惡,則別人自然會受到感化,自然有移風易俗的功效,還是所謂以善養人。周海門續云:

蓋凡世上學問不力之人,病在有惡而閉藏,學問有力之人,患在有善而執著。閉惡者,教之為善去惡,使有所持循,以免於過。惟彼著善之人,皆世所謂賢人君子者,不知本自無善,妄作善見……,象山先生云:「惡能害心,善亦能害心。」以其害心者

---

[10] 周汝登:〈九解〉,引自《明儒學案》(北京:中華書局,1985 年),卷三十六,頁 862。
[11] 同註 10,頁 865。

而事心，則亦何由誠？何由正也？夫害於其心，則必及於政與事矣。故用之成治，效止驩虞，而以之撥亂，害有不可言者。[12]

此段文對人的生命實有深微的體會。一般人的毛病在於有惡而閉藏，即掩藏其過惡，這當然是很不對的；但對於這些人的毛病，一般很容易知道。而學問有力，即於學問有所得的人，世人皆視之為賢人君子，而他們亦以賢人君子自居，其實常犯了為善而執著的毛病，而這自以為義，執著於善所可能產生的弊病，是非常嚴重的。而這弊病，一般是很難覺察到的。海門舉歷史上的事例以明此義：

> 後世若黨錮之禍，雖善人不免自激其波；而新法立行，即君子亦難盡辭其責。其究至於禍國家，殃生民，而有不可勝痛者，是豈少卻善哉？范滂之語其子曰：「我欲教汝為惡，則惡不可為；教汝為善，則我未嘗為惡。」蓋至於臨刑追考，覺無下落，而天下方且恥不與黨，效尤未休，真學問不明，認善字之不徹，其弊乃一至此。……而秉世教者，可徒任其所見而不喚醒之，將如斯世斯民何哉？是以文成於此，指出無善無惡之體，使之去縛解粘，歸根識止，不以善為善，而以無善為善；不以去惡為究竟，而以無惡證本來。夫然後可言誠正實功，而收治平至效。……上有不動聲色之政，而下有何有帝力之風者，舍茲道其無由也。[13]

東漢的黨錮之禍、北宋的新舊黨爭（亦可包括明末的東林與非東林的黨爭），都可說是君子與小人、善與惡的鬥爭。奸黨邪佞，殘害忠良，固然有大罪惡；但君子黨的善人正士，當時亦不免因執於善與正義，而動意氣，好惡過甚，致過分的以仁義相標榜，將反對者皆視為小人，此不

---

[12] 同註 11。

[13] 同註 11。

特不能感化小人，使之改過遷善，且使本非姦惡之徒，因相激而甘心為惡，致君子小人同歸於盡，而國家亡矣。故周海門說君子亦難辭其咎，這並不是苛責君子，而為小人開脫。君子執著於善，自以為義，確有弊病。當時諸賢若稍知無善乃是真善之旨，則必不致激化鬥爭，而各走極端。上引文說秉世教者，必須有這無善之善方是真善的了解，才能真正移風易俗；即從事道德教育者，必須真切了解此意。

　　上引周海門文所述東漢范滂的故事，實甚有深義。范滂為當世公認的君子，為抗奸邪，奮不顧身，豈非為善？但卻因黨錮之禍而身遭大辟，這使他在臨終時感到很難對他的兒子作適當的忠告。為父者當然不願兒子因為善而重蹈自己的覆轍，但也不能夠因此便命兒子為惡、為小人。思至此，真不知如何是好。范滂這疑問很不好解答，亦至為沈痛。周海門是藉此故事以闡明至善無善之旨。至善本不與惡對，故若自以為善，而與惡相激相鬥，便使無對的至善成為與惡相對的善，如此便不能廓然大公，物來順應，便不免因好善惡惡過甚而失其正。故唯有無善，而真善方顯。

　　當然此無善之無，並不是存有層（或實有層）上的無，而是工夫作用層上的無。即無善是不執著於善，雖善而不自以為是善之意，而不是沒有善、善不存在之意。在工夫作用層上說無善，並不否認在實有層上說有善。只是周海門對此二義並未能分辨清楚，他未能正視善之為實有之義，一說有善，他便理解為對善有所執著。[14]

四、王龍溪「四無說」之涵義

　　上述周海門對無善無惡的理解，已經是根據王龍溪的學說來發揮，現再回頭看看龍溪的說法。王龍溪認為四句教並非究竟的教法，須進至

---

[14] 參考蔡仁厚：《王門天泉「四無」宗旨之論辯》，收入《新儒家的精神方向》（臺北：臺灣學生書局，1982年），頁239-276。

四無之境界方可,他說:

> 夫子立教隨時,謂之權法,未可執定。體用顯微,只是一機,心意知物,只是一事。若悟得心是無善無惡之心,意即是無善無惡之意,知即是無善無惡之知,物即是無善無惡之物。蓋無心之心則藏密,無意之意則應圓,無知之知則體寂,無物之物則用神。天命之性,粹然至善,神感神應,其機自不容已。無善可名,惡固本無,善亦不可得而有也,是謂無善無惡。若有善有惡,則意動於物,非自然之流行,著於有矣。自性流行者,動而無動;著於有者,動而動也。意是心之所發,若是有善有惡之意,則知與物一齊皆有,心亦不可謂之無矣。[15]

對於龍溪四無說的義蘊,前輩先生論之至為詳明[16],現不擬再贅論,只順著本文的脈絡,略說其大意。由上文的論述,可知為善去惡的道德實踐,必須進而至無善無惡的境界,方是究竟,而且方可以沒有弊病,即必須至聖人的化境然後可。現在,是否可以由於對這聖人的化境(即為善去惡而無迹,無心於為善而自然是善,無心於去惡而自然無惡)的體會,而使自己的生命完全是平正自然的,頓時是聖人的境界,於是心、意、知、物皆是無善無惡的?據龍溪所述,王陽明認為對有上等天資的人,可以用這種教法:

> 上根之人,悟得無善無惡心體,便從無處立根基,意與知物皆從無生,一了百當,即本體便是工夫,易簡直截,更無剩欠,頓悟之學也。[17]

---

[15] 王畿:〈天泉證道紀〉,見《王龍溪全集》(臺北:華文書局,1970年),卷一,頁89-90。
[16] 牟宗三先生論四無之義至為透闢,見牟宗三:《從陸象山到劉蕺山》(臺北:臺灣學生書局,1979年),第三章,《王學之分化與發展》。
[17] 同註15。

但成聖或聖人的境界,是要有長久的努力實踐,對生命中的毛病,有真實的澄治,然後可以做到的;而對聖人化境的理解、體悟,並不能代替真實的修養實踐工夫。因此以四無說為一種教法,是很有問題的。雖然是上根之人,但似乎也不可能不用經過為善去惡的工夫過程,而一悟便成聖。因此牟宗三先生認為,四無說雖是陽明四句教的上遂發展,但並不能作為一種工夫教法。即那是經過四句教所說的致良知以為善去惡後所達到的境界,這時生命已無問題,不須用工夫來對治。由於是無所對治,故不能是一種工夫教法。[18]

　　牟先生的批評是很有道理的,但如果我們不把四無說看作一種可以使人一下子便達到聖人境界的教法,專就四無說的內容義理而論,則此說對於從事於道德實踐的人,是很有啟發性、很有意義的。此意如下述:

　　一、由四無說可知為善去惡的實踐,必須至忘善惡,不見有心、意、知、物的分別;即連良知的知是知非的道德判斷,都渾化而不顯,方是完成。一般人當然不能企及此境,但可以將這境界看作一標準、一理想,而要求自己努力接近之。又既有此作標準,則可以很容易便照察出自己的不足。如自己在為善去惡時易執著善,而自以為是;對別人的惡,常不能寬容,又常念念不忘別人的惡。一有此情況,人便知這是執著,而求有以化去之。又即使自己是時時自覺為善而無惡行的人,但只要是非善惡的分別心尚未忘卻,則自己的道德實踐,便尚不是出於自然,而無造作的,即距聖人之境尚遠,於是人當努力以求更進一步。此即由於四無說,使人對道德實踐有較深入的了解。根據這了解,而有更進一步的實踐。

　　二、由王龍溪的說法,無善無惡與為善去惡,是體用的關係,則若能悟到無善無惡的心體,便可使為善去惡的道德實踐成為自然而無執著的,如上文所引周海門所說的:「為善去惡,悟無善無惡而始真。」則人之從事道德實踐,除了嚴義利之辨以突顯人的道德意識的修養工夫

---

[18] 同註 16。

外,尚須作培養無善無惡的心體的工夫,此即須時時體會:道德實踐,為善去惡,雖是至為正大、莊嚴的事情,但其實亦是至虛寂、至自然的事情。此即人一方面須時時致良知以知是知非,一方面又須時時融化其道德判斷以無是無非。必須具備這兩方面的工夫,方可真正成德,完成人格。

五、結語

上文曾引周海門所述象山所說的「惡能害心,善亦能害心」之言,象山此言確是有所見的。人不能不自覺以明辨義利,以豁醒其道德意識;但又必須忘掉自己所作的善,不以善為善,才能使道德實踐不致產生弊病。為善去惡必須以無善無惡的虛寂自然的心情作根據,這是王龍溪哲學的重要貢獻。此論對於從事道德教育工作的人,應是有很大的啟發的。

綜合上面所說,要有真正的道德實踐,必須作兩步工夫:一是嚴義利之辨,二是不自以為是義是善。當然此二者之次序是不能顛倒的,義利之辨是首出的工夫。能辨義利後方能作忘善之工夫。如以忘善惡為先行之工夫,人便不能豁顯其道德意識。一般從事道德教育者,多未能明白道德是人按照無條件的律令而行之義,總把道德理解為可產生現實利益的行為的功利主義的說法;即人為了利,所以要去實踐道德。這樣地教人踐德,是會得出反效果的。復次,人在踐德後總不易忘掉自己的善,不知這正足以使為善成為不自然,甚至會因此而自以為善,固執其善而產生惡。這可說是由「驕傲自大」而引致的惡。的確,人在通過義利之辨而意識到道德法則的純粹性和絕對性時,常因而產生過分嚴肅的心情,而惡惡過甚。又容易因為自己能遵行如此嚴格的道德法則而自滿自大。故此行善而不自以為是善的境界,雖說是聖人的修養,但亦是一般人所必須知道,而要勉力求達至的。不明此義,便立刻會產生弊病。

王龍溪與季彭山的論辯

一、引言

　　季本（字明德，號彭山，1485-1563）與王龍溪皆是王陽明之及門高弟，且都屬「浙中王門」[1]，但二人之見解不同。彭山的「龍惕說」，是其最重要的主張，而彭山此說，是針對龍溪思想而發的，龍溪對此有其答辯；此一論辯在當時的王門其他弟子，亦有反應，如主張「戒懼」的鄒守益（字謙之，號東廓，1491-1562）亦參與討論。由此一論辯，對龍溪之學可有深入的了解，而彭山之主張，對道德實踐之本質，亦作了很相應的闡釋。茲據龍溪的〈答季彭山龍鏡書〉以分疏二人思想之異同。此一問題迄今為止，似尚未有專文作正式的深入探討者。

二、龍惕與自然

　　黃宗羲論季本云：「先生之學，貴主宰而惡自然，以為理者陽之主宰，乾道也；氣者，陰之流行，坤道也。流行則往而不返，非有主於內，則動靜皆失其則矣。其議論大抵以此為指歸。」梨洲此段話，很能得彭山思想之要旨。梨洲又云：「先生最著者為〈龍惕〉一書」。[2]而季彭山之弟子，著名的文學家徐渭（字文長，1521-1593）亦有〈讀龍惕書〉，[3]可

---

[1] 季彭山之生平學說，見黃宗羲《明儒學案》卷十三，〈浙中王門學案三〉。
[2] 同上註。
[3] 《徐渭集》（北京：中華書局，1999 年），卷二十九。

見〈龍惕書〉是彭山主要著作，但此書未見於彭山傳世之各種著述中，可能已佚。而《明儒學案》所引〈龍惕書〉原文，部分亦見於龍溪之〈答季彭山龍鏡書〉，[4]故龍溪此答書應已引及〈龍惕書〉之重要內容，據此以論彭山見解，當不致有太大差失。龍溪云：

> 來教亹亹數百言，及與月山所論龍鏡一書，深懲近時學者過用慈湖之弊。足知任道懇懇，憫時憂眾之懷，某不佞，敢忘佩服？

季彭山龍惕之說，龍溪說是懲近時學者過度採用楊慈湖之說而引起之流弊，而其實是針對龍溪之論而發。鄒東廓曾述彭山之學，說彭山認為「彼以自然為宗旨，譬諸水與鏡然，自妍自醜，自去自來，而無所經綸裁制；則習懶偷安，皆緣此起。」[5]此數句部分亦見龍溪此答書，明是批評龍溪的，故可知所謂過用慈湖者，是指龍溪。文中所提及的月山，是楊月山，曾從學於陽明；彭山亦與他論龍惕之義，據彭山所說，月山對彭山之論初不以為然，後方深信之。[6]

（一）辯論喻心以龍抑以鏡

龍溪續云：

> 細繹來旨，尚有毫釐欲就正處。茲據其略以請，非敢質言，正以求益也。吾丈云：「今之論心者，當以龍而不以鏡，惟水亦然。」云云。夫人心與物無對，無方體，無窮極，難於名狀。聖人欲揭以示人，不得已取諸譬喻，初非可以泥而比論也。水鏡之喻，未

---

[4] 《王龍溪全集》（臺北：華文書局，1970），卷九。本文所引龍溪原文，皆出於此答書。
[5] 〈心龍說贈彭山季侯〉，見《東廓先生文集》。（《四庫全書存目叢書》，集部65冊，臺南：莊嚴文化）
[6] 見〈贈都閫楊君擢清浪參將序〉，《季彭山先生文集》卷一。

為盡非。無情之照,因物顯象,應而皆實,過而不留。自妍自醜,自去自來,水鏡無與焉。蓋自然之所為,未嘗有欲。聖人無欲應世,經綸裁制之道,雖至於位天地、育萬物,其中和性情、本原機括,不過如此而已。著虛之見,本非是學。在佛老亦謂之外道,只此著便是欲,已失其自然之用,聖人未嘗有此也。

彭山論心,主龍惕。龍惕一詞,本於《易‧乾卦》之九三:「君子終日乾乾,夕惕若,厲無咎。」彭山認為論心當以龍為喻以言之,不能以鏡為喻。即他取心的剛健奮發、自覺警惕之義。以此言心,當然是切合道德心的特性的。當然,此心是實體性之本心,此心是本體。人從事道德實踐時,當然是要從感性物欲中超拔而出,自覺地依理而行。依陽明學,理即心,人須有為仁由己、自作主宰之自覺,方能顯理。又天理在良知之知是知非中顯,而致良知以為善去惡,須有此警覺奮發之象。故彭山之論,實有其理據。但龍溪認為,以水鏡喻心,亦有可取,此則是龍溪對心體之特別體會。水鏡照物,是無心於照物,物之妍醜自然呈現,而且外物自來自去,水鏡無情於物,過而不留。此一讓物自往自來,無心於物之境,很能表達人心若能無欲,便能自然地應物,而給出是非善惡的判斷,恰如其分,而毫不黏滯之義。此即「為善去惡而無迹」[7],無心於為善而自然是善,此即本心之如如流行。龍溪對此特有體會,而要以悟入此本體為工夫,故他認為以水鏡喻心,仍是可取的。他又表示,舉例是取其相似,意即用水鏡喻心,是取其自然無欲,應物無迹,過而不留之義,藉此以明本心,但譬喻當然是不能盡意的。龍溪又認為水鏡之自然應物,可譬喻聖人的裁制經綸。此則從聖人之化境上立論。即聖人固然是經綸天下,裁制萬物的,但聖人作此等事,皆自然「泛應曲當」,並不經意。雖裁制經綸,但無裁制之相。龍溪此處涵「唯有體現自然無欲之心體,方真正能經綸天下」之意,故他說並不會「著虛」。彭山大

---

[7] 此是周海門〈九解〉中之語,見《明儒學案》卷三十六。

概認為龍溪主張以水鏡喻本體，為著於虛。即執著於虛空，不能正視人間之倫常存在，不能治國平天下。依龍溪之意，若能呈顯此自然而無欲、如水鏡般之本體，不但不會著於空虛，而是一定能治國平天下的；其治平，是出於無心，自然而然。亦唯有能如水鏡照物般自然，才能真正經綸天下，收治平之功。順龍溪之意，可認為若未達無欲而自然之境，是不能真正經綸天下的。即若未至如聖人般無心而自然之境，其治國平天下，是在有善惡之分別，而去彼取此的情況下努力奮鬥，此固然是可逐漸改善世界，但常會有為造作、顧此失彼，並非蕩然公平地經綸天下。龍溪此意，在下文續有表示。龍溪此意有其理據，其言亦甚美；客觀地來看，龍溪此說，對道家之玄義，是有相當程度之吸收的，此如老子所說的「有生於無」，及王弼所說的「愈為之則愈失之矣」[8]、「崇本舉末」[9]，以「無」為體，可成就一切有之意。龍溪依「良知虛寂」之義，可攝道家玄理，又保持平治、經綸天下之儒家精神，其言甚為允當。但此是一聖人境界，非一般可及，龍溪總是從此境界上立論，此在彭山看來，便恐怕會喪失道德實踐之警覺義。彭山此意，可引他另一段文字來說明：

> 聖人以龍言心而不言鏡，蓋心如明鏡之說本於釋氏。照自外來，無所裁制者也；而龍則乾乾不息之誠，理自內出，變化在心者也。予力主此說，而同輩尚多未然。然此理發於孔子「居敬而行簡」是也。敬則惕然有警，乾道也。簡則自然無為，坤道也。苟任自然而不以敬為主，則志不帥氣而隨氣自動，雖無所為，不亦太簡乎？至孟子又分別甚明。「彼長而我長之，非有長於我也；猶彼白而我白之，從其白於外也。」此即言鏡之義也。「行吾敬，故謂之內也」此即言龍之義也。告子仁內義外之說，正由不知此耳，

---

[8] 《老子王弼注》第五章注語。

[9] 《老子王弼注》第三十七章注語。

復何疑乎？[10]

彭山以龍惕譬義由內發，以鏡照喻義由之隨外物而定，如告子之義外；此對龍溪之論，應是誤解。龍溪之言自然，固然是應物而無心，但並非由外物作主，而吾心隨而順之。應仍是由吾心作主，義由內發。雖義由內發，但並非以我之私見來規定物。此由我而發的義之裁斷，正好是處物之當然，此當然之義雖由我定，但並無我執，故雖由我裁斷，但亦是順物之當然。即依龍溪，用水鏡喻心，是一道德實踐之化境，並不是如釋道的空虛其懷，致虛而任物自然。龍溪雖以鏡照為喻，但並不同於釋道，仍是由道德心作主以言實踐。於道德實踐的自作主宰，義內之說，是不會違背的；只是龍溪要從道德實踐之化境上說。如果這化境是由致良知以為善去惡而達到的，便不會如彭山所說的為義外。因致良知必是由己之知是知非作主，由良知以正物，並非隨順外物，以物為主。只是由為善去惡可至一任天理流行，自然而然，為善而似無善可為，亦無惡可去之境。此決非彭山所云之義外。當然彭山亦知此自然化境之義，但他認為此自然之境，須由龍惕為主，即龍惕與自然，一主一從，此次序不能亂。如主敬與行簡，以敬為主，行簡為從。若無居敬，而以行簡為主，便是居簡而行簡了。他以自作主宰為敬，以順物而自然為簡。彭山此論，亦有所見，即他很能了解道德實踐的須自作主宰，剛健奮發，又戒慎警惕之義，認為若以自然作主，易與佛老相混；又認為太強調自然順遂，會失剛健之義，便會有流弊，此是彭山之所見。但他此一龍惕與自然一主一從之說，有使二者有先後主從，而不能合一之問題。若道德實踐一定有此二種精神前後相隨，分別起用，則此兩種精神或作用，便有不同的根源，這便支離而不切。彭山說龍惕屬乾，自然屬坤。據彭山之易學見解，乾是理，坤是氣。故惕若與自然之不同，便是理氣之分別。

---

[10] 季本：《說理會編》，《四庫全書存目叢書》，子部第九冊，卷二，頁6。又見《明儒學案》卷十三。

如此解說，雖可說明乾主坤從之義，但以自然屬之氣，則警惕與自然不能是一；警惕時不能自然，自然時不能警惕，這樣歧而二之，是很有問題的。龍溪在〈答書〉，便對此作了中肯的批評。

（二）辯龍惕與自然之主從先後

龍溪云：

> 丈又云：「龍之為物，以警惕而主變化者也。自然是主宰之無滯，曷嘗以此為先哉？坤道也，非乾道也。」云云。其意若以乾主警惕，坤貴自然。警惕時未可自然，自然時無事警惕。此是墮落兩邊見解，易道宗原，恐未可如是分疏也。夫學當以自然為宗，警惕者自然之用。戒謹恐懼，未嘗致纖毫力，有所恐懼，便不得其正，此正入門下手工夫。乾乾不息，終始互根，竭力而不以為勞，省力而不以為息，道並行而不相悖也。

彭山以警惕屬之乾，自然屬之坤，又以乾為理，屬之陽；坤為氣，屬於陰。乾為陽為主宰，坤為陰為順從。故必須以警惕為主，而自然為從。彭山此一理氣分屬乾坤陰陽之見解，十分特別。此意可見下文：

> 理氣只於陽中陰、陰中陽，從微至著，自有歸無者見之。先儒謂「陰陽者氣也，所以一陰一陽者道也」。又曰「不離乎陰陽，而亦不雜乎陰陽」，則似陰陽之中，自有一理也。殊不知理者陽之主宰，氣者陰之包含。時乎陽也，主宰彰焉，然必得陰以包含於內，而後氣不散；時乎陰也，包含密焉，然必得陽以主宰於中，而後理不昏。此陰中有陽，陽中有陰，所謂道也。通乎晝夜之道而知。知即「乾知大始」之知，正謂主宰。⋯⋯知主宰之為知，

則知乾剛之為理矣。知理則知陽，知陽則知陰矣。[11]

據此可知彭山確是以乾為陽為理，為主宰，而坤為陰為氣，為自然。此一分別說，不合一般以陰陽為氣之說。彭山引程朱「所以一陰一陽者道也」之說，加以評論，即表示不同意以陰陽為氣，理不離陰陽，但又並非陰陽之說。彭山以陽為乾，亦為理，此說很難成立，因若只以陰為氣，則氣只有收斂而無伸張，此並不可通。[12]當然彭山對陰陽可有其自己之規定。彭山如此言乾坤陰陽，或不易說通，但他藉《易經》所言乾坤之德，坤為順，以乾主坤之義，主張以惕若主宰自然，亦有理據。彭山認為，自然是主宰之無滯。即以主宰攝龍溪所重之自然無欲，此亦自可說。彭山於此處以良知即「乾知大始」之知，亦是藉易傳之說以明良知之「主宰」義，亦據此以反對龍溪以良知為虛寂自然，及以水鏡喻心之說，龍溪於下文對此有答辯。

上引文龍溪對彭山以警惕為先之說，評曰若如此則警惕與自然分為兩事，警惕時未可自然，自然時無事於警惕，是墮落兩邊見解。此評十分精切，確見到彭山理論之毛病。若將警惕與自然歧而為二，則警惕便一定是勉強振作，或有所恐懼，而不能是無做作的、自然而然的警惕。而自然便一定委順無力，不是能自作主宰，奮進而警醒之自然。故彭山可以主張以警惕為主、為先，但不能說警惕與自然如理與氣、陰與陽般，為不同的二者。於此可見龍溪之思理實遠較彭山精熟。

龍溪於本體之自然義甚有體會，故他主張學當以自然為宗。而警惕，則是自然之用；龍溪以此駁彭山必以警惕為先，以自然為從之說。本體既是自然，則依本體所起之工夫，便是悟入此自然之境。當然此「悟」是上根人方可用之工夫，但據龍溪意，初學者亦須由此入手。他所說的

---

[11] 季本：《說理會編》，引自《明儒學案》卷十三。

[12] 黃宗羲對季本此說有以下之評論：「今以理屬之陽，氣屬之陰，將可言一理一氣之為道乎？先生於理氣，非明睿所照，從考索而得者，言之終是鶻突。」（《明儒學案》卷十三）

「戒謹恐懼,未嘗致纖毫力;有所恐懼,便不得其正,此正入門下手工夫。」即認為在戒慎恐懼時,須是不作意的戒懼,若作意,便不是真正的道德實踐工夫。若戒懼而有作意,便是「有所恐懼」。有所恐懼,是人的不自然的心理,即一般所謂的惴惴不安,此並非道德實踐義的戒懼。故若要戒懼得其正,須體會本體之自然,即惟有符合本體的,才是真正的工夫。初學者雖距離聖境甚遠,但對於這本體是「自然」之義,須先有了解,不然便會錯用工夫。龍溪此意,確甚精當。此中龍溪雖認為自然與警惕是分不開的,沒有自然而不警惕者,但他仍是以自然為本、為宗。此義見後文。龍溪續云:

> 自古體易者莫如文王,文王小心翼翼,昭事上帝,迺是真自然;不識不知,順帝之則,迺是真警惕。乾坤二用,純亦不已,是豈可以先後而論哉?孔子發憤忘食,樂以忘憂;孟子必有事焉而勿正,義皆類此。

龍溪舉文王為例,說明警惕與自然是分不開的;真正的警惕必同時是自然,真正的自然亦必同時是警惕。孔孟之剛健奮發,都亦是自然而然的。意即孔子之發憤忘食,是警惕,而樂以忘憂,便是自然;孟子之必有事焉,是警惕,而勿正,是自然。龍溪此一分析十分合理。

(三)辯聖人與學者工夫之不同

龍溪亦回應認為悟入自然無欲的本體,並非初學者可能之問題,龍溪云:

> 或者以為聖人本體自然無欲,學者工夫,豈能徑造?是殆未知合一之旨也。夫道一而已矣,滕文公未嘗學問,孟子開口便教以法堯舜,師文王,豈漫為之說以誣世哉?誠見道之本一,而學之不容以異也。聖人、學者本無二學,本體、工夫亦非二事。聖人自

然無欲,是即本體便是工夫;學者寡欲以至於無,是做工夫求復本體。

龍溪認為工夫與本體是分不開的,人須相應於本體做工夫。固然上根之人可一下子以悟本體為工夫,中根以下之人,須逐漸用功以求復其本體;但工夫雖有不同,本體並無分別,一般人所用的工夫,亦是要呈現此無欲之真體,故工夫是寡欲,寡而至於無,本體便呈現。此即表示對本體的理解,對工夫是有所決定的,不能說一般人不能以悟本體為工夫,便不能理解本體是自然無欲的。龍溪此辯,講明了本體須從自然無欲來規定之意。龍溪引孟子言性善,於未嘗學問之滕文公,亦教以聖人之道,可見不論智愚,都以復本體為工夫。對於本體之意義,對於聖凡,都須講求,要從對本體之恰當的理解以起工夫。龍溪此論固然有理,但他所謂的本體,是「自然無欲」及「無善無惡」的,這並非完全同於孟子所謂的本心;龍溪之說雖本諸陽明,但特重無善無惡之義,其所言之工夫,便顯得相當特別。

龍溪續云:

故雖生知安行,兼修之功,未嘗廢困勉;雖困知勉行,所性之體,未嘗不生而安也。舍工夫而談本體,謂之虛見,虛則罔矣。外本體而論工夫,謂之二法,二則支矣。此在吾人,自思得之,非可以口舌爭也。

所謂生知安行兼修之功,是指上根之人「兼修中下」,即雖上根之人,亦須用中下根人之工夫,而此工夫,即「困知勉行」之工夫。又雖是困知勉行之人,其本體亦同於生知安行者。如是則如上文所述,本體與工夫是相關聯的,其工夫之是否恰當,決定於對本體之了解是否恰當。這應是「外本體而論工夫,謂之二法」之意。龍溪認為本體是自然無欲的,從此義方可了解本體,對本體既有此了解,則工夫便在於如何恢復自然

無欲之真體,即工夫須用在如何去欲,如何能恢復本體之自然上,而此一工夫,便不能如彭山所說的「警惕」之工夫了。龍溪此工夫必與本體相關聯之論,是十分重要的,工夫的如何作,決定於對本體的理解。如朱子及陸王,對本體的理解不同,故所提倡的工夫便不同。此辯可見內聖學之工夫是一特殊之工夫。內聖之學的工夫,是為了顯本體,並非是講求知識,或甚至亦不只是養成好習慣,使生命有教養。此學之目標在於成聖。依心學之理論,本心即本體,而此體是人人可當下呈現的,故工夫便是當下直顯此心體。依龍溪,此心體是自然無欲的。而此體亦是當下可證,故依此以言工夫,雖有聖凡之不同,但亦有相通。即雖有上下根,或聖、凡之別,但工夫的目的,都在於顯本體,而本體只有一,不會因聖凡的不同而有不同。既本體只是一個,則工夫雖可不同,但都必須扣緊如何顯此一本體來用。如果本體是自然無欲的,則工夫便是用於如何使心恢復自然無欲此一目的上,而若扣緊此而作工夫,工夫當然是「日減」,即去掉多餘的造作、分別。就此而言,聖凡工夫之不同,是一下子呈現此無欲自然之本體,或逐漸用去欲之工夫以恢復其本體之別而已。此中聖凡的不同工夫,其實亦是相通的,二者並非有本質的不同,只有恢復本體之「遲疾」的程度上之不同而已。就此義而言,龍溪便可說不論聖人或學者,都必須以「自然無欲」為宗,以此為標準而作工夫。若是便不存在自然無欲非學者可說之問題了。龍溪後文即對彭山之工夫論加以批評。

(四)辯以警惕而主變化抑以無欲而主變化

其云以警惕而主變化,不若以無欲而主變化,更為理得。警惕只是因時之義,時不當,故危屬生,惟惕始可至於無咎,非龍德之全也。無欲則自然警惕,當變而變,當化而化,潛見飛躍,神用無方。不涉蹤跡,不犯安排,吾心剛健之象,帝命之不容已者,正如此。習懶偷安,近時學者之病,則誠有之。此卻是錯認自然,

> 正是有欲而不虛,若便指為先迷失道,以坤體言虛,一入於此,
> 便有履霜之戒,則不惟辜負自然,亦辜負乾坤矣。

龍溪認為與其主張以警惕而主變化,不如說以無欲而主變化。他以警惕只是因時之不當而起的反應,並非龍德之全。即警惕只是心體因應一時的情況而起的作用,並非心體本身的全德。不能以一時的表現、作用來規定本心的本質內容。即依龍溪,由無欲而自然,方能見本心的全德。一時的警惕的表現,是會因時之恰當而消失,而無欲而自然,則是時時如此,不會消失。故曰「無欲則自然警惕,當變而變,當化而化,⋯⋯不犯安排」。彭山大概不會同意龍溪對警惕的了解,但龍溪之說亦有理據,一般所謂之警惕,確是因時之不當而起;若此是因時而起,亦會因時而平伏下去。一時之警惕並非是心是理,理是心,發心動念自然合度之境。心之自然合理是不思而得,不勉而中,從容中道。亦是平平之境。此境是生命實踐之化境,是最後的。而龍溪則以此規定心之本體,認為心之本體本來便是無欲而自然的,如上文所述,如此規定亦是合理的。他所理解的自然,是包含剛健奮發的,而若言自然者有習懶偷安之毛病,這是學者錯認自然。若因有此弊而將自然歸屬於坤,而要以乾主宰之,這不但是誤解自然,亦於乾坤之義,有所不解。

　　既是本體是自然無欲,則如何是恰當的工夫?是由警惕契入,抑是由無欲自然契入?既然警惕是一時之相,非心德之全,則依龍溪,當然是從自然契入,而非從警惕契入。但此無欲而自然之本體,必須先有工夫,方可體證;而工夫,便在於去欲,此即「日減」工夫。但這去欲的工夫,若不是通過義利之辨,依道德法則而存天理、去人欲,則並不能契入道德心。若去欲而不以道德法則或道德心作根據,則未必是儒家的工夫。對於此質疑,龍溪之回答必是說此去欲、日減之工夫,是以良知為據的,龍溪於後文亦言致良知之義。若是以良知為據作去欲之工夫,則其所恢復之本體,必是良知心體,即是道德心,這是無可疑的。但龍溪之本良知以知是非,為善去惡之工夫教法,為其從自然無欲以悟本體

之說所掩,並不十分突出。

　　當然,依彭山之意,警惕並非是因時之義,而應是如龍溪所言之自然,是心體之「常德」。彭山主張龍惕、主宰,而不喜言鏡照、自然,是有見於道德實踐是自作主宰的。自作主宰,行所該行,並非「依他而起」。此即康德所說的「意志的自律」,亦即孟子所主張的「義內」。道德的實踐與認知的活動不同,認識的活動以對象為主,如「彼白而我白之」,是橫攝的,而道德的實踐,是由中出的,如「行吾敬」,即由自己給出一如何作才合理的決斷,此決斷固然因用於對象,而必先對對象有所知,但此決斷的根據,純由內發,如見長而長,似是隨感而應,而其實所以要「如此應」,是依無條件之律令而行,而此律令,是一自己作出對自己之一要求,並非由外而定。又如見孺子入井,似是由因知孺子入井危險而作出往救之行動,但此行動之所以要發出,如孟子所說,是「非所以內交於孺子父母」等等,即純因自己要往救而行動,無其他因素影響。於此可見到人具有純粹的自發地行所當行的意志(本心),此本心便是義之決斷之根據。此本心純是自發的、由中而出的,並不是因外感而引致的。從經驗上看,道德行為似是依他而起,但深觀之,必須肯定真正的道德行為,必須是自發自決的。這應便是季彭山強調龍惕的精神之意,他很能理解道德實踐的「自發」、「由中而出」的特質。他大概認為龍溪之主自然、鏡照,是順物起用,是橫攝的,但其實龍溪的自然、鏡照,是道德實踐之化境,是將自覺奮發的實踐,表現水鏡照物般的自然而然,化境是經過自覺的「應然」,而使應然表現得如同自然,故此自然是「再度諧和」,並非「原始諧和」。彭山之分辨警惕與自然,是有見於道德實踐之自由、由我主宰,並非如鏡照之隨物而現。彭山此一分辨,確有所見。道德實踐必是自我作主,由中而出,用龍惕表示之,亦顯剛健奮發之象,是很恰當的。故如此而言龍惕或警惕,便不是如龍溪所說的「因時之義」;剛健警惕,是心體本身呈現時必有之象,並非因有妨礙險阻之故。即龍惕之象,應如自然無欲般,都屬本體本身表現出來的特徵,都是體上之事,並非一時之用。吾人可替彭山作以上之補

充。當然他以坤順來規定自然,是不恰當的,他不能充分正視龍溪所說之自然無欲之義,他不知此是化境之自然義。化境之自然,似是如同認識活動的「橫攝」,其實是「縱貫」而以橫攝之樣子來表現。即其實仍是道德的活動,是含自作主宰而警惕之精神者,只是此時之主宰與警惕是主宰而無主宰相,警惕而無警惕相。

故龍溪之主張以無欲主變化,以自然言心,及以鏡照作譬喻,不能被理解為橫攝,而以對象作主,自己順從之之活動,而仍是自己作主之縱貫。此表面是橫,而其實是縱貫之義,可引牟宗三先生一段話來作說明:

> 在心意知物渾是一事之情形中,好像不是縱貫縱講,而是縱貫橫講,這樣便與佛老無以異。實則仍是縱貫縱講,只因圓頓,故而「縱」相不顯耳。因為此心意知仍是創生一切存在之心意知,而且亦仍是以「敬以直內義以方外」為其基本底子,並非只是「無為無執」之玄智,亦非只是「解心無染」之佛智。此後兩者皆是無創生性之無限心也,故只能即于一切存在而純潔化之(無之或空如之),因而亦成全而保存之,然而不能實言創生之也。[13]

牟先生認為王龍溪「四無說」所言心意知物一體呈現,四者只是一事之說,雖有似於佛道的「縱貫橫講」,即只是任物自然,而無創生義;但其實不然。龍溪之說,仍是以道德心之實踐為根柢。道德的實踐,是承體起用,善化存在的縱貫的、創造性的活動。只因此時是圓頓說,故縱相不顯。

當然,龍溪之說,實義雖是如此,而其言太強調自然、無心之義,使其中之剛健、自作主宰之義未明白彰顯,由是彭山便以警惕、主宰以糾正之,此亦是有道理的。在此一論辯中,龍溪強調自然無欲,是心體

---

[13] 牟宗三:《圓善論》(臺北:臺灣學生書局,1985 年),頁 327。

之常德,不能如彭山所說,自然是坤之順,須以乾主宰之。而彭山所說的警惕,亦是本心之常德,不能如龍溪所理解,只是「因時之義」,二人都以自己所理解之本心之德為宗主,而收攝及貶抑對方之說,可謂針鋒相對。

(五)辯楊慈湖之說及良知之本義

> 若楊慈湖不起意之說,善用之未為不是。蓋人心惟有一意始能起經綸、成德業。意根於心,心不離念。心無欲,則念自一,一念萬年。主宰明定,無起作、無遷改,正是本心自然之用,艮背行庭之旨。終日變化酬酢,而未嘗動也。纔有起作,便涉二意,便是有欲而罔動,便為離根,便非經綸裁制之道。慈湖之言,誠有過處,無意無必,乃是聖人教人榜樣,非慈湖所能獨倡也。惟其不知一念用力,脫卻主腦,莽蕩無據,自以為無意無必,而不足以經綸裁制,如今時之弊,則誠有所不可耳。

龍溪此段肯定楊慈湖(楊簡,字敬仲,號慈湖,1141-1226)之說。慈湖主張「不起意」,以此為工夫。其所謂意,是指經驗層的意念。他以孔子所云的「子絕四:毋意、毋必、毋固、毋我。」(《論語・子罕》)來發揮「不起意」之說。[14]認為若不受意念影響,人的高明廣大的本性便可實現。慈湖此一工夫論,和龍溪之說是很相近的。或可說,慈湖之不起意,及強調「心之精神是謂聖」[15],對王學有相當的影響。龍溪此段說「人心惟有一意而起經綸」、「一念萬年」,其所言之「一」,即「無欲」。此義固源於周濂溪言「一者無欲也,無欲則靜虛動直。」(《通書・聖學

---

[14] 楊慈湖有〈絕四說〉(《慈湖遺書》卷二),《文淵閣四庫全書》集部一七五。

[15] 「心之精神是謂聖」一語,出自《孔叢子・記問》,楊慈湖特重此語,常加引用,認為是孔子之至言。

第二十》）但當亦有取於慈湖之說。慈湖云：

> 然則心與意奚辨？是二者未始不一，蔽者自不一。一者為心，二者為意；直則為心，支則為意；通則為心，阻則為意。直心直用，不識不知，變化云為，豈支豈離！感通無窮，匪思匪為，孟子明心，孔子毋意，意毋則此心明矣。

此處所說的一者為心，二者為意；與上引文龍溪所云「一意」及「纔有起作，便涉二意，便是有欲而罔動」，意思相近。龍溪所倡之工夫，如上文所述，是要恢復自然無欲之心體。上根之人可悟入此心體，中根以下，便用去欲工夫，逐漸而至於無欲。以自然無欲說本體，及以去欲為工夫，而工夫要用在意上，此等說法，在陽明為龍溪分疏四句教與四無說之不同時，雖已有提及，[16]而實亦吸收了慈湖見解。龍溪對慈湖所說的「絕四」之意義，十分贊同。[17]故曰「無意無必，乃是聖人教人榜樣，非慈湖所能獨倡」。即認為慈湖之說，合於孔子本意。龍溪、慈湖都以無欲言本體，而若此無欲境界，是由義利之辨之工夫而至者，則仍是以道德實踐為根柢之化境，仍是道德心的直貫創生的活動，雖以鏡照為譬喻，但並非如佛老的「縱貫橫講」。而龍溪所言的「無欲」或「日減」之工夫，如果是從行動所依據的原則，是「有條件的」抑是「無條件的」來省察，則確是內聖之學的「慎獨」及「存天理去人欲」的工夫，並不只是道家從化去有為做作，使心境沖虛無為之義。龍溪所說的「心無欲則念自一」，「惟有一意可以起經綸」，都應從道德心的「按照無條件的法則而行」，及道德心的神感神應，自然地經綸裁制來說。從「不起意」實可契入心之本體，此本體是「一意」、「一念」，而不落入感性層次中，

---

[16] 見《傳習錄》卷三。

[17] 慈湖於〈絕四說〉中，申明孔所云「毋意」之毋，是「止絕」之意，即是聖人對學者而說的，此工夫人人可作，不限於聖人。何晏《論語集解》及朱子《集注》，都以毋意等為聖人境界。

不會有「二意」，不會起念造作，如此便可起經綸，龍溪對心體之神感神應，實至有體會。

龍溪雖肯定慈湖「不起意」及「絕四」之說，以為此合於孔門聖教，但對慈湖亦有批評。他認為慈湖「不知一念用力，脫卻主腦」。所謂「一念用力」，即體認此「一念」、「一意」，而此一念一意，應即是良知本體，龍溪又常說「一念之微」，亦是指良知本體。即龍溪仍是以良知為主腦；以良知作主，是陽明本旨，龍溪自認為並不違背師門。但龍溪在此所言之良知，如上文所述，重在無欲而自然來說，龍溪將慈湖所言之「不起意」，理解為「一意」，而此即「無意之意」，又以此義規定良知。故龍溪此處雖認為慈湖之論因不以良知為主腦，是為不足，但所謂以良知為主，仍即是以無意之意、無知之知為主之意。此意可從以下的對彭山之批評看到：

> 又云：「良知因動而可見，知者主也。」恐亦未為定論。易曰：「乾知大始」，良知即乾知。靈明首出，剛健無欲，混沌初開第一竅，未生萬物，故謂之大始。順此良知而行，無所事事，便是坤作成物。《本義》訓知為主，反使聖人喫緊明白話頭，含糊昏緩，無入手處。只一知字，且無下落，致知工夫，將復何所屬耶？夫良知兩字，性命之根。至微而顯，徹動徹靜，徹內徹外，徹凡徹聖，徹古徹今。本無汙染，本無增損得喪，寂感一體，非因動而後見也。

季彭山主張「良知因動而可見，知者主也。」彭山以為良知之知，是主宰性的活動，是「因動而可見」的。此說強調良知之主宰義、健動義，亦是很合理的。但彭山如此說良知，亦是為了批評「自然無欲」之說。即言良知，須從動及主宰處說，不能從自然、任順之義說。對此，龍溪當然要回應。龍溪認為，若只從動及主宰之義說良知，並未能見良知的全德，良知之德，不能只限於主宰處說，良知即是乾知，故乾知即是本

體,即是「大始」,順良知而行,即是成物。即依龍溪意,乾知之「知」義是不能去掉的,若將「知」解作「主」,則良知之「知」性便去掉了,這樣便失去了工夫的主腦,故龍溪說若照彭山之說,則「只一知字,且無下落,致知工夫,將何所屬耶?」龍溪對於陽明提出良知之意義是很有了解的。從良知說本體,則人於知是知非處,當下便證悟本體之意義,龍溪於此義確有所見。但龍溪對良知本體,是強調「自然無欲」之義者,故由此而言之工夫,是去欲以復本體。龍溪在此處強調良知之「知」性,知即本體,而良知並不只是主宰義。又對於彭山「良知因動而可見」之說,龍溪認為良知是「寂感一體」的,若只從「動」處說,便只是良知的「偏義」,而非「全義」。

此處是討論對良知應如何理解之問題。季彭山以知為主宰,並引「乾知大始」來證,將乾知的知理解為主,此本於朱子;[18]龍溪認為朱子此釋,是失掉良知之知性,不合良知作為本體之意義。但彭山之說,亦不同於朱子。他只是藉乾知之知解作主,以證良知之知是主宰義。此起主宰之作用處,便是良知本體。彭山重視良知之主宰性,所謂「貴主宰而惡自然」也。龍溪之回應,則認為良知不能只於動處見,亦不能只從主宰義來說。龍溪之見解,仍如上文所分析,是將彭山所說的警惕、主宰及動,理解為良知一時的作用,不可據此以言良知本體之德。而龍溪所理解之良知,是「自然無欲」者,他以此義為宗為本。

龍溪以乾知即良知,然後反覆說良知之為本體之義,良知為寂感一如,徹古徹今,此是對良知之本體論義之體會,此並無問題。但龍溪對良知之本體論義之體會,仍偏重在自然無欲,無善無惡處說,而不重主宰、警策之義,這應是彭山深為不滿的。龍溪於此,亦確有偏重處。如上引文所說,從混沌說良知,又說「無所事事,便是坤作成物」。此以良知通貫乾坤而說,義亦精微,但確偏於自然義。龍溪續云:

---

[18] 朱子曰:「知猶主也,乾主始物而坤作成之。」(《易本義・繫辭上傳》)

> 老師雖為拈出示人，原是聖門宗旨。「蓋有不知而作，我無是也。」「吾有知乎哉？無知也。」「夫婦之愚，可以與知。」「聖人，天地所不能盡。」蓋指此良知而言也。範圍天地，曲成萬物，其要只在「通乎晝夜之道而知」。即此知是良知，即此知是致知，即此知是本體，即此知是工夫。純此之謂乾，順此之謂坤，定此謂之素定，覺此謂之先覺，主此謂之主靜，盡此謂之盡性，致此謂之致命，非有二也。

由於認為彭山將知解作主，失了陽明言良知之本義，故龍溪便於此段強調陽明提出良知教之意義。言陽明以知言本體，使一般人對本體當下有一體悟，所謂一言之下，洞見全體。而對本體有分明之了解，則當下亦可承體起用，有相應之工夫。只說一知字，則本體在是，工夫亦在是，這是非常直截明白的。龍溪言此，以糾正彭山以知為主之解釋。龍溪對陽明良知學的特色，把握當然是很真切的。但他對良知本體之體會，及據此而言之工夫，是重在自然無欲之義上說，而不是從良知知是知非而為善去惡上說。而他一定要將「主宰警惕」視為良知一時之用，亦是有問題的。

（六）龍溪所理解的「致良知」之工夫

> 顏子發聖人之蘊，以教萬世，所學何事？顏子有不善未嘗復行，不遠而復。復者復此良知而已。惟是良知精明，時時作得主宰，纔動便覺，纔覺便化。譬如明鏡能察微塵，止水能見微波，當下了截，當下消融，不待遠而後復，謂之聖門易簡直截根源。

此段舉顏子之學以明致良知之工夫。龍溪對有關顏子之「不遷怒、不貳過」，及「有不善未嘗不知，知之未嘗復行」等語所蘊涵之工夫論意義，作了特別的闡釋。若依龍溪之論顏子所言之工夫，即從「纔動便覺，纔

覺便化」來理解龍溪之學，則他所說的致良知之工夫，是要於意念微有所動時，即用工夫以通化之，使意念恢復至自然無欲之境。此所謂「不遠而復」。若是如此，則其工夫雖亦可說是以良知為首腦，及亦可說是致良知，但這是致知以復其自然無欲之本體，是以自然無欲之良知本體為標準，見意念微有所動而不自然，便要泯化消融此微動之意，以歸於虛無之體。這雖或可是陽明致良知說之所涵，但似非致良知教之正義。致良知，是以良知之知是非而端正意念與行動，使不正者復歸於正。即乃是以「知是知非」為主腦，並非以自然無欲之無知之知為準。龍溪之說，則是以意有所向，微有動即是欲，須化去之以復歸於無欲。當然，依龍溪之說，良知亦於此意微有所動而知覺處顯，不論意之動如何深微，良知亦必知之，既知之便可化去，而復於無欲之本體。如此而說良知之意義及其作用，亦可為陽明之說所涵，但此義確甚為特別，或應說是陽明所說之良知義之發展。此可證吾人前文所說，於本體若有不同之理解，則其工夫便有不同作法。龍溪雖本於陽明，而以良知為本體，但他對本體的體悟，偏重在「自然無欲」及「虛無」之義，故其工夫，特重如何復歸於無欲，這是龍溪工夫論的特色。對於由虛無以言良知之義，可於下文見之：

> 今日良知之學，乃千聖相傳密機，顏子、明道所不敢言者。後之儒者不明宗旨，祇是傳得子張以下學術。顧疑良知孤單，不足以盡萬物之變，必假知識聞見而合發之，反將直截根源賺入繁難蹊徑上去，其亦不思甚矣。夫良知之于萬物，猶目之於色、耳之於聲也。目惟無色，始能辨五色；耳惟無聲，始能辨五聲；良知惟無物，始能盡萬物之變。無中生有，不以迹求，是乃天職之自然，造化之靈體。故曰「變動不居，周流六虛，不可為典要，惟變所適。」易即良知也，今疑此為不足，而猶假聞見以為學，是猶假色於目以為視，假聲於耳以為聽，如之何其可也？夫良知未嘗離聞見，而即以聞見為知，則良知之用息。耳目未嘗離聲色，而即

以聲色為視聽,則耳目之用廢,若差毫釐,謬實千里。豈惟不足以主經綸而神變化,摒閉靈竅,壅閼聰明,將非徒無益,而反害之也。

　　龍溪所言之良知之學,所謂直截根源,是從良知之虛寂自然上說。以虛寂自然為本體,為標準,稍有不虛、不自然者,便是有欲,於是便用工夫化去之。而於此良知之本體虛無之義越能體會,其工夫便越能入微。此於虛寂自然說良知,及由此以起工夫,確是龍溪學的特色,而此一工夫作法,確近於楊慈湖「不起意」之說。[19]

　　龍溪言良知本虛、不假於見聞,他藉目之視、耳之聽為例,由於目耳本虛,未預先有色聲等內容,故能辨五色,聽五音。若先有聲色於耳目,耳目便不能善盡其作用。視聽雖不離聲色,但不能以為聲色即是視聽;良知不離聞見,但聞見並非良知之本體。而良知由於本體虛無,故能明辨事物之是非,若先有是非在心,其道德判斷便一定偏頗。故不能因良知虛無,似有不足,便填入聞見之知識以充實之,這樣作以為會使良知有所依循,其實是堵塞了良知之靈明。故能保持良知之自然無欲之虛無本性,才能真正發揮良知之大用,而盡萬物之變。此所謂「無中生有」,而必如此方能「主經綸而神變化」。

　　龍溪此處所言良知本體虛無,才能造化,其義甚精。他此一對良知之「虛無」義之闡釋,與上文所說的從自然無欲說心體,意義是一貫的,故他以恢復虛無之本體為學說要旨。如此論說,確可以回應季彭山認為以自然言心並非心之主德之疑,龍溪所言「無中生有」之義,可謂美矣。如上述,吾人不能因龍溪言虛寂、自然、或無欲,便說其是佛老之學。依儒者之義利之辨,存天理以去人欲之工夫,亦必可至此無欲自然之境,亦可體會良知之本體是虛無的。故龍溪之說有其理據,亦可以此義

---

[19] 慈湖論意,有「微起焉皆謂之意,微止焉皆謂之意。」(〈絕四記〉)之說,龍溪所言一念入微之義,近於慈湖之說。

範圍三教。但問題是要言儒家義之本體,是否可以首先用虛無來規定?儒者之工夫,是否可以悟入虛無之本體為工夫?這略同於康德所說的道德法則及自由二者,哪一個是吾人可先行認識之問題。康德認為吾人只能由對道德法則的理解而肯定自由,不能由自由以推出道德法則。因為法則是清楚的,而自由是不清楚的。[20]龍溪由虛寂自然,或自然無欲以言本體,又要以悟入此虛無之本體為工夫,依康德之說,便是顛倒了認識之先後次序,是不合理的,亦是不可能的。當然吾人未必非要遵照康德之說法。康德認為自由意志只能由實踐理性、道德法則肯定,只可說是設準,並非為吾人之認識對象,此一說法未必合理。依陸王心學,本心良知是坦然明白的,而若是坦然明白,則先了悟自由,或如龍溪所說,先悟入自然無欲的心體,並非是不可能的。又即使不能一下子悟入或呈現此本體,而以本體為無欲自然為標準,以此對照吾人之現實生命,一見意念有不合理之動、稍有不自然,便知其不合於無欲自然之體,於是便馬上在此作工夫,此一工夫論,亦非不合理。

但雖如此,以虛無契入道德本體,以此為本體的第一義,則於本體的道德性,確是有所減殺的。季彭山之言龍惕,及貴主宰而惡自然確是見到其中之問題。彭山據以申述其見解之學理,如對乾坤、理氣之論說,是有問題的,但他的質疑,則很有意義。彭山之主張,近於康德所言須以法則為先,不能以自由為先之意,由此亦可見王學所以有流弊之故也。[21]

龍溪雖強調以自然無欲言心體,認為人可體證此一虛無之本體,但對於人現實生命之病痛,亦深有體會,他說:

　　蓋自霸術以來,功利世情,漸漬薰染,入於人之心髓,已非一朝

---

[20] 見康德:《實踐理性底批判》,第一部卷一,第一章。牟宗三先生《康德的道德哲學》,頁165。

[21] 見本書〈從王學的流弊看康德道德哲學作為「居間型態」的意義〉一文。

> 一夕之故。吾人種種見在，好名好貨好色等習，潛伏膠固，密制其命，不求脫離。終日倚靠意見，牽搭支撐，假借粉飾。以任情為率性，以安逸因循為自然，以計算為經綸，以遷就為變通，以利害成敗為是非，以憤激悻戾為剛大之氣。

由此段可見龍溪之省察工夫是很深的。或許由於他對心體或良知之自然無欲之虛無性深有體悟，方能對生命的毛病有如是深刻的省察。而他認為，只有以自然無欲之心體為準，才可能見此等毛病，而直下掃除之。他說：

> 吾人欲直下承當，更無巧法。惟須從心悟入，從身發揮。不在凡情裡營窠臼，不在意見裡尋途轍，只在一念獨知處默默改過。徹底掃蕩，徹底超脫。良知真體，精融靈洞，纖翳悉除，萬象昭察。

龍溪於此段良知之作用，其義甚精，其所云良知之照察私欲，及所謂「獨知」之義，亦是王陽明良知教之正義。但龍溪此處，亦有要當下將自然無欲之心體呈顯出來，方能真正從根上祓除生命之各種污染之意。即唯有呈現此自然無欲、無任何染著之良知，方能徹底拋開生命之習染，則他於此所說的致良知工夫，仍是扣緊他對良知心體之體悟而開出者。

三、龍溪與彭山之辯的省察

龍溪與季彭山對本體有不同的體悟與規定，一主自然無欲，一主如龍之剛健、主宰及警惕，二人各有所見，亦應皆是良知心體應有之特性。季彭山以為自然是坤道，不能與乾道之龍惕相提並論，固有所失；而龍溪一定要以自然為宗，認為警惕只是「因時之用」，亦是有所偏。[22]比較

---

[22] 鄒東廓對此一爭議的評論，很可參考，他說：「警惕變化，自然變化，其旨無所不同者，

而言,季本之說,較相應於道德義。儒家所言之本體,當然須從依無條件律令而行之道德意識契入,而人之道德意識一旦顯出來,便必有振作挺拔,擺脫種種生理本能之欲求,不顧種種利害之計較,而行所當行之精神,此一道德精神,以龍惕來表示,是很恰當的。當然王龍溪之從自然無欲體悟本體,於聖人之化境之生命內容,也是有非常恰當的展示,此是一道德實踐之圓成之境。即必須由為善去惡進至無善無惡,由自覺的分別進至超自覺的無分別,為善去惡而無迹,方是最理想的實踐。此時雖為善而不自以為善,雖去惡而不陷入因善惡相待、惡惡太甚而生之衝突矛盾中。故必體會此境,方可以經綸天下。龍溪於此實極有發明。但此無欲而自然,並非儒學獨有之義,而為儒釋道三教之共法。儒學言本體之特色,應是季本所說之義。自然無欲雖是踐德之化境,但並不顯由道德法則、義所當然契入本體之特色,即龍溪如此體悟本體,道德意識並不顯著,於此義上看,彭山之辯駁,是有意義的。當然,龍溪之說,可藉儒學之義以統攝佛老,即由良知之虛無自然,以攝佛老之長,此對於儒學義理,可有一開展,使義理內容更為豐富而高明。

總言之,自然無欲與警惕二者,應是本體所必涵有之二義,不能以此一而否定彼一,合二義而觀,方可見本體之全義。但雖如此,二者仍可有主從、先後之區分,上文所論的二者以何為主為宗,又何者為先之論辯,亦是有意義的。此一問題,似可從主從、先後、高下三方面來討論。若問警惕與自然孰為主、孰為從,則應說以警惕(含剛健奮發)為主,自然為從。若言先後,亦應以龍惕為先。因儒家之實踐,應先辨義利,即須由正視道德律令為無條件的命令,以豁醒人之道德意識。若言高下,則當然是以自然無欲,及良知之虛無義為高,必至此義,方是實踐之化境,亦至此,方是生命之圓成。龍溪站在此至高處立論,並以悟入此至高處,即以悟在聖人化境下之本體為工夫,此即是其「四無說」

不警惕不足以言自然,不自然不足以言警惕。警惕而不自然,其失也滯;自然而不警惕,其失也蕩。」(《明儒學案》卷十三)

及龍溪所載陽明所云「從無處立根基」,「即本體便是工夫」[23]之義,通過龍溪與彭山之爭論,可以見到龍溪對本體及工夫的特殊了解,這對於四無說的義涵,及此種工夫是否可能,是可以有進一步思考者,此則必須詳論,本文暫不能及。

警惕與自然孰先孰後之問題,似乎可用牟宗三先生所說的真美善可以合一,但必須以善作主,以道德擔綱之義來說明。牟先生認為康德以審美判斷來溝通自然與自由,是不恰當的,他認為審美自有其獨立之領域,故主張真美善三者為分別獨立者,不能以審美為橋樑以溝通兩界。但三者雖可獨立地看,亦可有渾然是一,即真即美即善之合一境界。牟先生此說在此不詳論,[24]我只想借他在討論真美善合一的渾化之境時,認為仍須以道德擔綱之說。牟先生云:

> 真美善三者雖各有其獨立性,然而導致「即真即美即善」之合一之境者仍在善方面的道德的心,即實踐理性之心。此即表示說道德實踐的心仍是主導者,是建體立極之綱維者。因為道德實踐的心是生命之奮鬥之原則,主觀地說是「精進不已」(純亦不已)之原則,客觀而絕對地說是「於穆不已」之原則,因此其極境必是「提得起放得下」者。「堯舜性之」是此境,「大而化之之謂聖」亦是此境。……惟釋道兩家不自道德心立教,雖其實踐必涵此境,然而終不若儒聖之「以道德心之純亦不已導致此境」之為專當也。蓋人之生命之振拔挺立其原初之根源惟在道德心之有「應當」之提得起也。此一「提得起」之「應當」亦合乎康德之「以實踐理性居優位」之主張,惟康德系統中未達此「合一」之境,……。[25]

---

[23] 《王龍溪全集》卷一,〈天泉證道紀〉。

[24] 牟宗三:《判斷力之批判》(上冊)(臺北:臺灣學生書局,1992年),頁78-91。

[25] 同上,頁83。

龍溪之自然無欲說,是言良知之本體,亦是實踐之化境,於此義而言,確如牟先生所說,是即真即美即善之境,此境界較諸彭山之論,是更為高明圓熟的,彭山重警惕主宰,顯良知之應當及生命振拔挺立義,但未達化境。雖如此,化境之合一說,仍須以道德心擔綱作主,若忘卻此義,便三教無別;就此而言,彭山之強調實有其必要。牟先生所說的「提得起放得下」,實深具啟發性。儒家以道德法則為先,生命得以挺立振拔,故「提得起」;若以自然無欲為先,便不一定能提得起。又生命之振拔,必須至自然而然,方是純亦不已,故由「提得起」必須至「放得下」。合提得起及放得下,方是儒學的智慧的全部。

朝鮮儒者鄭霞谷思想的現代詮釋

　　韓國朝鮮朝時期（1392-1910）以儒學作為政治、經濟、制度的根本，儒者輩出，而以程朱理學為儒學的正宗，朱子為儒學的集大成者。陽明學雖然盛行於中國，也傳入朝鮮，但並不流行，被視為異端，研究陽明學而成為大儒者甚少。鄭齊斗（字士仰，號霞谷，1649-1736）是唯一的陽明學大家，他對陽明學的理論，如心即理、致良知、知行合一等都有相應的了解，而且又有個人的闡發。他對陽明學可能產生的流弊，也有探索，本文希望通過他對陽明學的有關評論，加上我最近對陽明學的理解，給出一些新的詮釋。

一、 霞谷對陽明學流弊的反省

　　霞谷對於陽明學有「任情縱欲」的擔心：

> 余觀陽明集，其道有簡要而甚精者，心深欣會而好之。辛亥六月，適往東湖宿焉，夢中忽思得王氏致良知之學甚精，抑其弊或有任情縱欲之患。（此四字真得王學之病。）[1]

這一批評究竟是霞谷早年或晚年見解，未能定論，因為霞谷二十三歲與

---

[1] 鄭齊斗：〈存言下〉，《霞谷集》（《韓國文集叢刊》第160冊，首爾：景仁文化社，1997年），卷9，頁264。

八十三歲都是辛亥年。有學者認為是霞谷早年的見解[2]，因文中說觀《陽明集》而覺其道簡要而甚精，欣會而好之，應該是初讀《陽明集》的感受。但在「任情縱欲」句之後，有「此四字真得王學之病」之注語，此注語之語氣，應該是晚年的手筆。《霞谷集》書中的注語往往是就原意加以補充，應該是作者自注。可能是在文集大體編纂完成後，再作補充的。所以不管這段議論是出於早年抑或是晚年，「任情縱欲」的注語，應該是霞谷晚年或霞谷門人編纂文集時給的注解，可以代表霞谷的晚年見解。如果這樣說是合理的，則霞谷對於王學有任情縱欲的疑慮，是他晚年還保留的看法。但在《霞谷集》中，明確對陽明學作出批評的，除此則外，並未曾見。或者從霞谷對王學的吸收與了解，及其個人的獨特見解中，可以看到他對王學如何能避免「任情縱欲」之流弊的想法，這是本論文擬採取的理解角度。

對於陽明學的流弊的修正，牟宗三先生認為正是劉蕺山思想主旨所在，蕺山的誠意之學，肯定心有好善惡惡的淵然定向，又認為良知的知善知惡、知是知非，是含藏在好善惡惡的「意」中，於是以意定住良知，使良知的知是非不會蕩越。這是所謂「知藏於意」，也就把陽明以良知為本體的顯教，歸於好善惡惡的意之密教，這是第一步的「歸顯於密」，也就是「心宗」的慎獨；再進一步，以「意」攝「知」，還是在自覺層，而自覺的道德實踐，乃是於穆不已的性與天道的具體化，於是將自覺的意與知的道德活動，看作為是超自覺的，作為天地萬物的大本之性與天道的形著，如是，就可以顯出性與天道的無限，而本心良知或誠意的實踐，是步步往這無限奧秘的天道接近，這是第二步的「歸顯於密」，也是「性宗」的慎獨。雖然良知即天理，但蕺山這一說法可以在肯定心即理或良知即天理的意義下，拉開了良知與天理的距離，以性與天道來範域良知，這樣可以徹底堵住了重視主體明覺，從心覺來顯發天道的自我

---

[2] 日人中純夫主張是早年的見解，見中純夫〈陽明學對初期江華學派的影響——以鄭齊斗、李匡臣及沈鋿為中心〉，收入鄭仁在、黃俊傑編：《韓國江華陽明學研究論集》，臺北：臺大出版中心，2005 年。

作主的型態可能有的流弊。[3]性與天道在強調主體自覺，有良知呈現，方可見天道天理的說法下，會太重視主體性或主觀性，客觀面的意味不夠。我認為霞谷的思想，亦有扭轉這一王學特徵之作法，如強調從惻隱說良知，有以「仁」來定「智」之意；而其「生理說」，也有從重主體自覺的良知學，以良知為首出，良知顯方見天理，而往從天地萬物的存在根據的「生理」來理解良知，即從客觀面之性與天道來範域良知主體的意思。

另外，我最近嘗試藉著康德的道德哲學理論，對朱子思想型態及程朱、陸王二系的不同，給出新的衡量與區分。康德認為對於無條件的實踐（即道德實踐）的了解，按理可以從法則開始或從自由意志開始，因為二者是互涵的，但康德主張必須從法則開始，因為人對於自由意志雖可肯定（從對法則的了解而肯定），但不能有經驗的知識。[4]道德法則對於人是很清楚的，人一旦反省他的行為如何能是道德的行為，便一定對道德法則有所了解；所謂道德法則，乃是人應該為了道德行動是該行而行，而不是為了其他，即是說道德的行為是為義務而義務而做出的，道德的價值內在於這種純粹的存心中，如果只是行為符合仁義，而行為的存心並不是因為仁義之故而行，則該行為並不能有道德價值。這一對道德或道德行為的本質了解，是人人很容易有的，也承認是理所當然的，這就是道德之理。而這所謂道德之理，很清楚的以其自身而展現，人對其了解是沒有問題的。如果對道德法則有正確的了解，則能夠按照道德法則只因為該行而行的，當然是純粹的、自由的意志，此一意志是自發而無條件的。

程朱的理學雖然主張要通過格物窮理才知道至善之所在，但他們是從對道德法則本有了解來開始的，所謂「莫不因其已知之理而益窮之，以求至乎其極」（〈朱子·格致補傳〉），用程伊川的話來說，是要從「常

---

[3] 詳見牟宗三：《從陸象山到劉蕺山》第六章（臺北：臺灣學生書局，1979年）。
[4] 康德：《實踐理性底批判》第一章。

知」進到「真知」，故程朱的理學是以道德法則來開始了解何謂無條件的實踐；而陸象山與王陽明的教法，是肯定人有本心良知，本心良知就是理之所在，故如果要明理，必須先有對本心之自覺。象山言「發明本心」、「先立其大」，陽明言「致知存乎心悟」，都可以理解為從自由意志開始以理解無條件地實踐。能呈現人的本心良知，就可以反身逆覺此即是理之所在。象山批評朱子，認為朱子不明端緒，「不知尊德性，焉有所謂道問學」，表示了他對「發明本心」必須是開始的工夫的堅持，如果不先發明本心，而去從事學問，就是迷失根本，當下明本心方是真正聖學之端緒、第一步。是故程朱陸王二系可以從對無條件的實踐的了解、以何為先，即工夫論之不同入路作為區分。而既然二者是相涵的，則以了解何謂道德法則為先，必須進而肯定作為行動主體的心必須要純然的按照道德法則而行，即心一定完全合於理，才是真正的道德行為；而如果是以自由意志，即發明本心、致良知為先，也必須回到對於呈現於本心良知的活動中的道德之理作深刻的了解，才能避免人的妄自尊大。以心為主來明理，會以為舉凡一切自我作主的行動，都是良知的呈現之流弊。於是需要把呈現於本心良知活動中的理抽出來作學問思辨，以之作為行動的主體之所依。雖然本心良知即是理，但由於私心欲望隨時潛伏，會因人有道德意識，顯主體的自由而趁機起用，於是就會有「任情縱欲」的毛病。為免此弊，把心理是一暫時放下，而表現為心理為二，顯理是心之所依循、遵守的型態，這也應該是心學的可行的、補充的教法，[5]以下亦從這一角度看霞谷對陽明學的了解。

---

[5] 我近年多篇文章都有論及此意，請參考本書的〈緒論〉及下列兩篇拙文：〈論程朱陸王二系的會通〉，《當代儒學研究》第 24 期（2018 年 6 月），頁 47-68；〈再論程朱陸王二系的會通〉，《杭州師範大學學報》第 41 卷，第 5 期，總第 242 期，2019 年 9 月，頁 10-25。

二、 霞谷對「心即理」的了解與從惻隱之仁來規定良知的意義

霞谷對陽明學很有了解，可能晚年對於陽明學這一型態會產生流弊，也有相當的反省。從這一角度可以說明由本心（即是自由意志）來開始，悟入德性的實踐，必須配合對於道德之理的分析，才可以提得住本心良知，如果只在本心良知的作用，甚至神感神應處體會，如王龍溪所說的「四無」的境界，可能就難以提得住良知。

霞谷與閔彥暉論辯，很有系統地表達他對陽明學的理解，他對陽明所主張的「心即理」很有了解，扭轉了閔彥暉所主張的從事物求理之意。霞谷云：

> 彥暉之言，嘗謂良知之學，不知心也、性也、天也。正欲聞其說而破惑，及夫講難，竟無一言之直得肯綮，與不講不異，蓋彥暉未嘗見良知之說而然也。獨其言曰：「良知之外，別有一層性命源頭，非特某所認吾心本然之體而已。」其然其不然乎？此宜細推。[6]

閔彥暉認為良知之學不知心、性、天，即是說良知非心、非性也非天，又言良知之外別有一層性命源頭，即是說良知並非最根源的本體。霞谷反對其說。從霞谷的反對，可見他認為良知就是心、性、天，也就是性命的源頭，如果霞谷是如此理解良知，可見他對陽明以良知為天理之義很有了解。霞谷又云：

---

[6] 鄭齊斗：〈答朴南溪書〉戊辰，《霞谷集》卷一，書一，頁 14。

牛可耕，馬可馳，雞司晨，犬司吠，固所謂物理，然亦有理與非理而已矣。謂牛可耕而耕之於不當耕，謂馬可馳而馳之於不當馳，攘鄰人之雞，酖西旅之獒者，尚可謂之理乎？牛有時乎有騎者，馬有時乎有載者，雞有時而烹，犬有時而皮，馬牛之適有歸放，雞豚之或有不察，獨不可謂之理乎？凡於此等，必察真至之義，極夫天理之正而後，方可謂之理也。夫所謂真至之義，天理之正，果在乎馬牛雞犬而可求者邪？故天地萬物，凡可與於人事者，其理元未嘗有一切之定在物上，人可得以學之也，其逐件條制，隨時命物，實惟在於吾之一心，豈有外於心而他求之理哉？若徒見可耕可馳之在牛在馬，就而求之，則實亦茫蕩無歸，正涉逐物之病。某恐聖賢所為性理之學，不在是也。告子謂：「彼長而我長之，非有長於我也。」（正是牛耕馬馳之意也。）孟子引長馬之長，長人之長，出於心之區別者喻之，且曰：「長者義乎？長之者義乎？」此所謂天理也，其義之分明已如此，則何故必以為外在也。[7]

此段表達了道德之理不能從事事物物上尋找之意。所謂理，是「察真至之義，極夫天理之正」而後可，而所謂真至之義，天理之正，並不是一經驗的現實之理，而是從心面對物而逐件條制，隨時命物，這種工夫是用在心上的，而不能用在物上，這是對從事事物物來窮理的作法的扭轉。從心做存天理、去人欲的工夫，才可以給出如何才是處置各存在物的恰當作法，此時所謂的心不是對事物之理的認知之心，而是如何做才符合天理的良知的決定。「真至之義，天理之正」是在良知自覺該如何做才對的決定下才呈現的，這是自由意志給出自我做主的決定，這才可以看出何謂真至之義與天理之正，不是從對象處可以了解何謂道德之理，於是此段討論表明了道德之理是自由意志在自我作主、不受其他任

---

[7] 鄭齊斗：〈與閔彥暉論辨言正述書〉，《霞谷集》卷一，書二，頁18-19。

何先在的原因影響，按照自己自發、自由的決定而給出。本心良知或自由意志自發自覺，給出了直貫創生的決定，而不是依於經驗事實的認知而給出來的決定，如果是後者，是水平的、認知的作用，這裡頭有縱貫與橫攝的活動的不同。霞谷的意思很清楚，但他從「真至之義，天理之正」來說，而不直接說此理由心直接發出來，便有從良知本心的活動處真切體認「理」的意義，即上文所說的從自由意志開始了解何謂無條件的實踐後，也需補充以對道德之理的了解之義。如在牛馬的存在處，可以知道牛可耕、馬可馳等理，但現在要問的是該如何使牛耕馬馳用得恰當，故此理需要從心上來探究，即如何應對或使用這些存在物，這應當之理須從心上探究，而給出了該如何就如何的處置，固然理不能離開心來探究，但也不能離開當前的對象，對於牛馬等存在，如何使用才是應該的，這是由人的本心良知的決定而來，此應然、應該如何的決定，是本心良知自發給出的，不是從此意志之前的任何原因作用影響而來。本心良知的決定是自由自發的，不受之前的事件影響，也不離於當前的事物，而精察應該如何處置，此中是需要用仔細工夫的，並不是只順著良知的要求就可以，這理霞谷強調「真至之義，天理之正」，的確表達了他除了肯定心即理而要從心中尋理之外，對於理當如何之理也有精察的要求。霞谷又云：

> 先儒云：「羈靮之生，由於馬。」斯固至論，（此明其非出於人之私智之謂。）然因此而謂羈靮之理不在於心，不可。何則知馬之可以羈靮而羈靮之者，誰邪？夫羈靮而制馬，則心之理得也。若或有不中不明，妄羈靮而御牛者矣，是果有係於馬牛而然乎？（此孟子所謂「行吾敬」者也。）是故老少朋友，天下之所同有，而安、懷、信之之理，則惟有聖人之心之德能之，然則羈靮之生，固可謂由於馬，亦不可謂不出於吾心明矣。由是言之，物理吾心，又安可以內外彼此分之邪？王氏所云「在吾心萬事之理，於天地萬物之理，即一而已」者，正謂是爾，老兄或莫之察乎？今日所

論，本原在此，其他皆枝葉也，於本書中幸熟察。[8]

按「羈靮之生，由於馬」是程子之說，朱子引入《四書集注》中[9]，程子是表示雖然羈靮是人對馬而不是對牛所施加的，但人之做出這些作為，也是純依馬的本性而給出，不是人為造作的私意，故也是出於馬。程子是表達了「物各付物」的自然而然的境界，霞谷對此則進一解，認為就因為人能夠無私意的讓良知自然呈現，故能順著牛馬的自然型態而給出恰當合理的處置。故如何對待我們所遭遇的對象，如何才是恰當合理的道德的態度，必須由我們的大公無私的心情或主體給出，不能只從經驗存在的事物中尋找。而且，在人能呈現良知而有大公無私的心情時，對於如何處置對象才對的「當然之義」，才有清楚的了解，此處固然肯定了心即理及心理與物理（在事物的道德之理）是一，如同陽明所說心外無理、心外無物之義，但比較重視「理」的意義，也表達了良知面對事事物物時，會因應對象的不同而給出分殊的對待。如孔子在面對老者、朋友及少者時，會有安、信、懷的不同。可以說，愈能表現純粹的良知，就愈能看出在對象處，應以何種樣態的理來應對，這可以看到霞谷固然肯定理在心，但也重視在本心良知呈現時，理以何種方式表現。即他對於理的一面的意義，給出了較強的重視。如果只言心即理，可能集中在如何表現本心，即如何使良知真切處用心，認為有此心就會有理的呈現。其實由此本心良知，面對對象所實現的理，會因應對象或情況的不同，而有分殊的表現，這也必須要正視。霞谷的論辯，就表達了他除了重視理在心，也正視了在不同事物中，理的分殊意義，可以說他是既重心，也重理。霞谷之意當然是陽明學本來就含有的，但霞谷給出了他個人特別的強調。另外，從霞谷這一段的分析，也可以引申出存在物的形構之理，與吾人如何處置存在物才是應該的道德之理的不同。道德之理

---

[8] 鄭齊斗：〈與閔彥暉論辯言正述書〉，《霞谷集》卷一，書二，頁 19。

[9] 朱熹：《四書章句集注》之《論語集注・公冶長第五》（北京：中華書局，1983 年），頁 82。

由人的道德意識而生發,即在人反省如何行動才是應該的,才是人人該行的,於是就有吾人應該按為義務而義務,即需要有為義而不為利的存心而給出行動才是道德的這一了解,在這個層面上,道德之理是人的本心良知自發的,沒有別的原因決定人該如此做。但這一自覺自發的理,是要用在事物的對象上的,因為吾人不能不面對日常的對象而給出道德的判斷,而此時也必須要了解事物的存在性相,需要按照我們對種種對象的了解,才能做出恰當的處置,不能只是給出理所當然的態度,即由此帶出行動就可以了。霞谷應該是有這兩層的義理的區分的,只是他的處理或分析比較簡單,他認為理在心,只需要在心中精察真至之義與天理之正,就可以因應牛馬的不同而施加羈靮於馬,而不加於牛,好像牛馬所以不同的形構之理,可以直接從本心良知的呈現而照見,這可能是說得快了一點。良知的呈現固然可以相應於對象的不同,而做出恰當的回應,但良知只是給出一個大公無私,自然會體察對象的不同而回應的態度,但如何落實其回應的方式,還是要有通過從經驗認知而來的關於對象的了解。霞谷又云:

> 以陽明以為盡於吾心而包羅焉、森列焉云,陽明未嘗有此意。試取陽明書觀之,陽明無此說矣。此正陽明所深闢,以為心理為二之病者也。陽明只以心體明則萬理明,萬理皆由此出而無不足、無窮盡云耳,非謂萬理預先羅列也。陽明本曰「心即理」耳,謂其理之發於心,而心之條理,即所謂理也,非以心與理為兩物,而相合之可以為一之謂也。今此之說,以理為各有所在,乃以其一心理者,為合兩物而一之,本與心為二,而要合以一之之謂焉,此則陽明所病心理之二、知行之分,千言萬辨,無非為此故也。未知今何所考而得此,以為陽明之病耶?非其人之說而攻其人,何與乎其人?[10]

---

[10] 鄭齊斗:〈與閔彥暉論辨言正述書〉,《霞谷集》卷一,書二,頁21。

這一段表達了陽明「心即理」之義,所謂「心即理」是說心就是理,而不是發揮心的認識的功能,以包含或了解事事物物之理。心即理是有本心良知的呈現,由此就可以通到外物,使事事物物皆得其理,這是本心良知的創發性的活動,由本心良知或道德的意志決定應如何處置事事物物,譬如「親親而仁民,仁民而愛物」這一對待天地萬物的態度,是良知本心自我決定的,並不是通過了解外在事物而得知的。當然如上文所說,這是「本心明則萬理明」,表現的是如何處置萬物才是應該的道德之理,使道德之理完全由本心良知所顯發,也是自己決定的,不假外求,也不是受經驗事物的影響而有的,故道德之理一定是自發自覺,由自由意志自己決定,也可以說是本心良知所創造,而此時給出的決定是縱貫的,即對事物給出一個超越的規定與主宰。當然此時如果要成就本心良知規定的應該的行動,也須要對事物本身的曲折的情況有所了解,這就需要有從後天而來的經驗知識,而經驗知識的獲得,必須要有心的認知作用。心作為認知主體而給出的認識作用,與良知創發性的給出天理,有一縱一橫的不同。認知心的對事物的了解,而得到經驗知識,這是橫攝的、認知的活動,與良知呈現天理的情況不同。霞谷上文所表達的就是天理是從本心良知的呈現而自己創發出來的,而此理也就是在事物之理,心之理與物之理都是在本心縱貫性的實現活動中呈現,而不是通過橫攝的認知作用,把眾多事物的不同之理收攝在認知心中。當然除了這一分析外,也可以從「心與理為二」此一朱子的思想來理解,如果從這個角度看,事物之理仍然是道德之理,只是此道德之理必須要通過對客觀存在的事事物物有充分的了解,對於不同的事物作道德的處置或回應,其理是在事事物物處,不能單靠本心良知的明覺就可以給出。如果這樣子來理解,則霞谷批評閔氏的說法,也就是對於朱子「心理為二」,以心從理的說法的批評。即是說,他認為在物之理,仍即是由本心良知所發之理,心理與物理是同一的,這樣理解上文的論辯,應該比較相應。由以上的分析,可見霞谷對陽明心即理、心外無理之義有明白的掌握,也對於陽明所謂的「心即理」,與朱子所謂的「心合理」的不同,有明白

的理解。

　　當然，霞谷批評閔氏之說，是否就等於批評朱子的思想見解呢？也可以商榷一下。閔氏對朱子主張的以明理為先，及須通過在事事物物中用格物窮理的工夫，才能對理有真正的了解，才能明白至善之所在之說，理解為要從事物中求理及明善。霞谷認為閔氏這一了解是求理於外，是告子義外之說。霞谷此一批評根據陽明對朱子的理解，當然如果把朱子的說法理解為根據人本有的對道德之理的常知，落在事事物物中做明理的工夫，則不一定是義外之說。即對於道德之理，朱子是主張人人本來就有了解的，故他主張明德是人人本有的，雖是下愚也是有的，雖然明德不等於心即理，但表示了人對於理有本知則是很清楚的。而下愚者雖然受氣稟與私欲的限制，但此明也未嘗息，這便肯定了人對道德之理有根於理性而來的先驗知識。[11]致知格物是「因其已知之理而益窮之，以求至乎其極」，致知是從人人都有明德，即對於道德之理都有一種不容自昧的知來出發，根據此知來格物，就可以對於理的了解達到真知，而真知理，就會按理而行，便是所謂誠意或意誠。而人對於父子兄弟君臣等倫常關係，本來就有不容自已的實踐的要求，根據此不容已的要求而要在倫常關係中做進一步的實踐，就是格物。根據這樣的了解，朱子所謂的在事事物物中求至善，做致知與格物的工夫，都是根據對於理的本有了解，及對於倫常實踐的本來有的不容已的要求，來進一步的求知或貫徹實踐。並不是對於理或如何實踐本無所知，而要從事事物物中求理與求實踐的方法。如果按照此一了解，則朱子的思想型態並不如陽明與霞谷的批評般是求理於外，甚至如同告子的義外之說。但不管如何，霞谷扭轉閔氏的理解，認為對於理的了解必須求諸心。他所謂的「求諸心」並不是用心去理解理而已，而是理是在心有真至的要求下表現出來的，這就非常切要。即是說，在人心有真正的實踐道德的要求時，才

---

[11] 參見楊祖漢：〈朱子的「明德注」新詮〉，《泰東古典研究》42 輯（翰林大學校，2019年6月），頁 159-188。

會呈現出道德之理的意義。如同陽明所說,有真誠惻怛之心就有孝悌之理的呈現。道德之理離開真誠要求踐德之心,是不存在的。當然如上文所說,如果對於理本有所知,則可以以此知做根據,進一步明理,這樣是有何謂道德之理作根據的,就不是在事物中求道德之理。理的根源還是由於心。霞谷對閔氏的扭轉,強調了理必須從心中的要求來了解,這是對的,如同陽明所說「此心在物為理」。

霞谷又辨明了,雖然陽明講良知從知是知非來說,但並不只是智的一面的心,而是含四端的全部意義的。這從他一再強調良知即惻隱可知。霞谷曰:

> 陽明果以惻怛亦因良知而有云爾,則良知與惻隱,固不免先後彼此之分矣,兄之非之也誠然。但陽明說自不如此何?其言曰:「惻隱之理,果在孺子之身邪?抑出於吾心之良知邪?」又曰:「見父兄自然知孝弟,見孺子入井自然知惻隱,便是良知也。」此其意果以為良知而有之,正如其從彼至此之謂邪?其意蓋謂:惻隱之發,即是此良知云耳;是其與因而有之者,意絕不同,不當為毫釐而已,幸更察之也。苟非其人之說而責其人,非其人之罪也。夫良知一言,乃文成之宗旨,而全不察乎其言之是非,則更何以論文成?若夫惻隱之心,是人所固有之良知也,惟此良知為能惻隱,則其實是一而已。如果先良知而後惻隱,則固其為非矣;今又先惻隱而後良知,亦豈為得耶?(同上,頁 19-20)

此段論辯良知即是惻隱之仁,這大概因為閔彥暉認為陽明說的良知偏重在知是知非的道德判斷上說,不同於從惻隱體會說的仁,而儒家所言的本心或本體,應該從惻隱之仁說。從孔孟立教來說,當然是以仁為主旨,論四端,也以惻隱之心為首。但陽明點出良知來說本體,也有「一語之

下洞見全體」[12]的功效。霞谷認為良知之知就是惻隱之仁的表現，二者是一，這一辯正十分符合陽明本義，霞谷此一體會應該也跟他「良知是生理」的主張有關，此義見後文。霞谷又云：

> 陽明之說曰：「良知是心之本體。」又曰：「良知之誠愛惻隱處便是仁。」其言良知者，蓋以其心體之能有知（人之生理）者之全體名之耳，非只以念慮察識之一端言之也。蓋人之生理，能有所明覺，自能周流通達而不昧者，乃能惻隱能羞惡，能辭讓是非，無所不能者，是其固有之德，而所謂良知者也，亦即所謂仁者也。如程子所謂「滿腔子是惻隱之心」者，正是其體也。若無此良知，頑然如木石無知，則其誰能惻隱者乎？（所可論正在此段。）今也以其良知，不過為循其惻隱而尋繹察識者之一端，而不察乎其惻隱之心即良知也，心體之知即生理也，則宜乎其所論者之為燕越也。蓋今於此節，惟當論陽明所言良知者，與仁理之義，為同與不同而已；如其先彼而後此之下，本非陽明之說者，則正不宜自言而自辨，終無與於陽明者也。（昔朱、陸無極之辨也，朱子嘗引其誤本有「自無極而有太極」之語，以明濂溪之說本不如此。今兄所舉文，恐或類此。非其本意，辨之無乃無益耶？）
> 昔羅整菴亦嘗以陽明「良知即所謂天理」之說為非而辨之，其意蓋曰：「天理者，人性之所具也；良知者，吾心之知覺也。何足以良知為天理？」以天理與良知，謂之有實體、妙用之分矣。今來諭之說良知，正與此略同矣。奇高峰乃以良知非天理之說為非，而曰：「若言知覺則是氣也，其為理為欲、為真為妄，故不可定也。若於知上加卻一『良』字，則正是天理。今也以愛其親敬其兄，只謂之妙用而非天理，夫以孩提之知愛親敬兄為非天

---

[12] 見《陽明年譜》附錄二，錢德洪：〈陽明年譜序〉，《王陽明全書》第4冊（北京：中華書局，2015年）。

理,則更有何天理耶?」云云矣。夫愛親敬兄非仁耶?非惻隱之心耶?非即所謂良知者耶?[13]

此段詳細論辯上文所說的良知即是惻隱,或惻隱的感通也就是良知之義;此段最後又批評羅整菴以良知為知覺的錯誤,其評論十分恰當,由此可知,霞谷所了解的陽明所說的良知,並不只是知是知非的「智」的一端,而是以良知統四端而言,即良知就是本心,其中含四端之心,也就是含仁義禮智等德性。故依霞谷的了解,陽明所說的良知就是心體,雖然從心體的某一端的作用說,但其實全幅的本心的意義,都在這一端中具體呈現。而從此知是知非一端來體會本心,有一新耳目,使本心的意義得到更清楚的展現,此意同於王龍溪所的「良知是統四端而言」之論[14],而霞谷對良知即是仁的強調,應該與王龍溪的說發有關係,可能是受龍溪此說所啟發的。良知統四端,即是說良知是知是知非之智,也是惻隱之仁、羞惡之義、辭讓之禮,不能只從智之一端來規定良知,故他強調了惻隱就是良知,這除了明辨知是非的良知是本心自己,並不是知覺,也含對惻隱加以強調,補充了只從知是非來說心的不足。這也有明儒羅近溪所說的良知要從知孝、知悌來說,即須歸本於仁之意。霞谷大體以惻隱來規定良知。本來陽明說良知,是從知是知非為主來說的,當然,惻隱之仁、羞惡之義、辭讓之禮也在知是知非中呈現,所謂以智統四端。故此良知之知,不只是是非之知而已。但既然以知統四端,當然是以智為主要的意思。而從知是知非來說本體,則此本體特別表現了當下有是非善惡的判斷,由此判斷而給出一明確的實踐的方向,當下明白、決定方向而又力加實踐,所謂致良知,一言之下就洞見全體。這是陽明學的簡易直截,而且明朗的地方。而如果從惻隱說良知,就重視道

---

[13] 以上兩段引文,見鄭齊斗:〈與閔彥暉論辨言正述書〉,《霞谷集》卷一,書二,頁 19-20。

[14] 王龍溪曰:「仁統四端,知亦統四端。良知是人身靈氣,醫家以手足痿痺為不仁,蓋言靈氣有所不貫也。故知之充滿處即是仁,知之斷制處即是義,知之節文處即是禮。」見《王畿集》,卷 4(南京:鳳凰出版社,2007 年),頁 84。

德本體的感通、與物為一體的意義,這與知是知非為主來說,意思是不同的。這可以與羅近溪「歸本於仁」做比較。近溪從知孝知悌來說良知,就重視了孝悌的愛親敬長的意義,就把知是知非轉而為知孝知悌。而仁在孝悌的表現中,很能夠自然而然如赤子不學不慮就自然愛親敬兄,而這種不思不慮,自然而然就能愛親敬兄的表現,與聖人的境界是很接近的。近溪認為人可以從赤子的不學不慮、不假思索就自然能愛親敬兄來體會聖人的境界,於是聖人的化境,人人都有,這是從惻隱或歸本於仁來說良知可以有的體會。這也是近溪對陽明良知說的一個修正。霞谷主張從惻隱來說良知,如果關聯到上面他對陽明的批評來看,應該也有其特別用心。即乃是要把知是知非的智,回歸到惻隱之仁上,這樣可以把智的意義關聯到感通潤物來說,比較顯道德心的本質意義,道德本心還是要以仁為本質來了解。

三、霞谷「生理說」的涵義

霞谷所提倡的生理說,表現了要從宇宙的本體來理解,或規定良知之義。陽明良知說本來強調天理就在良知自發、自主中呈現,要說天道本體,良知的呈現,感通無限,就是天理,故有心,就有良知,就有天理。而霞谷的生理說,好像還是要從客觀面的天理來說良知,說法上也有點不同。以生理為良知,而生理是宇宙的本源,應該有把良知從客觀面的天理來說明之意,陽明當然肯定良知即天理,又說良知是造化的精靈,但這是從良知主體的感通而說上去的;霞谷的生理說,則有先肯定客觀存在的生理,然後說良知就是生理的呈現,有似於牟先生論五峰、蕺山之型態,所說的「以心著性」之意,如此良知與生理,也可以顯出距離。

霞谷提出「生理說」是很重要的主張,他所說的「生理」是活動的理,也就是「良知」,從生理說良知,給出了良知是天地生化的本源的說法,同於陽明說「良知生天生地,是造化的精靈,只是陽明此說是以

良知為首出,從良知的充分呈現、感通無限來說此是天理本身的活動。霞谷的生理說則似乎先客觀說宇宙的本體,然後以之為良知之所出,說法的進路有點不同,即陽明是從主體的充分彰顯來理解天道,而霞谷是從客觀的天理來說明良知,霞谷此說或許可以給出用天理來規範良知,而使良知不會流於太從主觀或者主體上理解。霞谷云:

> 竊謂大氣元神,活潑生全,充滿無窮,神妙不測,而其流動變化、生生不已者,是天之體也,為命之源(主)者。(是氣也形而後有局,其未有形之時,是為元氣。元氣者,無所局。其未有形之時,所謂元氣,本一理體而已。反其有形而後始謂之氣,謂之器,有形而後局,則雖天地亦然矣。)元精者,真陰之體;元神者,真陽之靈。(是先天之元,太極之靈者)。[15]

此段以生理為元氣,似有混同理氣的問題,良知雖然是心,但並不能理解為氣。霞谷大概認為良知雖然是理,但此理是活動的,於是也說為氣,因為氣才能活動,如果是這樣理解,則是認為凡活動都是氣,不能區分良知本心的活動不同於氣化的活動。霞谷本來也認為生理之活動是神,雖然從用上說,應該不能以氣論。霞谷又云:

> 雖然又其一箇活潑生理、全體生生者,即必有真實之理(體),無極之極,而於穆沖漠、至純至一之體焉者,是乃其為理之真體也。(是乃所謂道者也,命者也)人心之神,一箇活潑生理,全體惻怛者,是必有其真誠惻怛,純粹至善,而至微至靜至一之體焉者,是乃其為性之本體也(就其中本體有如是者,自然本如是,是正所謂性者也道者也,聖人惟是而已)。[16]

---

[15] 鄭齊斗:《霞谷集》卷九,〈存言中〉,頁249。
[16] 鄭齊斗:《霞谷集》卷九,〈存言中〉,頁249。

如上文所說，霞谷強調良知即惻隱，可能有從惻隱之仁來體認或補充良知之意，而由惻隱感通的作用，就可以進一步體會天道本體是一團生機，天地萬物所以能夠存在，是由於活潑潑的、充滿生機的道體所支持，而如此理解天道本體，可以用牟宗三先生所說的「即存有即活動」[17]來規定。從惻隱感通來體會良知及言理，當然會認為理是有活動性的，而從上文所說的「人心之神，一箇活潑生理，全體惻怛者，是必有其真誠惻怛，純粹至善，而至微至靜至一之體焉者，是乃其為性之本體也」，這是從活潑的生理表現處，體會一定有本體的存在。此本體是於穆沖漠、至純至一之體；從人心之神全體惻怛，就可肯定必有純粹至善、至微至靜至一之體。這可以了解為活潑的生理與惻怛的良知的表現，就是性體與道體，也可以理解為生理與良知是由性體、道體所發。這就有把良知本心的作用，看作為性體、道體的具體化，如上文所說的「以心著性」之意。如果有此意，則通過此心性的對舉，就有本心良知的活動，步步表現奧秘的性體、道體的意義，如是，良知或惻隱的活動，與性體、道體的存在，就可以區分為主觀與客觀的兩面，使心與理或心與性天拉開了距離。

四、霞谷論心及包膜之意義

霞谷論心，雖然從良知說，但也考慮到心中的氣的成分，而此心氣對於良知生理的體現，是有限制的，於是必須對此作澄清的工夫，霞谷曰：

> 理體自是理體，本無有變移也，即其所處包膜，不蠲而障之，氣質物欲，翳其真而亂其源也。

---

[17] 牟宗三：《心體與性體》（第一冊）（臺北：正中書局，民國五十七年），頁44。

> 是以即其所以失之者，以其心包之不淨，而大本不睿；若其所以得之者，以其心包清靜，而大本以昭也。其理體之立與不立，實惟其所處包絡清與不清而已。[18]

霞谷提出了「包膜」一詞，表示心氣的作用，認為良知或生理是沒有變化的，而良知所處的包膜，如果不能蠲免，即免除其障礙的作用，則生命中的氣質物欲，就會干擾到良知的呈現。這裡用「包膜」來說心之氣，這就照顧了朱子學派所說「心是理氣合」或栗谷明白認為心是氣之義，從良知說心，肯定了心有其自主的給出道德之理的決定的作用，在此處，心只能以理言，而且理是活動的，故可以說是「生理」。但心作為人的生命活動的主體，不能不受感性的影響，也有其除了道德的自發自覺的良知明覺活動之外，也有其他的如認識、審美、對現實利害的考慮等功能，霞谷所說的「包膜」，應表示這些心的活動作用，而「包膜」一詞，也可以說明良知生理是在有形的心理活動作用處表現之義，由於本心良知的活動不能離開現實的心思、情感、欲求等，這些是比較是有形的心理作用，故可以想像為良知有其包膜。這是無形的、自尊無對的，或只以天理為內容的良知，不能離開有形的心思情感等心理活動，於是無形的心體就有一個有形的包膜範圍住，這是心的氣，這樣就可以說必須透過此包膜，才能體現良知。如果此心之氣之包膜是不清淨的，則當然是會影響良知之體現，於是就必須要有治心的工夫。就良知心體來說不需要澄治，而只需要致或擴充，致良知所靠的力量，也就是由良知本身所發，不假外求，而對治心的包膜，則可以獨立說心地的工夫。霞谷云：

> 如其靜時氣道寧靜，其穢濁不起，拘蔽少澄，故略可窺見其理體，而惟其包絡之累著不去，則其不淨一也，特其未動焉耳。

---

[18] 鄭齊斗：《霞谷集》卷八，〈存言上〉，頁234。

此段說即使在心平靜時,雖然好像不會有不合理的意欲產生,但其實心的包膜的限制仍然存在,這就表示需要有一較為深入的工夫來對治心氣中的不合理或非理性的成分。霞谷又云:

> 如克己而復禮者,必克治洗濯之而撤拔之也,洗濯而撤拔之者,其包絡已清矣。包絡清而撓蔽撤,則其真源瀅澈,理體真靜,斯昭昭之體,惟斯之理,所謂泰宇澄而神光發,天下之大本於是乎立。[19]

以上所言的「靜」、「克己」等工夫,是儒學常說的,而霞谷就引入以作為對治心之包膜的工夫,於是雖然以良知為心,而此心是純粹至善的,但也肯定必須要有治心的工夫,這工夫本來是當然要用的,因為人有感性的作用,雖然致良知時可以顯出本心的自由自主,但感性的作用時刻存在,會有藉良知所顯發的自由自主,而使感性的欲求作過分的要求,在此情形下,如同孟子所說的「物交物而引之而已矣」,此「引之」不只是牽引耳目之心往外追逐,也會使本心良知失其自作主宰的功用。霞谷的以包膜言心,又講此是心之氣,應該可以在肯定良知作主的情況下,又正視感性作用對心的影響,這就可以用霞谷如何避免王學流於任情縱欲這一角度來理解。

> 理者心之神明,神明者太極上帝,(是心之理也。)居於少陰君位,其體至微而無為,主靜而無動者,而其中亦有寂體感應之體用焉。
> 氣者,心包氣膜,心包者,命門相火,(為氣欲者。)屬於包絡相火。凡氣之用皆是相火。

---

[19] 鄭齊斗:《霞谷集》卷八,〈存言上〉,頁 234。

這兩條區分心可有理氣兩層意義，理是心之神明，而氣是心包氣膜。心之理並不是心中所具或所知的性理，而是理就是心，因為霞谷所說的理是活動的。心之氣是理心的外膜，如此說，理心的作用也有外圍的包膜限制，此說好像不太對，生理的作用就是宇宙本體的作用，怎麼可能有外膜限制之？這如同上文所說，應該是就心的活動有其感性的慾望或不離開感性的欲望，故用「包膜」來作形象性的說明。

> 故如凡動氣嗜慾，皆是相火也。少有所動，即神撓志亂矣。
> 如凡作意作氣，皆是相火也。一有所作，即志累神昏矣。
> 是故凡有動氣處，皆是氣之動；凡有作為者，皆是氣之作。是氣之穢，足以翳知亂明、眩志惑思。凡有所發，纏蔽混撓，一有所作，輒又動氣動心矣。
> 氣膜既清，大本斯復。
> 氣膜清而大本復者，斯乃寂感之有體有用者乎！[20]

這幾段反覆強調了心氣是包膜的意義，也認為此包膜的作用，可以用「相火」來說明。相火及包絡是中醫的術語，指一時用事之火。[21]霞谷認為凡動氣嗜欲，皆是相火。由此可知他所謂的心的包膜，是從感性嗜欲來規定的，故良知的發用，必須免除感性嗜欲的干擾，要用澄治與克己的工夫，這樣良知才能真實呈現。霞谷此說正視了心中的嗜欲對良知活動的限制，故若要呈現人的良知本心，必須先克服嗜欲的限制，此一說法也非常切實，也可以作為致良知的輔助工夫，由此也可以看出他雖然對陽明的良知學很有了解，也認為良知是當下可致的，但對於人的感性嗜欲會趁著良知的活動而膨脹，是有體會的。

---

[20] 鄭齊斗：《霞谷集》卷八，〈存言上〉，頁234-235。

[21] 《辭海》「君火」條：「心為君火，心包絡為相火。君火為火之全體，相火為一時用事之火」，見《辭海》（北京：中華書局，1994年，據1936年版縮印），頁554。

五、結語

　　霞谷對陽明以良知來體會本心,而且此知是知非的良知就是心的本體,並不只是本心的一端,也不是知覺,說得非常清楚。他又認為本心良知給出的理,是通於人我內外的,由本心真至的要求,就可以使本心表現的理通到事事物物,即所謂「內外一理」。這並不是忽略了外在事物本身各有不同的情況,各有其特殊的形構,因為現在說的理是道德的理,道德之理由良知本身給出,面對事事物物該如何處置,如何才能作出道德上恰當合宜的決定,也應該是由本心良知決定,如見孺子入井,必須無條件的趕快去拯救,這種內在的良知的要求,當然就是決定要去救人的動力所在,也是該如何行的命令所在,良知之理通內外及知行合一,是從這個意義上說,而至於用什麼行動的方式或技術,才能把孺子救離險境,那就是經驗知識的問題,這固然是良知要求的,但也不能是良知直接生出來的,這個地方就需要經驗性的學問,霞谷此處也有區分。陽明學以本心良知的呈現作為道德實踐之源,十分簡要而直接,但如果只用心於直承本心良知而活動,不對良知本身就是道德之理作仔細的研究(即只用力於讓道德主體的呈現,而不去明理),不把涵良知本心的道德之理作詳細清楚的理解,則在人的感性作用的影響下,行動的主體是否真的能依理而行,是有困難存在的。當然真切的致良知就不會有問題,但加入對於良知本身就是理的「理」作思辨的探究,應是避免王學末流的重要工夫,霞谷很可能對於陽明學心與理的不能拉開而正視理的意義引發的流弊有所體會。霞谷在論辯良知的意義時,相當強調良知就是惻隱,很可能有用惻隱之仁來規定良知,或補充只從知是知非來說心體的不足,這應該已經是一種對良知學的修正。而此惻隱也就是「生理」。霞谷從生理來解釋良知,也有從行動的主體體會良知之外,可以從宇宙生化的本體來說明良知,強調了良知是宇宙本體之義,也可以避免從主體來證良知,從良知主體的活動而說明天理,而有過分重視主

體,過分從主觀面來說道德之理的毛病。過分從主體自我處來講良知天理,會有上文所說的「任情縱欲」的毛病。針對此一流弊,強調良知的客觀性與絕對性,言良知就是生理,生理是宇宙生化的本源,是很有意義的。

由上述可見,霞谷對王學有真切的了解,而從他對陽明重要主張的論證處,可見他給出了個人特殊的見解。再條列如下:

(一)從對心即理的分析,對於理的意義做出強調,雖然從心說理,但理也須要在心中做真至的工夫,才能即物而見。

(二)強調良知是惻隱的感通,有從惻隱之仁,以補充知是知非的智的想法。強調仁的惻隱,可以使知是知非的智不容易往外蕩越。

(三)認為良知即生理,而生理是宇宙的根源。從生理說本體,則此本體是即存有即活動的,對於理有活動性有正式的強調或規定,表達了王學與朱子學的不同,而他對理為生理,具活動性的意義的規定,是從良知惻隱感通來說的,很有根據,也是以良知為本體的一個發展。而此一發展,有把良知收攝到宇宙本體處理解之意,即有從重主觀面,漸往重客觀面意味的趨勢。

(四)霞谷從「包膜」說心,表達了心的氣性一面,於是雖然以良知說心,肯定良知的自發自決、心即理,但也照顧到心的氣性的作用。由於良知不離氣,必須通過包膜而表現,於是澄治的工夫為不可少。如此說,霞谷雖然如陽明從良知天理說心,但也對心之氣或感性欲望的作用,給出了說明,認為意欲的活動是與心體的活動關聯在一起的,於是除了肯定心體無限、自作主宰之外,也需要正視感性欲望會隨著本心良知的活動而要求滿足的現實情況。

第三部分

羅近溪思想新詮

羅近溪思想的當代詮釋

羅近溪的道德形上學及對孟子思想的詮釋

心學的經典詮釋

羅近溪思想的當代詮釋

《盱壇直詮》載楊復所之言曰：

> 簡則有功，易則有親，纖毫費力，尚隔一塵，然後益知此學之為難也。[1]

此言近溪之學簡易而不費力，但亦是至難者。此確道出近溪學特色。近溪學自然簡易，切近倫常，但亦由此而體悟聖人的化境之生命。由孝弟契入仁，一體，而體悟天道之生生；由人之樂，而見天地是一團生氣，由赤子之不學不慮而自然孝親敬長，而見性命之天機自然，神妙不測。他確表現了「極高明而道中庸」的特色，又可對「道德的形上學能否成立」這一當代儒學之重要問題，給出了恰當的說明。

近溪之學，融高明於切近，攝聖境於平常。言論雖多，但皆活潑流轉，義理圓熟，任一說法，皆會關聯至全體，是相當難以詮表的。近日讀《盱壇直詮》，覺此書上卷之前半，近溪大抵以論辯之方式，述說自己的見解，順次以觀，似較易確定其思想內容，亦似可見出其學說之某些新義。

---

[1] 見《盱壇直詮》（臺北：廣文書局，民國56年）卷上首段。

一、〈大學〉宗旨與求仁

或問:「大學一書,吾人入道全功,最當急於講求者,其宗旨何如?」近溪子羅子曰:「孔子之學在於求仁,而〈大學〉即是孔門求仁全書也。蓋仁者渾然與物同體,故大人聯屬家國天下以成其身。今觀明明德而必曰於天下,則通天下,皆在吾明德中也,其精神血脈何等相親。說欲明明德於天下,而必曰古之人,則我之明德親民,考之帝王而不繆也,其本末先後,尚何患其不止至善也?細玩首尾,只此一意,故此書一明,不惟學者可身遊聖神堂奧,而天下萬世,真可使之物物各得其所也。大哉仁乎!斯其至矣」[2]

近溪十分重視〈大學〉,他的學說多藉闡釋〈大學〉而立論,但他論〈大學〉,並不似朱子與陽明,扣緊「致知格物」之義來說,而尤重〈大學〉所言「三綱八目」,「物有本末、事有終始」,及「上老老而民興孝,上長長而民興弟,上恤孤而民不倍」所謂絜矩之道及其中所涵之孝、弟、慈之義。近溪之論〈大學〉,當然有受王心齋「淮南格物說」影響,但有其自抒胸臆處。他說〈大學〉是孔門求仁全書,此說之涵義便相當豐富,亦十分特別。近溪從「渾然與物同體」理解仁,此說本於程明道,非其自創,但近溪對「同體」之義,除了具有仁心呈現時與萬物感通不隔,不麻木之明道所說之義外,又從「大人聯屬家國天下以成其身」來說,此是要落實在家國天下中實踐,認為完成了齊家、治國、平天下之實踐後,方是己身之完成。如此說仁,說一體,便不只是從內心的感受

---

[2] 本文所引近溪之言,多出自《盱壇直詮》卷上,後文不再作注。

說，而必落實於倫常事物上實踐。不只要內心呈現與萬物為一體的感受，而亦要本此感通不隔之心以成效用，即要落實於具體實踐，以真實而具體化此一體之仁。本來說仁者渾然與物同體，便一定有依此仁心之要求而產生的實踐之行為，即落實於倫常實踐，甚至要治國平天下然後已，此一行動之要求本來便涵於仁心中；但此本體以成用之義，亦可能會被忽略，人或會以內心產生與物一體、感通不隔為已足，而不致力於實踐行動，而近溪此將仁關聯於大學的實踐綱領來說，以身連屬家國天下，必至家國天下之善成，方是己身之完成，這便很能強調仁者必落實實踐，善化天下國家，方是一己之完成之義。此可說是一重要之提醒。此一將仁聯屬於大學的實踐綱目上說，應是近溪學之一重點。

　　仁者必落實於天下國家中實踐，己身與天下國家相聯屬，近溪認為，這是古代帝王定下的。這是近溪對「古之欲明明德於天下者」句中的「古」之解釋。古是古之帝王，故修齊治平等實踐綱領，既是仁心之要求，亦於古訓有據。本來於倫常中實踐，是本心自發之要求，此處似乎不必求諸古訓，但一旦落實踐履，於倫常關係中，便有其條理規則，並不是只求諸本心便可，近溪在此強調要以古為法，應是有見於此。依〈大學〉，若落實踐履，便須明白本末先後。身家國天下，有其修齊治平之先後次序，這便是古之帝王訂下的實踐綱領，規矩，對此義，近溪亦十分重視。綜上述，近溪此段表示了心之感通必須落實為具體實踐，良知本心之自發自決亦須依規矩而行。此可以說是普遍與具體之統一，主觀與客觀之統一。此兩義後文會詳細展開。

　　　　近溪子曰：「明德猶燭也，明明德於天下，猶燭燃而舉室皆明也。燭不足以明一室，燭非其燭矣。明明德而不能明天下，德非其德矣。如是而為明德，如是而為大學，此之謂大人。」

以燭譬明德，燭能照明一室，方成其為燭；明德須明於天下，方成其為明德。故人若要明明德，須使天下都在吾人之明德中。這可表示近溪力

求明體以達用，使天下人皆得其所之用心。

> 子曰：「孔門宗旨在於求仁，仁者人也，天地萬物為一體者也。人以天地萬物為一體，則大矣。大學一書，聯屬家國天下以成其身，所以學乎其大者也，然自明明德始焉。明德者人之所不慮而知，其良知也。孩提之童無不知愛其親，無不知敬其兄者也。老吾老以及人之老，長吾長以及人之長，幼吾幼以及人之幼，而家國天下運之掌矣。故曰：大人者，不失其赤子之心者也」

近溪對「仁者人也」一語十分重視。《中庸》云：「仁者人也，親親為大。」《孟子》亦有：「仁者人也，合而言之，道也」（〈盡心下〉）之句。朱子《中庸章句》注「仁者人也」句云：「人，指人身而言。具此生理，自然便有惻怛慈愛之意。」（第二十章）近溪對仁者人也的理解，首先是以仁是人所本有的，任何人都可以表現仁道；即仁是人的真體、本性、人直下便可表現之，由此體會，近溪反對將「克己復禮」解為克去己私，認為應解為能於己身復禮。即求仁工夫在於直下擴充，以體現本有之真性，而不是對治一己之私欲。其次，依此處前後文之語脈，仁者人也之「人」，是關聯天下國家而成為大人之「人」。即人若能以天下國家為一人，認得一切存在與自己一體不分，這便是「仁」。聯屬天下國家為自己，使自己成為一大人，又使天下國家與己身合而為一活的有機體；這樣仁與人二者是二而一，一而二。故大學是大人之學，亦是仁學。仁與人二者可互相規定。即既可說仁者人也，亦可說人者仁也。仁道在人關聯天地萬物為一體處，才真實呈現，而人能以天地萬物為一體以呈現仁，方是真正的人。近溪如此的詮釋仁及人，是相當有精義的。他依據孟子及明道、陽明之說[3]，又有自己的特殊體會。

---

[3] 明道說「仁者渾然與物同體」（〈識仁篇〉）陽明之〈大學問〉及《傳習錄》卷中所載的〈答顧東橋〉，皆暢言一體之義。

又從人說仁，而人是與萬物為一體之我，如此體會之仁，不只是理，而是活動的，而其為活動，是如同一有機之生命體般的活動，亦有具體的倫常生活為其內容。

近溪以為人成為大人的生命，是人人可能的，他以良知人人本有，而良知即〈大學〉所說的明德來證。此當然是依陽明之良知義來說，但近溪之言良知，扣緊《孟子》原文，以「知愛知敬」來規定良知的意義，即專從赤子之不學不慮，自然能孝親敬長說良知，此與陽明從知是知非說良知，是有所不同的。從知愛知敬說良知，則良知全是孝敬，離孝敬外，沒有獨立的良知，如此規定良知，其意義較為偏狹。可以說近溪是將陽明所說的良知收攝于赤子之心的自然孝弟處，此說在思想史上有其特別意義，後文再詳。

陽明之言良知，是其學說之核心觀念，其他理論，都由此核心觀念而引發，這是眾所周知的。吾人可類比地說，近溪以赤子不學不慮而知愛知敬說良知，此「知愛知敬」、孝弟之心，在近溪亦是其學說的核心觀念，他的其他重要的說法，如大人之學、一體之仁，天道生生，天地間渾是一團和氣，聖人神化之境等，都可由此引生，或由此而體悟。

在上引文，近溪已點出人人本有，又自然真切表現的孝弟慈，便是於家國天下實踐之根本。孝弟慈之心雖是人人本有，又可自然表現，但仍須有實踐之綱領、規矩，以使之恰當表現，此亦是近溪一特別想法，此意見下文之論至善與規矩：

> 問：「大學明德、親民還易訓解，惟至善之止，則解者紛紛，竟未能愜人意，何也？」子曰：「規矩者，方圓之至也。聖人者，人倫之至也。只識得古聖為明親之善之至，而明德親民者所必法焉，則〈大學〉一書，從首貫尾，自然簡易條直，而不費言說也已。」

對於〈大學〉所說的止於至善，朱子注曰：「止者，必至於是而不遷之

意。至善,則事理當然之極則也。」[4]意是天下事物,皆有當然之則,人當力求實現此當然之則,以達於極致。陽明則認為朱子此說是以理在心外,這是不恰當的,陽明認為理在於心,只要此心無私欲之蔽,便是天理,依此本心天理而行,便是明德親民之極則,亦即是至善之所在。近溪當然是肯定心即理,而同於陽明的,但從他所說古聖為明德親民之善之至,則他言至善,並不只從本心、良知說,而亦從古帝王的實踐所顯示的規矩,即實踐之最恰當的綱領格式及實踐之極致成效上說,此義須進一步分疏。下文云:

> 問:「古之欲明明德於天下者,可即是至善否?」子曰:「此古者的有所指,即堯舜是也。故曰:『克明峻德,以親九族,九族既睦,平章百姓,協和萬邦,黎民於變時雍。』此即是天下之本在國,國之本在家,家之本在身。物之本末,事之終始,知所先後而不亂者是也。是為明明德、親民之至善,足為萬世之格則,而萬世誠正修齊治平者之所必法焉者也。」

此段明確地以堯舜的實踐作為至善之代表,他根據《尚書‧堯典》所載,認為堯舜是從身而家而國而天下的步步實踐,此一先後次序,便是實踐的標準格式,人當以聖王此一實踐格式為效法對象。

> 問:「〈大學〉篇名現存《禮記》,不知此篇與禮何關?」子曰:「禮有經有曲,世人輒指一事一時言禮者,皆曲而非經也。若論禮經,則真是天之經、地之義,綱紀乎人物,彌綸夫造化。必如〈大學〉規模廣大,矩度森列,而血脈精神周流貫徹,乃始足以當之。……蓋孔子一生要仁天下、仁萬世,既竭心思於是,必繼之以先王之道,而仁始足以覆天下萬世矣。故述而不作,信而好古。六經皆

---

[4] 朱熹:《大學章句》。

是此意,而〈大學〉獨曰『善之至』,曰『物之格』者,則尤是六經之精髓,而為禮之大經,仁之全體也。學者漫謂本心自足,而輒以意見彷彿為之,家國天下得其平者罕矣」

此段說〈大學〉規模廣大,矩度森列,而血脈精神周流貫徹,此應是近溪的特別了解。近溪所嚮往的是與天地萬物為一體的大人之生命,而在此一體之生命中,雖是渾然與物為一,但其中也有種種關係的不同,如上下尊卑,親疏遠近等。這如上文所說,是普遍與特殊,或渾然無差別與差別的相融為一。依此義,則仁道之體現,除了感通不隔,與物為一外,還要順一切存在之本身特性,依一定的順序,而次第成就之。要成就這融普遍於特殊,涵差別於渾然的「一體之仁」,當然便不能認為本心自足,只依一己之想法,而亦要顧及存在界的各存在物的不同,訂立一合理的實踐之次序。近溪對此只依孝弟慈之要求而言愛親敬長之實踐,及身家國天下的次序,略嫌簡單,或未足以撐起外王之學的制度,但無可否認近溪對此已有相當之意識,此不能止於自我的道德自覺,而必求及於天下國家,而要及于天下國家,必須依一客觀的條理次序,不能以信任自己的想法,故近溪一再強調至善是聖王的實踐,人須以聖王為法。

但近溪如此理解至善,是否會流于權威主義,或他律的倫理學呢?依近溪意,是可以避免此一質疑的,他所謂的至善規矩,雖然以聖王為準,但聖人之實踐,其實亦即是人人本有的本心的要求,即乃是根於愛親敬長慈幼之良知良能,聖王只是吾心所要求的理想之實現。若依此義,人之效法聖王的作為,以聖王之實踐次第規矩為至善,只是效法吾人心中自發的理想,聖王是人心的理想的具體化。如此說,便可避免有訴諸權威或他律之嫌。近溪本段之後文云:

問:「古聖至善,亦只是父子兄弟足法,則孩提愛親敬長,恐人人原自具足,何必切切焉謂當求諸古聖也哉?」子曰:「中庸其

> 至矣乎！民鮮能久矣。夫至本中庸，即愚夫愚婦可以與知與能者也。至久鮮能，卻是聖人亦有所不知不能，而必俟夫聰明聖智達天德者也。故曰：『上天之載，無聲無臭，至矣。』夫此中庸之至，能於下愚而又神於天載；神於天載而亦能於下愚。則此時之心體，果是四端現在；然非聖修作則，便終擴充不去。守規矩而為方圓，夫豈不易簡也哉！若只徒求書中陳跡，而不以知能之良培植根苗，則支離無成；與徑信本心者，其弊固無殊也已。

問者問得十分中肯，確是近溪以古聖之作法為至善的問題所在。若至善只是孝親敬長慈幼，親親仁民愛物，則人人本自具足，何必取法聖王？從上文近溪說「學者漫謂本心自足，而輒以意見彷彿為之。」此段文說「徑信本心者」有弊，可見近溪對心學一系可能有之毛病十分清楚。於是他要在肯定心即理，以本心作主下，加上客觀的實踐規矩，以防堵以意見為本心，而妄自作為的流弊。此客觀的規矩，雖亦是以本心為根源，但人不能認為本心自足。此即上文所分析的，至善是本心自發之要求而至其極，先聖王之道是吾心所肯認之理想之具體化，以先聖王為法，其實是效法人自己之本心自發之理想。近溪以此孝弟之要求，雖人人本有，但實踐至極，則聖人亦有所不能，他以此義來證人不可只信本心，而不效法聖人，但這一論證，似乎並非沒有問題。至善的理想之不能企及，是實踐上的現實限制，不能由此而推論本心之不足。當然近溪如此說是要為實踐立一客觀之規矩，以此為往外通之憑藉，吾人心知其意可也。

> 子曰：「人之所以為大者，非大以身也，大以道，大以學也。學大則道大，道大則身大，身大則通天下萬世之命脈以為肝腸，通天下萬世之休戚以為髮膚。疾痛疴癢更無人我，而渾然為一，斯之謂大人而已矣。」

此段言大人生命之具體內容，亦即上文「仁者人也」之義。仁不只是理，亦可是一大生命，即是聯屬家國天下，千秋萬世為一體的大生命，此言大人出於孟子所言「從其大體為大人」，而內容更為豐富。此大人除了有廣大的心體外，又從「大身」說，天地萬物與我為一，同為一個身體，故息息相關，無人我之別。如是言仁，是活潑潑的一個大生命。

> 問：「〈大學〉宗旨。」子曰：「孔門此書，卻被孟子一句道盡，所云：『大人者，不失赤子之心者也。』夫孩提之愛親是孝，敬兄是弟，未有學養子而嫁是慈。此之孝弟慈，原人人不慮而自知，人人不學而自能，亦萬世不約而自同者也。今只以所自知者而為知，以所自能者而為能，則其為父子兄弟足法，而人自法之，便喚做明明德於天下，又喚做人人親其親、長其長，而天下平也。此三件事，從造化中流出，從母胎中帶來，遍天遍地，互古互今。試看此時薄海內外，風俗氣候，萬有弗齊，而家家戶戶誰不以此三件事過日子也？」

此言〈大學〉宗旨，而其實亦是近溪思想的宗旨。他據孟子所言孩提之童無不知愛其親、敬其兄，將良知良能規定在知孝知弟而又能孝能弟上說。他這一規定，是很有意義的，雖可與陽明所說的良知相通，但亦有不同。陽明說良知，亦依孟子，但主要是從「知是知非」處說，而近溪則從「知孝知弟」上說。近溪如此規定良知，亦可說此良知人人皆有，是「心所同然」，且一旦知之即能行之，即亦可說知即能，或知行合一。從知愛知敬說良知良能，對不慮而知，不學而能的意義，似乎可有更親切的指點。近溪如此言良知良能，是將陽明所說的良知回歸到孝弟上說，亦即是「歸本於仁」，這是很有意義的，下文再行討論。

近溪指出孝弟慈之心是人之本性，與生俱來，真是良知良能，於此不必學慮，自然便可表現出來。而家家戶戶雖各有不同之生活，其實都是依靠這人人皆有的三件事過日子。這三件平平無奇的事其實是一切家

庭,一切生活的支柱。近溪之言,可謂美矣,而人只要本著這三種與生俱來,人人皆同的心情擴充至盡,便可平天下,治國平天下其實是易簡之事。近溪下文續云:

> 只堯舜禹湯文武,便皆曉得以此三件事修諸己而率乎人。以後卻盡亂做,不曉得以此修己率人,故縱有作為,亦是小道;縱有治平,亦是小康。不知天下原有此三件大道理,而古先帝王,原有此三件大學術也。故仲尼將帝王修己率人的道理學術既定為六經,又將六經中至善的格言,定為〈大學〉,以為修己率人的規矩,而使後之學者,於物之本末,事之終始,知皆擴而充之。老吾老以及人之老,長吾長以及人之長,幼吾幼以及人之幼。家家戶戶共相敬愛,共相慈和,雖百歲老翁,皆嘻嘻然如赤子一般,便喚做雍熙太和,而為大順之治,總而名之曰大學也已。

近溪認為只要本著生而有的孝弟慈之心情而擴充之,便可修己率人,而治國平天下。故平天下,其實是最簡易的。此中,點出赤子之心本具孝弟,以此為實踐之根據及根源動力,說明入聖之道是至簡易的,而此至簡易者,不只是入聖之途,同時亦是治國平天下之根據。內聖外王都可由赤子之心知孝知弟而成立,孝弟不只可以成己,亦可建立規矩而成人成物。近溪於此實甚有精思。

關於近溪以知孝知弟規定良知,可再引以下一段作佐證:

> 問:「〈大學〉以修身為天下國家之本,如何方是修身?」子曰:「致良知則修其身矣。」「如斯而已乎?」曰:「致良知則家齊國治而天下平矣。夫良知者,不慮不學,而能愛其親,能敬其長也。故〈大學〉雖有許多工夫,然實落處只是上老老而民興孝,上長長而民興弟。故上老老上長長,便是修身以立天下之大本;民興孝、民興弟,便是齊治平而畢修身之用也。天德王道一併打合,

便是孔子平生所志之學。其從心不踰之矩,即此個絜矩之道是也。統而言之,卻不只是一個致良知耶?故曰:『古之欲明明德於天下』,而大學之道備矣。」

從「良知者,不慮不學,而能愛其親,能敬其長也」,可見近溪明確地以知愛知敬為良知。而知愛知敬必能愛能敬,故良知即良能;如此規定良知良能,亦十分切合孟子義。近溪又依此良知良能義以言致良知,此一義之致良知,便是擴充此愛敬的知與能,以達之天下。故近溪認為,致良知即可修身齊家治國平天下矣。

二、仁、聖及天道生生

近溪以知愛知敬為良知,對良知的規定不同於陽明,但其言良知,亦同於陽明,有「生天生地,成鬼成帝」的絕對性,即良知便是天道之生生;而近溪由知愛知敬處契入天道,更顯「由道德以證悟天道」的「道德的形上學」之意義。

子曰:「吾人此心,統天及地,貫古迄今。渾融於此身之中,而涵育於此身之外。其精瑩靈明,而映照莫掩者,謂之精;其妙應圓通,而變化莫測者,謂之神。神以達精,而身乃知覺。是知覺雖精所為,而實未足以盡乎精也;精以顯神,而身乃運動,是運動雖神所出,而實未足以盡乎神也。古之欲明明德於天下者,其心既統貫天地古今以為心,則其精神亦統貫天地古今以為精神。故其耳目手足、四肢百體,知覺固與人同,而聰明之精通而無外者,自與人異。運動雖與人同,而舉措之神應而無方者,自與人異。夫是以為人之聖,善之至,學之集大成,而萬世無復加焉者也。」

近溪言心統天地，貫古今，即表示此心是天道，如陽明言良知是乾坤萬有之基。此即由道德本心以證天道之存在，此是同於陽明的。但近溪由身說心，見心、身之距離，則有其獨出之義。近溪說此心「渾融於此身之中，而涵育於此身之外」，即心在於身，為身所具；但身雖具心，而心精神靈妙，則非身之作用所能盡。身的作用為知覺運動，在知覺運動中，雖有心之精神作用，但知覺運動未足以盡精神之妙。故身、心是有距離的，聖人則可衝破這距離，使屬於身之知覺運動，完全體現心之精神。近溪此一身具心而身之作用不足以盡心之論，可以作為他所說主張的人當效法聖王，依規矩以實現至善之理論根據。即人心固然神妙莫測，與天道生生相通，但心必須通過身而落實表現。身是心的體現資具，但亦限制了心，人必通過工夫努力，方能完全體現此心。此說肯定心即理，但於必須藉身以體現心處，保留了人的後天努力，及須效法聖王的作為之必要性。

> 子曰：「孔門宗旨只要求仁。究其所自，原得之《易》，又只統以生生一言。夫不止曰生，而必曰生生云者，生惡可已也。生惡可已，則易不徒乾，乾而兼之以坤；坤不徒坤，坤而統之以乾。蟠天薄地而雷動滿盈，形森色盎而霞蒸赫絢。橫亙直達、邃入旁周，固皆一氣之運化，而充塞乎兩間；然細觀此氣之流行布濩，節序無不停妙；絪縕媾結，條理無不分明。則氣也而實莫非精之所凝矣。精固妙凝一氣，而貫徹群靈；然究竟精氣之浩渺而無涯，妙應而無迹。莫之為而為焉，莫之致而至焉，則氣也，精也，又莫非神之所出矣。興言至此，則下至九地，上至九天，中及萬民，旁及萬物，渾是一個生惡可已，渾是一個神不可窮。」

此段主要是對生生不已的天道，作一客觀的描述。而近溪生生，是從夫子求仁說起，則踐仁，正是契悟天道為一生生不已之真幾之途徑，則近溪此段之言天道，已非純自客觀面言之。又近溪釋生生，喜從「生惡可

已」來說。「生惡可已」出於孟子，孟子曰：

> 仁之實，事親是也；義之實，從兄是也；智之實，知斯二者弗去是也；禮之實，節文斯二者是也；樂之實，樂斯二者；樂則生矣，生則惡可已也。[5]

孟子由事親從兄而言仁義禮智之實，又說樂是事親從兄所引致，已完全是近溪思想的宗旨，「樂則生，生則惡可已」是說，孝弟之樂一旦被引發，是停不住的。而近溪則由此而釋《易傳》所謂的「生生之謂易」，可謂十分特別。這一說法給出了體會天道生生的意義之途徑。天道生生不已，鼓舞萬物，是一種怎樣的力量呢？人是很難測度的。而近溪依孟子，從孝弟之樂而契入。的確，人若真誠的事親從兄，必然有一大快樂，而此悅樂之情一旦生起，人的生命便會感發興起，欣悅向上，奮進不已。由孝弟之樂一旦生起，便會止不住，來說天道之生生不已，確十分傳神。而由此，亦可見近溪之言天道，是由道德實踐，倫常生活的體會而說上去的。

> 子曰：「孔子曰：『心之精神是謂聖』，解者曰：『聖也者，通明者也』，又曰『聖也者，神明而不測者也。』天下古今，豈有神而不明者哉？抑豈有神而不通者哉？明則無不知矣，通則無不能矣。明通皆自神出，則空洞絕無涯畔，微妙迥徹纖毫。藏用於溥博淵泉，而實昭然聖體。天也，而未嘗與人異也。顯仁於語默云為，而實總是天機。人也，而未嘗與天殊也。」

此段以聖人之通明，神明不測，以證天道之神。言聖人雖是人，而人即是天；聖人之生命表現與天道渾然為一。而聖人之能與天道是一，亦須

---

[5] 《孟子‧離婁上》

長期努力學習方能達至，亦須以聖王為法。近溪下文云：

> 問：「孔子吾十有五而志學章，其旨如何？」子曰：「古書中言道雖多，至學之一字，則閒或見之。惟是吾夫子則專志平生，而論學不輟，古之聖人成道雖多，如清任與和，各以資質所近，而力造其極；惟是吾夫子則述而不作，必求隆古至聖而學之。故曰：『吾十有五而志於學。』此章幸得晦菴朱先生又默而識之，其註疏云：『學者，大學也。』夫謂曰大學者，所以學乎其大者也。夫子平生亟稱至聖者，惟是文王。亟稱大聖者，惟是帝堯。則其所祖述，其所憲章，竭精會神以學之者」非二三聖人而何哉？夫惟道之極其至，道之極其大，則閫域幽遐，境界浩蕩，雖其性靈天縱，而求以主張負荷，卓然屹立于宇宙之中也，須到三十而後能之。

近溪說孔子之外的聖人，如伯夷伊尹等，只能各隨其資質之所近，力造其極，而至清、和或任之型態，各有所偏，惟孔子為聖之時，不受氣質限制，而同於天，孔子所以能如此，因孔子專志於學。近溪此段話說得十分切實，他雖屬心學一系，但亦強調後天之學習。他似是既要以陽明學為宗，又兼攝朱子重學的精神。由上述的近溪主張以聖王之作法為至善，須以之為效法之規矩，又認為心、身有距離，惟聖人方能使身之知覺運動全是心之精神之體現，可見近溪雖肯定心即理，良知見成，但亦很重學習，很能正視現實生命之限制。他是既知本源，又明限制。近溪此段甚長，不全引，其最後云：

> 蓋大學只是明明德親民，明親之實只是絜矩上下、前後、左右。老吾老以及人之老，長吾長以及人之長，幼吾幼以及人之幼。惻怛慈愛之真，盎然溢於一腔；誠感神應之妙，沛然達諸四海。吾夫子學至此時，果是大人赤子，念念了無二體；聖心天德，生生

純是一機。隨眾問辯,其所酬答,更無非此個孝弟慈;隨機感觸,其所好欲,亦無非此個孝弟慈。即如子路問志,便曰:「老者安之,朋友信之,少者懷之。」子貢問仁,便曰:「己欲立而立人,己欲達而達人。」要之,耳順只是一個絜矩,欲不踰矩,又豈不是一個順應也哉?如此以觀吾夫子,其志方為大志,其仁方為純仁,而其聖方為至聖也已。

此段言孔子之學大成而成聖之生命境界,聖人之踐德,如赤子之不學不慮,而自然愛親敬長慈幼,此聖人之化功,如同天德生化之莫之為而為,莫之致而至般神妙不測。此可說是「踐仁以知天」。由此段,可知近溪雖是以赤子之心不學不慮為宗,由是而體會天德,了解聖人之化境;但他言赤子,其實是指點的說法,他通過對赤子生命描述,使人了解生命之本性,天道生生之真幾。但並不表示人可安於天然之狀態,不必通過工夫、學習、不必依聖王規矩,便能復此真性、體現聖境。

問:「吾儒之學,其大如此,然必有所以大處,不知何以見得?」子曰:「聖賢之道,原從心上覺悟,故其機自不容已。否則矯偽而為之,又安可久可大,而成天下萬世之德也耶?孟子曰:『萬物皆備於我,反身而誠,樂莫大焉。』蓋反求此身,本有真體,非意見方所得而限量。潛於天地萬物之中,而超於天地萬物之外。渾然共成一個,千古萬古,更無能間隔之者。卻非皆備於我而何哉?程子謂『認得是我,何所不至?若以己合彼,則猶是有二,又安得樂?』抑又安能聯屬天下國家以成其身也耶?」

上文說近溪亦重後天之學習,且須以聖王為法;但其言學仍是在心學之系統下言之,即學是將本有之真性、本心暢通出來,而聖王之制作,亦是本於人人本有之孝弟慈之心推而廣之,以老老、長長、恤孤,與朱子系所言之學習,仍有不同。

以上藉分析羅近溪《盱壇直詮》上卷一些文獻，以論述其思想。由以上的分析，近溪之思想亦很有系統，可以通過分解地表示出來。黃梨洲之《明儒學案》論近溪之學，曾引許敬菴之言，謂近溪「大而無統，博而未純」，而梨洲認為此言深中近溪之病。[6]受到梨洲此論影響，一些學者便認為近溪之學博雜。所謂雜，是指摻入佛老之成分而言。但據上文之分析，近溪之學其實純是儒學，且主旨明確。牟宗三先生專從近溪「破光景」處，論近溪學之特色，其言至為深微，已無餘蘊，不必再述。但本文所論，亦可見近溪之學說要旨，並不止於破光景一義。

三、結論：綜述近溪思想的特色

一、近溪思想，如上所述，可以其所理解的良知作核心觀念，而引生出其他理論。他以知愛知敬言良知，除以孝弟為良知內容外，又加上了慈。他據孟子所言父母之心人皆有之，及大學的「未有學養子而後嫁」言慈亦如孝弟般，為不學而能。以孝弟慈為良知之內容，從人無不知愛親知敬兄、知慈幼，以體會良知為自然本有之知，為不學不慮之義。近溪如此說良知，使良知的知性之用確定在孝弟慈的內容上、活動上，如此亦可避免良知教之蕩越。近溪如此說良知，與陽明之說甚有不同。陽明從知是知非言良知，顯示了本心的虛靈明徹，於道德上之是非，於一己行為上、意念上之對錯、真妄，為無所不知之義，使人在道德實踐上，當下有一把柄。對於人的真心、本性，亦有一直接的契入，良知當下便可呈現，人依此便可悟道德之理，而有正確的實踐。這確是一大發明；但良知空靈透脫，不能執定，固然操則可存，人切己反省，良知便在，但亦可頃刻便失。又從知是非言良知，知性稍強，而仁義之內容稍弱，故陽明的言良知，「智」的意味強，而「仁」的意味稍弱。[7]就此而言，

---

[6] 黃宗羲：《明儒學案》卷三十四。
[7] 參考牟宗三先生《心體與性體》（三），頁 278-279。

其教相不能說是充實飽滿的。陽明晚期思想,特重良知的「無」性,以無善無惡言心體,無善無惡與為善去惡成為體用之關係,又為善去惡必至無善無惡方是實踐之最高境界、化境。人能悟入無善惡之無心之境,當然會使為善去惡更為自然,此如周海門說,無善無惡是「為善去惡而無迹」[8]但這應是實踐之化境,這是「在後」的事,若將其看作是「體」而要先求「悟」之,則悟入一以「無」為內容之體,是否能生起真正的道德實踐?這是很有問題的。陽明對此,已有所規範,以此「從無處立根基」的教法,是上根人方可以用,中下根人,仍以在有善有惡之意念上作致良知以為善去惡的工夫為宜。但既言無善無惡之心是體,則先悟本體,從體以起用,是合理的想法,雖是一般人,亦不能說不能明體。本來依陽明,良知便是體,而良知是隨時可以呈現的,今以無善無惡言心體,又說悟此體只限於上根人,其理論不能說沒有問題。故若以無善無惡者方是心體,則人要從無善無惡處契入,以為這是道德實踐之正途,是很難說不合理的。但無善無惡,雖不是中性的沒有善惡義,而是為善去惡而至自然的無心為善而自然是善,無心於去惡而自然無過之化境,而以此實踐後之化境作先行的悟體之工夫,是很有問題的,這是顛倒了實踐之次序,即以應在後者為在先者。

若從這一角度思考,近溪的以知愛知敬知慈為良知,便很有意義。近溪這一體會,使良知回歸到孝弟慈上說,而不致只在知是非上一往發展,至無是無非,而容易蕩越。良知回到孝弟慈上表現,則知之所在,便是仁之所在。「孝弟也者,其為仁之本歟」,近溪的說法,可以說是對此語作最佳的詮釋。故良知用於孝弟,便歸本於仁。在此越用其知,便越顯其仁,越用力於實現孝弟慈之知,越見人我感通不隔,實為一體。

以上所說,是認為近溪學可修正陽明學之流弊,此意可引近溪一段話來幫助說明:

---

[8] 黃宗羲:《明儒學案》卷三十六。

> 陽明先生乘宋儒窮致事物之後，直指心體說個良知，極是有功不少。但其時止要解釋〈大學〉，而於孟子所言良知，卻未暇照管，故只單說個良知。而此說〔按：此指孟子之言良知，亦近溪本人之說法〕良知，則即人之愛親敬長處言之，其理便自實落，而其工夫便好下手。且與孔子「仁者人也，親親為大」的宗旨毫髮不差，始是傳心真脈也。[9]

由此段可知近溪對於自己與陽明對良知理解之不同，是有充分的自覺者，他認為陽明多用心力於解釋〈大學〉，只單說良知，未能根據孟子由赤子不學不慮而知愛知敬處說，故未能落實。故近溪之說良知，可謂是攝知於孝弟，攝知於仁。

二、上文說陽明（亦包括王龍溪）以無善無惡為心體，但又認為以悟「無」之本體為工夫，是上根人方可能，此與良知是本體，是人人當下可呈現（所謂「良知現成，或見在良知」）的說法，是有不一致處的。而近溪將良知定在知愛知敬上說，若由此而說悟本體，則正好是人人可能的，這似乎不必說只有上根之人方可能。孝弟之道，愛親敬兄之心情，確是人人可能的，一下子便能契入。當然王龍溪所言的悟入本體，是在「四無說」的義理下，即是在聖人的化境生命下之本體，此在化境下之本體，可以說一般人並不易悟入，但即使就此義之本體，依近溪的說法，仍是一般人可以悟入的。近溪認為赤子不學不慮而自然愛敬，便是聖人神化之境，其言曰：

> 後世不察，乃謂孝之與弟，止舉聖道中之淺近為言。噫！天下之理豈有妙於不思而得者乎？孝弟之不慮而知，即所謂不思而得也；天下之行豈有神於不勉而中者乎？孝弟之不學而能，即所謂不勉而中也。故舍卻孝弟之不慮而知，則堯舜之不思而得必不可

---

[9] 《近溪子明道錄》（臺北：廣文書局，民國七十六年）卷四。

至;舍卻孝弟之不學而能,則堯舜之不勉而中必不可及。即如赴海者,流須發於源泉,而桔橰沼瀦,縱多而無用也;結果者,芽須萌於真種,而染彩鏤劃,徒勞而鮮功也。其曰:「堯舜之道,孝弟而已矣。」豈是有意將淺近之事,以見堯舜可為?乃是直指入道之途徑,明揭造聖之指南,為天下後世一切有志之士,而安魂定魄;一切拂經之人,而起死回生也。諸生能日周旋於事親從兄之間,以涵泳乎良知良能之妙,俾此身此道,不離於須臾之頃焉,則人皆堯舜之歸,而世皆雍熙之化矣。[10]

此言孝弟之心所表現出的自然、真摯,和聖人不思而得,不勉而中的生命境界是相同的,這便是成聖的真種,聖人生命的真源頭。故從孝弟中見到的,並不是生命中顯淺層次,而是最真誠的本體。依此,人從孝弟契入的,既是一日常的倫常,亦是最真摯的生命,等同於聖人的自然為善之化境。如果由孝弟慈的確可以體會聖人般的生命,可體會天道生生的活動,則王龍溪所說的即本體便是工夫的「先天正心」之學,四無之境界,便不只是上根人的工夫,而是人人可能的了。

三、由孝弟慈之真切自然,不期然而自發,不求恰當而自然恰當,見聖人真實具體之生命,亦由此而見天道生生之妙;這是由孝弟之活動、踐履而上企高明,由人德而悟天德,亦對於儒學的天道論,給出一個切近的理解途徑,孝弟慈之心,確是最為普通,而又最為真摯,經近溪的闡釋,原來此普通平常的心情,又最神妙莫測,是由我而發,又可通天下萬世,故人人若能回到此倫理常行,平常的性情處,生命可得一大安定,亦得一大滿足。

近溪的從孝親敬長慈幼,又開出橫向之實踐原則、架構,這使得他的思想並不限於內聖的範圍,而及於外王;不止於家庭倫常,而可廣披於社會。近溪將孝弟慈配合〈大學〉的對家國天下要修齊治平的實踐,

---

[10] 《近溪子明道錄》卷七。

又藉其中所具的始終先後的次序，指出在於己身的孝弟之心，正是齊家治國平天下之根本。由此根本而發，依一定的次序與綱領，便可實現治國平天下的理想。依〈大學〉的說法，修身是本，由修身往後追溯，是正心誠意致知格物的工夫，而往前推擴，則為齊家治國平天下。故身是一己心性之修養，及對家國天下的客觀面實踐的樞紐、輻湊處。由此看來近溪的說法，並不違背〈大學〉，可說是對〈大學〉理論的一個很好的詮釋。近溪藉著〈大學〉所說的實踐綱領，確定一程序。即由身而家國天下，由本至末，由己至人，從近而遠。這一說法，似乎重複〈大學〉之內容，卑之無甚高論，但其中之涵義其實是很豐富的。

首先，如上文所述，陽明的闡發良知之知是非即是天理，心即理之義，是非常重要的，真正具道德價值的行為，必須是由本心自決自發，即由意志之自律而產生，但這自發自我作主的良知、靈明，落實在具體生活上，在人我群己的種種關係上，是否不必要一客觀的規範、格式以作依循？固然若良知真實呈現，事事自然作得主，如陽明所云：「是而是焉，非而非焉，輕重厚薄，隨感隨應，變動不居，而亦莫不自有天然之中。」[11]但良知時時作主，並不容易，若有一套順良知而要求，由內而外，由一己之心性而通於家國天下的規矩軌範，方便良知的落實與推廣，豈非更好？近溪說「學者漫謂本心自足，而輒以意見彷彿為之，家國天下得其平焉者罕矣」[12]便透露出對這一問題的反省與思考。近溪以知孝知弟為良知，則良知的活動，必然落實為孝弟的德行，即如此體會良知，則良知固然虛靈，但亦必表現為孝弟，此將陽明所說的良知自有之「天然之中」，確定為孝弟，孝弟為良知之具體內容，而良知之實現，亦依愛親敬長，而親親、仁民、愛民；只要依知孝弟之良知而發，則親疏厚薄皆會得其宜，而分毫不差忒。如是則良知自然落實，自然有規矩可循，由主而客，由個人而及於家國天下。近溪以孝弟確定良知之內容，

---

[11] 〈大學問〉。

[12] 《盱壇直詮》卷上。

配合孝弟慈在倫常關係中實現之條理、規矩,而建構成一套實踐的格式、軌範。這是順陽明良知之意,而落實於孝弟,歸本於仁的發展,亦是以孟子所言赤子之心不學不慮而知愛知敬,結合〈大學〉的實踐綱領來說。使得修齊治平,有發自本性之愛敬作根本動力;而孝弟之心、亦有一合理的綱領規矩而通達於外。如此以孟子結合大學,確可給出一套有本有源,又簡易直截的「合內外」的實踐綱領。本來陽明已是以孟子會通〈大學〉,而近溪則更為落實。

如果上說不誤,則近溪這一構思,可以回應當代錢穆先生對陸王之學的一個批評,錢先生說:

> 論及明代之理學,自必提到王陽明。陽明推尊象山,主心即理,並提出良知之說,後人合稱為陸王。陸王之學為理學中之別出,而陽明則可謂乃別出儒中之最是登峰造極者。因別出之儒,多喜憑一本或兩本盡,或憑一句或兩句話作為為宗主,或學的。如二程常以大學西銘開示學者;象山則專舉孟子,又特提先得乎其大者一語;而陽明則專拈孟子良知二字,後來又會通之於大學而提出致良知之字,作為學者之入門,同時亦是學者之止境,徹始徹終只此三字。後來王門大致全如此,只拈一字或一句來教人。直到明末劉蕺山又改提誠意二字。總之是如此,所謂終久大之易簡工夫,已走到無可再易再簡,故可謂是登峰造極。然既已登峰造極,同時也即是前面無路。[13]

按錢先生以理學為別出之儒,與綜匯經史文學之儒相對,此「別出」並非貶辭。而錢先生認為王學是別出之儒之登峰造極,前面無路之評論,則有貶意,此評很值得討論。心學的工夫,以易簡直截,當下體證為尚,如果肯定心即理,此一越來越簡直,工夫收歸於一句,就當下而指點的

---

[13] 錢穆:《中國學術通義》(臺北:臺灣學生書局,民國八十二年二月),頁88。

趨勢，是不可免的。但若說如此便登峰造極，而前面無路，卻也未必。依陽明良知固然當下可見，除致良知外，不須有其他工夫可說，但致知在格物，良知必在應事接物中呈現，離了事物，不能有真正良知之呈現。致良知而至其極，則可達良知與天地萬物一體呈現之境，此須不息的實踐。如是學說之簡易，證體之直截，並不能表示已說到極處，前面無路。若真見體，便會當下付諸行動，而實踐是無窮盡的。而依近溪，以赤子之心之知孝知弟證本心良知，亦以此體會天道生生，亦可謂是登峰造極，至平易切近處，便是至高明偉大處；但即在此知孝知弟處，便自然給出由內而外，由我而人的實踐規矩、道路，這可說是在最簡易處開出的實踐道路，這道路是道德主體、本心良知的必然落實處。這是一條逐步實現人我一體的道路，遙遙無止境，聖人亦不能了，怎可說是前面無路呢？

　　依陽明由致良知，正是開出了無盡的道德實踐之根源、動力，依近溪，除了包含陽明所說之義外，更由此而開出一從內聖而外王，由己身而及於家國天下的客觀實踐之通道、格式，不只是不會無路可走，更是由此而真正開出往外通之路。

　　如何成聖人是陽明一生努力求道、講學所要解決的問題。[14]他要找出一條人人可以真正入聖之途徑。致良知之教之為簡易直截，是就作為入聖的方法言，而若孔孟之道是以成德為宗旨，則如何成聖便是儒學的核心問題，針對此問題若有中肯的解答，便應是孔孟傳統下的嫡系、正宗，如何可說是「別出之儒」？如果陽明及王門後學能就此入聖之道提出越來越簡易，而至登峰造極的工夫、方法，則正是將孔孟之本懷，儒學之為踐德成聖之學的本質顯發出來，就此一意義來看，若在此處有登峰造極的成就，便一定是說他們能指出一條真正可以成聖，又人人（不分男女老幼，不分才力智識的高下）可行，不論何時何地都可從事的作

---

[14] 這從他小時問塾師何為第一等人，依朱子格物而無果效，有「聖人是天生的、無他大力量去格物了。」及後來悟致知格物之義，說「人人可以為堯舜，非虛語也。」可見。

法。從這角度看,陽明、近溪之說,確是可以滿足這要求的。

四、依王學的發展,要解決「人人可以為堯舜」如何可能的問題,並不只是給出成聖之根據,便可以滿足。孟子已證成人性之善,善性便是成聖之根據,故如問成聖之根據何在之問題,孟子已有解答。陽明之所要求的,不只是孟子之所說,是如上述的,要找到人人可行,且是當下可用力入聖之作法。此確如上述錢先生所說,陸王之學教人的工夫口訣,越來越簡易。用牟宗三先生的說法,這是王學可稱為「顯教」的理由[15]。陽明的良知說,使天理的意義,本心的內容,及聖人的生命境界,一下子便顯現出來,使人一言之下,便洞見全體,這是所謂「顯教」的意義,而王龍溪依陽明之說而發展,其「四無說」使良知心體的意義,及聖人化境之生命境界,有進一步的闡發,可謂顯而又顯矣。於良知心體及聖境既有明白的顯示,則於工夫當然可以有更進一步的說法。故依龍溪,可以有從無處立根基,當下顯化境意義下的本體的工夫。依此一角度看,近溪的說法,亦屬顯教,近溪實顯赤子之心,孝弟慈之意義,便是將天道與聖人境界作十分明白的顯示。他將克己復禮解釋為能於己身復禮,不取克去己私之說,又認為未發之中是日用常行,並非隱而不顯,他教人喜用當下指點之方式,要人即迷而悟,當下即是;凡此都表示了他的「顯教」性格。而且亦可以說是近溪之教是顯而又顯。只是他的顯又同時是平常的。即將道體的神妙莫測,聖人的化境,與萬物為一體,寓於日用常行中。而這一作法,剛好可以防堵良知教的蕩越,又給出了一由內聖而通到外王的實踐綱領與規矩。將聖境寓於常行,或甚至可說日用常行即是神化聖境,這不只是將聖人境界給出一人人可以體會,可以明白的說明,而亦是使一般人可以真正分享到聖境的教法。如果孝弟慈確如近溪所說,是同於天道生化之莫之為而為,莫之致而至;又同於聖人的不思而得,不勉而中,則人在真誠的愛親敬兄慈幼之時,

---

[15] 牟宗三:《從陸象山到劉蕺山》(臺北:臺灣學生書局,2000 年 5 月,再版四刷),頁 451。

便體現了聖人的生命境界,這便是可以分享聖境,而不只是了解明白。如果說要達致人人成聖是陽明立教的用心,則近溪的學說,確是能完成陽明的心願者。

　　五、作為當代新儒家重要代表之一的徐復觀先生,雖然極力弘揚儒學,認為儒學在現代世界仍有其重要的價值,但他反對熊、唐、牟諸先生提倡的「儒家形上學」。徐先生這一態度,越到晚年越明顯,他似乎認為將儒學理解為一套形上學,會損害了孔孟之道原本是由倫常實踐生發出來的特性。此意可引徐先生一段話來說明:

> 從頁六三一七六〔按指《中國人性論史》〕,我提出六點來說明「孔子在中國文化史上的地位」;但應把頁六四的「第一」改為「第二」,而加入「第一,孔子最大貢獻之一,在於把周初以宗法為骨幹的封建統治中的孝弟觀念,擴大於一般平民,使孝弟得以成為中國人倫的基本原理,以形成中國社會的基礎,歷史的支柱。程伊川在所寫的〈明道先生行狀〉中說:『知盡性至命,必本於孝弟』,這說的不是庸俗空泛的話;其意義非常深遠。這是把握中國文化特性的一個基點。」當我以虔敬之心寫到孔子時,卻遺漏了這重要的一點,使我感到非常慚愧。同時年來漸漸了解,一般浮汎鄉曲之士,餖飣考據之徒,固不足以知孔子。立足於西方哲學的先生們,也不易了解孔子。則中國文化今日的遭遇,決非偶然。[16]

徐先生認為將原屬宗法封建制度的孝弟觀念擴大於一般平民,使孝弟成為人倫的基本原則、社會的基礎,是孔子對中國文化的一大貢獻。這當然是諦當之論。他引程伊川之說,以證孝弟是道德實踐之根本,亦是很

---

[16] 徐復觀:《中國人性論史》(臺北:臺灣商務印書館,1975年,第二版)〈補記〉,頁2。按此文徐先生寫於1975年1月。

合理的。但伊川此言，涵由孝弟之實踐，可上達天德，天道與人道相通之義，而此一義，徐先生便有所保留；他在另一篇文章上說：

> 講中國哲學的先生們，除了根本不了解中國文化，乃至仇視中國文化，有如楊榮國之流，以打胡說為哲學者外，即使非常愛護中國文化，對中國文化用功很勤，所得很精的哲學家，有如熊師十力，以及唐君毅先生，卻是反其道而行，要從具體生命、行為、層層向上推，推到形而上的天命天道處立足，以為不如此，便立足不穩。沒有想到，形而上的東西，一套一套的有如走馬燈，在思想史上，從來沒有穩過。熊、唐兩先生對中國文化都有貢獻，尤其是唐先生有的地方更為深切。但他們因為把中國文化發展的方向弄顛倒了，對孔子畢竟隔了一層。[17]

按熊、唐、牟諸先生之言儒家形上學，確是從具體的生命、行為層層上推至天命天道；但並不是認為不如此上推，便立足不穩。孝弟的實踐，仁道的呈現，本來便是很穩固的，只是這倫常道德實踐，本身便含有超越的意涵，具有無限的價值意義，故由此可以言天道天命。這是以不穩定的天道論、形而上學立足於道德實踐，使天道論有其穩固的基礎，是「道德的形上學」，而不是以天道論來作道德實踐之理論基礎，即非「形上學的道德學」。此義牟宗三先生分辨得很清楚，[18] 不必再詳論。現在提到此點，只是藉以顯示羅近溪的思想特色。由近溪之論，可以見到若對倫常實踐有真切的體會，必能由此而體悟天道，由孝弟而體會一體之仁，由仁心之一體感而見天地間渾是一團生機、一團和氣；由愛親敬兄而樂，由樂之不可已而悟天道便是一生生不已，這都是最自然的體會。

---

[17] 徐復觀：〈向孔子的思想性格回歸〉，收入《中國思想史論集續篇》（臺北：時報出版公司，民國71年）。

[18] 牟宗三：《心體與性體》（臺北：正中書局，民國57年）（一）〈綜論〉。

可以說，近溪之學恰可對道德形上學作一「證成」。如果這由倫常實踐而來的形上學的體會是自然的，則一定不讓人從具體的倫理生活而往上推，否定由倫常之道可建立形上學，便是不自然、不通透的想法了。依近溪，於孝弟慈之真摯流露處，便是天道生生的顯現，這是徹上徹下的，若不了解這「上下徹」的特色，對中國文化的精神方向，恐怕未能有真正的掌握。

羅近溪的道德形上學及對孟子思想的詮釋

一、前言：儒學作為實踐哲學的意義

　　說中國哲學重實踐，而西方哲學重思辨，這雖然是很粗略的區分，但仍是相當能表意的。或者此意可如此表示：中國哲學以實踐為主，而思辨為從；西方哲學以思辨為主，以實踐為從。或可說這是「重德」與「重智」的不同。[1]

　　「道德的形上學」即對整體的存在界作一道德價值的說明，簡單地說，即認為宇宙的生化是一道德價值的創造性之活動，道德的法則便是一切存在之「存在的法則」或「存在之理」。[2]這一道德形上學的說法，是當代儒學的重要理論，而這一理論，是遭到不少人質疑的。本來，從思辨的角度看世界，並不容易得出道德法則便是存在的法則之義。道德法則是「應然」的，而存在界是「實然」的，從關於存在界的知識處，並不能認知到道德的法則；而一切存在，是在機械性的「自然法則」的決定底下，並不是處於道德法則之決定底下，這亦是很明顯的。道德法則與「自由」是相互涵蘊的，不預設自由意志，便不能有道德的行動；但在存在界，一切皆是在必然性的「因果」法則決定底下，是沒有嚴格義的自由可言的。此所謂嚴格義的自由，並不是選擇上之自由。選擇的自由，是經驗義之自由；而為道德法則所涵之自由，是「自發而無條件

---

[1] 見牟宗三：《中國哲學的特質》（《牟宗三先生全集》第 28 冊，臺北：聯經，2003 年）第一講，及勞思光：《哲學問題源流論》（香港：香港中文大學，2001 年）第二章。

[2] 牟宗三：《圓善論》（《全集》第 22 冊）第二章。

地」遵理而行,而其所遵之理,是意志自己給出來的,所謂意志之「自我立法」。此無條件地自發為善之自由意志,依康德之分析,並不是我們能知的對象,即自由並非可經驗之事實;在經驗界的事件,事出必有因,如何能有自發地,不依時間上在先之原因之決定之活動?此是不可知的。但自由雖不是經驗界中可知的對象,而必為吾人之理性在實踐上所要求。[3]從理性之實踐要求自由意志之為必要,可見孔子之用啟發指點之方式,以顯發弟子之仁心,及孟子從人當下可有之惻隱,而證人性之善,仁義即人之本心所固有,是確然而不可疑的。康德由人之思辨不能及處,見實踐之要求非肯定不可,而孔孟之言仁與本心,便是直下從實踐上契入,並不走思辨分析之路。

康德由實踐理性肯定意志之自由,又由此進一步,以德福一致為實踐理性之必然要實現之理想,由是而肯定上帝之存在。對於康德這一論證,當然是有可商榷處,但簡單來看,他由德福一致之要求而肯定上帝,其實是曲折地表示道德法則便是一切存在之根據,即道德法則便是存在之理之意。相信上帝能依人內心之德而配之以幸福,即是相信上帝是依道德法則以統治世界。這是一由道德實踐而來的信仰。由道德實踐會產生此一信仰,亦可見他認為道德法則不只是應然的,人自覺所應依循的,而亦是一切存在所依循的。康德這一「道德的神學」之說,[4]正表示了道德法則不只是人生界之法則,亦是整體存在界之法則,宇宙的秩序即是道德的秩序。

由上述,人之具有自我立法之自由意志,及道德法則為存在之理,都非思辨可以證明,但卻是人在實踐時所必然肯定的。故實踐中所肯定者,是思辨理性所不及,亦非思辨所能推翻的。這便可見上文所說的中國哲學重實踐的意義。即此並非通泛地說的實踐,而是由實踐而證悟一

---

[3] 康德:《道德底形上學之基本原則》第三節。參見牟宗三先生譯本,《康德的道德哲學》,(《全集》第 15 冊),頁 103-104。

[4] 康德:〈在界定「最高善」之概念中純粹理性之辯證〉,《實踐理性底批判》卷二,第二章。

純粹的道德意識，以此道德意識見自發地為善是人本有之能力，由是便以道德性為人性，為人之本心。又由實踐而證悟天道之存在，認為天道的生生不已，即是剛健奮發的道德的創造。「以道德性為人性」及「天道性命相貫通」都是由實踐而肯定、證悟之理境。見人性、明天道是哲學思辨所必須要探索的問題，這些問題，在儒學是通過實踐來證悟的，並不止於思辨之探索。或可以如此說，由于孔孟一開始便從啟發指點以言仁，開闢了人之內在之人格世界，遂建立了此一以實踐來證悟人之真生命，又由此而見宇宙生生之道的哲學途徑及智慧方向。此一途徑及智慧方向，並不同於西方以思辨為主的哲學探索。如上文所述，思辨有其原則上之限制，只能及於現象，而不能及於物自身。故吾人若說儒學是一「實踐哲學」，除一般所了解的，為重視實踐，或探討如何實踐，什麼是理想的修養工夫等涵義外，尚可理解為「由實踐之路以把握宇宙人生之實相，證悟人生乃至整體存在界之意義及價值」之義。依此後一義言，「實踐」是作形容詞用，即實踐的哲學，不是論實踐，而是從實踐之途以言哲學，或由實踐而來的證悟以建立哲學見解。

　　在當代儒學，對於這些理境有比較繁賾的，近於西方哲學式的證成，而在宋明儒，其實都涵有這些理論與體會，且言之似更為直截而親切，今試從此一角度，整理羅近溪之思想。

二、歸本於仁

子曰：「孔門宗旨在於求仁，仁者人也，天地萬物為一體者也。人以天地萬物為一體，則大矣。大學一書，聯屬家國天下以成其身，所以學乎其大者也，然自明明德始焉。明德者人之所不慮而知，其良知也。孩提之童無不知愛其親，無不知敬其兄者也。老吾老以及人之老，長吾長以及人之長，幼吾幼以及人之幼，而家

國天下運之掌矣。故曰：大人者，不失其赤子之心者也」。[5]

問：「古聖至善，亦只是父子兄弟足法，則孩提愛親敬長，恐人人原自具足，何必切切焉謂當求諸古聖也哉？」子曰：「『中庸其至矣乎！民鮮能久矣。』夫至本中庸，即愚夫愚婦可以與知與能者也。至久鮮能，卻是聖人亦是所不知不能，而必俟夫聰明聖智達天德者也。故曰：『上天之載，無聲無臭，至矣。』夫此中庸之至，能於下愚而又神於天載；神於天載而亦能於下愚。則此時心體，果是四端現在；然非聖修作則，便終擴充不去。守規矩而為方圓，夫豈不易簡也哉！若只徒求書中陳跡，而不以知能之良培植根苗，則支離無成；與徑信本心者，其弊固無殊也已。」[6]

前一段引文，表現了近溪對「仁」的體悟。「歸本於仁」，是近溪思想之一特色。從思想史發展的角度看，近溪是將陽明所強調的「知是知非」，收攝於「孝弟」上說。以「知愛知敬」來理解或規定「良知」之義，這樣便使知是知非之知有一落實處。若只從知是非處理會良知，是「智」的意味比較重；若從知孝知敬說良知，則知之同時即是孝弟之活動，此是以孝弟為主，涵藏「知」於孝弟之實踐中，此有似於劉蕺山所說的「知藏於意」[7]。近溪從孝弟之為人人不學不慮而自知自能處，具體說明良知之「不學不慮」之義，而此不慮而知便是具體而真實的道德行為之呈現處，真實的孝弟之心情一旦呈現，便可了解仁的意義。近溪是從知孝知弟以落實良知，又以孝弟的真切自然以指點「仁」的意義。可以說他是對陽明所說的「大人（或吾心之仁）與天地萬物為一體」之義，作了非常具體而真切的說明。這亦恰好是「孝弟也者，其為仁之本與」之說的

---

[5] 〔明〕羅近溪：《盱壇直詮》（臺北：廣文書局，民國 85 年 4 版），上卷，頁 3-4。
[6] 同前註，卷上，頁 6-7。
[7] 詳見本書之〈羅近溪思想的當代詮釋〉。

一恰當之詮釋。從人的事親從兄而愛敬處,確可見到一最純粹真摯的生命活動,這一生命活動,是完全無條件的,發自於心底的,這時的生命活動,是一「真正的自己」,此如同上述所謂的「自由意志」。

　　後一段引文,近溪表示了孝弟慈的活動,雖然人人易知易行,但亦須以古聖人之實踐為效法對象;即孝弟慈之實踐,雖即是至善之內容,但此三者之實踐,必須如古聖所達之境界,才算完成。近溪此處對道德實踐之具有「道中庸」及「極高明」二種特色,作了很好的分析。他認為中庸之為「至德」,是愚夫愚婦可以知可以能,但及其至也,雖聖人亦有所不知不能。《中庸》所謂「至」,有此兩方面之意義。須合而言之,方可明白。由於孝弟慈之實踐有此二特色,故雖然人人可當下呈現,四端現在,但必須依聖人之實踐作規矩。所謂以「聖修作則」,即是將孝弟慈之實踐,由倫常踐履而上達天德,由一己之身、家,而達至治國平天下。既是如此,孝弟慈等倫常活動,固然是根於本心,人人反求諸心即可生發;但亦須以古聖為法,方可循之擴充,以及於天下。依此段文,可見近溪認為道德實踐必須「由下學而上達」及「由內聖而外王」。

三、孝弟為神感神應

　　　　後世不察,乃謂孝之與弟,止舉聖道之切近者為言。噫!天下之理豈有妙於不思而得者乎?孝弟之不慮而知,即所謂不思而得也;天下之行豈有神於不勉而中者乎?孝弟之不學而能,即所謂不勉而中也。故舍卻孝弟之不慮而知,則堯舜之不思而得必不可至;舍卻孝弟之不學而能,則堯舜之不勉而中必不可及。即如赴海者,流須發於源泉,而桔橰沼瀦,縱多而無用也;結果者,芽須萌於真種,而染彩鏤劃,徒勞而鮮功也。其曰:「堯舜之道,孝弟而已矣。」豈是有意將淺近之事,以見堯舜可為?乃是直指入道之途徑,明揭造聖之指南,為天下後世一切有志之士,而安

> 魂定魄;一切拂經之人,而起死回生也。諸生能日周旋於事親從兄之間,以涵泳乎良知良能之妙,俾此身此道,不離於須臾之頃焉,則人皆堯舜之歸,而世皆雍熙之化矣。[8]

這是從孝弟之心情,分析出其中所涵的自然而然,神感神應之意義。而近溪此說,給出了對聖人的生命境界一親切之指點,亦由此而給出了一人人可行的入聖之途徑。聖人之境界,可以用孔子所說的「從心所欲不踰矩」來規定,此即任順其心意而行,不加約束,而自然是發而皆中節。在其他人,應該作的,不必能作,即使肯依道理而行,也常是勉強的,不自然的。亦可說在一般人,有應該與實然之差異,有可能與現實之距離。但在聖人,可能的、應該的善行,完全成為現實的行為,他應該作的,自然便會作,而且是不勉不思地自然作出來。在聖人,可能的完全成為現實的。他並沒有應然與實然、可能與現實的距離。這亦是康德所謂的「神聖意志」。聖人的境界,似乎是遙不可及的;但據近溪的指點,又卻是近在眼前的。赤子之心的愛敬親長,與聖人的神聖意志,其實一般無異。這除了是對孟子「堯舜之道,孝弟而已矣」作了有創發性之詮釋外,又證成了「自由意志」本具的自然而然、神感神應之作用。人是否有自由的,不受感性欲望影響,而自發為善的意志?這是很難證明的;人是否可完全擺脫其動物性、感性、私欲的限制,而毫不勉強地自然地為善?這更是遙不可及的理想,但近溪對此,卻好像一下子便證成了。從人人皆有的真切的愛敬之情處,便可見到聖人之生命及其化境,是我本有的。故從孝弟處,便可見人真有此心性,當下的生命活動便是聖人的境界,這即是上文所云由實踐之路契入之意義。由此契入,似乎可免去通過思辨之路不可免之曲折之證明。

於孝弟處見到的,是人至為切近之心情;而此至近處,又即是至神妙的聖人境界。於此可見聖人之生命,或天命之流行不已之本體,即是

---

[8] 〔明〕羅近溪:《盱壇直詮》(臺北:國家圖書館藏),卷上。

吾人本有的真生命。於性命本體有真了解,才會有真實的工夫,此是由自己的真正之本性而起用,是「發於源泉」,「萌於真種」。此即表示,於本體真有所見,見其真具於我,方有真工夫,此義見後文之言逆覺處。

四、孝弟、樂、生生

> 子曰:「孔門宗旨只要求仁。究其所自,原得之《易》,又只統以生生一言。夫不止曰生,而必曰生生云者,生惡可已也。生惡可已,則易不徒乾,乾而兼之以坤;坤不徒坤,坤而統之以乾。蟠天薄地而雷動滿盈,形森色盎而霞蒸赫絢。橫互直達,邃入旁周,固皆一氣之運化,而充塞乎兩閒。然細觀此氣之流行布護,節序無不停妙;綱縕媾結,條理無不分明。則氣也而實莫非精之所凝矣。精固妙凝一氣,而貫徹群靈;然究竟精氣之浩渺而無涯,妙應而無迹。莫之為而為焉,莫之致而至焉,則氣也,精也,又莫非神之所出矣。興言至此,則下至九地,上至九天,中及萬民,旁及萬物,渾是一個生惡可已,渾是一個神不可窮。」[9]

這段由仁進而言易之生生,此即由人生界進而言整體之存在界,近溪以「仁」來理解易之「生生」。以仁是「生道」,本來是宋儒之通說,但近溪之說,是本於孝弟以言之的,這便有其特色。近溪以「生惡可已」來理解「生生」,此本於孟子。孟子曰:

> 仁之實,事親是也;義之實,從兄是也;智之實,知斯二者弗去是也;禮之實,節文斯二者是也;樂之實,樂斯二者;樂則生矣,

---

[9] 〔明〕羅近溪:《盱壇直詮》(臺北:廣文書局,民國 85 年)上卷,頁 10-11。

生則惡可已也。(〈離婁上〉)

孟子言事親從兄會使人快樂,這快樂一旦生發出來,便會繼續下去,此快樂是停不下的。這從孝弟的樂的停不下,必求其繼續下去,以理解天道的所以會生而又生,不肯止於一生,是很貼切,甚至很奧妙的理解與說明。天地萬物所以能不斷存在下去,是因為天道之生生;天之生萬物,不會一生便完,必求萬物存在下去。而何以天道要生而又生,不已不止呢?這可從人的愛親敬長而產生快樂處來體會。這快樂一旦生發出來,便有一種要繼續孝弟下去的願望。天道生生,要一切存在存在下去,不願存在界斷滅,便如同孝親敬長的心情一般。若是真誠的孝弟的心情,一定希望這孝親敬長的活動,能永續的存在下去。近溪用孟子「樂則生矣,生則惡可已」句中的兩個「生」字詮釋易道所以是「生生」,又由此而說明「不已」的意義,的確是如上文所說的,對存在界作道德價值的說明。近溪如此詮釋仁道即是天道,仁心的不容已即是天命的於穆不已,說得十分親切而合拍。又他從孝弟之樂處體悟生生,更是對天道之生生,給出了一個非常自然而順適的理解。

近溪上引文尚有一些意思可以展開來說。他從生惡可已而說乾不止於乾而兼之以坤,坤不徒坤而統之以乾,這是對宇宙所以如是充盈而又有條理作出說明。人在孝弟之心顯發出來時,是生機活潑而必求及於一切的,即必希望一切人皆實現其孝弟慈之性,如是一切存在便合而為一廣大的活潑的生機。在此活潑之生生下,變化莫測而又合乎條理,如此看的宇宙,是到處表現著道德價值的。這從人的孝弟以體會天道生物之意義,又見整個有形的整體存在界,渾是一活潑生機,是一團靈氣。

又上引文所說的天道生物「妙應而無迹,莫之為而為,莫之致而至」,亦是由孝弟的活動,具體地說明天道之神妙不測。本來天道生物,是人所不能測的,若人能測,便不是天道了。這便顯出天道的「超越性」。但人的孝弟之情,是「不學不慮」而自然發出來的,這不學不慮而自然發出,亦會使人有「不知其從何處來」之感。即從孝弟之不學不慮,自

然而發,便可理解天道的「不可測」。近溪於此,又指點出道德的實踐活動,與天道生化的一致性。天道之莫之為而為,是不可測的。「創造」故不可測。而人的孝親敬長,亦是不知其從何處來,似是「從無而有」、「破空而出」的,這亦表示道德的實踐,是一種「創造性」的活動。此意於下文論近溪之孟子詮釋處會再討論

五、超越而內在

　　上段引文,近溪由氣化之恰當而有條理言氣化莫非「精」之所凝,又由精之莫為莫致,而見精之凝氣,實為「神」之所出,此是「即氣見神」。神雖不離氣,但並非是氣,如此言神,便是氣之超越之本體,此並非唯氣論之說法,如是便涵「超越而內在」之義。此意亦見下文:

> 子曰:「夫《易》者聖聖傳心之典,而天人性命之宗也。是故塞乎兩間,徹乎萬世,夫孰非一氣之妙運乎?則乾始之而坤成之,形象之森殊,是天地人之所以為命而流行不易者也。兩間之塞,萬世之徹,夫孰非妙運以一氣乎?則乾實統夫坤,坤總歸乎乾,變見之渾融,是天地人之所以為性而發育無疆者也。然命以流行於兩間萬世也,生生而自不容於或已焉。孰不已之也?性以發育乎兩間萬世也,化化而自不容於或遺焉。孰不遺之也?是則乾之大始,剛健中正,純粹至精,不遺於兩間,而超乎兩間之外,不已於萬世,而出乎萬古之先;浩浩其天,了無聲臭。
>
> 伏羲畫之一以專其統,文王象之元以大其生,然皆不若夫子之名之以乾知大始,而獨得乎天地人之所以為心者也。夫始曰『大始』,是至虛而未見乎氣,至神而獨妙其靈。徹天徹地,貫古貫今,要皆一知以顯發而明通之者也。夫惟其顯發也,而心之外無性矣;夫惟其明通也,而心之外無命矣。故曰『復其見天地之心

乎!』又曰『復以自知也』。夫天地之心也,非復固莫之可見,然天地之心之見也,非復亦奚能以自知也耶?」[10]

從此段所言之「孰不已之也」、「孰不遺之也」,可見近溪是從一氣之流行中,體會到使氣化成為可能的道體,而且在此一表示中,可見此道體是超越的,並不是以氣化為體,即近溪並不是「唯氣論」者。從此段之末說乾知既是「大始」,又曰「至虛而未見乎氣」,可見據近溪之了解,乾知並不是氣,是主於氣,為氣之超越的本體。固然道體之作用即於氣化而見,但道體並不即是氣,亦並非是氣化之條理。從上引文的「不遺於兩間,而超乎兩間之外;不已於萬世,而出乎萬古之先」,尤顯此道體不離於氣化,但並不即是氣化,而有其超越性之義。又此二語,實可表示當代儒學「超越而內在」之說。超越者本非內在者,內在者是可經驗者,而超越者是表示並非經驗所能及;近溪當然亦有超越者並非經驗所能及之意,故云「孰不已之也?」此使一切生生不已之道,並非生生之氣化,氣化雖塞乎天地,徹於今古,而極為浩瀚偉大,但仍是可見、可經驗的,而此妙運氣化之道體,則並非氣化,而為超越、不可經驗者。但此不可經驗的,其實是人當下可體會,當下可明白的,依近溪,此道體即「乾坤大始」的「乾知」,乾知即良知,而良知之表現,即於孝弟而見,是人人可當下體證,當下明白者。我認為,近溪此一說法,確是明白表示「超越而內在」之義,甚至他對此說給出了一十分明白之理解途徑,而見此義為不可疑。

近溪言道體是乾知,又說天地古今皆是「一知以顯發明通之」,即天道的意義、奧秘,全都顯發於乾知中,故於知之顯發明通處,即是性命天道,離開此知體之顯發明通,亦別無所謂性命天道,故曰「心之外無性矣」、「心之外無命矣」。性命天道是一切存在之根源,是一切存在所以能「立」,能生生不已之根據,當然是奧妙不測、神用無方的;而

---

[10] 同前註,上卷,頁 47-49。

現在說,性命天道之妙,全在心中顯,知體的顯發明通,便全盡性命之妙,這誠然是如牟宗三先生所說,是「顯教」之說。[11]心學一系,都屬顯教,象山言心即理,心是宇宙心;天理之義,全顯於心。陽明以良知統四端,本心的全部內容,從良知之知是知非處見,故陽明之言天理,較象山之說為更為顯明。近溪承王學之重良知,以知言體;而他從赤子之心不學不慮,而自然知孝知敬處言良知,又以此契入乾知的意義,於天理的內容,實在是更進一步的顯揚。近溪從知孝弟說良知,使良知之義更為落實,如上文所說;又孝親敬長,是人人可行而又當下可以有真實的感悟者,故亦確是易知易行。而於自然孝弟處,可契入天道生物之莫為莫致,更是於親切平常處見到神妙不測,此是近溪一大發明。從此等義來看,近溪之說,可謂比陽明更進一步地(亦可說更貼近於仁心)顯明天理,可說是「顯而又顯」。

　　從天理可於知孝知弟處見、為顯而又顯之義說,天理便是可以為人所知的,而且是人人可知,若說從孝弟處真可知天理,便給出了天理為一切人皆可知的論據。這便如上文所說,證成了天道雖是超越的,但又是內在的之說。即天道性命雖神妙莫測,並非是可見的氣化流行,而為超越的,但卻可於人人具有,當下可行的至為平常之知孝知弟處見之,故亦是內在的。此由人人可知而明其「內在」義,並不只是「不離」於經驗之義。說天命不已,妙運一切,便有不離於氣化之義,但並不表示天命一定可知。故只說不離,並不是「內在」義之充分證明,而現在說天道性命即是良知、乾知之知,而此知即是知孝弟之知,則天道便是對一切人為可知的朗然呈現,這便可證成天道之亦為「內在者」之義。

　　當然人可說此知孝弟之知,不同於經驗之知,由此而言內在,不合內在的(immanent)之原義;且超越的(transcendent)與內在的是相反字,超越的便不能是內在的。但字義未必不可隨思想義理之發展而賦予

---

[11] 牟先生認為王學是「顯教」,見《從陸象山到劉蕺山》(《牟宗三先生全集》第 8 冊)第六章。

新義,若堅持字之原意,不准鬆動,乃是「守文之徒」。近溪言乾知不遺於兩間而超乎兩間之外,明確表示天道的超越義,即天道雖不離氣化,但並非氣化,此便表示天道之非經驗性。天道雖是非經驗的,但並非於吾人為不可知的,於良知、知孝弟處,便見天道為可知的。於此可見天道對於人,有「不可知」及「可知」兩種性格,即若從感觸直覺、經驗之知上看,天道並非可認知之對象;而從良知上看,天道於人是一朗現之事實。如上文所述,若知孝弟是人人可行者,則天道於人為可知的,為內在的,便是不可疑的。當然此良知之知,與經驗之知不同,但此良知之知既是可由道德實踐來證實,則不能否認此亦是一種知。此知既可成立,則天道之為內在的之義便可成立。牟宗三先生肯定人有「智的直覺」,[12]亦是此意。良知之知,對於人確是一朗現,於此自然可肯定人除了感觸直覺外,確有智的直覺。說人有智的直覺,容或會又起爭論,因依西方傳統,只有上帝才有智的直覺。而近溪從知孝弟之知上說,又證此知雖親切自然而亦神妙莫測,確是直接由倫常之踐履處上達天德,此似更能說明此知天理之知為人人所具有,而更見此天理之在內在義為不可疑。

此從良知之知或德性之知上,肯定天理為吾人所知,而說天理是超越而內在的,此內在義固然與「為吾人之經驗知識之對象」之內在義不同,但既然此德性之知為人所共有、共同肯定,則於此知體的顯發明通處,從心外無性、心外無命之義上說,天理對於人為一明朗呈現,故為內在的,這一對「內在的」之說法,並不能說不合理。此如康德曾嚴格論證自由、上帝及靈魂等並非人的經驗知識的對象,即上帝等是超越的理念,並非是內在的。但康德又認為在人的實踐理性的要求下,上帝等理念,為非肯定不可,於是亦成為「內在的」,有其客觀實在性。[13]故依

---

[12] 牟先生在康德《實踐理性底批判》之「譯註」中,便曾引上述近溪「要皆一知以顯發明通之」等語,以證「智的直覺」之義。(《全集》第15冊,頁337-338。)

[13] 康德說:「依是,就這種增加說,純粹知解理性(在此知解理性上,一切那些理念皆是超絕的,而無對象)簡單地說來須感謝它的實踐的機能。在此實踐的機能上,那些理念變成

康德,超越的並非一定不可以成為內在的。只是在康德,上帝等之內在是依「設準」義來規定,並非如近溪所說,是知之顯發明通般之朗現。

於此,吾人可說,天道對於人,是不可知與可知二義並立的,天道對於經驗之知而言,是超越的為不可知;對於德性之知,則是內在的,為可知的。對知性而言,超越者非內在者,但對德性之知言,超越者亦是內在者。於此,人或可說,天道對於德性之知而言,便不須說超越義,若心即天,心之外無性,心之外無命,則只須說內在義。此固可說。但人並非純是理性的存有,亦具感性;良知之知不能脫離經驗之知而獨行,故天理之超越義亦須肯定。如孟子說:「聖人之於天道也,命也,有性焉,君子不謂命也。」(〈盡心下〉)心固即是天,但心靈亦可隨時下陷而從物欲,故人必須警惕;即使至聖人境界,但聖人生命仍是有限的,並不能完全體現天道。在此體現不盡處說,便保留了天的超越義。故天之超越義,可從經驗上不能知、及體現不盡兩方面說,這兩方面,人雖至聖域,亦不能泯除。

六、逆覺體證

於上引文之後段,近溪對《周易·復卦》所言的「復其見天地之心」,及〈繫辭下〉所言「復以自知」之義,作了特別的詮釋,此一詮釋,近於牟宗三先生所說的「逆覺」義。

近溪從乾知大始,及知之顯發明通,說「復其見天地之心」,即天地之心,天命天道,在此知處著見,天心之全幅意義皆見於此。而依近

內在的,而且是構造的,因為它們是『實現或真實化純粹實踐理性底必然對象(圓善)』這種真實化底可能性之根源。」《實踐理性底批判》卷二,第二章,牟宗三先生:《康德的道德哲學》(《全集》第15冊),頁448。固然康德此處所說超絕的轉成內在的,是就理性的實踐之要求上說,故雖言內在的,但並無知識上之增加。故自由、上帝及靈魂不滅三理念對知解理性是超越(絕)的,對實踐理性,則為內在的。雖是如此,亦可見超越而內在,並非不可說。

溪之言,此見天心,是「復」,即此知此見,是逆覺其自己,或從逆覺中恢復其自己之意。從近溪「要皆一知以顯發而明通之」之語,可知依近溪,此知是一而不二的,即是絕對普遍的。既然知只有一,則人藉良知以見天地之心,並不是知一外在之對象,而是知其自己。知外在對象,是感性直覺之知,經驗之知;而此知其自己,應是德性之知,或智的直覺。此知此覺,是知其自己,在知中,天心仁體便明朗呈現。近溪由「復」之義來說,是十分精到的。復即逆覺其自己之意,只有體會到此知是絕對普遍的,是一而不二的,才會用復之意,來說知天地之心。

又「復見天地之心」,與「復以自知」二句義是相涵的,但又略有不同。復見天地之心,是從天地之心處說,即從道體之存有上說;復以自知,是從主體之自覺上說。言復以自知,更顯逆覺之工夫義。近溪於上引文後續云:

> 蓋純坤之下,初陽微動,是正乾之大始,而天地之真心也;亦大始之知,而天心之神發也。唯聖人迎其幾而默識之,是能以虛靈之獨覺妙契大始之精微。純亦不已,而命天命也;生化無方,而性天性也。終焉神明不測而心固天心,人亦天人矣。[14]

復卦之卦象是一陽動於下,於此處,言天地之心之復。故上文云「復見天地之心」,是從天道的存有上說;而聖人見天地之心之復見,於是「迎其幾而默識之」,這是「復以自知」,又可曰「獨復」,這是從主體之自覺上說,此是顯本體之工夫。見天地之心而默識,便顯發自己的本有之知,天地之心便在自己之知中逐步呈現。「復以自知」,是表示主體之自覺,此自覺是覺其自己、知其自己。說復以自知,似有能知所知之分別,似可分主客,但其實只是一知之呈現其自己、覺其自己。若分主客,只是工夫過程上暫時之區分,最後是可以泯除的。近溪下文即說此意:

---

[14] 〔明〕羅近溪:《盱壇直詮》上卷,頁49。

> 復是一個而可兩分，雖可兩分而實則總是一個善耳。蓋性善，則原屬之天而順以出之。知善，則原屬之人而逆以反之。……復之一卦，學者只一透悟，則自身自內及外，渾是一個聖體，即天地冬至陽回，頑石枯枝，更無一物不是春了。[15]

從「一個而可兩分」及「雖可兩分而實則總是一個善」，可知依近溪之意，主客二分是工夫過程中之暫時相狀。「性善，則原屬之天而順以出之」，此從順以出之言性善，此性是「堯舜性之也」之意，即言聖人之實踐道德，不必用工夫，像天生自然般表現出來。故此性善之性，須作「性之」解。近溪用語未必十分嚴格，但此處如此解為妥。「性善」是為善而自然，「知善」便是自覺地用工夫之境，近溪言此須「逆以反之」，即逆覺其本心善性，將此本體實現出來。依近溪之語意，確表示了「逆覺」的工夫。牟宗三先生屢言逆覺之工夫，而以此與朱子之格物窮理，為「順取」之工夫相對。朱子認心與理為二，以心之虛靈了解作為物之所以然之性理，此是往外求理，故為順取，此亦可說是以講知識的方式來講道德。即視道德之理為對象以認知之。而依陸、王心學之說，理即心，本心之呈現便是理之所在，若本心不呈現，亦無處可以尋理。而本心之呈現，是如孟子所說「求在我」及「求則得之」者，即並不是往外求理，而是讓本心自覺呈現。此使本心之自覺，並不是以本心作為一外在之對象而追求之，而是反求諸己，要本心挺立而呈現，此即「逆覺」。此一反求之工夫，其實是自己的本心、真生命之力求振作而生發出來，如上文所述，在於用此工夫之時，似亦有主客之分立，即有去求者與所求者之分，但此只是工夫過程上之虛的相狀、虛的姿態，其實並沒有去求者與所求者之分別。當本心呈現了，這主客能所之分便會消失，而如近溪所說聖人的「純亦不已」之境。

言逆覺之工夫，必須肯定心即理，而逆覺，是覺其生命中之本體，

---

[15] 同前註，上卷，頁 55。

而使此本體真實地、具體地呈現。這並不是一般的教化、修養的工夫，亦與朱子的順取工夫，有本質上的不同。此是直下使本體呈現，以作吾人生命活動的主宰之工夫。對此，近溪屢有說明，上文提到的他對「復以自知」之詮釋，即明白表示此意。「自知」即須逆反而見自己之真生命，而知此真生命即是人之本性，亦即是天命。對此天命即性，吾人生命中的仁，便是天地生生之德之義，人必須反求而呈現自己的真生命，方能知之。此「自知」之義，是十分特別而又深刻的。必須在本心呈現而自知之時，方真知天命是吾人之性。此義可再引近溪之言，以助說明：

> 問：「復何以能自知也哉？」子曰：「是有生而知之者矣。聞一善言，見一善行，沛然若決江河，莫之能禦者也；有學而知之者矣。我非生而知之者，好古敏以求之者也。」……曰：「格物之本末，何以遂能獨復而自知也哉？」曰：「古之平天下者必先治國，治國必先齊家，齊家必先修身。是天下本在國，國本在家，家本在身。於是能信之真，好之篤，而求之極其敏焉，則此身之中，生生化化一段精神，必有倏然以自動，奮然以自興，而廓然渾然，以與天地萬物為一體，而莫知誰之所為者，是則神明之自來，天機之自應。若銃砲之藥，偶觸星火而轟然雷震乎乾坤矣。至此則七尺之軀傾刻而同乎天地，一息之氣，倏忽而塞乎古今。其餘形骸之念，物欲之私，寧不猶太陽一出而魍魎潛消也哉？」[16]

聖人生而知之，不須「復」，而生知以下者皆須逆復。由於性即天命，人生命中之仁即是天道生生，故人人皆可逆覺其真生命。近溪此段言人若於己身真誠求之，則必可於身中見生生化化一段精神，而亦理解到此生化精神是來自天道，並非人為，而於此若能自覺，則倏忽之間，真生命便會迸發而出，如鎗砲火藥之被點燃，一下子便轟然震動四方。近溪

---

[16] 同前註，上卷，頁 49-51。

此說,確是善於形容。故他所理解的「復以自知」,即逆覺而呈現其真生命,真知天命即我之性之意。「自知」既是自覺其真自己,亦同時是天心之朗現。逆覺純是自知之事,必由逆覺而證此真生命,人方真知己之性即天命,仁心即天心。而一旦有此覺此知,人便頃刻之間,表現一與平日迥然不同之生命,人之私欲習氣,此時全都化於無形。近溪此段很能表示逆覺工夫之特殊意義。

七、近溪對孟子的詮釋

以上縷述近溪之思想,已提到一些近溪對孟子的詮釋,而這些對孟子的詮釋,都是相當特別的,如以「事親敬兄之樂一旦生出,便不能已」來說「生生」之義,用「莫之為而為,莫之致而至」言天道之神妙不測,從赤子之心的不學不慮而知孝知弟以言良知,又由此以見人之生命與天命相通,凡此等等皆有精義。以下試順上述之意,進一步作系統的詮釋。

(一) 莫為莫致

近溪喜用「莫為莫致」之說以表達天道之神用莫測,他這一說法,應是受其師顏山農之影響。顏山農(顏均,1504-1596,字子和,號山農。)有「神莫」之論,其文云:

> 若性情也,本從心帝以生。其成也,人皆秉具,是生之成,自為時出時宜者也。若神莫也,善供心運以為妙為測也。群習遠乎道,百姓日用而不自知也,今合其從其供心帝之運。性也,則生生無幾,任神以妙其時宜。至若情也,周流曲折,莫自善測其和睟。是故性情也,乃成象成形者也。神莫為默運也,若妙若測乎象形之中,皆無方體無聲臭也。如此互麗冥運,皆心帝自時明哲萬善以為神妙,莫測乎性情者也。故曰:性情也,神莫也,一而二,

> 二而一者也。如此申晰，是為從心所欲不踰矩之學。又曰：心之精神是為聖，聖不可知之謂神，不知其然而然之謂莫。即是夫子五十知天命以後翊運精神成片之心印。薑農亦從心以為性情，而默會神莫，如是心印，轤轤然，井井然。[17]

此段言性情與「神莫」互麗，大意是於性情之流行活動處，可體會有不測之神於其中作用，神妙莫測，不知所以然而然，故以莫形容之。顏山農造此「神莫」一詞，可謂甚有靈感。近溪之暢發莫為莫致之義，應是承山農之說，而言之更為暢達。山農認為神莫與性情是二而一、一而二，又說「互麗」，是以神與性情為不同者；情屬形而下，固然不是神，但性並非形而下者，說神不是性，便不甚妥當。而近溪之言莫為莫致，是即就性善之性說，性與神並非為二者，此便較顏山農之說為合理。依近溪，即在人之孝弟處，便可見到此孝弟之活動，是不知其然而然的，此一說法，亦很自然而順適。

孟子之言莫之為而為，莫之致而至，固然是說天命；但孟子該處是論政權轉移之問題，以堯舜禹之傳賢或傳子，或他們之子賢或不賢，皆非人的意志所能決定。[18]故依孟子原意，此是言莫為莫致之天命之為一超越的限定，非人之所為。而近溪則從人的孝弟之表現中，見到其為自然而然，似是從天而降，神妙不測，而說莫為莫致。此於孟子原意，是略有不同的，此處可說是近溪對孟子之語作了創造性的詮釋。近溪此說，雖與孟子原意不同，但吾人認為，近溪之說正好對孟子學說給出了補充。孟子在論證人性之善及「義內」之說時，如果補充以近溪此一說法，將會使義理更為清楚明白。

孟子舉人乍見孺子入井之事為例，證明人之要往救孺子，是由惻隱

---

[17] 〔明〕顏山農著，黃宣民點校：〈辨性情神莫互麗之義〉，《顏鈞集》（北京：中國社會科學出版社，1996年2月），頁13-14。

[18] 見《孟子‧萬章上》。

之心所決定，而此心是要人無條件地去拯救之者，無「所以內交於孺子之父母」等三念之雜，孟子此說，表示了道德行為之無條件性。由是而證道德行為是自發自決的，這已是十分明白的；但人仍可認為此惻隱是在見孺子入井之事情之後，才引發的，即惻隱之心，是在「感物而動」的情況下產生的，若是感物而動而產生此心，則惻隱仍是被引發的，由前因決定的，這便不能說惻隱之心是自發自決的；若如是理解，則惻隱其實與人之感性情緒，如喜怒哀樂等一樣。若惻隱同於感性情緒，是因外物之感而動，則孟子由惻隱之心之發，以證人性之善，仍是有問題的。因若是感物而動，便是在自然因果決定底下，是不自由的，而若惻隱之心非自由自發，便不成其為道德行為。在此處，若加入近溪所言的「莫為莫致」之義，則較可說明。即吾人可說惻隱之心的發出，固然是在見孺子入井之事之後，亦可說惻隱是由此事所觸發，但從這心之自然而發，全無其他的考慮計較，可見此心並不是可以經驗因果來說明的，惻隱是「莫為莫致」的，並不是在人為做作，或生理本能，心理情緒的決定下、影響下所引發的。這惻隱之生發，與生理心理的活動迴然不同，似是從天而降，神秘莫測。由此吾人可肯定惻隱之發，並不能以生理自然，或受外感引致來說明。近溪之言莫為莫致，便是表示不能找原因說明，或必須打破因為、所以（因故）的思考方式，才能了解孝弟等道德行為的本質。赤子之孝親敬兄是自然而然、不學不慮直下發出的，這使人感到此是莫測之神用，為莫之為而為、莫之致而至。由是人便肯定此一孝弟之行，必非自然因果可說明，故雖然惻隱是感物而動，但並非可用因物之感來說明本心之發。本心固在物感之後生發，但其生發是不知從何而來的，即是另有根源的。此根源並非經驗事實及自然因果可以說明。[19]

又孟子與告子辨義內抑義外時，告子言人心敬長，是彼長我長之，

---

[19] 韓國朝鮮朝之儒學，有四端七情之辯，其中李退溪認為四端之情是由中而出，非由外感；李栗谷則認為四端與七情都是「感物而動」。

此猶彼白而我白之。(〈告子上〉)孟子反駁說人見白馬而白之,與見白人而白之,此白之無有不同,此是認識的活動;但在敬長時,見年長之馬而長之,與見年長之人而長之,此長之是不同的,即對老馬固須憐恤,但不同於對年長之人須加以尊重。由白馬白人的「白之」同,而長人長馬之「長之」不同,可見長之此一道德行動不同於認識活動,道德行動並非由外在之對象決定,而是由人自己決定的。故是「義內」而非「義外」。孟子此一論證亦已十分明白。但人仍可爭辯說,長人與長馬的不同,是因為人與馬的不同之故。[20]由於人知道人與馬的不同,故作出了不同的因應;若如此看,則人之「長之」的道德行為,仍是由對象所影響而產生,並非完全由自己決定,如是,義內之論仍是可疑的。若義內不能證成,則性善論亦不能成立。於此,吾人亦可依近溪之意來作進一步的闡釋。即在人見長者而決定「長之」之時,此長之之決定,是莫為莫致的,而作為對象之長者,並不是長之的行為生發的原因。近溪之說,強調了道德行為之神妙莫測,由神妙莫測而肯定此等行為不知其何所從來。依近溪之說,便可證道德行為不可以用自然之因果來說明。雖然惻隱是在見孺子入井之後發生,長之是在見長者之後,及長人長馬之不同在知人與馬不同之後作出,但這些行為之生發是另有其源頭的,不能直接就經驗現象之前因來說明。此另一源頭,即是超越而內在的天道性命。真正的道德行為,確可予人神妙莫測,不知其何所從來之感,近溪之體認,是很真切的。此一由莫為莫致,而說道德行為另有根源之說,固然是由實踐而生之感受,並非經驗知識,但此由實踐而來的體悟、肯定,如康德所說,亦有其客觀實在性。

(二)對性善論的詮釋

「性善論」是孟子的核心理論,近溪對此,亦屢屢提及,從近溪的

---

[20] 任繼愈主編的《中國哲學發展史》(先秦)便如此說,見該書頁329–330。(北京:人民出版社,1983年)。

論說中,可看出近溪對性善論亦有其特別的理解。如云:

> 子曰:吾人此身與天下萬世原是一個,其料理自身處,便是料理天下萬世處。故聖賢最初用功,便在日用常行;而日用常行,只是性情好惡。我可以通於人,人可以通於物,一家可通於天下,天下可通於萬世。故曰:「人情者,聖人之田也。」此平正田地,百千萬人所資生活,卻被孟子一口道破,說道人性皆善。若不認得日用皆是性,人性皆是善,蕩蕩平平,了無差別,則自己工夫先無著落處,又如何去通得人、通得物、通得家國而成大學於天下萬世也哉。[21]

此處近溪從日用常行的性情好惡來理解孟子所云之「性善」,可知他是認為性善之性,是日用的性情好惡,即認為人平常表現於日用中的好惡,便是性善之性的流露。這固然不能被簡單地解釋為人現實生命所表現的感性的好惡,便是孟子所謂的人性,而所有感性生命所表現的,都是善的。近溪所言的人性,是以「仁者人也」來規定,即以仁為人性,並非沒有感性欲望與道德之人性為不同者之區分;但近溪雖有區分,而他必肯定道德的人性是隨時可以,且是自然而然地流露於現實的生命活動中的。即前述所謂「超越而內在」之意,善性固然不是現實的生理自然之性,而為超越的,此性可與天性相通;雖是如此,此性亦隨時可於現實生活中流露,而為內在的。此意亦可見於近溪以下之說:

> 蓋天人雖遠,機則潛通。故視聽言動、食息起居,其施諸四體而應乎百感;自孩提以至老耄,固皆時時變通,亦皆時時妙運,但非學則日用而不知,能學則乘時以習熟。夫習熟乘時,則其妙用愈見;其妙運愈見,則其默契愈深,而晦庵先生所謂其進自不能

---

[21] 〔明〕羅近溪:《盱壇直詮》卷上,頁23。

已者,固足形容其悅懌之機,而亦可想像其當可之妙矣。……此意惟孟子最善形容,曰「獨樂不若與人,與少不若與眾。」蓋「天生蒸民,有物有則;民之秉彝,好是懿德。」夫物則何關於人哉?均此視聽言動,均此食息起居,亦均此施諸四體,而應乎百感,所以謂之帝則,又謂之天則。德雖天然自有,然以時出之,乃稱懿美,而人之好之也,自同一秉彝也已。[22]

由此段文中所說「天人雖遠,機則潛通」,確可證近溪對天道的理解是超越而內在者,且此內在,不只是內在於人而為人之性之義,而是可表現於視聽言動、食息起居中。即其為內在,是於日常生活中表現,不離於經驗之意。雖不離於日常經驗,但亦並不等於日常經驗,而是要於此體會到其中之妙用。這即近溪此段中所言之學,即人於日用中見有妙用之流行,於是保之而勿失,這便是學,此學即是「見體」義,如上文所說之逆覺。若無此學,或覺,則本性之妙用雖不離日用生活而表現,但日用而不知,便不能保任。近溪言此學之意,引朱子之說為證,其實朱子言學並不涵此覺本體而保任之,習熟乘時之義。近溪又引孟子言獨樂樂不若與眾樂樂之說,以證本性呈現,是一悅樂之境。由於人人本有善性,故可自然感通,由己而人,由少而眾。這一說法,確可表示人性本善,而且極易流露,孝弟慈之道,是人心之同然之意。

近溪此由日用而見性善,或甚至於此可上通天德之說,確是合於孟子言性善之精神,而又比孟子進了一步。孟子言性善,是即心言性,於惻隱、羞惡等處,證人性之為道德之性,見人之為善,是自發而無條件的。近溪之喜從日用指點人性之善,便是即心見性之義。而近溪之強調於日常性情處言性,言天德妙用之流行,則比孟子義為更進一步。因孟子雖由惻隱見仁,但人可說惻隱之發,是一非常特殊的情況,如孟子所說的見孺子入井及齊王見牛而不忍殺;在此特殊情況下雖可見人性之

---

[22] 同前註,卷上,頁 24-25。

善,但這可能是偶發之事,人的平常生活,現實的心理,並非如此地善良;而由近溪之闡釋,可見性善之表現,是不離經驗的,是日用平常的,此便可證性善為日用常行,並非是偶發的特殊事件。上段引文所說「人情者,聖人之田也」,即是此意。又如前述,近溪指出即於人的孝弟慈處,便可見神妙之天道,由事親從兄可產生不可以已之樂,可見人之善性確是可以隨時自然地流露的。而此人心之樂,亦是可以普遍地傳通的,故獨樂不若與眾同樂。近溪這些說法,使人了解善性是隨時可呈現的,言性善,雖可說是給出道德實踐之根據;但這根據,依近溪,並非在生命之深根而不可見,而是至為明顯的事實。近溪此說,雖都有孟子的文本為據,但又給出自己親切而巧妙的詮釋,這對於孟子之性善論,確有發明之功。

(三)「知皆擴而充之」之工夫論

前文所述逆覺體證之義,可說是近溪之工夫論。即此是一開顯本心,讓自己之真生命呈現之工夫,而此是內聖學之本質的工夫,能如此作工夫,如太陽一出而魍魎潛消,能如此便不須作「去欲」之工夫。此亦即是「體仁」,而非「制欲」之工夫。[23]能體仁,或顯本心,其實亦無欲可制,此義可引近溪之言作進一步之討論:

> 問:「掃盡浮雲而見青天白日,與吾儒宗旨同否?」子曰:「後世諸儒亦有錯認,以此為治心工夫者,然與孔孟宗旨則迥然冰炭也。夫《語》《孟》俱在,如曰:『苟志於仁,無惡也。』又曰:『我欲仁,斯仁至矣。』又曰:『凡有四端於我者,知皆擴而充之,若火之始然,泉之始達。苟能充之,足以保四海。』看他受

---

[23] 近溪早年曾作決去私欲,以恢復澄然湛然之生命本體之工夫,久之病心火。顏山農語之曰:「是制欲,非體仁也。」見《明儒學案》卷三十四。《黃宗羲全集》第八冊,(浙江古籍出版社,2005年1月),頁2。

用，渾是青天白日。何等簡易，又何等方便也。」[24]

按：「掃盡浮雲，而見青天白日」，這是要用工夫以復其本體。這似亦是合理之內聖工夫。人之生命不能不受感性欲望影響，依此義而說本心會受欲望、習氣障蔽，故須用工夫去蔽，以恢復本體之明，此不能說不合理。但近溪反對此一工夫做法。近溪之意，即上文所謂的「體仁」之說。若能體仁，擴充本心，則便無私欲習氣之障蔽。此是以恢復本心、仁體之積極工夫，以取代消極的制欲、去蔽。若作去欲以顯心體之工夫，則似乎將私欲看作一物，而心體亦似不能活動，不能承體起用。這是不恰當的。近溪對此體仁、逆覺工夫之為特殊，而又是最根本的工夫，實深有體會。對此工夫，近溪續有討論：

> 曰：「既是如此，何故世人卻不能盡如孔孟耶？」子曰：「此則由於習染太深，聞見渾雜。縱有志向學者，亦莫可下手也。」曰：「此等習染見聞，難說不是天日的浮雲。故今日學者工夫，須如磨鏡，將塵垢決去，方得光明顯現耳。」子曰：「觀之孟子，謂知皆擴充，即一知字，果是要光明顯現。但吾心覺悟的光明，與鏡面光明，卻有不同。何則？鏡面光明與塵垢原是兩個，吾心之先迷後覺，卻是一個。當其覺時，即迷心為覺；則當其迷時，亦即覺心為迷。除覺之外，更無所謂迷；而除迷之外，亦更無所謂覺也。」

對於人人都有此本心仁體，但卻不能都成聖人之問題，近溪答以世人習染太深，聞見渾雜之故。問者便說若果如此，何以近溪會反對上文所說的掃浮雲以見青天之工夫？即人既受習染影響，便須作去欲之工夫，譬如磨鏡，去塵垢以恢復鏡子的光明。順此問題，近溪提出了較深微的思

---

[24] 《盱壇直詮》上卷，頁126-127。

考。近溪認為用去塵垢以復鏡子之明的譬喻，來說使心由迷而覺的工夫，是不恰當的。因鏡子與塵垢，是可以分開的兩樣東西，而心之迷與悟，則只是一心之不同情況。在鏡子處，有實在的塵垢可以拭去，去垢便可復鏡子之明。但在人心處，是否有一障蔽可以除去？是否真有一不同於覺心的迷闇，由於此迷闇附著於心，致使心體之光明不能呈露？近溪認為，心之迷覺，只是一心。即若覺，則全心在覺，無復有迷；若迷，則全心在迷，無復有覺。即若本心呈現，人行所當行，此時全心是覺；若知所應為而不肯為，則此心便迷。迷覺之分，在於本心是否能自作主宰，而能否自作主宰，是心是否能振拔、擴充之事，並非有不同於心的迷闇存在，可以決而去之。故近溪認為孟子所說的「知皆擴而充之矣」，便是此義之工夫。本心呈現而作主，便即是覺，並無迷闇可去。故只須作呈現本心之工夫便可，不必言去迷而復覺。近溪此一說法，確甚相應於孟子原義。孟子固然亦說「寡欲」之工夫，但於本心呈現時逆覺體證，擴而充之，確是孟子學的最關鍵之工夫。近溪續云：

> 故浮雲天日、塵垢鏡光俱不足為喻。若必欲尋個善喻，莫若冰之與水猶為相近也。若吾人閒居放肆，一切利欲愁苦，即是心迷。譬之水之遇寒而凝結成冰，固滯蒙昧，勢所必至。有時共師友談論，胸次灑灑，則是心開朗。譬之冰遇暖氣消融成水，清瑩活動，亦勢所必至也。況冰雖凝而水體無殊，覺雖迷而心體俱在。方見良知宗旨真是貫古今、徹聖愚，通天地萬物而無二無息。

近溪主張以冰與水之不同，來譬喻人心迷、覺之不同。依冰水之喻，若迷，則全水是冰；若悟，則全冰是水。由迷而覺，只是一心之轉，並無客觀存在之迷闇、塵垢可以決去。若心由覺轉迷，此覺心亦非離而他往，而是即覺是迷。故若要由迷轉覺，只須即於迷心而喚醒之，並非於此迷心外，另尋一覺心以代替。近溪以此冰水之喻，譬人之迷覺是一而二，二而一者，甚有玄義。人之為善抑或為惡，取決於其行動之決意所採之

格準。如存心為義而行,便是為善;若為利而行,其行動便無道德價值,或甚至是為惡。而意志之究竟要採取何種格準,雖可說會受感性影響,但最後仍是由意志自己作出抉擇。故依此義,並無一獨立之迷闇、浮雲存在也。又從人立大本、求放心時,本心當下便可呈現,而私欲亦立刻消融,由此亦可見私欲並無實體。此可見近溪此一對孟子工夫論之思考,是很恰當,而又有進一步之發揮者。

上文所說的「有時共師友談論,胸次灑灑,則是心開朗。」亦表達了近溪特殊的工夫教法。他很重視師友對談,相互啟發的活動,他認為在師友聚談時,會當下生命開朗,此時便是「全冰是水」。此義在《盱壇直詮》之另一條有更詳細的討論:

> 聖賢惓惓垂教天下後世,有許多經傳,不為其他,只為吾儕此身。故曰:「道不遠人。」且不在其他,而在於此時。故曰:「道也者,不可須臾離。」夫此身此時,立談相對,既渾然皆道,則聖賢許多經傳,亦皆可以會而通之。「人情者,聖人之田也。」……字字句句,無一而不於此身此時相對立談而明白顯現,兼總條貫矣。由此觀之,天下之人,只為無聖賢經傳喚醒,便各各昏睡,雖在大道之中,而忘其為道。所以「百姓日用而不知。」及至知之,則許多道妙,許大快樂,即是相對立談之身,即在相對立談之頃,現成完備而無欠無餘。如昏睡得醒之人,雖耳目惺然爽快,然其身亦只是前時昏睡之身,而非有他也。[25]

近溪對「仁者人也」、「道不遠人」有特別之體會。仁道即於人之日常性情、日用事務而呈現。故師友談論時,可即就眼前之事務而啟發指點,令人當下便可悟道。人于師友談論時,若能生命開朗,胸次灑灑,則可觸處皆是道也。道即於吾人此身、此時而當下呈現。此即上文所云全迷

---

[25] 《盱壇直詮》上卷,頁 128-130。

是覺。一經喚醒,則前時的昏睡之身,便馬上是現時耳目惺然爽快之我。

八、結語

　　對於羅近溪的思想,我於上文用了當代新儒學的一些觀念來詮釋,這樣作除了表示當代儒學的理論,確與宋明儒學有存在上的相呼應,而可以此釋彼之外,還含有一意圖,即我認為牟宗三先生的哲學思想之形成,和羅近溪應是有關係的。牟先生非常欣賞近溪,這在他的著述及日常言談中都可看到,在民國卅多年時,有一段時間,《盱壇直詮》是他常看的書,幾乎是手不釋卷,隨身攜帶。牟先生在民國卅七年之〈致友人書〉(未刊稿)有一段話:

> 儒者言忠恕,乃由肯定現象以反顯本體,復由本體以化順現象。佛則由崩解現象以顯體,故其所顯之體為空掛而不實,而復欣趣其中以自迷。然彼自以為大覺而見真如矣。如此而求其落於現實不我慢,不抹殺他人,不可得也。此真所謂不誠無物者也。夫一切道理,皆在當機指點。平正而指點之,則互相引發,互相轉化。自轉而轉他,自警而警他,則心之相契之中,即公理躍然而顯,而亦得其客觀化而極成,而平鋪于人己之關係中以證實。若一味抹殺他人,而不肯由如人之心處以轉化自己,則一切道理,儘管講得如何好聽,亦只成一場話說,而流于大空脫。……縱日言生生化化,自以為窺破天機,實則亦只玩弄生化之光景,而不能歸於仁以真行其生化也。

按牟先生此段文中,所說的「一切道理皆在當機指點」、「人我互相引發」、「光景」及「歸于仁」等,皆近溪學說主旨,牟先生此段文實可作上文近溪所說道在此身此時之論的講解。可見當時牟先生對近溪學很有體會。而牟先生對近溪學,雖是常常提到,但正式的論述不多,只有在

《從陸象山到劉蕺山》書中有一節專論,[26]而且只集中論析近溪之「破光景」義,並未涉及其他。但《盱壇直詮》書中,內容亦相當豐富,且可以找到與牟先生相近的一些見解,而這些見解都是相當重要的。或許近溪之說,對牟先生是相當有啟發的。

---

[26] 見該書第三章第二節,論「王學底分派」處。

心學的經典詮釋

一、心學家對讀書的態度

　　心學家的學問核心在於發明本心、致固有之良知，因此固然也要人讀書，以免「束書不觀，游談無根」[1]，也同時教人讀書不可草率；但他們對讀書的態度，並不是重在典籍文字上作訓詁探究的工夫，而仍是要藉經書以明本心之天理。王陽明就以經書為常道之載籍：「詩、書、六藝皆是天理之發見。」[2]，道並非存於文字或外在之事物，而是真生命之所發，所謂「心即理也」，故經書所發見者亦即是自家心體。因此如象山便說：「學者須是立志讀書，只理會文義，便是無志。」[3]此所謂立志，是立一成為大人、聖人之志。[4]通過讀書，目的在使人能警策振作，當下作一堂堂正正之人。

　　不僅讀經書所以明本心，反過來說，本心明，經書便可明，陽明對於「解書不通」該如何之問題，便指出：「只要解心。心明白，書自然融會。」[5]若是心體朗然明白，則道理便昭明洞澈，經書文義也自然可融會貫通了。以下一段問答，就很清楚地表現了陽明如何看待讀書之事：

---

[1] 見《象山全集・卷三十四・語錄上》(《四部備要・子部》(臺北：臺灣中華書局，1966年)。

[2] 見《陽明全書・卷三・傳習錄下》(《四部備要・子部》(臺北：臺灣中華書局，1985年9月臺四版)。

[3] 見《象山全集・卷三十五・語錄下》。

[4] 如《象山全集・語錄下》云：「志箇甚底？須是有智識，然後有志願。」、「須思量天之所以與我者是甚底？為復是要做人否？」

[5] 同註2。

問:「看書不能明如何?」先生曰:「此只是在文義上穿求,故不明。……須於心體上用功。凡明不得,行不去,須反在自心上體當即可通。蓋四書、五經,不過說這心體。這心體即所謂道,心體明即是道明,更無二。此是為學頭腦處。」[6]

若讀書只是講求文義而不反求於自己的心體,就不能真正了解經書內容的精義,如此當然不能免於困惑了。既然四書、五經所發不過即是此道、此心,那就應當在心體上用工夫,心體明白了,經書哪有不明的道理?那麼,正如象山言「六經註我,我註六經」、「學苟知本,六經皆我註腳」[7],六經所言並非在我之外的道理,乃是註解我之心體,因此讀經書要在發明本心;而我若明得本心,亦可反過來以自己之真生命來印證經書,進而對經典作詮釋、下剖判。

然而,若說本心明經書便可明,那麼經典固可明道,但亦不必要經典,經典只是觸發之媒介,成為明本心之工具。而若本心明,亦未必要憑藉經典,反而心明則理明、經典明。當然從事道德實踐,確實無須依待外在對象之支持,端賴一心之轉,直下跳脫經驗慣習之束縛,而生起一創造。因此,讀書並不決定人能否實踐道德,亦不決定其人格與價值,如象山所言:「若某則不識一箇字,亦須還我堂堂地做箇人。」[8]明代陳白沙也有「吾能握其機,何必窺陳編」[9]之語。又如禪宗六祖惠能,縱使不識文字,亦識得自性本自清淨具足。而因有此悟,亦可解答無盡藏尼關於經典之疑問。[10]凡此確很能說明發明本心之工夫,有其獨立性與自

---

[6] 《陽明全書・卷一・傳習錄上》。

[7] 同註1。

[8] 同註3。

[9] 見〈答張內翰廷祥書括而成詩呈胡希仁提學〉,《陳白沙集》卷五(景印文淵閣四庫全書第1246冊,臺北:臺灣商務印書館,1986年3月)。

[10] 《六祖壇經》記此事蹟云:「志略有姑為尼,名無盡藏,常誦大涅槃經。師暫聽,即知妙義,遂為解說。尼乃執卷問字,師曰:『字即不識,義即請問。』尼曰:『字尚不識,焉能會義?』師曰:『諸佛妙理,非關文字。』」(丁福保箋註:〈機緣品第七〉,《六祖壇經箋註》,

發性;但對於經書之客觀地探究分解,便不夠重視。如陽明反對記文字,以為「曉得」都落入第二義了,如何要「記得」?只要「明自家本體」。[11]又主張可刪詩書。[12]或如象山門人楊慈湖,其論《易》著作《己易》中開宗明義便說:「易者,己也,非有他也。以易為書,不以易為己,不可也。以易為天地之變化,不以易為己之變化,不可也。」以為「善學易者,求諸己不求諸書,古聖作易,凡以開吾心之明而已。不求諸己而求諸書,其不明古聖之所指也甚矣!」[13]對易的詮釋全收攝進一己之心中,同樣表現了反求諸己方可見道之觀點,以為經典只是明心之道之憑藉與手段。但如此一來,便減殺了經書本身所具有的學理之獨立價值。[14]

二、心學家對經典詮釋的貢獻

心學家如象山、慈湖等對讀書與典籍的態度,朱子是反對的,且批評象山之學「只是禪」,認為象山表面上講論聖人之道,實則不過假借

臺北:新文豐出版公司,1987年6月再版。)

[11] 見《陽明全書‧卷三‧傳習錄下》:「一友問:『讀書不記得如何?』先生曰:『只要曉得,如何要記得?要曉得已是落第二義了,只要明得自家本體。若徒要記得,便不曉得;若徒要曉得,便明不得自家的本體。』」

[12] 陽明論及孔子刪述六經之事,以為天下大亂,乃因虛文勝而實行衰,孔子懼繁文亂天下,故刪削而述正之,要在使天下去其文以求其實。(見《陽明全書‧卷一‧傳習錄上》)

[13] 〈己易〉,《慈湖先生遺書,卷七 家記一》(濟南:山東友誼書社,1991年12月)。

[14] 朱子便批評象山之門雖有切實反己之學,卻無持敬窮理之工夫:「學者須是培養。今不做培養工夫,如何窮得理?程子言:『動容貌,整思慮,則自生敬。敬只是主一也。存此,則自然天理明。』……今不曾做得此工夫,胸中膠擾駁雜,如何窮得理?如它人不讀書,是不肯去窮理。今要窮理,又無持敬工夫。從陸子靜學,如楊敬仲輩,持守得亦好,若肯去窮理,須窮得分明。然它不肯讀書, 只任一己私見,有似箇稊稗。今若不做培養工夫,便是五穀不熟,又不如稊稗也。次日又言:『陸子靜、楊敬仲有為己工夫,若肯窮理,當甚有可觀,惜其不改也!』」(見《朱子語類‧卷第一百二十四‧陸氏》)

聖人文字來掩人耳目，以發揮一己之見。[15]朱子的批評很能表現兩個學派對讀書所抱持的不同態度，此中可以進一步思考：心學家是否真只以經書為虛幌，而對經典的詮釋全無貢獻？在討論這個問題之前，或許應當將「經典」作一區分。以五經來說，其中內容較多涉及名物度數、史事制度，因此若要對五經作出一妥當的詮釋，考究字義文句確是必要的，而心學家之詮釋也較容易有不恰當處，如慈湖之《己易》，朱子甚至以為其書可廢。[16]但若是《論語》、《孟子》、《中庸》等，則重在暢發人的真生命，安立人的價值與尊嚴；而心學家強調發明固有之本心，要人反己逆覺自家本體，心體自身就是發動道德實踐之根據，不假外求，兩者的學問關鍵是一致的。因此他們對《論語》、《孟子》、《中庸》等經典的詮釋往往更為相應，多有發明；縱使有些表面上不合文義的地方，但其所闡發的義理，與經典的核心精神常相契合。以下試舉一些心學家的經典詮釋以證此義。

三、陸象山論盡心知性及心性情才

　　象山在討論孟子言「心性情才」一段，甚見象山思想之特色及其解經之方法：

---

[15] 朱子以為讀書之法：「一句有一句道理，窮得一句，便得這一句道理。讀書須是曉得文義了，便思量聖賢意指是如何？要將作何用？」以為應當對經書一句一段仔細考究，如此「積累久之，漸漸曉得」。他批評象山：「陸子靜之學，自是胸中無奈許多禪何。看是甚文字，不過假借以說其胸中所見者耳。據其所見，本不須聖人文字。他卻須要以聖人文字說者，此正如販鹽者，上面須得數片鯗魚遮蓋，方過得關津，不被人捉了耳。」（見《朱子語類·卷第一百二十四·陸氏》）

[16] 朱子反對慈湖論易之說，如言：「楊敬仲《己易》說雷霆事，身上又安得有！且要著實。」甚至認為毀其文字亦可：「楊敬仲有易論。林黃中有易解，春秋解專主左氏。或曰：『林黃中文字可毀。』先生曰：『卻是楊敬仲文字可毀。』」（見《朱子語類·卷第一百二十四·陸氏》）

> 今之學者只用心於枝葉，不求實處。孟子云：「盡其心者知其性，知其性則知天矣。」心只是一個心，某之心、吾友之心，上而千百載聖賢之心，下而千百載復有一聖賢，其心亦只如此。心之體甚大，若能盡我之心，便與天同。為學只是理會此。「誠者自成也，而道自道也。」何嘗騰口說？
>
> 伯敏云：「如何是盡心？性才心情如何分別？」先生云：「如吾友此言，又是枝葉。雖然，此非吾友之過，蓋舉世之蔽。今之學者讀書，只是解字，更不求血脉。且如情性心才，都只是一般物事，言偶不同耳。」伯敏云：「莫是同出而異名否？」先生曰：「不須說得，說著便不是。將來只是騰口說，為人不為己。若理會得自家實處，他日自明。若必欲說時，則在天者為性、在人者為心。此蓋隨吾友而言，其實不須如此。」[17]

象山所謂的「實處」，是人的道德的本心。象山強調辨志，而其所謂辨志，即義利之辨。[18]由義利之辨，切己反省而顯的，當然是道德之本心。此是從實踐上直下顯本心的作法。人之為學，當先求此「實處」。而若不先求恢復此無條件為善之本心，而去用心於經書之文字，便是只用心於枝葉。由象山之言，頗顯出成德之教的目的，而與一般所謂的知識學問差別所在。成德之教，是要啟發人本有的仁義之心，要人當下有所「立」，所謂「立人之道，曰仁與義」。

但用心於經書文字，在象山雖視為枝葉，而非根本，然象山對此處似是隨意涉及之解釋，卻是十分恰當的。他對孟子「盡心知性知天」章的理解是「心只是一個心，某之心、吾友之心，……其心亦只如此。心

---

[17] 同註3。

[18] 《象山全書》〈語錄〉記曰：「傅子淵自此歸其家，陳正己問之曰：『陸先生教人何先？』對曰：『辨志。』正己復問曰：『何辨？』對曰：『義利之辨。』若子淵之對，可謂切要。」（卷三十四〈語錄上〉）

之體甚大，若能盡我之心，便與天同。」此明是根據孟子「心所同然」[19]之說而加以發揮。象山大概由自己道德之本心之呈現時，見此心之為普遍、無限，而說此心之無限量。言人只要盡此心，便與天同。象山此解，雖似簡單，若比較之以朱子的解釋，便可見其順當。朱子解此章，以「知性」為先，認為若要盡得此心，須先知性。[20]即先知理，方能盡得心之用。此解甚曲折，應是不合孟子原義的。後來王陽明欲扭轉朱子之歧出，又生一解；[21]皆不及象山此解之順當。象山此一讀書或解經之法，實有一特別的進路。此即他於讀書時，先求興發本心，要當下有所立。於此便能對古人文字義理，有相應的理解。當然此一讀書法，於理解孟子是最適當的。於自己本心呈現處，自然體認到此心是普遍的、人皆有之；又因見此心之無限量，而悟此心即是天理，由是而心即性即天，心性是一，天人不二。人若見此本心，自然便會想去擴而充之，而在充盡此心之要求下，便真實地見到此本心之無限量。這些實感，都是在本心呈現時自然產生的，象山之學，即以此力求顯本心，及由本心之呈現而力求充盡此心，以無愧於天之所以與我者之實感為根據。

若生起了這本心呈現之實感，覺得此時之心方是真心、真我，且與天同；則理解文字，當然是視為次要的，故當伯敏問「如何是盡心？性才心情如何分別？」時，象山便說此只是解字，不求血脈。即人當於如何呈現本心，及於本心呈現時，力求擴充、存養此心處著力；若不用心於此，而又用精神於理解文義，則此時之對文義之求了解，反而成為障蔽本心之事情，使本心不能持續呈現。象山要人精神回到保守此刻呈現之真心上，對於文字之詮解，作了遮撥，故曰：「不須說得，說著便不

---

[19] 《孟子·告子上》。

[20] 朱子解云：「心者，人之神明，所以具眾理而應萬事者也。性則心之所具之理，而天又理之所從以出者也。人有是心，莫非全體，然不窮理，則有所蔽而無以盡乎此心之量。故能極其心之全體而無不盡者，必其能窮夫理而無不知者也。既知其理，則其所從出，亦不外是矣。以《大學》之序言之，知性則物格之謂，盡心則知至之謂也。」（《四書章句集註·孟子集註卷十三·盡心章句上》）

[21] 《陽明全書·卷一·傳習錄上》。

是。」這是要學生精神回歸自己，並非說這道理不能用言詮表示。而象山這一以理解文字是次要的，且理解文字有時會使人精神外馳之態度，並非表示他對文義沒有研究。他說：「情性心才，都只是一般物事，言偶不同耳。」以為孟子論性善，雖用了情、性、心、才四個概念，說的其實都是相同的意義，總之指的是人固有之本心善性、人之所以為人之價值與尊嚴所在，只是說法偶有不同。朱子的解法與象山不同，以為：「情者，性之動也。人之情，本但可以為善而不可以為惡，則性之本善可知矣。……才，猶材質，人之能也。人有是性，則有是才，性既善則才亦善。人之為不善，乃物欲陷溺而然，非其才之罪也。」[22]朱子是以心性情三分之理論來說孟子。他以情是性之發、性之動。性理本身並不能動，故「情是性之動」是情之發以性作根據之意。而才是才質能力。朱子此解性、情、才，是將此三者看作三個不同的獨立概念，且區分為兩層，一者是善之決定根據，另一是人之自然稟賦。這並不合孟子之原義。孟子此處所言之情與才，都非獨立概念。

　　孟子論性善曰：「乃若其情，則可以為善矣，乃所謂善也。若夫為不善，非才之罪也。」並以惻隱、羞惡、恭敬、是非之心，人皆有之，亦即是仁、義、禮、智，「仁義禮智，非由外鑠我也，我固有之也，弗思耳矣」。[23]言「乃若其情，則可以為善矣，乃所謂善也。」就文脈之順通與字義之考察，朱子之解都有不適切處，此「情」並非指人之喜怒哀樂之情感而言，而「才」亦不是一般泛指人之才質、能力。無論將「情」解為「實」、「才」解為「質地」，二者都是虛位字，皆須緊連「性」方有實指之意義，故「其情」即是「人之本性之實」，「才」即是「性之質地」；又「性」是形式地說的實位字，「心」則是具體地說的實位字，故「性」之具體內容為惻隱羞惡之心，良心本心，由此視心性情才是一事。

---

[22] 《四書章句集註・孟子集註卷十一・告子章句上》。

[23] 《孟子・告子上》。

[24]或以《孟子》與先秦兩漢典籍之用例來證明「情」有解作「性」,而無解作「情感」、「覺情」;以「才」之本義為「草木之初」,最接近此本義的引申義為「原初」、「本始」,而所謂「性」,意即「初生本有者」,如此看來,「才」與「性」兩概念含義幾乎相同,由此視「才」、「性」為同義語。那麼,「情」、「才」、「性」三概念便為同一義。[25]二說都更接近孟子之原意,由此可見象山的詮釋是相應於孟子的。此表現了心學家雖沒有對字義作訓詁,而是本著對心體的體悟印證在經典上,對經典仍能作出相當妥切順通的闡釋。

以下再舉兩例,以說明心學家之解經有時縱使不合經典之原義,但給出了進一步的發明,而自成其系統,使儒學義理能不斷往前發展,注入新意。

四、羅近溪對《大學》、《孟子》及《論語》的詮釋

明代泰州學派的的羅近溪(羅汝芳,字惟德,號近溪。1515-1588)是陽明後學中非常特出的思想家,亦可說是重要的「心學家」。他的思想主旨是從赤子之心不學不慮而自然知愛知敬,以言良知,又從人人本有之孝弟慈之倫常活動,來詮釋《大學》所謂的「格物」、「明德」及「至善」。他的學說,實由於其個人之真切體悟,並非由客觀地閱讀、研究經典而得。但他根據自己之所體悟,對《論》、《孟》及《大學》的重要觀念,似亦可有一番順當的詮釋,將諸書之主要觀念,貫串成一系統,以下試稍論述之。[26]《盱壇直詮》中載:

---

[24] 參見牟宗三先生所著《心體與性體》第三冊(臺北:正中書局,1969年6月),頁416-424。以及《圓善論・基本的義理》(臺北:臺灣學生書局,1985年7月)第六節「性善之確立」,頁20-27。

[25] 參見岑溢成:〈孟子告子篇之「情」與「才」論釋〉(上)(下),《鵝湖月刊》,第5卷第10-11期,1980年4-5月,頁2-8、7-13。

[26] 關於近溪對《孟子》、《易傳》的詮釋,我在本書的〈羅近溪思想的當代詮釋〉,〈羅近

或問:「《大學》一書,吾人入道全功,最當急於講求者,其宗旨何如?」近溪子羅子曰:「孔子之學在於求仁,而大學即是孔門求仁全書也。蓋仁者渾然與物同體,故大人聯屬家國天下以成其身,今觀明明德而必曰於天下,則通天下皆在吾明德中也,其精神血脈何等相親?說欲明明德於天下,而必曰古之人,則我之明德親民,考之帝王而不繆也,其本末先後尚何患其不止至善也?細玩首尾,只此一意,故此書一明,不惟學者可身遊聖神堂奧,而天下萬世,真可使之物物各得其所也。大哉仁乎!斯其至矣。」[27]

近溪認為《大學》是孔門「求仁」的全書,此即以仁來規定《大學》的內容。如是則三綱八目等實踐之程序、綱領,便可以用仁道的實踐來說明。本來《大學》確似是一儒家實踐之綱領,而其綱領究竟是以那一系統之義理為根據,則不能確定,若認為明德是「光明的德性」,則應是近於孟子的性善論,宋明儒大多如是解;若明德是表示「光明的德行」,而由於德行是從行為結果上說,並不能決定其對於心性論之明確主張。故亦有人認為《大學》是荀學。[28] 近溪於此處則規定《大學》是為實踐仁而作之書。而仁者內心與物感通不隔,一切存在皆在仁心的遍潤、善化之要求範圍內,依仁心之要求,一切皆與吾人為一體。此便將三綱八目成為仁心要求及於一切、潤澤一切的實現過程。這是以孔子所說的仁來規定《大學》的實踐綱領,這一規定,亦甚為順當。近溪以「渾然與物同體」來理解仁,是本於程明道[29];而以此義說《大學》,故《大學》

溪的道德形上學及對孟子思想的詮釋〉已有討論,內容與本文所述者有相近處,但並不重覆。

[27] 《盱壇直詮》上卷(臺北:廣文書局,1996年3月),頁2-3。
[28] 見馮友蘭之《中國哲學史》(1930年本)第十四章。
[29] 明道云:「學者須先識仁,仁者渾然與物同體。」(《程氏遺書》卷二上)

為與天地萬物視為一體之「大人之學」，則本於陽明。[30]故近溪之說是有所本。但近溪有更進一步的發揮。他在上引文中認為此一依仁心感通一切之要求之實踐，是古聖（古之人）早已有之的做法，他以此意規定所謂「至善」。本來依陽明，「至善是心之本體」。[31]即若作存天理去人欲之工夫，使本心、良知呈現，此便是至善所在。而近溪之說，則至善是古代聖王之實踐規模，此是人間的實踐理想。即他並不滿意陽明從本心言至善，而須以古聖之具體實踐為效法對象。此說不必與陽明之說相衝突，因古聖之實踐，依近溪意，乃是由本心良知自發地要求的孝、弟、慈之活動。即他是將本心良知之自發而生之孝弟慈之實踐理解為古聖之規矩，此可謂是將本於心之至善之體客觀化。實踐之規矩其實即本心良知自己給出的，故近溪之言至善，其實是陽明之說之引申。近溪對明德有以下之解說：

> 明德，猶燭也。明明德於天下，猶燭燃而舉室皆明也。燭不足以明一室，燭非其燭矣。明明德而不能明天下，德非其德矣。如是而為明德，如是而為大學，此之謂大人。[32]

以燭之明喻人之明德，表示了人之明德須明照天下人，方是明德之功用之意。如此言明德，則明德是有自發地由內而外，明照一切之要求者。故此明德是一「活動」，而不只是靜態的性理而已，此便將明德與本心、良知視為同一者。此亦即以孟子學說來規定《大學》。近溪續云：

> 孔門宗旨在於求仁。仁者人也，天地萬物為一體者也。人以天地萬物為一體，則大矣。《大學》一書，聯屬家國天下以成其身，

---

[30] 陽明云：「大人者，以天地萬物為一體者也。……故夫為大人之學者，亦惟去其私慾之蔽，以明其明德，復其天地萬物一體之本然而已耳。」（《大學問》）

[31] 《傳習錄》卷上。

[32] 《盱壇直詮》上卷，頁3。

> 所以學乎其大者也。然自明明德始焉。明德者，人之所不慮而知，其良知也；孩提之童，無不知愛其親，無不知敬其兄者也。老吾老以及人之老，長吾長以及人之長，幼吾幼以及人之幼，而家國天下運之掌矣。故曰：大人者，不失其赤子之心者也。[33]

此段如上文所言，以仁心之感通一切，關聯天下國家於一己之身，為《大學》一書之主旨。此其實是近溪思想之主旨，他以自己體悟「仁」之所得，來詮釋《大學》，藉此來詮釋《大學》之文意，確甚順當。而於此段中，近溪又從孟子所言赤子之心之不學不慮，自然知孝親敬長，來理解「良知」之義。他此一詮釋，是將陽明所倡之良知，由孟子義來規範。他以知孝知弟言知，此與陽明從知善惡、是非為良知，是有不同的。雖然二說可以相通。[34] 從知孝知弟說良知，則知是於孝弟之實踐中呈現，此更切於倫常，情味更為親切。而由赤子之愛親敬兄處，自然可體會與物一體之仁，近溪以仁為中心，由知孝弟以攝良知，此一詮釋，既有孟子文獻為根據，又體現了近溪對仁、孝弟與赤子生命之親切體會。近溪從孟子所說的赤子不學不慮而自然愛敬，來規定良知，使良知以孝弟時之愛敬為內容，此於良知教，相當有發明，而良知所以為「良」，亦可於不學不慮處得一印證。即由於愛親敬兄是不必學不必慮的，故可見此知是「生而固有」的。

對於良知及致良知之義，近溪完全以孝弟來規定，此意可見下文：

> 問：「大學以修身為天下國家之本，如何方是修身？」子曰：「致良知則修其身矣！」曰：「如斯而已乎？」曰：「致良知則家齊國

---

[33] 《盱壇直詮》上卷，頁 3-4。

[34] 陽明亦有從知孝弟說良知之真誠惻怛，其云：「孟氏『堯舜之道，孝弟而已』者，是就人之良知發見得最真切篤厚、不容蔽昧處提省人，使人於事君、處友、仁民、愛物，與凡動靜語默間，皆只是致他那一念事親從兄真誠惻怛的良知，即自然無不是道。」（《傳習錄》卷中）但從知是非說良知，是陽明更常說的。

治而天下平矣。夫良知者，不學不慮而能愛其親，能敬其長也。故《大學》雖有許多工夫，然實落處，只是上老老而民興孝，上長長而民興弟。故上老老，上長長便是修身以立天下之大本，民興孝、民興弟，便是齊治平而畢修身之用也。天德王道一併打合，便是孔子平生所志之學。其從心不踰之矩，即此個絜矩之道是也。統而言之，卻不只是一個致良知耶？故曰：古之欲明明德於天下，而大學之道備矣。[35]

近溪言致良知即可修齊治平，其言致良知之義，似不異於陽明。但細察之，可見到他仍是以不學不慮而自然愛敬說良知，則他所謂之致良知，便應是致此自然知愛知敬之知。如此言致良知，便與陽明之說不同。這如上文所說，近溪是將陽明致良知之教，歸於孔子所言之仁、孟子所言之孝弟上。而這一詮釋，又與《大學》原文所謂的「上老老而民興孝」等說若合符節。由是近溪便可將《論》、《孟》及《大學》串連在一起，以此一對文獻的系統詮釋，表達其以「孝弟慈」為主旨之學說，又以此對致良知之教作重新之規定。近溪如此言致良知，既有陽明言良知之易簡之特色，又更近於倫常日用。陽明之教，重在顯示良知之知是非之智，而近溪將良知歸本於仁，重視一體、感通等義。又近溪由孝弟慈以言古聖實踐之規矩，認為依此而行，便可治國平天下而臻於至善，此即由內聖而通於外王。此亦顯示了近溪對於外王方面的思考。

由上述，可見近溪由他對本心、良知的特殊體悟，亦可對相關之經典作出系統之詮釋，而其詮釋亦相當順當於文義。此可說是由明義理而通文字章句。這其實是探索經典義理的一個重要而有效的方法。當然此一方法亦有其限制，不能因此便輕忽經典之原義。如近溪由於重視由日常生活中便可自然發出，且順適渾淪之孝弟慈之真生命，重視渾淪順適、萬物一體及生生不已之境界，使得在一些必須區分的地方，亦喜渾

---

[35]《盱壇直詮》上卷，頁 12-13。

淪地說，不加分別。此類詮釋，便會與經典原義大有距離，此可舉一例來說明，近溪釋告子「生之謂性」之義，作以下表示：

> 問：「告子謂：生之謂性，與食色性也。何爲孟子不取，且極辯其非耶？」曰：「學者讀書，多心粗氣浮，未曾詳細理會，往往於聖賢語意，不覺錯過。即如告子此人，孟子極爲敬愛，謂：能先我不動心。夫不動心，是何等難事！況又先於孟子也耶！想其見性之學，與孟子未達一間，止語意尚少圓融，而非公都諸子之可概論也。今且道生之爲言。在古先謂太上，其德好生；天地之大德曰生；生生之謂易；而乾則大生，坤則廣生；人之生也直。生則何嫌於言哉？至孟子自道，則曰：日夜所息，雨露之養，豈無萌蘖之生？樂則生矣，生則惡可已。是皆以生言性也。嗜則期易牙，美則期子都，爲人心之所同然。目之於色、口之於味，性也有命焉。是亦以食色言性也。豈生之爲言，在古則可道，在今則不可道耶？生與食色，在己則可以語性，在人則不可以語性耶？要之，食色一句不差，而差在仁義分內外，故辨亦止辨其義外，而未辨其謂食色也。若夫生之一言，則又告子最爲透悟處，孟子心亦喜之，而猶恐其未徹也，故以白喻之，而以人物相混探之。告子至此，不免自疑，而不敢曰：然矣。於此之際，若能響應承當，則性機神理，頓爾圓通，天地萬物，渾然同體。善、信兩關，不超樂正而上之也耶？惜其不然，而孟子遂終付一默也已。」[36]

近溪此處將「生之謂性」之生，理解為「天地之大德曰生」、「生生不已」之生。由是而認為告子之說，孟子亦不以為非。按此解不合孟子文意。

---

[36] 見《近溪子明道錄》卷之三，岡田武彥、荒木見悟主編：《近世漢籍叢刊・思想續編 13》（臺北：廣文書局，1984 年 10 月）。

近溪喜言生生之德，他認為孟子所說的人於事親、從兄時會生大快樂，「樂則生矣，生則惡可已」[37]。此樂之生，即天道之生生不已。近溪此解，將孟子及《易傳》之思想串聯起來，亦十分巧妙。但於上引文，他將「生之謂性」之「生」理解為天道之生生，則有欠分解。孟子對告子論性之說一再詰問，明白表示反對，怎會贊成「生之謂性」之說？告子此處，是以生理自然說性。「生」指個體之存在，雖亦可往近溪之所想處思考；即由生命、個體之存在處，體會使一切存在物能存在之天道，而天道是創生不已者。程明道便如此說。[38]但告子從食色言性，又以義為外，可知其言生，是就現實生命之生理本能、情緒、知覺處說，並非說天道之生生。由孟子對告子之反問，可知孟子認為從告子義之生說性，並不能見真正的人性，即見不到人之內在之道德性。而近溪此釋，則將告子義往上提，以為生之謂性，即以天道生生為性，而這是天地之性，亦是人之真性。此則欠缺分解，不合原義。當然，近溪此說，要旨在於要人作暢通生命之工夫，認為只要讓生生之真性、仁心發用，生命便可活潑暢通，雖是感性的生理本能、心理欲望，在仁心之活潑呈現下，亦得以合理地發用，若是亦不必壓抑對治。如此說，亦很有道理。

近溪對於本體之作用與感性氣性之作用，其實亦是有分別的，如云：

> 孟子曰：「仁，人心也。」心之在人，體與天通，而用與物雜，總是生之而不容已，混之而不可二者也。故善觀者，生不可已，心即是天，而神靈不測，可愛莫甚焉；不善觀者，生不可二，心即是物，而紛擾不勝，可厭莫甚焉。然見心為可愛者，則古今人無一二，而心為可厭者，則古今十百千萬，而人人皆然矣。蓋自虞庭，便說：「道心惟微」，果是心涵道體，神妙之難窺；「人心惟危」，亦果是心屬人身，形迹之易滯。危而易滯，所以形迹在

---

[37] 《孟子・離婁上》。

[38] 參考牟宗三先生《心體與性體》（二）論明道之「生之謂性篇」。

前者,滿眼渾是物欲;微而難窺,所以神妙在中者,終身更鮮端倪。[39]

此段以善觀者會見到仁心是「生不可已」,此心是神靈不測,「可愛莫甚」;而不善觀者,會從物(形氣、物欲)處看心,則此心便「紛擾不勝」,而「可厭莫甚」。可見近溪對真心及習心,天德之生生與形氣之活動,是有區分的。

五、周海門論「至善」

羅近溪弟子周海門[40]與許敬菴有「九諦九解」之論辯,此是一涉及王門高深義理之重要論辯,前輩先生對此已有討論。[41]而若從經典詮釋的角度來看,亦可見心學家解經之特色。

「九諦九解」之辯,可視為對《中庸》「明善誠身」的不同詮釋。《中庸》第二十章云:

> 在下位不獲乎上,民不可得而治矣;獲乎上有道:不信乎朋友,不獲乎上矣;信乎朋友有道:不順乎親,不信乎朋友矣;順乎親有道:反諸身不誠,不順乎親矣;誠身有道:不明乎善,不誠乎身矣。

---

[39] 見《盱壇直詮》卷上。

[40] 黃宗羲將周海門列入泰州學案,認為是近溪弟子,但今人有認為海門是王龍溪弟子,此說較合理。

[41] 蔡仁厚先生有〈王門天泉「四無」宗旨之論辯〉,詳論此論辯之內容,他根據牟宗三先生之意,認為敬菴肯定天地間有善,此是對善之存在之肯定,其言有是「實有層」上之有。認為無善無惡之論,是否定了善之存有。而海門則強調工夫、作用層之無,即其言無是實踐之無跡、無心之義,並非否定善之存在。而他對敬菴之言有善,則理解為對善之執著。

朱子解曰:「反諸身不誠,謂反求諸身而所存所發,未能真實而無妄也。不明乎善,謂未能察於人心天命之本然,而真知至善之所在也。」(〈中庸章句〉)朱子說「不明乎善,謂未能察於人心天命之本然,而真知至善之所在也。」意即須先知至善之所在,方能有合理之行動。此即先知然後行之論,這是朱子的重要理論。此如上文述朱子解盡心知性,是以知性在先,盡心在後之義。朱子此一主張,似乎很合於《中庸》明善方能誠身之先後次序。若依陽明,則會認為至善並非外在之事物,心中純乎天理,無人欲之夾雜,便是至善之所在。故至善須求諸心,而明善,便是使心不受私欲障蔽之工夫。故明善便即是誠身,二者是不分先後的。[42] 周海門即依此意推衍,加入「無善無惡方是至善」之意。海門之詮釋,從根本上否定了求理於外之說。現依此意,徵引文獻,略加疏釋。

〈諦〉一云:《易》言:「元者,善之長也」。又言「繼之者善」、「成之者性」。《書》言:「德無常師,主善為師」。〈大學〉首提三綱,而歸於止至善;夫子告哀公以「不明乎善,不誠乎身」;顏子得一善,則拳拳服膺而弗失;《孟子》七篇,大旨道「性善」而已。性無善無不善,則告子之說,孟子深闢之。聖學源流,歷歷可考而知也,今皆捨置不論,而一以無善無惡為宗,則經傳皆非?

維世範俗,以為善去惡為隄防;而盡性知天,必無善無惡為究竟。無善無惡,即為善去惡而無跡;而為善去惡,悟無善無惡而始真。教本相通不相悖,語可相濟難相非,此天泉證道之大較也。今必以無善無惡為非然者,見為無善,豈慮入於惡乎?不知善且無,而惡更從何容?無病不須疑病,見為無惡,豈疑少卻善乎?不知惡既無,而善不必再立,頭上難以安頭。故一物難加者,本來之

---

[42] 陽明曰:「他如博文者,即約禮之功;格物致知者,即誠意之功;道問學即尊德性之功;明善即誠身之功:無二說也。」(見《陽明全書·卷一·傳習錄上》)

體;而兩頭不立者,妙密之言。是為厥中,是為一貫,是為至誠,是為至善,聖學如是而已。經傳中言「善」字,固多善惡對待之善,至於發明心性處,善率不與惡對。如中心安仁之「仁」,不與「忍」對。主靜立極之「靜」,不與「動」對。《大學》善上加一「至」字,尤自可見。蕩蕩難名為至治,無德而稱為至德。他若至仁至禮等,皆因不可名言擬議,而以「至」名之;至善之善,亦猶是耳。夫惟善不可名言擬議,未易識認,故必明善乃可誠身。若使對待之善,有何難辨,而必先明乃誠耶?明道曰:「人生而靜以上不容說,纔說性時,便已不是性也。凡人說性,只是說『繼之者善』也,孟子言『人性善』是也。」悟此,益可通於經傳之旨矣。〈解〉一。[43]

許敬菴之〈諦一〉強調儒家經典都肯定善之存在,而善惡的區分是不能泯除的,但現在王龍溪所提倡的「無善無惡」說,取消了善惡之別,是違反傳統正說的。敬菴此段,便引「不明乎善,不誠乎身」來證義。

周海門之〈解一〉將「為善去惡」與「無善無惡」區分為二層;無善無惡,是為善去惡而無跡,此即為善去惡而自然而然,不費工夫之境界。所謂「為善去惡,悟無善無惡而始真」。是說能悟無善無惡,才能真正為善去惡。如此解,無善無惡可從兩方面來說,一是為善去惡的工夫實踐後所達之修養境界,一是人能夠真正作為善去惡的實踐之根據。此兩義之無善無惡,是對實踐之超越根據或由實踐而至之最高境界之描述語,並非「中性」義。從無善惡是由道德實踐而至的化境說,此時為善而不以為是善;本來無惡,不必用心防範方不為惡。海門後文,即以此心境為「至善」。若以此規定至善,則乃是一主體所呈現之心境、境界,而並非一客觀之實在。若至善是一主觀心境,而非客觀實在,則若

---

[43] 見〈泰州學案五〉,《明儒學案》卷三十六(沈善洪主編:《黃宗羲全集》第八冊,杭州:浙江古籍出版社,2005年1月)。以下「諦二、解二」之引文出處亦同此。

要明至善，當然不能以至善為對象而思之，而必須以呈現此主體境界，為工夫之用力處。此為善去惡而自然的心境便是善，不能在此心境上另安立一善，故曰「頭上難以安頭」，「一物難加者，本來之體」。當然儒家所言之道，有其客觀實在性，道家才是純粹的主觀境界。但儒學所言之客觀實有之體，須由踐德來證實，而道體超越而內在，即是人之本心。故於本心呈現處，理、道或至善者便呈現，依此，亦有道是主觀境界之義。而依陽明，良知即天理，良知之自然明覺，便是天理所在；外於良知之自然明覺，亦不能有所謂天理，由此再進一步，對自然明覺特加強調，說無善無惡，便是對此良知心體之形容，如是，良知天理之客觀實體義、存有義便被收攝於主體境界中。

　　海門對所謂「厥中」、「一貫」、「至誠」、「至善」等，都從心體之自然明覺處規定，此即以心境規定。心境、或主觀境界，確是一渾化，不能以任何概念限定者。而若以此心境來規定至善，則若要明善，便要從體現此渾化之心境上著力，即若要明善，便是要明此為善而自然，渾然無善惡之分別之境界。此時無心於為善，但行出來的自然是善。而且此時亦並不會以此境界為理想而追求之，因若以此為理想對象來追求，便是有善惡之分別，而遠離此境界。故此要顯一無善無惡之心境之工夫，是非常深微，難以著手的。此如張橫渠云：「大可為也，大而化，不可為也，在熟而已。」[44]若以無善無惡是為善去惡純熟後之化境，則那並不是可用工夫的，實踐久了，便自然而然，如水到渠成。以上是從工夫所達之境界說無善無惡。但海門又說「為善去惡，悟無善無惡而始真」，則悟無善無惡，便是悟一真正能為善去惡之根據。這便不是一實踐至化境之結果，而是一可先行了解、體悟之實踐之根據。此時，無善無惡是就本體說的。此則不易了解。本來陽明四句教之首句「無善無惡心之體」便涵此意；「無善無惡心之體」中之無善無惡，有兩種可能的解釋，一是心體超越於相對之善惡之區分，而為絕對之至善者。一是無善惡之分

---

[44]《正蒙・神化篇》。

別，行出來自然是善之渾化之境界。周海門所了解的，重後一義。若從此後一義說，即是以工夫到化境後所顯示的心為本體，這是以最後的結果設為原初之心體。此是一預設，而此一預設是以工夫修養作根據的。即此本體之呈現，或甚至對此本體之了解，是不能離開工夫的；而於此所言之工夫，便為「為善去惡而自然」，若不能自然地為善去惡，便不能證此體。若是則工夫與本體其實是一。但既然被視作本體、根據，則似可以離工夫而獨立地講，如是便可有先明此本體之可能。但雖由此可說有悟此「無善無惡」之本體之可能，這與一般所言之悟本體，意義是很不相同的。此所謂之本體，是以工夫修養已達化境，生命活動是自然而然，應然即是自然，神感神應下之本體。而若是此化境下之本體，是否可以獨立於工夫，而求一先行之了解，或直下契悟此本體，使生命活動，一下子便達到如聖人般的化境？

依象山，人通過義利之辨而顯本心、善性，證人之所以為人，是並不困難的，此是「坦然明白」之事；若依朱子，則視性理為外在之對象，須即物以窮之，便是將當下可明者視為曲折幽深之事，此是不恰當的。此亦如康德所說，若肯定意志之自律，則道德法則，及善惡之區別，是很清楚的。康德雖肯定意志之自律，但此能給出道德法則之意志，（即自由意志）並非一呈現，只是道德實踐不得不預設的設準。故若以此意志為本體，依象山，是坦然明白的；依康德，則雖不能當下呈現，但人必有道德意識，理解此本體尚不十分困難。牟宗三先生依孟子、陸王之說，認為心即是理，此性理、本體是「即存有即活動」，既是活動，則此本體雖不同於日常之感性生命，但於本體呈現時，人便可當下逆覺。[45]而若本體可當下逆覺，則人先對此本體有所了解，讓本體在自己生命中有真實的呈現，然後承體起用，產生真正的道德實踐；這一作法，當然是可能的。

逆覺本心，體證本體，依心學一系，雖是可能的，但要覺上述所謂

---

[45] 牟宗三：《心體與性體》第二冊（臺北：正中書局，1968），頁 476。

的在聖人生命中表現的、在化境下神感神應之本體,便不一定是可能的。此在化境下之本體,是如王龍溪所言的「體用顯微只是一機,心意知物只是一事」[46]之體。據龍溪之說,可知此體是體即用、用即體,即乃是渾淪的「體而非體」之體。現在海門所說的至善,即是此體,說「無善無惡」,亦是就此體來說。此體是在聖人化境之生命活動下方可呈現的,若無聖人之修養、不能呈現此化境之生命活動,是不能見此體的。若以上之分析不誤,則海門所說的「為善去惡,悟無善無惡而始真」,以為此無善無惡之體,是真正的為善去惡之根據,此便不是可適用於一般人生命中的「體用」之關係,而只有在聖人方能如此。即在聖人生命活動中,其心意知物是渾淪只是一事,而此時之心體知體與意、物,亦是一體呈現的,體即用、用即體,亦不能區分何為體、何為用,而此時才可說是「為善去惡而無跡」。海門以「無善無惡」規定的至善,或依此義而言之心體,其實義應是如此。而體之義若是如此,則要明此體,知此至善之意義,當然是非常困難的,並不能從逆覺本心、當下可能來說知此體亦是當下可能的。而若要明白此至善方能誠身,則必須契悟無善無惡的「體而非體」之體,然後可能。海門之〈解一〉說至善之善,不可以名言擬議,又引明道語言「不容說」,應都表示此體是神感神應之體之意,故此體或至善,是「未易識認」的。又此處所說「善不可名言擬議」,與上文陸象山所謂「莫騰口說,說著便不是」意思不同,象山是要人直下根據本心而起真實之道德實踐,不要用精神於說解文字,不是說善不能用言說表示。

〈諦〉二云:宇宙之內,中正者為善,偏頗者為惡,如冰炭黑白,非可以私意增損其間。故天地有貞觀,日月有貞明,星辰有常度,嶽峙川流有常體;人有真心,物有正理,家有孝子,國有忠臣。反是者為悖逆,為妖怪,為不祥。故聖人教人以為善而去惡,其

---

[46] 王龍溪〈天泉證道紀〉中語,《王龍溪先生語錄》卷一(臺北:廣文書局,1967年3月)。

治天下也,必賞善而罰惡。天之道亦福善而禍淫。積善之家,必有餘慶;積不善之家,必有餘殃。自古及今,未有能違者也。而今曰「無善無惡」,則人將安所趨舍者歟?

曰中正,曰偏頗,皆自我立名,自我立見,不干宇宙事。以中正與偏頗對,是兩頭語,是增損法。不可增損者,絕名言無對待者也。天地貞觀,不可以貞觀為天地之善;日月貞明,不可以貞明為日月之善;星辰有常度,不可以常度為星辰之善。嶽不可以峙為善,川不可以流為善。人有真心,而莫不飲食者此心,飲食豈以為善乎?物有正理,而鳶飛魚躍者此理,飛躍豈以為善乎?有不孝,而後有孝子之名,孝子無孝。有不忠,而後有忠臣之名,忠臣無忠。若有忠有孝,便非忠非孝矣。賞善罰惡,皆是可使由之邊事。慶殃之說,猶禪家談宗旨,而因果之說,實不相礙。然以此論性宗,則粗悟性宗,則趨舍二字,是學問大病,不可有也。〈解〉二。

許敬菴強調善惡之分別如冰炭黑白,是截然不同的。而此區分,並非出於私意,是理當如此的。有如此之區分,才有價值判斷之標準,人生才有實踐之方向;而為善去惡,由於是正理所在,故善者有賞而惡者當有禍殃,此是宇宙的公義。故有此善,人生方知所趨舍,而若言無善無惡,則人便無所依循,無實踐之方向可說。按敬菴此說,當然亦很有道理,他肯定善惡之區別,是有客觀之根據的,並非出於人的主觀想法。此有見於道德法則的普遍性、超越性。但此具有客觀性、普遍性之道德法則,其實是人之本心給出的,因若非是意志之自我立法,則於天地萬物中,如何能找到道德法則呢?故敬菴為證明法則或善有其客觀實有性,而舉天地有貞觀、日月有貞明、星辰有常度以為說,這便視理為在於天地萬物之客觀存有,如是便會有理在心外或心外有理之意,這是理有未圓之處。故海門下文便集中於此處批評。當然,若敬菴所說的善惡有其截然

之不同，如黑白冰炭之別，是以本心給出的道德法則為根據，合於法則者為善，反之則為惡；若是如此，則是可說的。即法則（或理）雖然由心給出，但亦是客觀的，而行動之存心是否合於法則，亦是可以很明白地區分的。即由辨志，考察自己之存心究竟是為義或是為利，這可以有十分明白的分辨，而由此確可區別善惡。亦見善惡之不同，如冰炭黑白般絕不能相混。敬菴若由此立言，便十分允當。但他卻從天地日月有常度處說，這些說法，固可以視作道德法則之為普遍者之一些象徵，但終究不甚清楚。

　　海門即強調對天地萬物之判斷，如中正偏頗等，是由我決定的；天地間並無所謂中正偏頗。由是則善惡是非，亦是自我立名，天地間並無孰善孰惡之分別。故必須超越於相對比較之善惡，方知真善所在。而除此善自我立名之義外，海門尚有更進一步的講法，此即海門所理解之真善、至善，如上文所說，是言說所不能及的為善而不自以為善之渾化心境。如上文所云「人有真心，而莫不飲食者此心，飲食豈以為善乎？」即是此意；敬菴肯定人有真心，此一肯定沒有問題，心即理之心，便是真心，此非經驗之心理，而為超越之本心、道德心。此一對超越之真心之肯定，心學家是不應反對的。海門所說的「而莫不飲食者此心，飲食豈以為善乎」，語意並不明白。他套用《中庸》「人莫不飲食也，鮮能知味也」來說；《中庸》此語原義，是說至道不離日用倫常，但一般人不易自覺，人之不自覺，是不足取的，故「君子之道鮮矣」。而海門藉此語要表示的，卻是人之飲食亦是其真心之流露，但人並不以飲食為善。《中庸》固然亦以人之莫不飲食以喻道不離日用，但認為「知味」方是知道者。故若於此處言真心，則「飲食而知味者」方是真心之流露。海門則藉飲食者不以飲食者為善，以言真心之不自以為善，此釋應不合原義，但以「飲食者不會以飲食為善」喻真心之呈現，是自然而然，並不自以為善的，則亦可說是恰當的譬喻。此一詮釋很能表現心學家詮釋經典的風格，即是比較隨意而自由的，常藉經典之文表達自己之意。此一詮釋很能表達海門所謂的「不自以為善之心，方是至善」之意。此段後

文所說「物有正理，而鳶飛魚躍者此理，飛躍豈以為善乎？」亦是此意。善不存於鳶飛魚躍之客觀之事上，不可通過認知而得之。至善即在于鳶飛魚躍而鳶魚並不自以為善處。是故臣之忠、子之孝亦非至善所在。忠臣自然表現其忠，而不自以為忠；孝子自然表現其孝，而並不以己為孝，才是至善所在。海門如此言「至善」，其義確甚為弘深。他專從無善無惡之聖人化境上規定至善，此固是一可成立之說法，但亦並不能否定依道德法則而來的善惡之區分。於此，海門及敬庵確皆有其偏。除上述者之外，〈九諦九解〉尚有許多入微之討論，但由上文之分析，已可充分表明海門對「明善誠身」的詮釋，是十分特別的。他以為善去惡而無跡的實踐境界為至善，故若要明善，須於本心良知之自然流行、渾然而無善惡之別處體會，故若要明善，不能於心外尋求。至善只存於心，欲明善，須作致良知以為善去惡，又忘善惡之工夫，如是便使《中庸》明善方能誠身之說，合於王龍溪之思想。海門如此詮釋，便可對藉「明善誠身」，以證明善是外於心之客觀存在，須先讀書明理，方能有合理之行為之朱子之說，作一有力的反對。依海門所定義的至善，須從心之為善而自然，不自以為是善處體會，決不能於外物尋求也。

六、尊德性與道問學之綜合

由以上分析，心學家確有輕忽文字之傾向，雖然因本心明而義理明，對經典文字有恰當的詮釋，或不必合於原義，但亦有很具價值的，或別開生面之詮釋，但視文字詮解為第二義，是很明顯的。於此吾人可思考可否有一明本心，又必須讀書；明得大道，但對於經驗，又不可少之說法？

（一）儘管就道德實踐之必由意志之自發而言，實不依賴是否讀書、具備經驗知識，心學家講明本心、致良知、體仁，都是著重一反己逆覺之體悟工夫。但是誠如康德所說，人對自由意志並無直覺，人不能認識自由意志；而道德法則卻是可認識的，通過對道德法則的清楚認

識，人才能進一步對自由有所肯定。固然道德在每個人的理性中都有所意識、有所肯定，可是究竟什麼才是真正純粹的道德，卻不易說清楚，往往因感性欲望的夾雜或混淆，而產生一些似是而非的說法。因此，概念的明辨和分解，便有其必要性。對於道德本身作一相應的說明，使道德的純粹意義，如道德的先驗性，道德法則為人之意志自己給出的，道德法則為無條件的律令等義明白地展示出來，如康德所謂的「道德之形上學」之工作，亦是必要的。[47]又如孟子的辨人性善惡、義內抑義外及義利之辨，文意是有些不夠明朗的地方，若不透過概念的仔細分析，就無法將其中的精義清楚地闡發出來。因此，成德的工夫就不只是明本心，也需有讀書講明的工夫，如是才能對道德的意義，有一清楚的掌握。

（二）真正的道德行為，依心學之說法，是本心自發而給出的，本心即理，無關于經驗。但道德行為之達成，便非經驗知識加入不可。如人見孺子入井，決定無條件地往救之，此是本心、良知當下之決定，無關于經驗知識；但要用怎樣的行動，方能達成拯孺子于危難之目的，這便須經驗知識的幫助。又本心有遍潤一切之要求，如何由內聖而外王，「為生民立命」、「為萬世開太平」，此便要建立可大可久之制度，而民主制度之建立，便非本心良知可直接開出的，在此問題上，對思辨理性的分析，認知的活動及經驗的知識，是不可或缺的。

（三）本來就純粹的道德行為而言，所表現出來的即為無條件為善，既是無條件為善，則是道德法則直貫而下，直接要求人擺脫經驗現實的計量而實踐道德，不考慮會產生什麼成效，也不要求外在世界給予報酬。但假如無論如何實踐道德，我們所存在的現實世界始終無所回應，人遭遇與其踐德毫不相干，甚至行善而得惡報，則實踐道德不免太具悲劇性，甚至可能使人動搖了對道德的信心。道德實踐固然不會以其行動會有怎樣的後果來作其行動的根據，但依德而行，會產生怎樣的結

---

[47] 康德：《道德底形上學之基本原則》第二節，見《牟宗三先生全集》第十五冊（臺北：聯經，2003年4月）。

果,亦是踐德者所當關心的,[48]故如康德所說,德福一致,是實踐理性所必要求實現之對象。因此在道德實踐之要求下,最終必須要問:整個世界真是依循著道德之理而存在嗎?何以現實會有不合理?應然與實然是否必然分離?究竟有德者能否有福,德福是否一致?此諸問題是關心道德實踐者必會產生的,這便不是由「道德法則直貫而下,直接要求依無條件律令而行」所能充分說明的,即不只是發明本心、相應於無條件的律令而實踐的問題,而是要求進一步對現實世界的合理性給出一說明與肯定。此如康德第三批判所說的由目的論判斷而見世界存在之終極目的,而此終極目的是「道德的存有」及「德福一致」之說。由此終極目的之證成,可給予踐德者極大之信心。而此一由存在界之合目的而證終極目的之存在,雖不必是經驗知識,但亦不能離開經驗,在此處亦可見到道德心與有關存在界之知識,是有其關聯性的。如康德所說,在對有機物之研究中,體會到世界上無數種類繁多又配合巧妙之存在,此是不能單以機械法則就充分說明的,因此最後不得不認為宇宙的生化有一終極目的,由造化有終極目的,便會肯定有一超感觸的存有、超越的睿智者(上帝)之存在。由是便可說此整體之存在界雖然如此繁多殊異,但都不是偶然的、無目的的、徒然存在的,如此對於現實終歸於合理,便有一大肯定,也使人更加堅定道德實踐必不會徒然白費之信念。固然此存在界之合目的,是目的論判斷,而目的論之判斷是「反省性判斷」,並不能據以產生經驗知識。但此亦是一通過經驗而來之體會,亦須即於經驗而觀,並非體證本心便可得之;而朱子所強調的格物致知,重道問學,或亦可從這角度來了解。朱子要由格物而得者,並非經驗知識,而是天理(存在之理,亦是道德之理),但對事物加以窮格,是否可得天理?這是沒有保證的。而由對事物之窮格,而見其合目的性,進而見造

---

[48] 康德說:「即使道德為了自己本身起見,並不需要必須先行於意志規定的目的概念,但它也很可能與這樣的目的有一種必然的關係。也就是說,它不是把這樣一個目的當做根據,而是把它當做依照法則所採用的準則的必然結果。」(康德《單純理性限度內的宗教》,〈第一版序言〉,李秋零譯,人民大學出版社,北京,2005 年 6 月)

化有終極目的，此則是由格物而見天理之一可能途徑，朱子之言格物，或可涵此義。如是，讀書、理解文義及格物，便有其必要性，於講明道德是不可或缺的。那麼，尊德性與道問學兩者便通貫綜合起來，缺一不可了。此意尚須詳細說明，本文暫止於此。

第四部分

劉蕺山思想新詮

從劉蕺山對王陽明的批評看蕺山學的特色

論蕺山是否屬「以心著性」之型態

從康德道德哲學看劉蕺山的思想

黃梨洲對劉蕺山思想的承繼與發展

從劉蕺山對王陽明的批評看蕺山學的特色

　　蕺山之學，以慎獨誠意為宗，和陽明的致良知之教不同，而他對陽明學說，有肯定，也有批評。蕺山對陽明的批評，往往是以己意來解說陽明學，未能體貼陽明原義，又以自己所了解的《大學》義理為標準，來判斷陽明學說的是非，故他的批評，多不如理[1]。但雖如此，從蕺山的批評，比較可以看出二人之學的所以不同，及蕺山學的特色與用心所在。

一、蕺山對陽明學的態度之前後不同

　　蕺山之子劉汋論其父對陽明學的態度云：

> 按先生於陽明之學凡三變，始疑之，中信之，終而辨難不遺餘力。始疑之，疑其近禪也。中信之，信其為聖學也。終而辨難不遺餘力，謂其言良知，以《孟子》合《大學》，專在念起念滅用工夫，而於知止一關，全未勘入，失之粗且淺也。[2]

由此段可見蕺山對陽明學之態度有前後之不同。據《年譜》記載，蕺山早年曾師事許敬庵，敬庵之學宗朱子，此對蕺山當然是有影響的。《年譜》先生二十六歲下載云：

---

[1] 牟宗三先生即認為蕺山對陽明的批評，幾全無是處，見《從陸象山到劉蕺山》（臺北：臺灣學生書局，1979年），頁461-470。

[2] 《劉子全書》（臺北：華文書局），卷40下，《年譜》下，先生六十六歲，著〈證學雜解〉及〈良知說〉下，劉汋注語。

> 謂入道莫如敬，從整齊嚴肅入，自貌言之細以至事為之著，念慮之微，隨處謹凜以致存理遏欲之教，每有私意起，必痛加省克。（《全書》卷40上，頁3504-3505）

此大抵是朱子以敬存養省察之工夫教法。此時蕺山當然是反對陸王之學的，《年譜》載：

> 先生蚤年不喜象山陽明之學，曰：「象山陽明直信本心以證聖學，不喜言克治邊事，則更不用學問思辨之功矣。其旨痛險絕人，苟即其說而一再傳，終必弊矣。觀於慈湖、龍溪可見，況後之人乎？」（同上，頁3505）

此時蕺山對陸、王之學的了解，當然是不恰當的，此即上文所謂「疑其近禪也」。蕺山後來雖對陽明有所批評，但並不認為陽明是禪學[3]。又蕺山後來雖不認為陽明是禪學，但他此時對陽明學的印象，即「直信本心以證聖學，不喜言克治邊事」，到後來仍是存在的，此意在蕺山批評王龍溪時，更是明顯。

蕺山三十五歲時，曾往見高攀龍，《年譜》載云：

> 自文成而後，學者盛談玄虛，徧天下皆禪學，而二先生（按指顧憲成與高攀龍）獨宗程朱。……乃造景逸先生，相與講正。……自此益反躬近裏，從事治心之功。（《全書》卷40上，頁3512-3513）

由此可見蕺山此時之思想仍是近於朱學。而此一反躬治心之工夫入路，是蕺山一生未曾捨棄的。

---

[3] 蕺山於崇禎十三年四月（六十三歲。按蕺山六十八歲絕食卒）答韓參夫云：「然則陽明之學，謂其失之粗且淺，不見道則有之，未可病其為禪也。」（《全書》卷19，頁1386）

蕺山三十七歲時，對本心有所契悟，這是他生命歷程中的重要轉折。《年譜》載：

> 先生以群小在位，給假歸，閉門讀書。……久之，悟天下無心外之理，無心外之學。乃著論曰：「只此一心，自然能方能圓，能平能直。……四者立而天下之道冒（疑應作「在」）是矣。際而為天，蟠而為地，運而不已，是為四氣；處而不壞，是為四方；生而不窮，是為萬類。……只此一心，散為萬化，萬化復歸一心。……其要歸於自然而不知所以然。大哉心乎！原始要終，是故知死生之說。」（同上，頁 3517-3518）

蕺山此段議論，和象山所說的「宇宙便是吾心，吾心即是宇宙」（《陸九淵集》卷36，〈年譜〉）是很相似的。大概他經此番體悟，而接近陸王心學。蕺山此時期的學力深淺，則不可盡考[4]。但他既有上述的體悟，則他對陽明學，應已是「中信之」的階段。蕺山四十八歲，會講於解吟軒，《年譜》載：

> 先生痛言世道之禍，釀於人心，而人心之惡，以不學而進。今日理會此事，正欲明人心本然之善。……每會令學者收斂身心，使根柢凝定，為入道之基。嘗曰：「此心絕無湊泊處，從前是過去，向後是未來，逐外是人分，搜裏是鬼窟。四路把截，就其中間不容髮處，恰是此心真湊泊處。此處理會得分明，則大本達道，皆從此出。」於是有慎獨之說焉。（同上，頁3536）

---

[4] 劉汋《年譜》四十九歲條下，劉汋注云：「按是時禍在不測，先生悉以平生著述寄友人。其後黨禁解，先生不索，而友人亦不來歸。故丙寅（天啟六年）以前筆札無一存者。其間行事之始末，學力之深淺，不可盡考。……丁卯（天啟七年，五十歲）至乙亥（崇禎八年，五十八歲），九年著述，欽召時復為人竊去。……今見之文集，大略十年內著述。」（《全書》卷40上，頁3542）

由此段可知蕺山認為講學是爲了明本心之善，此是孟子、陸、王的工夫入路。而蕺山此時亦發展出其個人見解，即慎獨之學。他以收斂靜存，體會真心為工夫，此既合於心學之說，又有其個人之特色。《年譜》先生四十九歲載云：

> 已而謂門人曰：「吾平生自謂於生死關打得過，今利害當前，覺此中怦怦欲動，始知事心之功，未可以依傍承當也。」遂攜沉課讀於韓山草堂，專用慎獨之功。謂「獨只在靜存，靜時不得力，動時如何用工夫？」（附注云：先儒以慎獨為省察之功，先生以慎獨為存養之功。）因信濂溪主靜立極之說。……由是限半日靜坐半日讀書，久之勿忘勿助，漸見浩然天地氣象，平生嚴毅之意，一旦消融。（同上，頁3539-3540）

蕺山此時之言慎獨，是靜存以復其體，求此主宰於一念未起之前，此是極為內斂凝聚，而又鞭辟入裏之工夫。此工夫近於濂溪之主靜立人極，及李延平之默坐澄心體認天理。

蕺山在五十歲時，確信陽明之學為聖學。《年譜》云：

> 先生讀陽明文集，始信之不疑，為論次曰：「先生承絕學於辭章訓詁之後，一反求諸心，而得其所性之覺曰良知。因示人以求端用力之要，曰致良知。良知為知，見知不囿於聞見。致良知為行，見行不滯於方隅；即知即行，即心即物，即靜即動，即體即用，即工夫即本體，即上即下，無之不一。以救學者支離眩騖之病，可謂震霆啟寐，烈耀破迷，自孔孟以來，未有若此之深切著明者也。」（同上，頁3543-3544）

此段盛讚陽明之學，蕺山此處對陽明之言良知之意義，是有很恰當的理解者。但在此段之後，蕺山亦透露他對陽明的不滿：

特其急於明道，往往將向上一機輕於指點，起後學躐等之弊有之。天假之年，盡融其高明踔絕之見，而底於實地，則範圍朱陸而進退之，有不待言矣。（同上，頁3544）

這是說陽明的教法有使學者好高躐等之弊。蕺山此評，當是就陽明之四句教，尤其是「無善無惡心之體」之說而發。故雖說此時蕺山認陽明之學為聖學，但並不以陽明學為已足，而時表示其不滿。只是蕺山此時期對王學之批評，多就王門弟子之不能善紹而論。

蕺山於六十一歲刪定陽明文集，編成《陽明傳信錄》，在陽明之原文後，多有討論發明。此時對陽明之學，基本上仍是肯定的。《年譜》云：

時談禪者動援陽明而闢朱子。先生曰：「朱子以察識端倪為下手，終歸涵養一路，何嘗支離？陽明先生宗旨不越良知二字，乃其教人惓惓於去人欲存天理，以為致良知之實功，何嘗雜禪？」（同上，《年譜》下，頁3620）

但此時蕺山對陽明之四句教，及王龍溪四無之說，即見於龍溪〈天泉證道紀〉者，正式加以批評，此問題於下節再行討論。

蕺山對陽明學的「終而辨難不遺餘力」，應是從他六十六歲時作〈良知說〉算起的，在〈良知說〉中，他確對陽明深致不滿。蕺山晚年講學，以誠意為宗旨，據自己的了解來詮釋《大學》，於是認為陽明只是傳孟子教法，不合於《大學》，由此蕺山便有種種之論難。其詳亦見後文。

蕺山於作〈良知說〉的前一年，即六十五歲時，著〈原旨〉七篇，是發明心學義理的，其立論十分精當，大抵合於陸、王的精神，但他卻於第二年即大肆批評王學，似乎他的學術見解在一年間起了大變化。〈原旨〉七篇中之〈原學中〉云：

極天下之尊而無以尚，體天下之潔淨精微，純粹至善，而一物莫之或攖者，其惟人心乎？向也，委其道而去之，歸之曰性，人乃眩騖於性之說，而偍偍以從事焉，至畢世而不可遇，終坐此不解之惑以死，可不為之大哀乎？

自良知之說倡，而人皆知此心此理之可貴，約言之曰：「天下無心外之理。」舉數千年以來晦昧之本心，一朝而恢復之，可謂取日虞淵，洗光咸池。然其於性猶未辨也。予請一言以進之曰：「天下無心外之性。」惟天下無心外之性，所以天下無心外之理也。惟天下無心外之理，所以天下無心外之學也。而千古心性之統可歸於一，於是，天下始有還心之人矣。

向之妄意以為性者，孰知即此心是；而其共指以為心者，非心也，氣血之屬也。向也，以氣血為心，幾至仇視其心而不可遁；今也，以性為心，又以非心者分之為血氣之屬，而心之體乃見其至尊而無以尚，且如是其潔淨精微，純粹至善，而一物莫之或攖也。唯其至尊而無以尚也，故天高地下，萬物散殊，惟心之所位置，而不見其迹。惟其潔淨精微，純粹至善，而一物莫之或攖也，故大人與天地合德，日月合明，四時合序，鬼神合吉凶，惟心之所統體，而不尸其能，此良知之蘊也。然而不能不囿於氣血之中，而其為幾希之著察有時而薄蝕焉。或相什百，或相千萬，或相倍蓰而無算，不能致其知者也。是以君子貴學焉。學維何？亦曰與心以權而反之知，則氣血不足治也。

於是順致之以治情，而其為感應酬酢之交，可得而順也。於是逆致之以治欲，而其為天人貞勝之幾，可得而決也。於是精致之以治識，而其為耳目見聞之地，可得而清也；於是離致之以治形、治器，而其為吉凶修悖之途可得而準也。凡此皆氣血之屬，而吾

既一一有以治之,則氣血皆化為性矣。性化而知之良乃致,心愈尊,此學之所以為至也與?孟子曰:「人之所不學而能者,其良能也;所不慮而知者,其良知也。」古人全舉之,而陽明子偏舉之也。(《全書》卷 7,頁 452-455)

此文首段言之心是最尊貴的,而以往的學者不知此心之尊貴,而以性為尊,性在心之外,故於心外求性。於心外求性,終不能見道。此是評朱子之說。繼言陽明之良知說,使人明白此心即理,於是復知此心之可貴,陽明之說,蕺山認為是有極大之貢獻的。蕺山又說陽明以心外無理是不足夠的,須補之以心外無性,即蕺山認為性(即天道)是即心而見的[5]。過去不知此心即性即理,以為心只是氣血。以氣血為心,故卑視心,以心為須對治之對象。今既知道此心即性即理,則可知此心是至尊而無以尚的,是天地萬物所以能存在之根據,即是生化之源。故良知便是生化之源。

蕺山又說此心或良知雖如此尊貴,但因不能離開氣血而獨立存在,故不能不受形軀感性所限制,於是人便會失其本心,此即須學以復其初。而所謂學,即是使心及良知呈現其作用(與心以權而反之知),本心良知呈現,則血氣形軀便不足以構成限制,人能致其良知,則人之日常感應酬酢之行為、欲望、耳目聞見,乃至形器,皆被轉化而為性體之流行活動。氣血的存在,皆成為性體之具體表現,這便是學的極致。蕺山此文對心即理之義有非常恰當的理解,對陽明之良知說之價值,亦非常肯定。此文雖對陽明略有批評而顯示蕺山重視客觀面的性、天之學術性格,又強調以良知治形氣私欲,亦見蕺山學之特色;但基本上,對陽明是甚為推尊與肯定的。既然對陽明之學有如是之肯定,何以第二年即作〈良知〉說而大加抨擊?此是不能不令人感到困惑的。

---

[5] 蕺山言性,即是指天道本身,他認為陽明言心外無理,尚未明言心(良知)即是天道,其實陽明亦有此意,如云「良知是造化的精靈,生天生地」等。

二、批評「以悟本體為工夫」及「無善無惡心之體」

上文曾述及蕺山在五十歲時確信陽明學為聖學,但對陽明學亦有不滿,認為對向上一機輕於指點,啟後學躐等之弊。《蕺山年譜》先生五十五歲下載:

> 按越中自陽明先生倡學,後其門人最著者為王龍溪,由王龍溪而傳及周海門,海門同時為陶石簣。俱本良知為宗,而遞衍失其旨。石梁先生固嘗從事於斯而有得,是時講會仍揭良知以示指歸,每令學者識認本體,曰:「識得本體,則工夫在其中,若不識本體,說恁工夫。」先生曰:「不識本體,果如何下工夫;但既識本體,即須認定本體用工夫。工夫愈精密,則本體愈昭熒。今謂既識後遂一無事事,可以從橫自如,六通無礙,勢必至猖狂縱恣,流為無忌憚之歸而後已。(《全書》卷 40,《年譜》上,頁 3579-3580)」

此處記載蕺山對「識得本體,則工夫在其中」說之不滿。陶石梁此說本於王龍溪,龍溪的「四無說」認為「若悟得心是無善無惡之心,意即是無善無惡之意」(〈天泉證道紀〉),即人若直下悟入心體,讓其一下子朗現,則意、知、物都會頓時是無善無惡,而自然流行之境,再不會因感性欲望之限制而有善有惡。龍溪此說是「即本體便是工夫」,為「頓悟」之學。陽明雖首肯此說,但亦加以規範,認為此只是可對上根人說的,中根以下之人,只能教以四有句,而作為善去惡的工夫。陽明雖有此規範,但人既知有此易簡而可一下子頓悟之工夫,自然會往此而趨,而不問自己是否為上根之人,如是便會產生流弊。故上文所引的蕺山之批評,是很中肯。蕺山為防流弊,說識本體後,便須認定本體作工夫,而工夫愈精密,本體亦會愈能明白呈現。此所云識本體,未必是龍溪所說「悟本體」之意。龍溪之說是本體頓時朗現。若本體頓時朗現,人的

私欲習氣，亦一下子斷盡，一了百當。若依此義，則工夫是不必說的。蕺山之說則不是此義，或他根本不承認悟本體可有此境界。故他說識本體後仍要作工夫，而他所謂的識本體，只是對本體的「識認」，並不是切實的工夫。《年譜》載蕺山與陶石梁弟子秦弘祐之論辯，即表示此意：

> 弘祐曰：「陶先生言識認本體，識認即工夫，惡得以專談本體少之？」先生曰：「識認終屬想像邊事，即偶有所得，亦一時恍惚之見，不可據以為了徹也。且本體只在日用常行之中，若舍日用常行，以為別有一物可以兩相湊泊，無乃索吾道於虛無影響之間？」又與弘祐書：「學者宜時時凜乎若朽索之馭六馬，說不得我且做上一截工夫，置卻第二義不問，須看作一個工夫使得。」數致規正，諸生自信愈堅。先生遂不復與之辨矣。（同上，頁3580-3581）

蕺山認為識認只是想像邊事，並非面對一己的生命作切實工夫，且即使偶有所得，有見於本體，也只是一時恍惚之見，是作不得準的。蕺山此評亦很有道理。一時瞥見本體，與頓悟本體、破盡私欲，是大不相同的。若以為對本體既有所見，便不須下工夫，便是妄見。蕺山又認為本體是流行於日用之中的，不能以為於日用之外另有一空懸的本體，而讓人可與之相湊泊。由此一討論，吾人可以明白蕺山重視慎獨誠意工夫之故。蕺山對人的現實生命的病痛，及人是在感性的限制中踐德的情況，是很有存在的實感的，故說人須時時戒慎，因人的生命活動如以朽索而馭六馬，是隨時會出問題的。他既有此體認，當然會認為識認本體並不是真正的工夫。上引《蕺山年譜》所載蕺山與秦弘祐的論辯，詳見《劉子全書》中之答秦履思（即弘祐）書中，茲引之以助解：

> 學者只有工夫可說，其本體處，直是著不得一語。纔著一語，便是工夫邊事。然言工夫，而本體在其中矣。大抵學者肯用工夫處，

> 即是本體流露處。其善用工夫處，即是本體正當處。若工夫之外，別有本體可以兩相湊泊，則亦外物而非道矣。(《全書》卷 19,〈答履思〉二,頁 1318)

此即上述不能離工夫說本體之意。言工夫，本體即在其中，苟用工夫，善用工夫處，即是本體的流露處。換言之，如只說本體，而無工夫，或無合理的工夫實踐，則其所說的本體，便並非真正的本體了。黃宗羲〈明儒學案序〉所說的「心無本體，工夫所至，即其本體。」應是本蕺山之意而說的。〈答履思書〉續云：

> 董黃庭言為善去惡未嘗不是工夫，正恐非本體之流露與正當處，故陶先生切切以本體救之，謂「黃庭身上本是聖人，何善可為，何惡可去？」正為用工夫下一頂門針，非專談本體也。(同上,頁 1318-1319)

此處討論陶石梁之說。董黃庭說為善去惡，而陶石梁說「何善可為，何惡可去」，此即是四有與四無之不同。蕺山認為「為善去惡」未嘗不是工夫，但恐怕不是本體的流露正當處，故石梁批評之。而石梁之說，是糾正董黃庭的偏失，並非專談本體。這是蕺山同情地理解石梁之說，但亦已透露他對石梁的只談本體，不說工夫的不滿，故後文云：

> 而學者猶不能無疑於此何也？既無善可為，則亦無所事於為善矣。既無惡可去，則亦無所事於去惡矣。既無本體，亦無工夫，將率天下為猖狂自恣，即有志於學者，亦苦於從入之無途，或流而為佛老者有之，寧不重為之慮乎？故僕於此只揭知善知惡是良知一語解紛。就良知言本體，則本體絕無虛無。就良知言工夫，則工夫絕無枝葉。庶幾去短取長之意云爾。(同上,頁 1319)

蕺山批評「無善可為，無惡可去」之說為既無本體，又無工夫。謂以此教人，將流於猖狂自恣。於此他提出應以知善知惡之良知來定住本體與工夫，即從知善知惡而見本體之至善，又依之以做工夫。據此可知他所體會的本體，是以至善來規定的，而不可說「無善無惡」。他把陽明所說的無善無惡理解為存有層上的有無之無，無善即沒有善。蕺山在另一封答秦履思書中云：

僕竊謂天地間道理，只是箇有善而無惡，我輩人學問，只是箇為善而去惡。言有善便是無惡，言無惡便是有善，以此思之，則陽明先生所謂「無善無惡心之體」，未必然也。(《全書》卷19，〈與履思〉十，頁1331)

蕺山此書信之前段是討論周海門與許敬菴九諦九解之辨的。蕺山贊同其師許敬菴之說，反對以無善無惡言本體。但其實無善無惡，是作用層的「無心」之義，與天理至善之為「有」並不衝突。此處暫不討論。然即使是無善無惡，或無善可為，無惡可去是作用層的無心之義，此境並非一般人所可企及，亦非一般人可用之工夫（只可言「悟」），若以此教人，確是會引起猖狂自恣之流弊的，蕺山之憂慮，亦未嘗無理，由此可見蕺山所以強調「存天理」工夫之用心。

蕺山的答祁文載書，與〈答秦履思〉是同時的作品，可與上文所說相參：

所云「工夫本體只是一箇，做工夫處即本體」，良是良是。既如是說，便須認定本體做工夫。便不得離卻本體一步做工夫。而今工夫不得力，恐是離卻本體的工夫。本體正當處，只是箇天理；工夫正當處，只是存天理。若已存之自我，則天理之外，更無人欲。何故又有天理人欲夾雜，不能自斷之疑？此知平日工夫，未必本體也。……吾輩今日下手工夫，且就天理二字一加體認。若

此處恰有湊泊，便是工夫得力時。(《全書》卷 19,〈答祁生文載〉,
頁 1316-1318)

蕺山於此處明言本體正當處，只是個天理，而工夫正當處，只是存天理。如此言天理，是強調天理之為一至善、實有。而工夫，即是保任此至善之本體。若能存天理，便更無人欲，此即蕺山重視的誠意慎獨之工夫，亦即是所謂「認定本體做工夫」也。

由上述可了解蕺山對四無說，及以無善無惡說心體，是不贊成的。

三、〈良知說〉及其他相關文獻之分析

蕺山六十六歲作〈良知說〉，正式對陽明之學大肆批評，遠比上述的質疑為嚴厲。茲摘引原文以論其要義：

> 陽明子言良知最有功於後學，然只是傳孟子教法，於《大學》之說，終有分合。〈古本序〉曰：「大學之道，誠意而已矣，誠意之功，格物而已矣，格物之極，止至善而已矣，止至善之則，致良知而已矣。」宛轉說來，頗傷氣脈。至龍溪所傳〈天泉問答〉，則曰：「無善無惡者心之體，……。」益增割裂矣。即所云良知，亦非究竟義也。(《全書》卷 8，頁 506-507)

陽明主張恢復《大學》古本，重視《大學》的誠意章。對於此蕺山是不會反對的，而他所反對的，是陽明從重誠意歸結到以致良知為首要工夫。依蕺山，則只誠意工夫便足夠，誠意不必以致良知為下手處。蕺山在〈答史子復二〉論此意較詳，他說：

> 竊嘗論之，據僕所窺，大學之道誠意而已矣。陽明子之學致良知而已矣。而陽明子亦曰：「大學之道誠意而已矣。」凡以亟復古

本以破朱子之支離,則不得不遵古本以誠意為首傳之意,而提倡之。至篇終乃曰:「致知焉盡之矣」又鄭重之曰:「致知存乎心悟」。亦何怪後人有予盾之疑乎?前之既重正心,而曰:「眼中著不得金玉屑」。後之又尊致良知,而以「知是知非」為極則。則於學問宗旨已是一了百當,又何取此黍稗雙行之種子,而姑存之,而且力矯而誠之。誠其有善,固可斷然為君子;誠其有惡,豈不斷然為小人?卒乃授之知善知惡而又為善而去惡,將置「大學之道誠意而已矣」一語於何地乎?僕不敏,不足以窺王門宗旨。抑聊以存所疑,竊附於整菴、東橋二君子之後。倘陽明子而在,未必不有以告我也。(《全書》卷 19,頁 1423-1424)

蕺山認為陽明學的主旨在致良知,而大學的主旨在誠意,二者不同。而陽明所以會說「大學之要,誠意而已矣」(〈大學古本序〉)是因為要反對朱子的說法,提倡古本大學,故不得不遵守古本重誠意(以誠意為首傳)之說,而此其實與他的重致良知,是不一致的。蕺山認為,若說《大學》之要在於誠意,何以又要強調致知,而說「致知焉盡矣」?故他說「何怪後人有矛盾之疑」。當然若依陽明,這只是表面上的不一致,其實是可以說明的,決不是矛盾。致良知乃是使意能誠之根據,「致知者誠意之本也」(〈古本序〉),即誠意是《大學》的重點,而致知是入手的工夫,這是說得通的。而蕺山則死守以誠意為首要之意,認為誠意工夫已足,不必在誠意之外,另有獨立的致良知之工夫。因此他所說的意,乃是好善惡惡之意,此意若存,則便無為惡的可能。蕺山此說,當然在義理上是可以成立的,但這是否比陽明之說更為優勝,則很難說。誰比較合於《大學》之原義,亦很難有定論。且即使可判定誰合於《大學》之原義,亦不能據以決定學術上之是非。誠如牟宗三先生所說,蕺山以是否合於《大學》原義來作衡量之標準,是重《大學》而輕《孟子》[6]。

---

[6] 參見《從陸象山到劉蕺山》,頁 462。

陽明的〈大學古本序〉，據羅整菴的記載，是有前後不同的版本。今本《陽明全書》所載的〈古本序〉是後來改作的。而原序與改序的不同在於增入了以「致知」為根本的思想。整菴說：

> 庚辰春，王伯安以大學古本見惠，其序乃戊寅七月（按是年陽明四十七歲）所作。序云：「大學之要，誠意而已矣。誠意之功，格物而已矣。誠意之極，止至善而已矣。正心、復其體也。……」夫此其全文也，首尾數百言，並無一言及於致知。近見《陽明文錄》，有〈大學古本序〉，始改用致知立說，於格物更不提起。（《困知記》，三續）[7]

據整菴所載，原本的〈古本序〉並無「止至善之極，致知而已矣」，「乃若致知則存乎心悟，致知焉盡矣」等等言「致知」之文。據此可知陽明之思想，愈後而愈強調致良知。由於有這一段公案，故上引蕺山文，有「抑聊以存所疑，竊附於整菴、東橋二君子之後」之語。即蕺山是知道羅整菴有關〈古本序〉的記述的。但即使如此，只表示陽明之思想有其發展，而如前面所說，陽明的重致知，與以誠意為大學之要之說，是沒有矛盾的。並非如蕺山所說，既已言正心，又以「知是知非」為極則，則何須留一有善有惡之意，而力矯而誠之？蕺山此評是不合理的，因心體雖是至善無惡，但人不能無形軀生理之限制，不能不受感性的影響，故發於心之意為有善有惡，是生命的現實情況，不能不正視，而致良知正是澄清生命，使至善之心體真正實現之工夫。蕺山並非不正視人的現實生命對踐德之限制，此由上節的討論可知。對於如何對治生命的毛病，蕺山更有極深峻的工夫，如在〈人譜〉中之所說。蕺山言慎獨誠意，正是要根治生命中的虛妄。蕺山在此處是以己意來理解陽明之良知說，

---

[7] 羅欽順：《困知記》（北京：中華書局，1990年），頁95-96，又參考陳來：《有無之境》（北京：人民出版社，1991年），頁122-124。

對陽明學作修正,而其實並不能盡陽明之旨。蕺山〈良知說〉續云:

> 「知善知惡」與「知愛知敬」相似而實不同。知愛知敬,知在愛敬之中。知善知愛,知在善惡之外。知在愛敬中,更無不愛不敬者以參之,是以謂之良知。知在善惡外,第取分別見,謂之良知所發則可,而已落第二義矣。且所謂知善知惡,蓋從「有善有惡」而言者也。因有善有惡而後知善知惡,是知為意奴也,良在何處?又反無善無惡而言者也。本無善無惡,而又知善知惡,是知為心祟也,良在何處?(《全書》卷8,頁507)

蕺山認為陽明以「知善知惡」言良知,已是落在第二義,是良知之所發,而非究竟義之良知。所謂究竟義之良知,是「知愛知敬」之良知。蕺山此一區分十分特別。江右王門之聶雙江,亦曾以知善知惡的良知非良知之本體,但蕺山之意並不全同於雙江。他認為知愛知敬方是良知,雙江並無此區分。當然蕺山以此區分來規定陽明所謂之良知,並不恰當。良知之知善知惡,是超越層之本體,其本身便是善,而且是至善,並非在善惡之外。但雖如此,蕺山此說亦自有其義。蕺山認為「知愛知敬」之知在愛敬中,即以此知是在愛親敬長的道德心之活動中,即此知便是本體的流露。蕺山在上文曾引到的答秦弘祐書中,已表示此意,蕺山云:

> 孟子言良知,只從知愛知敬處指示,亦是此意。知愛知敬,正是本體流露正當處,從此為善,方是真為善;從此去惡,方是真去惡。則無善無惡之體,不必言矣。(《全書》卷19,〈答覆思〉二,頁1320)

依蕺山意,從知愛知敬說良知,方是孟子言良知之本旨。從知愛知敬說良知,則此知是孝親敬長之道德心情流露時的自知,如此而言知,並不顯超越的「知相」。亦不以知為主,而以愛敬之道德心為主。陽明之言

良知,是在有善有惡的意念生起後,良知隨而照察之,故顯超越的知相,而以知為主。蕺山則認為若在有善有惡的意念生起後再施以致知之功,而知善知惡,為善去惡,乃是落於後著的工夫,是「知為意奴」。又認為既說心體本無善無惡,卻生出此知善知惡之知來,是「知為心祟」。按蕺山這些批評,如前文所說,對陽明是不公平的。因為人的生命不能免於感性的限制,而有或善或惡的意念產生,良知知善知惡,正足以對治意念,此不能說是知為意奴。又良知雖是知善知惡的,但其本體寂然,即在知善惡之知的發用中,並不影響其寂然之本體。良知是即寂即感的,此義王龍溪說得最清楚[8]。良知之本體寂然,便即是無善無惡,而不是在知善知惡外另有一無善無惡之本體。故不能因為無善無惡之知體生起知善知惡之知,便說是「知為心祟」。

　　蕺山之評陽明雖不恰當,但吾人由此評可清楚看到蕺山之用心。蕺山是希望有一種持守著本體,讓本體、天理真實呈現的工夫。若本體、天理能真實呈現,則人的生命活動,便不會有善惡念頭之夾雜。故不必於善惡念頭生起後,再分辨善惡,及為善去惡。蕺山所說的誠意工夫,便是體證、持守著好善惡惡的善意,以之作為生命活動的主宰,由此善意發為活動,當然不會陷入於善惡夾雜的念頭上用工夫的困境了。

　　蕺山說陽明致良知之工夫是落後著,則當然他心目中有所謂先一著的工夫,《全書》上載:

> 或問:「今人講道理甚好,及按其所行,儘多差錯,故夫子重躬行。」曰:「然。但不體驗到本心至是處,隨著行來,仍是差錯。故全要自心上查考得的確,磨勘得精明,自然所行無失,此行先一著工夫也。」(《全書》卷13,〈會錄〉,頁797)

---

[8] 龍溪云:「寂者,心之本體。寂以照為用,守其空知而遺照,是乖其用也。」(〈撫州擬峴臺會語〉)

蕺山是以體驗到本心至是處,為先一著工夫,此即體驗好善惡惡之意根也。蕺山認為此是在未起念以前的工夫。若不先體此意根,以作生命活動之主宰,便難免於念頭起滅處用力,這是不究竟的。蕺山又云:

> 看《大學》不明,只為意字解錯,非干格致事。漢疏八目,先誠意。故文成本之曰:「大學之道誠意而已」,極是。乃他日解格致,則有「意在乎事親」等語,是亦以念為意也。至未起念以前一段工夫,坐之正心位下,故曰:「無善無惡者心之體,有善有惡者意之動」。夫正心而既先誠意矣,今欲求無善無惡之體而必先之於有善有惡之意而誠之,是即用以求體也。即用以求體,將必欲誠其意者先修其身,⋯⋯種種都該倒說也。此亦文成意中事,故曰:「明明德以親民,而親民正所以明其明德。」至以之解《中庸》,亦曰:「致中無工夫,工夫專在致和上。」夫文成之學,以致良知為宗,而不言致中,專以念頭起滅處求知善知惡之實地,無乃蠢視良知乎?(《全書》卷11,〈學言中〉,頁664-665)

蕺山認為陽明的致良知是「即用以求體」,「工夫在致和上」,這一理解,並非不恰當,但未能善會陽明之意。陽明確是要人在意念發動處用工夫,他在釋正心、誠意之關係及次序時說:「本體上何處用得功?必就心之發動處才可著力也。心之發動不能無不善,故須就此處著力,便是在誠意。」(《傳習錄》下)陽明論中和,當然是以中為良知,如云:「未發之中,即良知也。無前後內外,而渾然一體者也。」(《傳習錄》中,〈答陸原靜〉)但致良知的工夫,仍是落在有善有惡的意念上用,故說「是在和上用功」,又曰「致和便是致中」[9],即良知雖是體、是中,但必須在心發為意念時,方顯其知善惡之「知」的作用。良知之作用一顯,

---

[9] 見陳榮捷:《王陽明傳習錄詳註集評》(臺北:臺灣學生書局,1983年)所收之〈傳習錄拾遺〉第二十四條。又參考林月惠〈劉蕺山論「未發已發」〉(見鍾彩鈞主編《劉蕺山學術思想論集》,臺北:中央研究院中國文哲研究所,1998年)

便可致良知而為善去惡。人隨時都會有意念之活動，而於此當下省察，即見良知，而人便立即有一實踐的把柄。由此可見陽明這「致和即是致中」之說是很有道理的，很切於實踐。蕺山說這是落後著，乃是不恰當的批評。〈良知說〉續云：

> 且《大學》所謂致知，亦只是致其知止之知，知止之知即知先之知，知先之知即知本之知。惟其知止、知先、知本也，則謂之良知亦得。知在止中，良因止見，故言知止則不必更言良知。若曰以良知之知知止，又以良知之知知先而知本，豈不架屋疊床之甚乎？（《全書》卷8，頁 507-508）

此段以《大學》所說的知本知止之知來說良知，此亦是不恰當的。雖然《大學》所說的「致知」，很可能是致此「知本、知止」之知，即蕺山所言，可能符合《大學》原義，但以此意來理解良知，是曲解了陽明本旨。良知是本體，故良知之知是實體性之知，即是本心的活動、呈現。而知本之知則並非如此，知止知本之知是虛位字[10]。蕺山如此解說，是要以「好善惡惡」之意來收攝良知。他並不以良知為首出，而以好善惡惡之意為主宰，認為在好善惡惡之意呈現時，知即在其中，良知是知好知惡。他是以《大學》所說的知止知本之知，來類比此義。這樣便將良知的實體性、主宰性虛化了，成為隨著好善惡惡之意而起的「知好知惡」之知，而不是在有善有惡的意念生起後，隨而省察的「知善知惡」之知，故在蕺山誠意之教下所說的良知，與陽明之本義是不同的。〈良知說〉續云：

> 且《大學》明言止於至善矣，則惡又從何處來？心意知物總是至善中全副家當，而必事事以善惡兩糾之。若曰「去其惡而善乃至，

---

[10] 參考牟宗三先生的說法，同註6，頁 463。

姑為下根人說法。」如此則又不當有無善無惡之說矣。有則一齊俱有,既以惡而疑善,無則一齊俱無,且將以善而疑惡,更從何處討知善知惡之分曉?只因陽明將意字認壞,故不得不進而求良於知,仍將知字認粗,又不得不退而求精於心。種種矛盾,固已不待龍溪駁正而知其非《大學》之本旨矣。(同上)

蕺山說心、意、知、物是至善中全副家當,即認為此四者都是善的,並不會善惡兩歧。若意有善惡,則心、知、物都應是有善有惡;若心是無善無惡,則意、知、物都應是無善無惡。而若此四者有的是有善有惡,有的是無善無惡,便會不一致,而有或是「以惡而疑善」、或是「以善而疑惡」之理論困難。蕺山之疑,與王龍溪之說大略相近。只是龍溪以無善無惡之心體為主,而蕺山則以好善惡惡之「善意」為主。此中關鍵,在於蕺山與陽明對「意」的規定有不同。即蕺山以意為善,而陽明以意為心之發,不能不受感性影響而有善惡。依陽明,心體雖至善,但意不能無善惡,因會受感性影響之故。故意屬於綜和層,一方面是心體起用,一方面又有感性作用在其中,心與意的關係,不是分析的,不能因心體至善,意便是善的。意屬於經驗層。王龍溪「四無說」,以心意知物都是無善無惡,即都是至善的,乃是以悟本體為工夫,由本體呈現,而使意頓時是至善的感應,此中亦有工夫(所謂「即本體便是工夫」),並非完全不用工夫便達此四無之化境。(對於龍溪之四無說是否可看作為上根人的工夫?是否有工夫之可說?抑或只是四有句之化境,無工夫義?此須另文詳論。)蕺山則以好善惡惡者為意,則此意是超越層的善意,意是本體,非經驗層的受感性影響之意。如此界定意,而它當然是善的,而人直承本心而起用,表現為好善惡惡的善意,亦是可能的。此如陽明所說的良知,良知知善知惡,同時亦好善惡惡,只是蕺山以意為主,不從好善惡惡說良知。[11]蕺山以意是超越的,但他亦不能不承認人會受感

---

[11] 蕺山亦有「知善知惡之知,即是好善惡惡之意」(《全書》卷 11,〈學言〉中,頁 646)之語,但他意在表示「知藏於意」,並非從好善惡惡說良知。

性影響,只是他認為那是念,由是他亦有治念之工夫[12]。故蕺山據自己所理解的《大學》所說的心意知物的關係來反對陽明之說,是沒有什麼客觀的對錯可說的。蕺山續云:

> 《大學》問口言明德,因明起照,良知自不待言,而又曰「良知即至善,即未發之中」,亦既恍然有見於知之消息,惜轉多此良字耳。然則良知何知乎?知愛而已矣,知敬而已矣。知皆擴而充之,達之天下而已矣。格此之謂格物,誠此之謂誠意,正此之謂正心,舉而措之謂平天下。陽明曰「致知焉盡之矣」,余亦曰「致知焉盡之矣。」(同上,頁 508-509)

蕺山所說的「致知焉盡之矣」,與陽明之義不同。蕺山以明德本身自有知來規定良知,如此說良知,則良知以明德為本,使良知有依歸,而免於蕩越。〈學言下〉有一條可與此意相參:

> 《大學》首言明明德,則德性自然之知業已藏在其中,本明起照,何患不知?只患不知止,不知本,則一點莽蕩靈明,於學問了無干涉。……故曰《大學》之道誠意而已矣。知此之謂知先,知此之謂知本,知此之謂知止,知此之謂物格而知至。(《全書》卷12,頁 698-699)

此處說若不以明德為本,不知止,則「一點莽蕩靈明,於學問了無干涉」,此指出言良知者,或會因強調良知之「靈知」性,而忽略其道德性,致莽蕩無所止,此一批評,是相當深刻的。當然就陽明所說的良知之恰當意義來說,良知的道德性,即在知中顯發朗現,良知之覺照,即是惻怛

---

[12] 蕺山:〈治念說〉(《全書》,卷8)。

之仁心之流露,若是便不會有蕺山所說的問題。但陽明為扭轉朱子之格物致知說,於良知下工夫多,於仁體下工夫少[13],亦有開啟引發此一流弊之端也。蕺山用意,在以明德、善意以定住良知。蕺山此一想法,在泰州王門的羅近溪已有近似之表示,近溪云:

> 陽明先生乘宋儒窮致事物之後,直指心體說個良知,極是有功不小。但其時止要解釋《大學》,而於孟子所言良知,卻未暇照管,故只單說個良知。而此說(按:此指近溪本人之說法)良知,則即人之愛親敬長處言之,其理便自實落,而其工夫便好下手。且與孔子「仁者人也,親親為大」的宗旨毫髮不差,始是傳心真脈也。(《近溪子明道錄》卷4)

此是說陽明因著力於《大學》格物致知之說,雖然以良知釋致知,合於孟子,但對於孟子所說良知之意義,則未能充分正視。近溪認為,若直接從愛親敬長處說良知,則其理便落實,而且親切。即從知是知非說良知,固然可以顯出道德心的明覺,及當下可作道德的決斷之特性,但這是從「智」處體會,而道德心之基本內容,仍是以「仁」為首要,故須從愛親敬長說良知,使良知之意義,往仁及孝弟處回歸。近溪有見於良知教之特色及可能之偏差,而要「歸本於仁」,應亦即是蕺山由「知愛知敬」說良知之意。只是近溪認為陽明重《大學》,而末暇照管孟子;而蕺山則認為陽明是以孟子解《大學》,不合《大學》原義,這是近溪與蕺山的理解不同處。

---

[13] 參考牟宗三先生:《心體與性體》(三)(臺北:正中書局,1969年),頁278-279。

四、誠意與知藏於意

　　由上文對蕺山〈良知說〉之分析,可知蕺山是要以「知好」「知惡」及「知止」來規定良知。即他認為良知是道德心,或好善惡惡的意志呈現時之「自知」,而不是於有善有惡之意念生起時,對善惡之分辨。如是蕺山對《大學》「心、意、知、物」四者之關係,認為是十分緊密的,四者不能分開理解,幾乎只是一事。蕺山云:

> 《大學》之言心也,曰忿懥、恐懼、好樂、憂患而已。此四者心之體也。其言意也,則曰好好色,惡惡臭。好惡者此心最初之機,即四者之所自來,所謂意也。故意蘊於心,非心之所發也。又就意中指出最初之機,則僅有知好知惡之知而已,此即意之不可欺者也。故知藏於意,非意之所起也。又就知中指出最初之機,則僅有「體物不遺」之物而已,此所謂獨也。故物即是知,非知之所照也。《大學》之教,一層切一層,真是水窮山盡學問,原不以誠意為主,以致良知為用神者。(《全書》卷10,〈學言上〉,頁611-612)

蕺山認為「意蘊於心」、「知藏於意」及「物即是知」,這是從心一層層往裡翻,體證到意是心之所以為心,知是好惡之意之自知,而物即是知,非知之對象[14]。此可見心意知物是緊密不分的,格、致、誠、正,亦只是一個工夫。言誠意,即現四者工夫,而不是誠意為主,以致良知為用神。蕺山云:

---

[14] 蕺山說物即是知,此物之意義甚難索解。據文意,此處之物,應即是理,並非存在物。蕺山在〈答葉潤山民部〉有云:「物之為言理也,以其為此知之真條理也,故曰致知在格物」(《全書》,卷19)據此可知此物應即是理,理是知的條理,故曰「物即是知,非知之所照」。

《大學》是一貫底血脈,不是循序底工夫。今人以循序求《大學》,故謂格致之後另有誠意工夫,誠意之後,另有正心工夫。(〈學言下〉,頁 713)

不論是朱子或陽明的詮釋,格致誠正都是循序的工夫,即四者是有階段性之不同的。陽明雖亦言格、致、誠正是一個工夫,但其實有次第可說。他在〈大學問〉云:「蓋身心意知物者,是其工夫所用之條理,雖亦各有其所,而其實只是一物。」此雖強調五者是一物一事,但亦有先後次序之可說,故曰「各有其所」。此與蕺山將心意知物收緊為一者不同。而依蕺山,這四者只是一個工夫。蕺山云:

從來學問只有一個工夫,凡分內分外,分動分靜,說有說無,劈成兩下,總屬支離。(同上,頁 714)

此一個工夫,即是誠意,格致誠正,都可收攝在誠意上說。蕺山云:

意根最微,誠體本天,本天者,至善者也。以其至善,還之至微,乃見真止。定靜安慮,次第俱到,以歸之得。得無所得,乃為真得。此處圓滿,無處不圓滿。此處虧欠,無處不虧欠。……而端倪在好惡之地。性光呈露,善必好,惡必惡;彼此兩關,乃呈至善。故謂之如好好色,如惡惡臭。此時渾然天體用事,不著人力絲毫。於此尋個下手工夫,惟有慎之一法,乃得還他本位曰獨。仍不許亂動手腳一毫,所謂誠之者也。此是堯舜以來相傳心法,學者勿得草草放過。(同上,頁 715-716)

此段言誠意工夫之義甚明白,蕺山的誠意工夫,並不是如朱子及陽明,於有善有惡的意念作端正、澄治的工夫。意不是對治的對象,而是善必好,惡必惡的意根,此意根是至善之誠體的呈現,所謂「性光呈露」。

故誠意是讓意本有的好善惡惡的特質得以呈現，所謂「以誠還之」。此意復可引蕺山一段話來說明：

> 如惡惡臭，如好好色，蓋言獨體之好惡也。原來只是自好自惡，故欺曰自欺，謙曰自謙。既自好自惡，則好在善即惡在不善，惡在不善即好在善。故雖兩意而一幾。……一者誠也。意本一，故以誠還之，非意本有兩，而吾以誠之者一之也。（同上，頁 696-697）

蕺山認為意雖有好善及惡惡之二用，然好善即是惡惡，故曰「一幾而二用」。故誠意並不是以意為兩（有善有惡），而誠之一之，乃是還其本有之誠。如上引文所云「以其至善，還之至微」，即讓本有之至善的意志呈現。此讓意根呈現的工夫，是「不著人力絲毫」，「不許亂動手腳」者。蕺山又曰此是「慎獨」之工夫，這亦是十分貼切的形容。謹慎地持守著此深微的意根，不夾雜絲毫的人欲，使其作生命之定盤針，這便是誠意。蕺山此說，是很深微的。這是他經過真實體會而說的工夫。此誠是從生命的深根上作的工夫，人必須有極深刻的內省，極真誠地面對自己，才可體證此好善惡惡的「真實的自我」。若能在此處用功，誠然是「此處圓滿，無處不圓滿」。蕺山此處述己意甚明，很能表示其「誠意」說之特色，及與朱子、陽明言誠意之不同處。朱子通過致知格物以明理，由對於性理的充分認知而誠意。陽明肯定心即理，良知即天理，由致良知以正念頭，使意念去惡從善，而誠意。蕺山則由慎獨內省，體證作為生命深根之好善惡惡之意，使其作生命活動之主宰。三家之誠意論，各有其特色。比較而言，蕺山雖不滿陽明之說，但他仍須肯定陽明的「心即理」說，由於心即理，才可保證於內省慎時，道德意志可以呈現。故蕺山學仍是較近於陽明而遠於朱子。

在蕺山誠意之教下，致知並無獨立的地位，如上文所說，是將良知虛化了，致知無實義，實義在於誠意，此義可於下列引文中看到：

至於身之托命果在何地？止之歸根，果在何地？決不得不從慎獨二字認取明矣。故曰：「大學之道，誠意而已矣。」知此之謂知先，知此之謂知本，知此之謂知至，知此之謂物格而知至。正不必云自欺其知，不必云獨中有知，反傷誠意本旨。（同上，頁 698-699）

蕺山認為《大學》的致知，只是知本。所謂知本，是「知誠意之為本而本之」（〈復李二河翰編〉，《全書》卷 19），誠意為本，而知之作用是就此本上說，並非以知為體而作為工夫之根據。若說「獨中有知」或「自欺其知」，便是以知為體，並為工夫之根據。蕺山又云：

古本聖經而後，首傳誠意，前不及先致知，後不及欲正心，直是單提直指，以一義總攝諸義。至末，又云「故君子必誠其意」，何等鄭重。……豈非言誠意而格致包舉其中，言誠意而正心以下更無餘事乎？……及考之修身章「好而知其惡，惡而知其美」，只此便是良知。然則致知工夫不是另一項，仍只就誠意中看出。如離卻意根一步，亦更無致知可言。予嘗謂好善惡惡是良知，舍好善惡惡，別無所謂知善知惡者。好即是知好，惡即是知惡，非謂既知了善，方去好善；既知了惡，方去惡惡。審如此，亦安見其所謂良者？乃知知之與意，只是一合相，分不得精粗動靜。（同上，頁 699-700）

此段文很明白表示以誠意攝良知，乃至格、致工夫之意，甚顯蕺山學說之宗旨。由意作主，而在意之好處知善，在意之惡處知惡。先顯好惡之意，知即藏於意中，此很能見蕺山之用意。由好善惡惡而知善知惡，此使知「有所主」[15]。若好善惡惡之意呈現，是善必好，惡必惡者，決不

---

[15] 蕺山有「覺有主，是曰意」之說，而黃宗羲於此語之下註曰：「覺有主，是先生創見。」（見《明儒學案》卷 62，〈蕺山學案〉）。

猶疑含混,而此時知善惡之知亦必具其中,此知亦必於好善惡惡,而不會往外走作。此是蕺山說「舍好善惡惡,別無所謂知善知惡者」及「離卻意根一步,更無致知可言」之意。好善惡惡,是人的道德意識的真實豁醒、真實呈現,如前文所說,是人生命之深根,最內在的真正之主體。此道德主體一旦呈現而作生命活動之主人,確是會必然為善而無例外的。

蕺山說「知與意是一合相」,即二者不能各自獨立存在,有意即有知,有知即有意。但雖如此說,仍必須以意為主,以知為從。有意作主,知方能知所止。

蕺山重意,若以孟子學來類比,他似是特別著重孟子所說的「羞惡之心」,羞惡之心是義之端也。孟子說「其好惡與人相近也者幾希」(〈告子〉上),即從好善惡惡見一具普遍性的道德心。故羞惡之心一旦生起,人便可衝破個人的私心物欲,而見到一普遍客觀、理所當然之義。由好善惡惡處,是很易契入道德之莊嚴的。蕺山重好善惡惡之意,以意主知,可見其道德意識極強[16]。蕺山以意攝知,可以說是以羞惡之心來統四端,不同於陽明以知是知非之智來統四端。二賢實各有所見。在上引文之後,蕺山對陽明有以下之批評:

> 且陽明既以誠意配誠身,約禮惟一,則莫一於意,莫約於誠意一關,今云「有善有惡意之動」,善惡雜揉,向何處討歸宿,抑豈《大學》知本之謂乎?如謂誠意即誠其有善有惡之意,誠其有善,固可斷然為君子;誠其有惡,豈不斷然為小人?吾不意良知既致之後,只落得做半箇小人。(同上,頁 700-701)

---

[16] 〈學言下〉有一條云:「心是無善無惡,其如動而為好惡,好必善,惡必惡。如火之熱、水之寒,斷斷不爽。乃見其所為善者。孟子性善之說本此。故曰『平旦之氣,其好惡與人相近也者幾希』,此性善第一義。《大學》之好惡,正指平旦之好惡而言。」(《全書》卷 12,頁 692)此處即以孟子之言平旦之好善惡惡來規定《大學》所說的好惡。

蕺山此評未能善會陽明的良知義。良知知善惡,而同時會湧現為善去惡、端正意念之力量,即會扭轉及善化不合理的意念,不只是知善惡而已。故致良知以誠意,決不會如蕺山所說,誠其有惡之意,而為小人。或許王學末流,或明末文人因強調真情,以真為尚,只問真偽,而不論善惡,會有此弊[17],但陽明之良知教決不如此。

蕺山在另一段話中,對於良知須以意為主之義,說得很深切:

> 心是鑒察官,謂之良知,最有權,觸著便碎。人但隨俗習非,因而行有不慊,此時鑒察,仍是井井,卻已做主不得。鑒察無主,則血氣用事,何所不至!一事不做主,事事不做主,隱隱一竅,托在恍惚間,擁虛器而已。[18]

蕺山於此處承認良知是鑒察官,是最有權的,即是說在良知之前,是非善惡,清清楚楚,絲毫不能隱遁。但他認為若人平日之行事是隨俗習非,常不慊於心的,則良知雖知是知非,但在此情形下,是作不得主的。若良知作不得主,則其知是非的靈明,只是一隱約恍惚的虛器而已。按蕺山此段所說,雖仍未切中於陽明學,但確指出了一個真實的生命問題,人常苦於雖有知善惡之知,但難以為善去惡。陽明之良知教固然可以回答此問題,(故陽明要強調知行合一,以知而不行,是因良知未能真切。而又屢言致良知是一時時須盡力的工夫,非一蹴便可至。)而蕺山的要從生命的深根作誠意工夫,以意主知,亦是回應此生命難題之一辦法。

---

[17] 如明末公安派之文人,重真不真之分,過度肯定情之意義,而流於輕薄。參考曹淑娟:《晚明性靈小品研究》(臺北:文津出版社,1988年),頁178-181。

[18] 此條引自《明儒學案》之〈蕺山學案〉,註明是蕺山「壬午」(六十五歲)時語。原文見《全書》卷12,頁682,但無「觸著便碎」四字。

五、蕺山與朱子的「智藏」說

　　蕺山不同意陽明以知是非善惡之良知為工夫之根據、首腦,而主張「知藏於意」,認為在好善惡惡之意中藏著知好知惡之知,以意主知,有意即有知,而不許知獨立作本體。故說明德中自有知,知是知止、知本之知。如此言良知,並不同於陽明對良知的規定,而為蕺山學的特色。蕺山如此說知,復有類於朱子的「智藏」說,本節希望對此問題稍作討論。

　　〈學言中〉有幾段論智及良知為「藏機」的文字:

　　（1）惻隱,心動貌,即性之生機。故屬喜,非哀傷也。辭讓,心秩貌,即性之長機。故屬樂,非嚴肅也。羞惡,心克貌,即性之收機。故屬怒,非奮發也。是非,心湛貌,即性之藏機。故屬哀,非分辨也。又四德相為表裏,生中有克,克中有生;發中有藏,藏中有發。(《全書》卷11,〈學言中〉,頁 662）

　　（2）智者良知靜深之體,良知貫乎四德,而獨於智見其體。蓋深根寧極之後,正一點靈明葆任得地處,故曰「復其見天地之心乎」。(同上,頁 663)

　　（3）貞下起元,是天道人心至妙至妙處。(同上)

　　（4）仁統四端,智亦統四端,故孔門之學先求仁,而陽明子以良知立教。良知二字,是醫家倒藏法也。(同上)

依孟子的四端說,知是知非的「良知」,即是「是非之心」,此當屬智德,而為四德之末。比配四季來說,智則屬冬。故智應是「生長收藏」的「藏

德」。若從藏的意義來理解智，則智便應是含藏葆任之德。即智是保守著仁、義、禮三者，它以保守以上三者為德，本身無獨立性。仁義禮全含藏在智中，智德之光，是葆任含藏之光，非及於外物之明。若依此義，則良智之為德，亦應如智德，保守著仁義禮。良知的靈明，在於葆任含藏，而非顯明發用。此即上引蕺山所謂「是非之心是性之藏機，而非分辨」及良知是「深根寧極後，正一點靈明葆任得地處」之意。如是，在陽明為天理之自然明覺發見，為入聖工夫之把柄之良知，在蕺山看作為收斂含藏，歸根寧極之後的葆任之明，二者差別極大。而依以上分析，蕺山如此規定良知，不能說沒有根據。從智為四德之末，是可說此義的。孟子所謂「智之實，知斯二者弗去是也。」(〈離婁上〉)亦表示此義。即孟子正是認為智的作用，在於明白事親、從兄之為善而保守之。

又依《易傳》元亨利貞之說，智是貞之德，貞是天德之終成處，而貞下起元，生生不已，故智藏乃發用前之凝聚。蕺山如此體會良知，亦可謂深遠矣。而蕺山如此言智，其實在朱子已言之再三，茲鈔引朱子之說以助解[19]：

> （1）仁固仁之本體也，義則仁之斷制也，禮則仁之節文也，智則仁之分別也。正如春之生氣，貫徹四時，春則生之生也，夏則生之長也，秋則生之收也，冬則生之藏也。(〈王山講義〉)

> （2）蓋禮又是仁之著，智又是義之藏。(同上)

> （3）蓋冬者藏也，所以始萬物而終萬物者也。智有藏之義焉，有終始之義焉。則惻隱、羞惡、恭敬是三者皆有可為之事，而智則無事可為，但分別其為是為非爾，是以謂之藏也。又惻隱、羞

---

[19] 日本學者特重朱子「智藏」之說，參考佐藤仁著，余崇生譯：「《玉山講義附錄》解題」（收入《玉山講義附錄》[保科正之編，臺北：中央研究院中國文哲研究所，1994年]）又此處所引朱子之原文，是據該書所收錄者。

惡、恭敬，皆是一回底道理，而是非則有兩回。既別其所是，又別其所非，是終始萬物之象。故仁為四端之首，而智則能成始能成終，猶元氣雖四德之長，然元不生於元而生於貞。蓋由天地之化不翕聚，則不能發散，理固然也。(〈答陳器之問玉山講義〉，《朱子文集》卷58)

（4）義猶略有作為，知一知便了，愈是束歛。孟子曰：「是非之心，知也。」纔知得是而愛，非而惡，便交過仁義去了。(《朱子語類》卷17)

（5）仁主於發生，其用未嘗不動，而其體卻靜。知周流於事物，其體雖動，然其用深潛順密，則其用未嘗不靜。(《語類》卷32)

（6）貞固足以幹事，貞、正也。知其正之所在，固守而不去，故足以為事之幹。幹事，言事之所依以立。蓋正而能固，萬事依此而立。在人則是智，至靈至明，是是非非，確然不可移易，不可欺瞞，所以能立事也。(《語類》卷68)

（7）智本來是藏仁義禮，惟是知恁地了方恁地。是仁義禮都藏在智裏面。如元亨利貞，貞是智，貞卻藏元亨利意思在裏面。(《語類》卷53)

（8）智更是截然，更是收歛。如知得是知得非，知得便了，更無作用，不似仁義禮三者有作用。智只是知得了便交付惻隱、羞惡、辭遜三者，他那個更收歛得快。(《語類》卷6)

（9）貞是正固。只一正字盡貞字義不得，故又著一固字。謂此雖是正，又須常固守之，然後為貞，在五常屬智。孟子所謂「知

之實,知斯二者弗去是也」。正是知之,固是守之,徒知之而不能守之,則不可。(《語類》卷76)

(10) 智主含藏分別,有知覺而無運用,冬之象也。(《文集》卷45)

朱子言智藏之義甚豐富。上引文中,有許多話是可以借來解釋蕺山「知藏於意」之義者。如云「仁義禮皆有可為之事,而智則無事可為,只是分別其為是為非」,此如蕺山說良知只是知好知惡。按蕺山之意,除知好知惡,良知亦別無可為之事也。朱子說「才知得是而愛,非而惡,便交過仁義去了」,「知有知覺而無運用」,此如蕺山以意主知,即認為道德行動之源在「意」而不在「知」之義。蕺山說致知是致其知本、知止之知,即知誠意之為本而本之,此略同於朱子以「正固為貞」,及「智是至靈至明,是是非非,確然不可移易」之意,即知誠意為本,知止於至善,當然有「知而固守之」之義。而智德乃是一收斂深潛之藏德,此是蕺山與朱子共同強調的。

據以上的分析,蕺山的「知藏於意」說,可能受過朱子之「智藏」說之影響,而蕺山對良知的體會,雖不切於陽明對良知的規定,但很可能合於先秦儒學言智德之本義。

六、結語

蕺山評陽明的話語甚多,本文所論雖已不少,但仍未能完全涉及,希望能得其大意。蕺山對陽明的批評,雖大多不切合陽明良知教之原義,其批評亦不足以證明陽明學真有缺陷,真有理論之困難,但對於理解蕺山本人的思想,這些批評是很重要的。蕺山的用心,及其誠意說的內容與特色,必須透過蕺山對陽明之批評,才能清晰了解。蕺山之誠意之教,是要從深切的反己慎獨,以體現好善惡惡的意根,由此而消除人

生命中的非理性成分；而智的作用，在於葆任此意根，知而固守之。其「知藏於意」之義，確是十分深刻的。又蕺山此一對知之規定，十分特殊，不易理解，但若以朱子的智藏說來對比，則其義便十分明白，亦可見蕺山此說是有其理據的。

論蕺山是否屬「以心著性」之型態

一、「以心著性」說之意義

依牟宗三先生之說，蕺山是「歸顯於密」之教，[1]即蕺山思想主旨是要修正陽明學之顯良知，要人當下即得本心之教之流弊。這從蕺山倡「知藏於意」之說可看出此意。他認為良知之知是「知好知惡」之知，而此知是藏於好善惡惡之意中的。故此一說法是以好善惡惡之意以定住良知，良知是在好善惡惡之意呈現時，對此好善惡惡的「自知」。故若無

---

[1] 牟宗三先生以為蕺山之旨歸不過是以心著性，歸顯於密，然很少人能見出此間架，連黃宗羲亦不能真懂其師。（見《從陸象山到劉蕺山》，臺北：臺灣學生，1979 年，第六章。）但唐君毅先生則以為蕺山乃是倡一誠意之學，以意為心之主宰，並把理氣性情俱攝於心，因此不重心性分設、性體之客觀義。（見《中國哲學原論・原教篇》，臺北：臺灣學生，1990 年，第十八章）相較於臺灣學者對蕺山思想的研究，多著重在其心性論、誠意慎獨等問題（可參見鍾彩鈞〈臺灣學者對劉蕺山學術思想的研究──哲學理論及其他〉、古清美〈臺灣學者對劉蕺山學術思想的研究──工夫論及學術史〉，收錄於《劉蕺山學術思想論集》（臺北：中研院文哲所，1998 年），大陸學者則較重視蕺山氣論的部分，並多視蕺山之「氣」為物質性的根源，此觀點可以侯外廬等編的《宋明理學史》中的意見為代表，以為其言「『氣』不僅是天地萬物本原，而且是產生精神性的『理』的根源」，進而定位蕺山為「元氣本體論」、「氣一元論」等(見《宋明理學史》（下）（北京：人民出版社，1987 年，頁 611-612）但也有些大陸學者表示出不同的意見，如東方朔以為蕺山的氣不是經驗域之氣，理氣只是一心之理氣，言理氣之意義就在肯定心體，實現心性學的客觀化。（見《劉宗周評傳》，南京：南京大學，1998 年，頁 88-113）李振綱也認為蕺山講盈天地一氣在不同語境有不同涵義，不可籠統地歸結為氣一元論、唯物主義，而蕺山之學的重點應在心學，理氣論只是在幫助心性論具有客觀超越的性格。（見《證人之境──劉宗周哲學的宗旨》，北京：人民出版社，2000 年，頁 150-156）上述二人之說頗佳，但立論近於牟先生以心著性說。又本文草成後，查考陳來教授《宋明理學》中劉蕺山一節（遼寧教育出版社，1992 年 6 月），陳教授認為劉蕺山之心性論，是「心性一物」，此一了解甚恰當。但對於性理，他理解為「一定氣質的性、理」，「就是一種類的屬性」，這恐怕是不恰當的。蕺山確是視心性為一物，但乃是超越的，雖即於氣，但不能以一般之氣質論之

此意,則知亦不起,若是,則蕺山學說的重心,是在此意處。如何體證此好善惡惡之意,以作為吾人生命之根本,是蕺山學說所重,故黃梨洲認為「誠意」是蕺山思想之主旨。黃梨洲對蕺山之重意之理解,應有其權威性。[2]但牟先生認為,此以意攝知,只是歸顯於密的第一步。而蕺山又有「心宗」、「性宗」的區分;即好善惡惡之意,雖是「本體」,但這是顯於心,在心之活動流行下所顯之本體;雖然體顯於心,而得其彰明昭著,但此是性體之「囿於形」,性體之義,藉心而顯,但亦須知此顯於心之性,並非只是心之義。而若就性體本身說,則性體是於穆不已而為天地萬物之存在根據。言性,是合天地萬物、整體之存在界而言之者,作為萬物存在根據之性體,與由心之自覺而見的道德實踐的主體,其內容可以是一,即乃是道德的創造,但就其外延而言,仍是可以有分別的。[3]故若知心體是性體之「形著」,則於心之自覺活動處,須體悟此心之活動雖受生命所限,但於有限之生命所表現出者,是一在根源上為無限之天道、性體。故本心之活動雖即於人生,但其意義並不限於人生之實踐,不只是人生界之事、道德實踐之事,而且亦是天地生化之事。心體之活動,是於穆不已的天命性體之形著,則人之道德實踐,便有其不限於人生界之普遍、絕對之意義。此「以心著性」說,既肯定心之為道德主體,為天道所以呈現之機要,人之踐德,由心之自發自決,而天道之創造性,亦顯於心中,為心所證實;而另一方面,心固然至貴至大,但因是性天之形著,故在心、性之對揚下,亦顯心與性、天與人之距離,而保持了性、天之超越性,即不論心如何充其極而實踐,總見有不能盡者。於此,人須保持其對性體天道之尊敬、寅畏。牟先生此一「以心著性」之說,確可顯出此一學說體系和「伊川朱子系」及「象山陽明系」之不同。此一理論型態的提出,對孔子之「踐仁以知天」及孟子的「盡心知性知天」

---

[2] 黃宗羲《明儒學案・自序》:「先師所以異於諸儒者,正在於意,豈可不為發明?」

[3] 道德心引發的道德的創造,與天道的創造之內容相同,但道德之創造受限於人之生命、形體,其及物之量,不能等同於天道。

的智慧方向,確可給出一明白的規定。此即依孔、孟的說法,客觀面作為存在界的本源之天道天命,與主觀面的由理性之自覺而顯的道德自我(道德主體),此兩方面的體,儒學是皆予以肯定的,缺一不可。若只肯定客觀面的天道,而忽略天道是既超越而又內在,亦為人之心體,此是不知人之可貴。而若只肯定人之自發自決,不承認有客觀而自存之天道,則是不知「性天之尊」,人亦會流於狂妄。

二、證人及證心

蕺山固然有「心宗」「性宗」之區分,但是否即有牟先生所謂的「以心著性」之說呢?蕺山對此未有明言,其弟子黃梨洲亦無此說,梨洲認為「誠意」之教便是師說本旨。牟先生亦認為蕺山本人對其分言心宗性宗之特殊意義,也可能未有充分意識。[4]對此,吾人認為,於蕺山學,或許不必從心、性分設,以心著性的架構上來理解。性體之意義,可能不必如牟先生所說的,有很強的客觀實在性,而是以心為主來理解之。即若說性,須是心之性,或氣之性,離心便亦無性。性體之意義固是須從心中看出,但那可能是離心無性,若要言性,只可於心中見之之義,而非先肯定一客觀實有之性體,而由心之活動以形著之。伸而言之,性或理亦只能於氣及物上見之。離氣無理,離物亦無理。此義須引文以證:

> (1)學以學為人,則必證其所以為人。證其所以為人,證其所以為心而已。自昔孔門相傳心法,一則曰慎獨,再則曰慎獨。夫人心有獨體焉,即天命之性,而率性之道所從出也。慎獨而中和位育,天下之能事畢矣。然獨體至微,安所容慎?惟有一獨處之

---

[4] 牟先生說:「吾甚至懷疑:即劉蕺山本人亦只是如此言之而已,亦未必能自覺到其所言之形著義之在系統上之獨特。」(《心體與性體》第 2 冊,臺北:正中書局,1993 年 1 月,頁 512。)

時,可為下手法。……吾姑即閒居以證此心。此時一念未起,無善可著,更何不善可為,止有一真無妄在不睹不聞之地,無所容吾自欺也,吾亦與之毋自欺而已。則雖一善不立之中,而已具有渾然至善之極,君子所為必慎其獨也。夫一閒居耳,小人得之為萬惡淵藪,而君子善反之,即是證性之路。蓋敬肆之分也。敬肆之分,人禽之辨也。此證人第一義也。[5]

從「證其所以為人,證其所以為心而已」,可知蕺山「證人」之學,工夫在心上作。而證心之所以為心,即是慎獨。蕺山所謂孔門心法,一再言慎獨,是指《大學》及《中庸》皆言慎獨。而依蕺山,《大學》之言慎獨,是心宗,而《中庸》則是性宗。牟先生即據以言以心著性。上引文中亦言「人心有獨體焉,即天命之性,而率性之道所從出也」。蕺山言性,是從心上說,性是人心之獨體。此固可如牟先生說是由心之活動見客觀之性之存有,而亦可理解為「性只是心之性」,即心之活動的意義,或活動所顯的條理,便即是性。即若要說性,心便即是性,此是以心攝性;而非心性分立,而以心著性。蕺山上引文言慎獨之工夫,是「即閒居以證此心」,即於閒居而體證心之所以為心,而此便即是性,似可從「心即是性」「以心攝性、離心無性」之義來說。

(2)天命之性不可見,而見於容貌辭氣之間,莫不各有當然之則,是即所謂性也。故曰:威儀所以定命。昔橫渠教人專以知禮成性,變化氣質為先,殆謂是與?[6]

此段言性不可見,可見於容貌辭氣之間,即是說性須於氣中見,離具體

---

[5] 〈人譜續編二〉,〈證人要旨〉,見《劉子全書》卷一(臺灣華文書局)。又本文所引文獻,多見於牟宗三先生《劉子全書選錄》(《牟宗三先生全集》第8冊,臺北:聯經出版社,2003年)。

[6] 同上註。

之容貌辭氣,無以見當然之則。當然之則即性,亦可曰「物則」,物則必須於物中見。即氣即物方能見性,亦即是須即心見性之意。

（3）孟子曰:「萬物皆備於我矣。」此非意言之也。只由五大倫推之,盈天地間,皆吾父子兄弟夫婦君臣朋友也。其間知之明、處之當,無不一一責備於君子之身,大是一體關切痛癢。然而其間有一處缺陷,便如一體中傷殘了一肢一節,不成其為我。又曰:「細行不矜,終累大德。」安見肢體受傷,非即腹心之痛?故君子言仁,則無所不愛。言義,則無所不宜。言別,則無所不辨。言序,則無所不讓。言信,則無所不實。至此,乃見盡性之學,盡倫盡物一以貫之。[7]

此段言盈天地間皆吾父子兄弟夫婦君臣朋友,即整個存在界,皆吾人之五倫,而人與此五倫關係中的一切,是一體不分的。此是從道德實踐以證萬物一體,即此萬物一體,是以我為中心,由吾人之盡仁義禮智信之道,以實證之者。故言己身,即聯屬天下國家以言之,而言盡性,即必於萬物為一體之倫物實踐中以盡之。此雖是言盡性,但性不離存在物說;更落實言之,是於倫常之實踐中言之。此是由道德心之於日用中實踐之義而擴充以言之,即從人事之踐履以證天道,以倫常事物以規定天地萬物,即乃是以心攝性,而並非以性為首出,而以心證實。

（4）盈天地間皆易也。盈天地間之易皆人也。人外無易,故人外無極。人極立,而天之所以為天,此易此極也;地之所以為地,此易此極也。故曰:「六爻之動,三極之道也。」又曰:「易有太極。」三極,一極也;人之所以為人,心之所以為心也。惟人心

---

[7] 同上註。又蕺山喜言「盈天地間皆心」及「盈天地間皆物」,語出《易·序卦》:「盈天地之間者唯萬物。」

之妙,無所不至,而不可以圖像求;故聖學之妙,亦無所不至,而不可以思議入。學者苟能讀易而見吾心焉,盈天地皆心也。(《全書》卷2,頁191)

此段所說「盈天地皆物」,而依上文,物是指父子兄弟等五大倫而言,故此物並非指思辨所對之客觀之存在物,而是指人在道德實踐中見天地萬物皆與人為一體,皆如同五倫關係中的與吾人極親切而渾不可分的物。此物之所在,即理之所在。如有父子,即有父子之親;無父子,孝親之理便失其所在。故理與物是一體而不能分的。而人與此在倫常關係中之物,亦是一體而不能分的。故此處所云之「盈天地皆物」,亦可說「盈天地皆我(萬物皆備於我)」,亦可說「盈天地皆心」。故上引文云「人外無易」、「人外無極」。而「天之所以為天」、「地之所以為地」,都是「此易此極」。而此易此極,即是「此人」,即是「人極」。蕺山言「三極一極也」,即人極立,便即是三極之道的顯現。故此一極是「人之所以為人,心之所以為心」,依蕺山語意,三極之道,即於心處見。天地之道,於人道上見,易道即於心上見。蕺山說「盈天地皆物」,又說「盈天地皆心」,則心、物、氣同一層次;此並非說天地間只是氣,理只是氣之條理,若如此,便成唯氣論。而是理必即於氣而見,性必即於心而見。言氣,是氣即理之氣;言心,亦是心即性之心。心與氣非一般所理解者。

三、心宗與性宗

以上諸段引文,似都可從以人及以心為主以言性天之意義來理解,如此理解,便不是心、性分設,而以心著性。但蕺山確有心宗性宗的明白區分,對此,吾人試圖從上述以心為主之意來理解之,看是否可通。

(1)君子仰觀於天而得先天之易焉。維天之命,於穆不已。蓋

曰天之所以為天也。是故君子戒慎乎其所不睹，恐懼乎其所不
聞。此慎獨之說也。至哉獨乎！隱乎，微乎，穆穆乎不已者乎！
蓋曰心之所以為心也。則心，一天也。獨體不息之中，而一元常
運，喜怒哀樂四氣周流。存此之謂中，發此之謂和。陰陽之象也。
四氣，一陰陽也。陰陽，一獨也。其為物不貳，則其生物也不測。
故中為天下之大本，而和為天下之達道。及其至也，察乎天地。
至隱至微，至顯至見也。故曰體用一原，顯微無間，君子所以必
慎其獨也。此性宗也。[8]（《全書》卷2，頁216）

此段明標曰「此性宗也」，似純就客觀面的性與天道說，而文中亦有「維
天之命，於穆不已。」及「天之所以為天」等語，此等《中庸》之文，
確就天命天道說。故此段當然可看作是先說客觀面之性體。但蕺山此處
言性天，亦連於心來說。他認為《中庸》所說的至隱至微，而穆穆不已
的獨體，是「心之所以為心」。此心之所以為心，當然指的是性，但蕺
山如此表示性，便有性必即於心而見之義。故又說「心一天也」，此固
可解作心以天為根據，但其語意，似更重在表示以心為主之義。於穆不
已之天道，是心之所以為心；因心是「一於天」之故。言「心之所以為
心」及「心一天也」都是以心為主而言，故此段雖說是「性宗」，其義
則重在說性必即於心而見。於心中體證，便可知此獨體是心之所以為
心，而見心一於天。於此或可理解為言性及天都要由心以實之。甚至性
天是虛，而心方是實。而依蕺山，在作戒懼而慎獨的工夫時，所呈現之
心是自然而然地表現喜怒哀樂者。蕺山對此四者有特別之規定。此是四
氣之流行，亦即是仁義禮智。由於此四氣即仁義禮智，故亦可說是純氣、
中氣，而不同於七情。此四氣之流行，既同於四德，則當然是純善者，
此即是性。但如此言性，乃是即氣而言者。而此四氣，亦是心之流行，
故四德亦只有在心中方可見到。若此分析不誤，蕺山此段雖說是性宗，

---

[8] 〈易衍〉第七章，《劉子全書》卷二，〈讀易圖說〉。

其實仍是以心為主而論。其言「體用一源，顯微無間」，是藉程子語以言於心之活動處，性與天道便顯。在上引文之後，蕺山有一段補充之語：

> 喜怒哀樂即仁義禮智之別名。以氣而言曰喜怒哀樂，以理而言曰仁義禮智是也。理非氣不著，故《中庸》以四者指性體。（同上，頁 216-217）

此即上文四氣即四德之意。以喜怒四氣同於仁義四德，是蕺山特別之見解，蕺山此論，是即心即氣見性。當然此即氣是理之氣，是純善的，不同於感性之情感，此喜怒哀樂，亦即惻隱、羞惡、辭讓、是非等心；氣與性與心三者是一，故此氣並非感性之情。但雖有此區分，亦表示了即氣方能見性之義。此可證蕺山言性，是即心即氣而言，並非就客觀自存之性體義說。

> （2）君子俯察於地，而得後天之易焉。夫性本天者也，心本人者也。天非人不盡，性非心不體也。心也者覺而已矣。覺故能照，照心嘗寂而嘗感。感之以可喜而喜，感之以可怒而怒，其大端也。喜之變為欲為愛，怒之變為惡為哀，而懼則立於四者之中，喜得之而不至於淫，怒得之而不至於傷者。合而觀之，即人心之七政也。七者皆照心所發也，而發則馳矣，眾人溺焉。惟君子時發而時止，時返其照心而不逐於感，得易之逆數焉，此之謂後天而奉天時，蓋慎獨之實功也。[9]（同上，頁 217）

此段牟先生認為即「心宗」之說。（但原文並無「心宗」一詞，此詞見於蕺山其他文獻）從「性本天」而「心本人」，「天非人不盡，性非心不體」確可理解為客觀本有之性天，由心覺而具體呈現，即「以心著性」

---

[9] 〈易衍〉第八章，《劉子全書》卷二。

之義。但此段文之重點,似在於說人於七情之發時,須以心覺以照察之,使不陷溺。此段區分四氣與七情不同,七情之發,會逐感而外馳,故必須逆反之,求能時發而時止。此逆反工夫,即於心體證心之所以為心。如於情之發處,使歸於喜怒等四氣之自然。這重在言情發後之工夫,似非以心之形著性為主旨。「性本天、心本人」等句,雖可如牟先生所釋,但上段文說「心一天也」,此段則說「心本人者也」。言天及人,都從心說,故吾人可將「性宗」、「心宗」都從心來理解。性是心之所以為心,即人於心之活動中體證到活動是有定向時,說「性」;此時是「心一天也」之心。而當人於省察情之流變,使其合於正時,是心之覺照,心之覺照之作用是從情變之未必合理上說。故此時所謂之本乎人之心,是就工夫義說。若以工夫義來理解「本乎人」,則此段所謂的天與人,性與心之分別,是順本體而自然流行,與用工夫以復返本體之別。此如孟子所謂「性者也」與「反之也」之別。[10]未必表示以心著性之意。

(3) 性情之德有即心而見者,有離心而見者。即心而言,則寂然不動,感而遂通,當喜而喜,當怒而怒,當哀而哀,當樂而樂。由中導和,有前後際,而實非判然分為二時。

離心而言,則維天於穆,一氣流行,自喜而樂,自樂而怒,自怒而哀,自哀而復喜。由中導和,有顯微際,而亦非截然分為兩在。然即心離心,總見此心之妙,而心之與性不可以分合言也。[11]

此條亦明顯地心、性分言,故牟先生亦據此以言「以心著性」之義。[12]此解固然順當。但從「即心離心,總見此心之妙,而心之與性不可以分合

---

[10] 《孟子・盡心下》。

[11] 〈學言中〉,《劉子全書》卷11,頁649。

[12] 《從陸象山到劉蕺山》,《牟先生全集》第8冊,頁369-370。

言也。」則似可將此「即心而言」與「離心而言」理解為對心之活動作兩面觀。即心而言是自覺境，此時顯心之自覺，給出「當喜而喜」等判斷。此為心覺所主宰的喜怒等，有前後之分別，故曰「有前後際」，但此非時間上之先後。而離心而言，是心之「超自覺境」。此境是喜怒哀樂自然而發，純是一氣之流行。此一氣流行是從微而顯，由顯復歸於微之活動，而顯微並非分為兩在。按此喜怒哀樂四氣之自然流行之境，當然依蕺山是可從性宗說，但據此段，是從心之超自覺境以言性。可說是從心見性。即於心之活動證悟心之所以為心，是自然而然，發而中節者。用蕺山的話說，是性體從心體看出。但此似非心性分設，以心著性；而是於心之活動以證悟性，即如要言性，在心之活動處便是，此是「以心攝性」或「以心證性」。性是心之所以為心，是必須於心方能體證者。

（4）《中庸》言喜怒哀樂專指四德言，非以七情言也。喜仁之德也，怒義之德也，樂禮之德也，哀智之德也，而其所謂中即信之德也。一心耳，而氣機流行之際，自其盎然而起也，謂之喜，於所性為仁，於心為惻隱之心，於天道則「元者善之長也」，而於時為春；自其油然而暢也，謂之樂，於所性為禮，於心為辭讓之心，於天道則「亨者嘉之會也」，而於時為夏；自其肅然而斂也，謂之怒，於所性為義，於心為羞惡之心，於天道則「利者義之和也」，而於時為秋；自其寂然而止也，謂之哀，於所性為智，於心為是非之心，於天道則「貞者事之幹也」，而於時為冬。乃四時之氣所以循環而不窮者，獨賴有中氣存乎其間，而發之即謂之太和元氣，是以謂之中謂之和，於所性為信，於心為真實無妄之心，於天道為「乾元亨利貞」，而於時為四季。故自喜怒哀樂之存諸中而言，謂之中，不必其未發之前別有氣象也，即天道之元亨利貞運于於穆者是也。自喜怒哀樂之發於外而言，謂之和，不必其已發之時又有氣象也，即天道之元亨利貞呈於化育者是也。惟存發總是一機，故中和渾是一性。如內有陽舒之心，為喜

為樂,外即有陽舒之色,動作態度無不陽舒者。內有陰慘之心,為怒為哀,外即有陰慘之色,動作態度無不陰慘者。推之一動一靜,一語一默,莫不皆然。此獨體之妙所以即隱即見,即微即顯,而慎獨之學即中和,即位育,此千聖學脈也。自喜怒哀樂之說不明於後世,而性學晦矣。千載以下特為拈出。[13]

蕺山認為喜怒哀樂便是仁義禮智四德,這是他根據《中庸》之言未發已發而來的特殊規定。喜怒等一般理解為情,依朱子,喜怒等是情,從情之未發,而見形上之性理,在情之已發,則性理得具體之表現。並不能直接說喜怒等未發便是性,而性之發便是情。性情有形上形下之不同。蕺山之言未發已發,則直接以喜怒等為性理,而由未發至已發,都是此四氣之自然流行。他將四氣提到理之層次來理解。而若四氣為理之層次,則須與感情層次的情區分,故蕺山分別四氣與七情之不同。此四氣之流行,據上文所述,應屬性宗之層次。但據此段所云「一心耳。……謂之喜,於所性為仁,於心為惻隱之心。」則四氣亦可說是心之流行。故若於此說性宗,則仍是上文所說的,性由心中看出之意。由心之四氣流行之自然而然,見「心之所以為心」。

以上分析蕺山區分心、性的重要文獻,試圖指出蕺山之言心性,並非先分設心性然後以心著性,而是從心之活動見性體之意義,即乃是以心攝性或以心證性,言心便有性在之思路。蕺山有一段即表示上述之意:

問:「心性兩字,是一是二?」曰:「心只是此心,言心而性在,天下無心外之理。」問:「存心養性工夫,還做那一邊?」(錄本作「以何者為先?」)曰:「工夫只在存心上。存得恰好處,養在其中。」[14]

---

[13] 《劉子全書》卷11,〈學言中〉,頁651-654。
[14] 《全書》卷13,〈會錄〉,頁810。

此段所言之「言心而性在」,很能表達我於上文要證之義。即蕺山雖言性及心性分說,但乃是以性是心之所以為心,必即心方可見性。而工夫,亦是於心之活動處作,故蕺山說「工夫只在存心上」,即若能存得心,便可養其性。

以上是論證蕺山雖心、性分言,但未必是「以心著性」之意,而是言性,或要知性之義,須於心之活動體證,而性即心之所以為心,及其活動是自然而然者之意義。此是即心言性,或攝性於心。亦可說心為主,性為從。此義可藉唐君毅先生一段話來印證:

> 此心感通於物,固或當喜而喜,或當怒而怒。然當喜當怒之理,即性也。此是心之順此一一理,以成其次第之感通。故謂之即心見性情。至於當此心不與物接,意念未發之際,此心中自有一喜怒哀樂之純情,純氣之周流,若自有次序,而實終則有始,以互為隱顯,一時俱在。……此所謂離心而見,或自性體看性情之德,唯是離心之感通於物,而看內在於心之寂然不動中之性情之德,非真不在心也。亦非以此性體與心體,為上下層之二體。……其所謂就性宗指點,即宗於此性德之誠,而指點一此心不與物接,不與物感通而思慮不起之時,此心所自有之純情純氣之周流不息,而知其必有本原之出於天者,以成其不息;而見此純情純氣之理,是人之性情,亦即天道之元亨利貞之理。[15]

唐先生認為蕺山所說的「即心」與「離心」,是心與物接及心未與物接之不同。意即若以離心謂性,則性是心未與物接時的狀態。此時心之活動,是一純情純氣之自然流行。故唐先生以為,蕺山心性之區分,並非以心性為上下二層,而皆是就心之活動而說。按牟先生之「以心著性」

---

[15] 《中國哲學原論・原教篇》第十八章,頁 489。(《唐君毅全集》卷十七,臺北:臺灣學生書局,2004 年二刷)

說，雖是性因心而得以形著，但性體代表一客觀性之原則，而心之形著性，總有不盡，心性之關係，是有上下二層之義者。唐先生則明白表示性體與心體並非上下層之二體，唐先生之理解，可能較近蕺山原義。但若以是否與物接言即心離心，則心、性雖都就心而說，但仍可看作兩種可分離的不同狀況，這恐怕是有問題的。蕺山一再說即心見性，此應非與物接是心，未與物接是性之意。此可於其〈原性〉一文見之：

> （5）告子曰：「性無善無不善也。」此言似之而非也。夫性無性也，況可以善惡言？然則性善之說蓋為時人下藥云。……然則性果無性乎？夫性，因心而名者也。盈天地間一性也。而在人則專以心言，性者心之性也。「心之所同然者理也」，生而有此理之謂性，非性為心之理也。如謂：心但一物而已，得性之理以貯之而後靈，則心之與性斷然不能為一物矣。吾不知徑寸之中，從何處貯得如許性理，如客子之投懷，而不終從吐棄乎？[16]

蕺山說「性無性也」，固是表示性體非一般事物，不可以形迹求之義，而從「性因心而名」及「生而有此理之謂性，非性為心之理」等語來看，蕺山言性，並不視其為可離心而言之客觀實有。性體之意義，即在心中顯；且不只是性在心中顯，性即是心之活動。蕺山引孟子「心之所同然者理也」來說明「性者心之性」，其意應是指性即心之活動。孟子從人之心有「同然」說理，即表示所謂理即是心之同然之「活動」。此同然之活動，便是性。性當然是普遍的，但此普遍者不能離心之共同肯定處來理解。故所謂「性因心而名」及「性者心之性」，是從心之活動處言性之存有；有心之活動，方見性之為普遍之存有之意義，似非以心著性之義。說「以心著性」及「性由心顯」是心性分設，對性之為一客觀實有，天下之大本先作肯定。但從「夫性無性也」之言，此性體之客觀實

---

[16] 《劉子全書》卷7，〈語類七・原性〉，頁444-445。

有性是不那麼強的。而是由心攝性，從心之活動之為「人同此心，心同此理」，故見性之意義。如此言性，不能離開心之活動來說。「生而有此理之謂性」，意即在此生或生生中，便見此理之意義。即於生生之活動中，見此活動有其普遍性、理則性，故於此言性。我認為蕺山言性因心而名，性體由心體中看出等語，應是此意。如是若要言性或言理，必於此心之活動上說。由於心之活動自有其理則，具普遍性，故說心即性即理。性理是存有，但此存有之義，離開心之活動並不能見。蕺山似以此意反對朱子心具性理之說。蕺山續云：

> 盈天地間，一氣而已矣。氣聚而有形，形載而有質，質具而有體，體列而有官，官呈而性著焉。於是，有仁義禮智之名。仁非他也，即惻隱之心是；義非他也，即羞惡之心是；禮非他也，即辭讓之心是；智非他也，即是非之心是也。是孟子明以心言性也。而後之人必曰心自心、性自性，一之不可，二之不得，又展轉和會之不得，無乃遁已乎？（同上，頁 445-446）

蕺山認為孟子是以心言性，即於心之惻隱、羞惡等處，人便可體證心之所以為心，而此心之所以為心即是性。或可如此說，於心之活動處，見心之活動有其定向，如該惻隱便自會惻隱，該羞惡便自會羞惡。在此心之具有定向之活動處，人便可證此是心之本體。而亦於此處，了解仁義禮智的意義。故仁義禮智之意義，是從心之惻隱、羞惡等之活動呈現出來，此等活動，便即是性，離此亦別無性也。依朱子，惻隱、羞惡等是情，而仁義等是性，性是情發之所以然，是形而上者。而心，是統性情者。今蕺山之說，則認為惻隱等便即是仁義禮智，即此四情便是四德，便是性，而惻隱等四情，是心之所以為心。故惻隱等活動，即心即性。當人於心體會到惻隱等是心之所以為心，便即于此見性。若依此解，便不是先預設性，性之義由心體現出來之義，而是由心之活動處體會本心，由此以體證性；即以心為首出，從心說性。此義雖不完全同於孟子，

但與孟子從心說性之義相近。蕺山續云：

> 至《中庸》，則直以喜怒哀樂逼出中和之名，言天命之性即此而在也。此非有以異指也。惻隱之心，喜之變也；羞惡之心，怒之變也；辭讓之心，樂之變也；是非之心，哀之變也。是子思子又明以心之氣言性也。子曰：「性相近也」，此其所本也。而後之人必曰理自理，氣自氣，一之不可，二之不得，又展轉和會之不得，無乃遁已乎？嗚呼！此性學之所以晦也。（同上，頁446）

此段以喜怒哀樂四氣言四德，即以四氣為性。蕺山意，如上文所述，他是直接以四氣為性，認為喜怒哀樂即仁義禮智之別名。故若以喜怒等為氣，則此等氣即是性，性體即是此四氣之活動。此處言氣與性之關係如同惻隱之心等與仁義禮智之關係。惻隱便是仁，二者是一，不能說是不即不離之二，而喜怒等便是性，二者亦是一，亦不能說為不即不離之二者。若此解不誤，則心、性或氣、性原是一事；若心、性原是一，便不必說由心之活動形著性。形著之關係須心性分說。當然此處說氣即性之氣，是就四氣言，即唐先生所說的純氣，如同惻隱之為純情，非七情之氣。蕺山續云：

> 然則尊心而賤性可乎？夫心囿於形者也。形而上者謂之道，形而下者謂之器也。上與下一體而兩分，而性若踞於形骸之表，則已分有常尊矣。故將自其分者觀之，燦然四端，物物一太極。又將自其合者而觀之，渾然一理，統體一太極。此性之所以為上，而心其形之者與？即形而觀，無不上也。離心而觀，上在何所？懸想而已！我故曰：「告子不知性，以其外心也。」（同上，頁446-447）

從「然則尊心而賤性可乎」之問，可知由蕺山上文所說之意，是以心為

主為重以言之,即性之義,須由心之惻隱之活動而見,若不能有惻隱之活動,是不能見性的。此是以心為主,以心統性,故似是尊心而賤性。而蕺山此處則認為性固然須由心說,但亦有其尊貴之位,並不能說不及心之真實。性之尊位,是從心囿於形,而從心所證之性,是顯形上之存有義來說的。即性固然不能離心而說,有心方有性,但既顯出性之意義,則性便不受心之形所限制,而顯其形上性格。按蕺山雖於此說性有其尊位,但此性之尊是由心之活動而顯出的,故此言性之尊並不影響必須由心說性,或有心之惻隱之活動方可說仁之義。即此性之尊之義是因心而說的,仍須以心為主,以性為從。蕺山於此段說「心囿於形」,又說「形而上者謂之道,形而下者謂之器」,此形上形下之分,並非一般所理解之意義,而是說性與心之不同。即以性為形而上者,心為形而下者。但其實二者都是性及德,心之為形而下者,只是因囿於形,似有其形相而已。[17]而且性之義,必即心之活動而見,故曰「即形而觀,無不上也。」在有形之心處,見心之所以為心,由是而顯性;於心之活動顯出性之義後,心、性皆是形而上者。由於有心,而心有形,方顯性之為形而上,故仍是有心方可見性。故曰「離心而觀,上在何處?」由心之有形而顯性之為形而上,而性只是心之性,即只是心之有定向之活動,故由性之為形而上亦顯心為形而上者。蕺山最後云:

> 先儒之言曰:「孟子以後,道不明只是性不明。」又曰:「明此性,行此性。」夫性何物也,而可以明之?但恐明之之盡,已非性之本然矣。為此說者,皆外心言性者也。外心言性,非徒病在性,並病在心。心與性兩病,而吾道始為天下裂。子貢曰:「夫子之言性與天道,不可得而聞也。」則謂「性本無性焉」亦可。雖然,吾固將以存性也。(同上,頁447)

---

[17] 在前述〈學言中〉「中庸言喜怒哀樂專指四德言」一段中,有小注云:「乃知喜怒哀樂即仁義禮智之別名,形而上者謂之道,形而下者謂之器是也。」此處以形上形下區分四氣與四德,故其言形下,仍是就德而說,非物質性的氣。

由於性必須即心而見，甚至可說心之活動便是性，故言心而性便在。依此義，則心是主性是從，或可說性是「虛說」。性不必言，只說四端之心便可。或不必說四德，只須說四氣便可。此應便是蕺山一再說「性本無性也」之義。說「性」是虛說，並非否定性體之存在，而是認性其實是心體的另一說法，性是心之「別名」，心、性二名一實。知心性是二名一實，言心，性便在，則人便不會外心而言性，亦不會外性而言心。外性言心，人便不知本心矣。

四、蕺山之理氣論及證體之學

依以上之分析，似可說明蕺山言理氣的一些特別說法，如云：

> （1）盈天地間一氣而已矣。有氣斯有數，有數斯有象，有象斯有名，有名斯有物，有物斯有性，有性斯有道。故道，其後起也。而求道者輒求之未始有氣之先，以為道生氣。則道亦何物也，而能遂生氣乎？[18]（《全書》，頁639）

按蕺山此段言有物斯有性，道是後起者，又認為道不能生氣；這些話都似是不合理的講法，難以索解。但若依吾人上文所說，性是即心而見，有心即性便在，則「有物斯有性」，是可以理解的。此物是「倫物」，萬物皆備於我之物，此義之物不能離開四德說，亦不能離開心說。故有物斯有性即在心之活動及於倫物時才顯出德、性之意義。而形而上的道，即是性，而性由心顯，故道是後起者。此道與性，其實皆都是心。言心之活動是實說，而性與道都是因心而有之名，可說是虛名，故上文說夫性無性也。性、道只是心的別名。在一氣之流行中，已有心、物在內，

---

[18] 《劉子全書》卷11，〈學言中〉。以下三條原文皆見此卷。按此條及以下各條，牟先生認為是蕺山滯礙之辭。見《心體與性體》（一），頁396-398。

則作為心之別名之道、性又如何可說能生氣？

(2) 天者萬物之總名，非與物為君也。道者萬器之總名，非與器為體也。性者萬形之總名，非與形為偶也。(《全書》，頁 640)

此條將天、道、性都說為「總名」。若是總名，即只是名而已，並無實體。如總萬物而曰天，則萬物為具體的現實存在，天是萬物的概括。如是怎可將天、道及性都看成是對實際存在事物的總括之名呢？這些似是不合理之說。而依上文之分析，心是實在之活動，而性是心之別名，則性是萬形之總名，並非不可說。心是囿於形的，心之活動必及於物，而在心及物而活動處，便顯仁義禮智等四德，四德不能離開心之及物之活動而存在，萬物都顯仁義禮智等四德之意義，故可總萬物而曰性，而可說性是總名。心之活動不離物，而性理必即物而顯，可說性即是物，如上文所說盈天地皆物，亦可曰盈天地皆心。性必即心即物，故性非與物為偶。天與道為總名之義亦可如此解。

(3) 子曰：「形而上者謂之道，形而下者謂之器。」程子曰：「上下二字截得道器最分明。」又曰：「道即器，器即道。」畢竟器在斯，道亦在斯。離器而道不可見。故道器可以上下言，不可以先後言。「有物先天地」，異端千差萬錯，總從此句來。(《全書》，頁 641)

道器之分形上形下，亦即心、性之分形上形下。於有形之心之活動處，可證形而上之性之意義，而心性是一，二名所指者，都是此心之惻隱、羞惡等活動。性因心而見，顯性之形上義，故心性或道器雖可以上下言，而二者其實是一，性只是心之別名，故心、性不可視為有先後可分之二物。蕺山意以為若道器為二，有先後，便有異教所說的「有物生天地」之弊。因此句之意將道與物離為二事，於是便會離器物而言道了。當然

蕺山如是言物及器，是如上述所言之氣般，是與理及本心為同一層次者，必須高看。

(4) 理即是氣之理，斷然不在氣先，不在氣外。知此，則知道心即人心之本心，義理之性即氣質之本性。千古支離之說可以盡掃，而學者從事於入道之路，高之不墮於虛無，卑之不淪於象數，而道術始歸於一乎？(《全書》，頁 643)

按若此段所說的氣，即喜怒哀樂的四氣流行，則此氣便即是理。此如惻隱即是性。若是則理當然不能先於氣，亦不能外於氣。當然蕺山言氣須有分解，四氣之氣並非一般所謂之氣。又「道心即人之本心」，及「義理之性即氣質之本性」，即「性是心之所以為心」之義。性即是心之性，性從心中看出，道心即人之本心，亦即道心從人心中看出，於心之活動中體證，便可見心之所以為心。義理之性亦只有在氣質的活動中看出。

由上述，蕺山所說的心性、理氣其實都是一事。性是惻隱等四端之心的別名，理是四氣流行（喜怒哀樂）之別名，若是，心與性，理與氣當然是分不開的。言心性，其實只是說心，言理氣，其實只是說氣，盈天地皆心，亦說盈天地皆性、盈天地皆氣。又如此說心、性、理、氣，都是本體，而此本體是「即存有即活動者」，能證悟此即存有即活動之體，當然是當下能生起真正的道德活動者。

黃梨洲《孟子師說》有一段「仁義禮智」俱是「虛名」之說，頗可作為印證：

仁義禮智樂俱是虛名。人生墮地，只有父母兄弟，此一段不可解之情，與生俱來，此謂之實，於是而始有仁義之名。「知斯二者而弗去」，所謂知及仁守，實有諸己，於是而始有智之名。當其事親從兄之際，自有條理委曲，見之行事之實，於是而始有禮之名。不待於勉強作為，如此而安，不如此則不安，於是而始有樂

之名。到得生之之後,無非是孝弟之洋溢,而乾父坤母,總不離此不可解之一念也。先儒多以性中曷嘗有孝弟來,於是先有仁義而後有孝弟,故孝弟為為仁之本,無乃先名而後實歟?[19]

梨洲此說很可表示上文所述之性為別名、虛名之義。即性之名是因本心之惻隱、羞惡等真實呈現而後生起,故性之名所表示之意義,必須於惻隱等處來了解。故要了解仁義禮智樂等,須先了解本心,而此意即先要呈現本心。本心呈現,生出了惻隱等情之活動,仁義等名言概念之意義才得以彰明。若以為性是先在的,而要於性體處明白仁義等,這便是不合理的作法。此段以心為先,為實,而以仁義等名為虛,雖是梨洲之言,但應即是蕺山之意。梨洲續言:

> 即如陽明言「以此純乎天理之心,發之事父便是孝,發之事君便是忠」,「只在此心去人欲、存天理上用功便是」,亦與孟子之言不相似。蓋赤子之心,見父自然知愛,見兄自然知敬,此是天理源頭,何消去存天理而後發之為事父乎?如王心齋見父赴役,天寒起盥冷水,見之痛哭曰:「為人子而令親如此,尚得為人乎?」於是有事則身代之。此痛哭一念,不是工夫所到。當此處而求之,則天理不可勝用矣。先儒往往倒說了,理氣所以為二也。(同上)

陽明說以此純乎天理之心發之事父便是孝,應即是蕺山、梨洲所說言心則性便在,甚至仁義等俱是虛名之意。即有此心,才可說有此理或有此性。故欲明此理,須先顯此心。但梨洲對陽明之論仍有批評。他認為此見父自然知愛之一念,便即是天理所在,只須體證、保任此一念,便不須說「存天理去人欲」之工夫。梨洲之批評陽明,並非不贊同「以此純

---

[19] 黃宗羲:《孟子師說》,見《黃宗羲全集》第一冊(浙江古籍出版社,1992年8月),頁102。

乎天理之心,發之事父便是孝」之說,而是質疑陽明之工夫論。此如蕺山認為以知善惡為良知,不及以「知好知惡」為良知之說。而若能體證此「不可解」之一念之真心,則其他工夫,確可說是不必要的。以上可藉梨洲之言,證心為實、性為「虛名」之意。

五、討論

一、蕺山之學,可從兩面相來說,一是對王學的修正,一是順心學而發展。就王學之流弊,而要攝知於意,由好善惡惡之意定住良知,認為良知是知好知惡之知,而此時為至善之意體之呈露,而善惡之念未起。此即以「誠意教」修正「致良知教」。亦可謂從好善惡惡規定良知。蕺山強調誠意,而又說意知是一。就此對良知教之修正而言,確可說歸顯於密。在此義上,蕺山確比陸、王更強調性,故他說陽明心學,於性猶未備也。但他言性體及心性之關係,似非心、性分設,而以心著性。性固然代表客觀之實體,是一切存在所以立之客觀根據。但蕺山言性,必連帶心來說;在心性並說時,必以心為主。牟先生據此以言「以心著性」。但細察蕺山意,他是從「心之所以為心」言性,即作為大本、客觀根據之性,離開心是無法得知的。要論性,欲體會性體之意義,必須即心以見之。所謂「性體要從心體看出」。恐怕不是說「以心著性」,而是認本心之活動便是性。即比較而言,心之義較重,而性之義較輕。言心,則性便在其中。甚至性是「別名」、「虛名」。而就此以心攝性,及進而言盈天地皆心,即將一切存在收於心處來說明,可說是順陽明心學而進一步發展。

二、是故蕺山雖有心宗性宗之慎獨、先天之易與後天之易及即心離心分言性情之德等說,但似重在表示離心無性,有心方顯性之意。若是則蕺山所言之工夫,便是於心上體證此「能顯性體義」,有「心之所以為心」者作主之心體。而上說的好善惡惡之意,應便是此性體在心體中看出之心體。此意即本體。而因本體是意,是心,故必是活動的。本體

既是活動的，則若能體證之，本體自己便可生發出來，承體起用，而人便有真正的道德實踐行為的出現。故有體即有用，本體與工夫是一。能存此體，便自然能發用，不必於發上另用工夫。故云本體、工夫都是這些子。對本體的體證便涵本體與工夫的兩面，而都歸結於誠意、慎獨一義上。此可說是證體之學，能體證本體，便可即體即用，不必其他工夫。

三、故蕺山雖言性較陽明為多，為重，但仍是即心言性，以性之意義不能離心而見之意。若要言性體義，必須據流行活動之心來說。而且其言性之實義，只是心之活動，性可以是「虛名」。此一見解，造成了蕺山於理氣論上之特別說法。即他說理是氣之理，不能說理在先，又說有氣方有理，理是於氣中看出。蕺山這些理氣論見解，似易流於唯氣論，即氣是第一性，理只是氣之條理。但此說於蕺山學之重道德之精神極不相應，亦與其誠意慎獨之說不一致。因若氣是本體，理依氣而定，則不能肯定一超越於氣而可轉化氣質之根據。而蕺山所言之意，很明顯地是一超越的意體，而為慎獨工夫，或化念歸思、化念還心之根據。故牟先生於蕺山這些理氣論之文字，認為是「理氣吸緊地說」，並非去掉理之客觀實在性之唯氣論。但蕺山於此方面之言，若不解成唯氣論，確有不明白而難解處。吾人認為蕺山此等說法，仍應從說心即性在，離心便不能見性之義來理解。由於性由心顯、心外無性；故在理氣論上，便說理須從氣上看出，有氣方有理。蕺山或因為強調此理必即氣而見，離氣便無理之義，對於理作為形上實有之義，稍有弱化，是故他會說夫性無性也，太極實本無太極之可言。但因性及太極之實處即是心，心之為本體之義並無弱化，反而更見心之重要，而若言本體，便是即存有即活動者。

四、由性必由心顯之義了解蕺山之理氣論若是可行的，則蕺山此一說法，有很特殊的涵義。他雖較陽明較多言性，但亦可說比陽明更強調心。由性必即心而見，有心方有性，則亦更顯心之重要性。且由於肯定心之所以為心之性體，再說離心無性，便更顯心之重要。這除表示心即性即理之義外，增加了離了心便無性之義。故若要說性體之意義，必須性彰顯於心。而心若能得其本體，則天道性體之意義便全顯於心。此見

心之至貴。除此意外，亦涵性體必落實為具體的心之活動，才顯其意義之意，性成為心之活動，方顯其為性。性真成為當然活動的心之根據，即為心之所以為心，才成其為性。這便有性理必須具體落實之義，而在理氣論上，理必顯於氣，而為氣之所以為氣，方見理之真正作用。若理被視為可離於氣者，便不成其為理了，如是亦涵理必具體實現於氣方是理之意。如是人必須力求理成為氣之理，不能單看形上之理本身。即不能滿足於對理之為一形上實有之肯定。蕺山此一見解，可作為內聖必須通而為外王之理論根據。黃梨洲及其他晚明儒者（如王船山）之重氣，亦可由此而說明。即理必須表現於氣，故成器方能是道之落實，或甚至說有器方有道。此等語並非說氣或器之存在先於理，或較理更為實在。

　　五、如果上述對蕺山所言心性關係是可以成立的，則牟先生用「以心著性」來規定蕺山思想的型態，是需要商榷的。而若果以心著性不能用於蕺山，則宋明儒學是否有三系之說，便須再討論。吾人認為即使蕺山不屬於以心著性系，但提出以心著性說仍是有必要的。胡五峯的確是先分設心、性，然後言盡心以成性。這一思想型態，用以心著性言之，極為允當。五峯言性為「天下之大本」，是「天地鬼神之奧」（〈知言〉），即對性之為一客觀實有，是鄭重言之的。而言心本天道變化為世俗酬酢，心是「知天地宰萬物以成性」，心性有明白之區分，以盡人心之用以顯性與天道之義，極為清楚。故以心著性系，是必須提出，而予其一獨立之地位者。又五峯之說，是消化北宋周、張、大程三子之言天道、性命而後回歸於論孟之言仁與心，所發展出之型態，故此一型態，實可包括北宋三子，即使少掉蕺山，仍是宋明儒中之一大系。

從康德道德哲學看劉蕺山的思想

　　本文修正作者前一篇論蕺山思想的論文觀點，前文主張蕺山思想是「以心攝性」，一說心，性便在，心更為真實，性是別名、虛名。而本文認為蕺山之學固然是主張心即性即理，而離心不能見性，但性體的意義還是十分重要的，而且必須要從心體會到性體，才可以證明心是理，即「無心外之理」必須要通過「無心外之性」的體認。本文引入康德道德哲學中，對於意志的自由需要由道德法則來認識的說法，來說明蕺山思想是「以性定心」。由此本文認為蕺山學雖然也可以說是心學，但與陽明心學有不同，他特別重視意志的好善惡惡，此與康德的意志之自我立法及自律義相近。因此，蕺山思想與朱子、陽明皆不同，而有他獨立的義理型態。

一、蕺山、朱子與陽明

　　牟宗三先生判定劉宗周（號蕺山，1578-1645）與胡五峯是伊川、朱子及象山、陽明二系之外的宋明理學中的第三系，以「以心著性」為思想特徵。這是研究宋明理學的學者所熟知的。我近來反覆細看蕺山的有關文獻，覺得「以心著性」之義，恐怕未必是蕺山學的主旨。前曾撰〈劉蕺山的證體之學〉一文，[1]該文主要是認為蕺山之學仍可以說是心學，其言心，則性及理皆在其中，心為實說，性、理為心之別名，甚至是虛說。但近來再反覆思考，覺得蕺山論性之義仍甚為重要，雖然性不

---

[1] 此文後來以〈論蕺山是否屬「以心著性」之型態〉為題，發表於《鵝湖學誌》第三十九期，2007年12月，已收入本書。

能離開心來說，但性應還是實說。我前文之說恐怕需要修正，故再草此文。

　　蕺山之學有其獨立性，不同於朱子與陽明，但比較而言，蕺山之義理型態較近於陽明，而遠於朱子。劉蕺山肯定心即理之說，即認為道德之理不能離開本心之活動來理解，如孟子所說之四端，惻隱之心，仁也；羞惡之心，義也。仁義禮智等道德法則，即在惻隱等活動中呈現，若無此等本心之活動，亦無處可尋此等理，而朱子之只肯定性即理，並不肯定心即理，如是則理便成為外於心的客觀之存有，理在心外。對此蕺山有以下之評論：

> 夫性，因心而名者也。盈天地間一性也，而在人則專以心言。性者，心之性也。心之所同然者，理也。生而有此理之謂性，非性為心之理也。如謂「心但一物而已，得性之理以貯之而後靈。」則心之與性斷然不能為一物矣。(〈原性〉，《劉子全書》卷7，頁445)

「盈天地間一性也」，表示性是客觀之存有，是天地萬物存在之客觀根據。性雖有此客觀存有之義，但性於人，必即心而見。心與性之關係，是在心之活動中見性之存有，性是心之性。蕺山認為心性之關係，非「性為心之理」，即不能理解為性是心所具之理。若性為心所具之理，則心、性為二。蕺山此說是要表示「心即是性」之意，心、性並非可分為二種不同之存在。依朱子，性是理，並不是氣，而心是氣之靈，故心雖可合理，或性理可為心之所具，但不能說心即理，心性是平行為二者。蕺山對朱子此說並不同意。蕺山續云：

> 盈天地間，一氣而已矣。氣聚而有形，形載而有質，質具而有體，體列而有官，官呈而性著焉。於是，有仁義禮智之名，仁非他也，即惻隱之心是；義非他也，即羞惡之心是；禮非他也，即辭讓之

心是;智非他也,即是非之心是也。是孟子明以心言性也。而後之人必曰心自心,性自性,一之不可,二之不得,又展轉和會之不得,無乃遁已乎?

至《中庸》,則直以喜怒哀樂逗出中和之名,言天命之性即此而在也。此非有異指也。惻隱之心,喜之變也;羞惡之心,怒之變也;辭讓之心,樂之變也;是非之心,哀之變也。是子思子又明以心之氣言性也。子曰:「性相近也。」此其所本也。而後之人必曰理自理,氣自氣,一之不可,二之不得,又展轉和會之不得,無乃遁已乎?嗚呼!此性學所以晦也。(同上,頁445-446)

蕺山此處分兩步來論證性不能外於心,甚至可說性即是心。他由孟子之言「惻隱之心,仁也」,及《中庸》以「喜怒哀樂之未發」為中,證心即是性,及心之氣即是性。蕺山言性,雖從天地萬物之存在根據處說,但以性體之意義,顯於人而為仁義禮智,而此性之內容意義,於人之惻隱、羞惡等四端呈現。蕺山此文由性說起,以性於人顯為四端,此與孟子由四端以證性善,其對性之內容之規定,是相同的,但性之內容雖同,而二人論性之進路不同。孟子之即心言性,是由人之有惻隱而證仁即心,故人性為善。而蕺山則從天道生化說起,而認為天命之性在於人即是惻隱之心。一是由心而性,一是由性而心。蕺山言性進路雖不同於孟子,但他對性即心之義,似更為強調。從他所說的「仁非他也,即惻隱之心是」等語,可見他認為仁決不能外於惻隱來說。他由客觀義的性說起,而強調性即是心,如此言心,固然表示心即是理,而亦包含了性作為生化之本源之義。即言心,便收攝了作為一切存在之客觀根據之性體義。天道生化之內容意義,具體呈顯於惻隱等四端之心之活動上。如此言心及惻隱,其意義較諸從道德實踐之主體言心,更為深遠。

在論《中庸》以喜怒哀樂之未發言中處,蕺山表示性即在於喜怒哀樂。此亦如仁義即在惻隱、羞惡處之義。蕺山認為惻隱等是喜怒等之變,

即喜怒等四氣,是較諸惻隱等更為根本者,惻隱等已即是性理,而喜怒比惻隱等更為根本,則喜怒等更可說即是性理了。蕺山於此處說子思是以心之氣言性,即蕺山認為喜怒等是氣。雖然他是以喜怒哀樂為氣,但此氣既是比惻隱更為根本,則當然不是一般所言的形而下之氣。喜怒哀樂之為氣,是「氣即是理」之氣。蕺山論氣及理氣之關係,意義甚複雜而深微,現不擬詳論。大略言之,蕺山此處所言之氣必須高看,喜怒哀樂等四氣,即是四德。[2] 以氣言德,亦表示了德或性理是活動的。

從言性必須「以心言性」及「以心之氣言性」,可見蕺山之重視心之作用。言心即性及心之氣即性,則心便有本體義。依此義而言,蕺山亦可屬於「心學」一系。但蕺山義之心學,是「性體之內容意義必須由心顯」,離開了心,便無由見性之義,此中,性之意義十分重要,不能略過。而如此言之心學,與陸王心學是有不同的。蕺山續云:

> 然則尊心而賤性可乎?夫心囿於形者也。形而上者謂之道,形而下者謂之器也。上與下一體而兩分,而性若踞於形骸之表,則已分有常尊矣。故將自其分者而觀之,燦然四端,物物一太極;又將自其合者而觀之,渾然一理,統體一太極。此性之所以為上,而心其形之者與?即形而觀,無不上也。離心而觀,上在何所?懸想而已。(同上,頁446-447)

此段是說由上述性必須因心而見,離心則性不可見之義,似乎心比性更為真實而有尊心賤性之意;但蕺山認為,此固可說是重視心,但並不可說「尊心而賤性」。性是形而上者,故是「分有常尊」。而由於性必即心而顯,故心是「性之形」。由於心之活動表現為惻隱、羞惡等,故可以說是有形的。但心雖有形而具體化了性,其實心亦是「形而上」者,故曰:「即形而觀,無不上也。」蕺山此說即表示了心之為有形,並不同

---

[2] 參考唐君毅先生《中國哲學原論・原教篇》第十八章。

於器之有形而為形而下者。蕺山以性雖因心而顯,但性仍為形而上者,故並不能說尊心而賤性。蕺山此說,保持了性體之客觀實有之義。但雖說性為客觀的實有,但決不能離心而觀性。此對心又特加強調。

> 先儒之言曰:「孟子以後,道不明只是性不明。」又曰:「明此性,行此性。」夫性何物也,而可以明之?但恐明之之盡,已非性之本然矣。為此說者,皆外心言性者也。外心言性,非徒病在性,並病在心。(同上,頁 447)

蕺山反對「明性」之說[3],其意即性必因心而顯,性並非心外之存在,不能以性作為心之對象以明之。言明性,即以性在心外也。按若依「逆覺」之義,則明性是心之明其自己,如孟子之言盡心知性,本性之意義在盡心過程中朗現。孟子義之知性,亦可說是明性。依此義,則若要明性,只有由心以顯性。即只有在心表現為惻隱、羞惡、辭讓、是非時,性理之意義方能呈現。此只有在本心呈現時,仁義等理方能存在,故要明性理,只有在如何呈現本心處下工夫,此工夫即「求其放心」,而不能視性理為外在之對象,通過心知以明之。蕺山認為「明此性,行此性」之說,是以心、性為二,此很不恰當,蕺山此評本是心學家之通義,而蕺山之語則頗為獨特;他續云:

> 心與性兩病,而吾道始為天下裂。子貢曰:「夫子之言性與天道不可得而聞也。」則謂「性本無性焉」亦可。雖然,吾固將以存性也。(同上,頁 447)

如前所說,以性為心所明之對象,即是外心而言性,外心而言性,便是

---

[3] 蕺山此段所批評的是明儒薛瑄之說。《皇明名臣言行錄》記載:「(薛瑄)先生學以復性為本,言以明性為先,其言曰:六經四書,性之一字括盡。又曰:孟子之後,道不明只是性不明。至論所傳之事,曰:明此性行此性而已。」(《皇明名臣言行錄》前集卷九。)

心性為二。心不是性，則心非本心；性不是心，是性只是一所以然之理，無活動性。若是則既不了解心，亦不了解性，故說是「心性兩病」。此「心性兩病」之說，亦涵若要了解性，須知性即是心；而若要了解心，須知心即是性之意。心性二者相涵，其義亦互相補充。蕺山此處引「夫子之言性與天道不可得而聞」來證「性本無性」之義，這所謂「性本無性」並非說性不存在，而是說性必須即心而見，若無心，便無性。不能認為離開了心，而仍有其獨立存在之性可說。蕺山是從性不能離心而見之義說「性本無性」，此一表示十分獨特。如是理解心性之關係，可說二者是「一物異名」。性與天道不可得聞，依蕺山之思路來理解，即是認為性不可被當作一對象來談論，只有在本心之活動表現為惻隱、羞惡等時，仁義禮智等性理，才得以彰顯而證實其存在。如此表示心性之關係，確可說是「以心攝性」；但蕺山於此仍言存性，可見性體之意義並不可輕忽。蕺山言「存性」，並非認為於心之活動外，有獨立的性，而為存之之對象，存心便是存性。由以上所說，蕺山認為，說性本無性亦可以。若性本無性，則便可不說存性之工夫了，但蕺山認為，仍可說存性，據此可知蕺山言存性，其實義即是存心。他說存性，是即於心之活動處證性之存在之意，其言「存」之義，是表示在心之活動中作「內證」之工夫，而不是如陸象山、王陽明所說的「發明本心」或「致良知」。陸王之說，是逆覺此本心而力求擴充推致，蕺山之意，則是於心中體證、保任此性。蕺山喜用「存」字，如云「意是心之所存，非心之所發」，即對意之意義須從心之所存及所主宰處理會，從意之好善惡惡，其所好一定是好善，其所惡一定是惡處，理解意之意義。此見後文之分析。依此義，則「存性」，亦應是於心中體證在心之活動中呈現之仁義禮智之性，保任此性以為心之活動之主宰。存性之工夫固然是心中作，但並非於心之明覺應物時作擴充，而是體證保任此在意之好惡必於善惡中呈現之主宰。

二、蕺山「心學」之特色

蕺山之〈原學中〉盛讚陽明之言心即理,但亦表示他與陽明思想之不同:

> 極天下之尊而無以尚,體天下之潔淨精微,純粹至善,而一物莫之或攖者,其惟人心乎?向也,委其道而去之,歸之曰性,人乃眩鶩於性之說,而倀倀以從事焉,至畢世而不可遇,終坐此不解之惑以死,可不為之大哀乎?自良知之說倡,而人皆知此心此理之可貴,約言之曰:「天下無心外之理。」舉數千年以來晦昧之本心,一朝而恢復之,可謂取日虞淵,洗光咸池。然其於性猶未辨也。(《劉子全書》卷7,頁452-453)

蕺山此段極言心之尊貴,但據他的文意,是由於心即是性,而見心之尊。即他是從性處,體會心之尊貴。他說由於前人分心、性為二,此是將本即是心之性,與心分離開來,此如上文所說「外心言性」,使「心性兩病」。蕺山所謂的性,是仁義禮智,而性即於心顯,如上文所說「仁非他也,即惻隱之心是」,如是蕺山之論與陽明「心即理」之義是相合者。陽明認為「天下無心外之理」,甚至主張「心外無物」,故蕺山引陽明之言而大加讚美。但蕺山在此對陽明馬上作出批評,認為陽明「於性猶未辨也」。即他認為陽明對性之意義未有充分之明辨,這是理解蕺山學與陽明學不同之關鍵句子。何以有此言?蕺山續云:

> 予請一言以進之曰:天下無心外之性。惟天下無心外之性,所以天下無心外之理也。惟天下無心外之理,所以天下無心外之學也。而千古心性之統可歸於一,於是,天下始有還心之人矣。

> 向之妄意以為性者,孰知即此心是;而其共指以為心者,非心也,氣血之屬也。向也,以氣血為心,幾至仇視其心而不可邇;今也,以性為心,又以非心者分之為血氣之屬,而心之體乃見其至尊而無以尚,且如是其潔淨精微,純粹至善,而一物莫之或攖也。(同上,頁 453-454)

蕺山對陽明「天下無心外之理」之說,補充以「天下無心外之性」,即由於天下無心外之性,故可說天下無心外之理。本來性即仁義禮智,陽明言心外無理,亦是就仁義禮智即是心此一義來說,故言心即理、心外無理,與心即性、心外無性意思應是一樣的,若是如此,蕺山這補上「天下無心外之性」之言, 豈不是多餘?

蕺山此說十分鄭重,不會是多餘之言。他的文意是表示必須補上心是性,心外無性這一義,方可真見心外無理。即必須先於心之活動處,體證仁義禮智之性理,在見到仁義禮智後,方可真見心之所以為心。固然性理必即心而見,所謂心外無性,但亦必在於心中見性理後,方真見心體。蕺山此論,是以性理來規定心之所以為心,此亦即以仁義禮智來定住心之意義。他以能給出仁義等道德之理、道德法則者,方是心。在心給出法則處,方真見心體;而有了此方是心之體會後,才可說天下無心外之理。若此解不誤,則蕺山言心,並不重心之明覺,而是重視心能給出法則。此是先以性定心,或由性識心。蕺山說「以性為心,又以非心者分之為氣血之屬。」即是此義。以性為心,是對心之能表現惻隱是非,而此等活動即是仁義之理之認定。意識到性理即是心之活動,才對心有真正的體認,從此處看心,則仁義禮智是人心之自然要求,而這才是所謂性。能從心體認到此性,而性即仁義所在,為心所自然發出,如是人才不會仇視其心,而知道血氣之屬之活動,並不是真心也。

此一「以性定心」之義,我認為可借用康德所說「意志的自律」來說明。依康德,道德法則是意志自己給出來的,「意志底自律就是意志

底那種特性,即因著這種特性,意志對於其自己就是一法則。」[4]道德法則只能以無條件的律令(令式)來表示,而依無條件的律令而行,必然是一自發自決之行動,故道德法則只能是自己給出來的,即必須在意志之自律的情形下給出的。而此自律地給出法則而命令自己遵行之,乃是意志的本質之作用。依此義,吾人可說,蕺山之言心即是性,而且必須先言心外無性,方可說心外無理,是強調心有自發地作出實踐仁義禮智之要求,此要求在惻隱、羞惡等心之活動中見。人必須從心之自發地行仁義之活動中體證心之為心,體證此心後,方可說此心即是理,理不能外於心。

意志之自律可涵兩義,一是法則必由意志所自立,二是自立法則之意志方是真正的意志,而此意志可稱為「善的意志」。蕺山言性必因心而見,必須從心說性,即是法則必由意志自律而給出之義。由於法則是意志自己給出的,在自己這意志之外無法則存在之處,故無心外之性。而蕺山言必須「以性為心」,從心即性處才可見到心之所以為心,此可說知性方知心,明白到意志自我立法之法則,才知此是真心所在。即如康德在自律地給出道德法則又自行遵守處,見到真正的意志,而此意志為「善的意志」之義。藉康德之說,可顯出蕺山思想中從心說性而又「以性定心」之特色。從道德法則之為心所自發處,蕺山表示了性理不能離心而外在,及此「性即心」之心才是真心之義,此是以性或道德法則來規定心者,比較陽明心學,蕺山對心之「法則性」較重視,而陽明則較重心之「明覺性」。

蕺山之〈學言上〉有一條云:

> 心一也,合性而言,則曰仁;離性而言,則曰覺。覺即仁之親切痛癢處。然不可以覺為仁,正謂不可以心為性也。(《劉子全書》

---

[4] 康德《道德底形上學之基本原則》第二章,牟宗三先生《康德的道德哲學》(《牟宗三先生全集》15),頁91。

卷10，頁610）

蕺山此段之表達有不清楚處，依上文之分析，仁不能在心之外，而此處言「合性而言，則曰仁」，似是二者可有分合。蕺山本意應是說仁即心，但人必須體證到仁是心之活動，此時方可見到真心。而「離性而言，則曰覺」，似表示覺與仁可以分開，但又說「覺即仁之親切痛癢處」，二者又不能分離。故此一表述亦有問題，蕺山意應是說仁固有覺，但必須先從仁處體認。而若先從覺處體認，便不能掌握到仁，不能掌握仁，亦即不知心之所以為心了。故蕺山亦說不可以覺為仁。此可證蕺山是重「法則」過於「明覺」。

此義在康德，即是須由法則以推自由，而不能由自由以推法則之義。康德說：

「自由」與「一無條件的實踐法則」是互相函蘊的。現在，在這裡，我不問：是否它們兩者事實上是不同的，抑或是否一個無條件的法則不寧只是一純粹實踐理性之意識，而此純粹實踐理性之意識又是與積極的自由之概念為同一的；我只問：我們的關於「無條件地實踐的東西」之知識從何處開始，是否它是從自由開始，抑或是從實踐之法則開始。

現在，它不能從自由開始，因為關於自由我們不能直接地意識及之，蓋因關於自由之首次概念是消極的故；我們也不能從經驗而推斷之，因為經驗只給我們以現象底法則之知識，因而亦即只給我們以「自然之機械性，自由之直接的反面」之知識。因此，就是這道德法則，即：對之我們能直接意識及之（正當我們為我們自己追溯意志之格言時我們能直接意識及之）的這道德法則，它首先把「它自己」呈現給我們，而且它直接地引至自由之概念，因為理性呈現道德法則為一決定底原則，此原則乃是「不為任何

感觸條件所勝過」的決定原則,不,乃是「完全獨立不依於感觸條件」的決定原則。[5]

康德認為「無條件的實踐法則」與「意志之自由」二者是相函蘊的。因當人意識到所謂道德行為是依照無條件的律令而行之時,人便會意識到自由。能無條件地行所當行,當然是由一自發的、自我作主而不受任何其他因素影響之意志決定者,而這即是自由的意志。在人之現實經驗中,是找不到自由意志的,因為經驗知識無一例外地都在因果法則的決定底下,自由意志並不是一認知之對象。但自由意志在人對無條件地實踐法則有所意識時,便明白地為人所肯定。即若意志不能是自由的,人何以可依無條件的律令而行?故自由在人意識到道德法則時,便可予人清晰的概念,亦必須肯定其存在。若無自由,則道德行為便是不可能的。這是康德所謂自由與法則相函蘊之義。但此二者雖相函,吾人仍可問,對於無條件地實踐的東西(即道德的實踐),人從哪裡可得知呢?是由法則開始,抑是從自由開始?依康德,必須是以法則為先,由法則而使人當下了解何謂道德實踐。即由道德法則之無條件性,便使人直接了解到什麼是道德。因人對自由並不能有積極的意識,而由法則契入,自由便非被肯定不可。按康德此必須以道德法則為先,並由法則推至自由之義,實可用來解釋上文所云蕺山是「以性為心」及「以性定心」之意。

　　蕺山肯定心即理,這是與陽明相同的,但他認為陽明「於性猶未辨」, 即表示他是要以性為主而定心。此應即是康德所云由無條件的實踐法則為先,以法則而肯定自由意志之意。即仁義禮智等性理,固然是本心所自發地給出來的,但從本心自發而要求遵行實踐之法則處,較能把握本心之意義。而若從自發自主、不受任何影響之「自由」一特性來理解本心,便不會那麼清楚。蕺山認為陽明於性猶未辨,及認為不能以

---

[5] 康德《實踐理性底批判》第一部,卷一。牟宗三先生《康德的道德哲學》(《牟宗三先生全集》15),頁178。

覺為仁，應亦是感到若以明覺為首出，則對此覺是以道德法則為內容之認定是有困難的。陽明從良知之知是知非以洞悟本體，是根據「是非」之智以言明覺，知是非之智亦是道德之理，故陽明亦並非只就明覺本身說。但從知是非之良知以統四端，是重智德，而智是在對行為之是否合於道德之判斷中表現，智之判斷決定當下而發，較顯「自由」之義。陽明說良知是「天理之自然明覺發見處」，如此體會良知，確重「明覺」之義。天理即在此明覺中自然呈現，有明覺即有天理，但以明覺為先。除「明覺」外，並無別的規範。且此明覺之呈現是越「虛無」而越能呈現天理者，故陽明在回應王龍溪之說時，主張「從無處立根基」。[6]言無或虛無，正是強調意志之自由，言此意志之決定無意志之外的其他因素之影響。此如用康德法則與自由的區分，是以「自由」為先，由自由意志而給出法則。本來良知明覺呈現，自然便可給出道德法則，而此法則即是行動當依無條件之律令而行，此是無疑的。但若重自由、自主、明覺而不正視此明覺即天理，而天理是以仁義禮智為內容的，則此明覺或因難以被把握而使人誤認情識為明覺。此意可引蕺山之文字以明之，如云：

> 今之言佛氏之學者，大都盛言陽明子。止因良知之說，於性覺為近，故不得不服膺其說，以廣其教門。（《劉子全書》卷 19，〈答胡嵩高、朱綿之、張奠夫諸生〉，頁 1372）

> 心者，凡聖之合也。而終不能無真妄之殊，則或存或亡之辨耳。存則聖，亡則狂。故曰：「克念作聖，罔念作狂。」後儒喜言心學，每深求一步，遂有識心之說。又曰：「人須自識其真心。」或駁之曰：「心自能識，誰為識之者？」余謂心自能識，而真處不易識。真妄雜揉處，尤不易識。正須操而存之耳。所云「存久

---

[6] 見《王畿集》卷1，〈天泉證道紀〉。

自明」是也。若存外求識,當其識時,而心已亡矣。……須知此心原自存,操則存,又何曾於存外加得些子?(《劉子全書》卷6,〈解七〉,頁420-421)

第一段引文蕺山認為陽明所言之良知與佛教言性覺相近,故佛教徒喜引陽明學以廣其門。蕺山此段之意不在批評陽明,而是認為可藉良知與性覺義之相近以接引佛教徒,使他們由性覺而至良知,悟道德之本心。此段文意雖是如此,但亦可知蕺山認為陽明之言良知,是重「明覺」之義。第二段蕺山認為「心」是聖凡相同者,此即肯定一超越的道德義之本心。雖然人皆有此真心,但對此真心之體認工夫,是不可少的。蕺山對「識心」之說,是贊成的。而其所謂之識心之方法,即是「操存」,即於心體證心之所以為主者而操存之,由存而識,而不能存外求識。而此為心之主者即性也。蕺山又云:

甚矣,事心之難也。間嘗求之一覺之頃,而得湛然之道心焉。然未可為據也。俄而恍惚焉,俄而紛紜焉,俄而雜揉焉。向之湛然覺者,有時而迷矣,請以覺覺之,於是有喚醒法。朱子所謂略綽提撕是也。然已不勝其勞矣。必也求之本覺乎?本覺之覺,無所緣而覺,無所起而自覺,要之不離獨位者近是。故曰「闇然而日章。」闇則通微,通微則達性,達性則誠,誠則真,真則常。故君子慎獨。(同上,〈解十〉,頁423)

蕺山此段言「覺」未可為據,而「以覺覺之」之法,又不勝其勞。蕺山在此提出求之於「本覺」之說,而所謂本覺,是「不離獨位」者,故蕺山之言本覺,須從其言慎獨來了解,其所謂獨當然是就「性體」及「意根」說,此義見下一節。故蕺山雖亦言覺,但必須體證真心、獨體,以之為覺之主宰,此可證他確是「以性定心」,或「法則先於自由」之思想型態。

黃梨洲於《明儒學案》中，有一段評陽明之語，可補充上文之說：

> 而或者以「釋氏本心」之說，頗近於心學，不知儒釋界限只一理字。釋氏於天地萬物之理，一切置之度外，更不復講，而止守此明覺；世儒則不恃此明覺，而求理於天地萬物之間，所為絕異。然其歸理於天地萬物，歸明覺於吾心，則一也。向外尋理，終是無源之水，無根之木，總〔縱〕使合得本體上，已費轉手，故沿門乞火與合眼見闇，相去不遠。先生點出心之所以為心，不在明覺，而在天理，金鏡已墜而復收，遂使儒釋疆界渺若山河，此有目者所共睹也。[7]

此段先說有人以釋氏之學本心，而認為與陽明心學相似，但梨洲說其實不然。佛教之本心，只重明覺，而將天地萬物家國天下之理，置之度外。釋氏之說，與世儒（朱子學派）之求理於天地萬物，見解雖有不同，而同樣是不合理的。於是梨洲認為陽明之心學，是點出心之所以為心，在於天理，而非明覺，而此乃陽明之大貢獻。梨洲此一評述，應如牟宗三先生所說，是「加重語」，[8]即並不是說陽明之言心、良知，並無明覺義，而是更重視心之為天理之義。陽明言心即理，或良知即天理，明是從心之明覺言天理，故不能說其言心並無明覺義。只是陽明言心及良知，是即明覺即天理，良知是天理之明覺發見，不能只從明覺說心之所以為心。梨洲如此言陽明所說之良知，是強調良知之「天理」義，應即是上文蕺山所說的以性定心之意，梨洲對陽明學之理解，應是根據其師蕺山之說。此一理解，亦如同康德的須先從法則以認識無條件之實踐，以法則肯定自由之論。

---

[7]《明儒學案》卷十〈姚江學案〉。

[8] 見〈陸王一系之心性之學〉，收入《宋明理學的問題與發展》(臺北：聯經，2003年7月)，頁221。

三、「意為心之所存」之涵義

　　蕺山誠意慎獨之教，是其學理中最顯著而具個人特色者，對此學者討論已多，現只就「以性為心」及「以法則為先及為主」之義來說。蕺山云：

> 人心徑寸耳，而空中四達，有太虛之象。虛故生靈，靈生覺，覺有主，是曰意。此天命之體，而性道教所從出也。（《全書》卷11，〈學言中〉，頁641）

　　此段由心步步往內收而至意，意是「覺有主」，此可證上文所論蕺山對心覺之看法，即不能只從明覺說心，須體會此覺是有其主宰者，心覺的活動，是具法則性者。對於蕺山此段話，黃梨洲有按語云：「覺有主，是先生創見。」[9]可見此一主張，在蕺山思想中有關鍵性之地位。

　　以意為「覺之主」，此主宰者是意，意當然即是意志，若是則蕺山所重者是意志，意志是心的活動，何以吾人說他是以性定心，以法則為先呢？蕺山論意，如一般所知，並非就現實的、經驗的意志說，而是就好善惡惡之道德的意志說，此意志之好惡是所好一定是善，而所惡一定是惡，即此意志是屬「超越層」者。用蕺山之語說，此意是「體」。蕺山云：

> 意為心之所存，正從《中庸》以未發為天下之大本，不聞以發為本也。《大學》之教，只是知本。身既本於心，心安得不本於意？……然則來教所云「好惡何解？」僕則曰：此正指心之所存

---

[9] 黃宗羲：《明儒學案》卷六十二。承鍾彩鈞教授見告，在《劉子全書‧學言中》此條後有小字注曰：「覺有主，是蒙創見。」可見蕺山本人已以「覺有主」為自己之創見。

言也。《大學》自「知至」而後，此心之存主必有善而無惡矣。何以見其必有善而無惡？以好必於善，惡必於惡也。好必於善，如好好色，斷斷乎必於此也。惡必於惡，如惡惡臭，斷斷乎必不於彼也。必於此，而必不於彼，正見其存主之誠處。故好惡相反而相成，雖兩用而止一幾。此正所謂「幾者動之微，吉之先見」者。蓋此之好惡，原不到作用上看。雖能好能惡，民好民惡，總向此中流出；而但就意中，則只指其必於此，不於彼者，非七情之好惡也。(《劉子全書》卷19,〈答葉潤山四〉，頁1402-1403)

蕺山對「意」之規定，為意是心之所存而非所發。本來意志是心之活動，既是活動，何以不能言「發」？蕺山言意是從意之好惡是好善惡惡，而且是所好斷斷乎必於善，所惡斷斷乎必於惡者處說，此即意之「淵然有定向」。如此言意，實可說是由「道德法則」以規定意志。於必然好善而惡惡處言意，此意之活動是定然如此而無例外者，此可見意志之合於法則，或可說此意志之活動，即是法則本身。蕺山言意為心之所存，或即是表示此意。即所謂「存」是就意志之好惡即是道德之理、法則上說。此意志之好惡即是法則，故道德法則為意之所自立、自決的，法則固然為意志所自立、所決定，但此意志亦只能作此好善惡惡之決定，不能隨意另作決定。故此時之意志固然是自發自決而為「自由」的，但亦只能作善必好而惡必惡之決定，故亦是「自律」的。即意志亦受其所立之法則所規範。而依蕺山之文意，「自律」之意味較重。蕺山於上引文所云：「蓋此之好惡，原不到作用上看」，「而但就意中，則只指其必於此，不於彼者」，應都重在言意志自我立法之「法則」義。從意志所立之法則義上看意志，才好說此意是「存」而不是「發」，是「原不到作用上看」。法則固然是意志所立，而意志自然是活動的，但在意志自立法則處，並不同於一般意志之活動，故非「作用」也。一般言意志，是決定行動之機能，當然是有作用的；但蕺山此處所言之意，其作用只在自立法則處，此是給出一善必好、惡必惡之要求，此要求亦可說是理性

自發之命令,此是屬於超越層者,未及於發動行為之層次。

如果從意志之自律看意志,則此意志是能自發地給出道德法則,又能自願地遵行之者。若如此,則此意志當然可說是善的,而且此善不是相對的、比較的善,而是至善。此應是蕺山上引文認為意是「必有善而無惡」之義。蕺山又云:

> 意根最微,誠體本天;本天者,至善者也。以其至善,還之至微,乃見真止。……此處圓滿,無處不圓滿;此處虧欠,無處不虧欠。故君子起戒於微,以克完其天心焉。欺之為言欠也,所自者欠也。自處一動,便有夾雜,因無夾雜,故無虧欠。而端倪在好惡之地。性光呈露,善必好,惡必惡,彼此兩關,乃呈至善。故謂之如好好色,如惡惡臭。此時渾然天體用事,不著人力絲毫。於此尋個下手工夫,惟有慎之一法。乃得還他本位,曰獨。仍不許亂動手腳一毫,所謂誠之者也。此是堯舜以來相傳心法,學者勿得草草放過。(《劉子全書》卷 12,〈學言〉下,頁 715-716)

此段明白說「意根」是至善所在。而此必好善惡惡之意,是「性光呈露」,可見此意亦即是性。蕺山言意及性,都以「心之所以為心」來規定,故意與性是一。以性為心,亦即以意為心。而以意為心,即從意之好善惡惡處,見到真心。而此意或真心,是自己給出道德法則而又自願遵從之者,故此意為善意,甚至可曰至善。此一說法,恰如康德所說「只有善的意志是天地間一切存在中可稱為善而無限制者」之意。[10]蕺山認為「止至善」即「止於此意」,而格物致知,亦是「格知誠意之為本」[11]、「格此物」,致此「知意之為至善」之知, 而知止是知此意之為善而止之。

---

[10] 康德《道德底形上學之基本原則》第一章。

[11] 蕺山曰:「後儒格物之說,當以淮南為正。曰:格知身之為本,而家國天下之為末。予請申之曰:格知誠意之為本,而正修齊治平之為末。」(〈學言〉下)

從蕺山對此「好善惡惡」之意之重視，亦可知其於道德意志之為善，具深切之體認。蕺山從意之好惡處，見道德法則為意志之所自立自訂，而見意志之為善。意志固然是心之活動，但唯有此自定法則又自願依遵處，方是真心，依此義，心與道德法則是必須合在一起來看的，而心與法則，亦互相作了規定。從意之自好自惡，而又好必於善、惡必於惡處，可見法則為意自己所給出，故一定要肯定「心即理」。而在意之好善惡惡處，才見到心之所以為心，而此為性光之呈露，故能給出道德法則之意，方是真心，如是言心覺，才不致流蕩。此所謂心與法則須合在一起看，且互相規定。對於此即是道德法則本身之意志，吾人所用之工夫，只有慎而存之，不得動分毫之其他念頭。即此意是純粹的，必須以不動念以保持其純粹。此是由意志之好惡以見法則，又由法則之定然、必然如此之莊嚴性，以見意志之善。故蕺山固然肯定心即理，而亦可稱為心學，但他對心之規定，必通過有定向之意，亦即必須從必然的，非如此不可的道德法則之規定下來說心。而蕺山此一說法，極富道德意識，而與康德由意志之自由自律以言善的意志之論，是非常類似的。

四、結語

由以上之討論，可知蕺山雖肯定心即理，但其「心學」之型態與陸、王不同。他特重「性理」或「性體」義，其言心、性兩者，是互相規定，互相補充的。即他強調性即心而發，性即是心。但亦強調能表現為惻隱、是非等之心，才是真心，必須「以性為心」。蕺山此一想法，應是對朱子及陽明之學反省而後形成的，他反對朱子「心性為二」，由格物致知以明性理之說，故主張性不離心，不能以性為對象而以心知明之；但雖如此，他吸收了朱子重性理的思想。蕺山肯定陽明之「心即理」說，但認為陽明重視心之明覺，而未辨明心之性，此為陽明之不足。順此義來看，蕺山學確不同於朱子與陽明，而有其思想型態上之獨立性。但蕺山之思想型態，依此而論，似不必是如牟宗三先生所說的「以心著性」。

本文試圖用康德的「意志之自律」及其對「善的意志」的有關說法，來衡定蕺山的思想。蕺山之既肯定心即理，又強調須以性為心，應是表示了「意志之自律」之義，即道德法則是由人心自己給出的，法則若不由心給出，便亦無處可存在。故言心即性、心外無性。而蕺山之重視「心之性」，認為「性即心」之義不可略過，是表示了他對道德法則之重視，他是要以法則定住心。此大略同於康德雖認為自由意志與法則互相函蘊，但對於「無條件地實踐的東西」（即道德）之知識，須先由法則來理解，不能由自由來理解之意。藉康德此「法則先於自由」之說，似可闡明蕺山所說「惟天下無心外之性，所以天下無心外之理也」之義，即他雖肯定「心即理」，但對於心之所立之理或法則，是更為重視的，須先知心所自給出之法則，才能對道德有明白的了解，而若只從心之明覺說，對道德便不必有確解。

蕺山重意，從意之好善惡惡處規定意，此亦類似康德之言善的意志。由於意之好惡是自好自惡，且所好必於善，所惡必於惡，故此意是自由而亦自律的。從好必於善、惡必於惡說意，亦是由法則為先以定意。當然依康德，此自律自由之意志是意志之理想狀態，是「設準」，在人之現實生命是不能呈現的。故自由的意志，在康德是「存有而不活動」的。而在蕺山，好善惡惡之意當然是活動，是可以呈現的；此是二者之說之不同處。但蕺山言此意是心之所存而非所發，他對「存」之強調，認為此意之好惡、「原不到作用上看」，亦略近於康德之說。

蕺山此一須由「無心外之性」以言「無心外之理」之說，我認為是「以性定心」，此可說是心學的另一型態。此一型之心學，雖肯定心即理，心為本體，是道德實踐之根源動力，但強調了此心之法則義，此亦即強調了此心之客觀性。而由性理或道德法則以識心，對於此心之為道德主體，確可有較明確之把握。而其重視「存性」、「誠意慎獨」等工夫，對於此道德主體之保任、維持，是很恰當而深刻的。

黃梨洲對劉蕺山思想的承繼與發展

　　對於劉蕺山的思想型態如何衡定，學者有不同的看法。本文順著筆者之前的對蕺山學的詮釋，而希望能提出對蕺山文獻作出更為一貫解釋的說法。我認為蕺山思想的主旨似非牟宗三先生所說的「以心著性」，而應該是「以心攝性」，性體的意義一定要在心的活動中見，即有心方可見性，不能視性為超越而先在之存有。當然蕺山言性體之意也十分鄭重，但他是從心自發而給出道德行為，或從心的好善惡惡之意根來說性，仍然是性不離心，此也可以說是「以性定心」。即只有在自發的給出仁義禮智的原則，或呈現不容已的好善惡惡時才是真心。

　　本文據梨洲對蕺山學的詮釋，希望進一步確定「以心攝性」是蕺山學的思想型態。從梨洲對蕺山的理解可以看到，他認為蕺山肯定人可自然而然地表現出惻隱羞惡等，而這種自然的表現就是性，性便在氣機自然流行中見。如此了解則性宗並非在心氣流行之外，而此時的所謂氣，其實是心的活動自然而然地表現其應有的道德行為的描述，如同莊子所說的「無聽之以心而聽之以氣」之氣，此氣是心的自然而然的活動狀態之描述，並非心之外另有所謂氣。以此義而言氣即理，等於是說心即理，只是對心之自然流行，有進一步之體會。故蕺山、梨洲這些語句並不能理解為是唯氣論的說法。本文又徵引梨洲一些文獻以證義，梨洲的文獻很明確地表示惻隱之心等活動是最真實的道德實踐，而仁義禮智是因著這些真實活動而生的名稱，故是後起的別名，我認為梨洲這些文獻能夠明確表達出上述蕺山之意。本文最後提出蕺山學是吸收了陽明與龍溪所說「無善無惡」中所涵的實踐的化境之精義，而以此自然而然、一氣周流之本體的活動全幅是好善惡惡的道德實踐，防堵了良知學之流弊；又

試圖以「詭譎的相即」來解說蕺山、梨洲所言「氣即理」之義,此則對蕺山晚年見解提出一另一可能之詮釋。

一、以心著性或以心攝性

對於蕺山學,我本來順著牟宗三先生對蕺山學的衡定,即以「歸顯於密、以心著性」為線索來理解,但近年來對蕺山學再作了一些研究,覺得牟先生此說固然非常有哲學性,可彰顯儒家形上學之深義,又於蕺山學的特殊性,有明白的展示;但此說對蕺山一些文獻,似不能有順當的解釋。據這些文獻,蕺山並非心、性分設,以心逐步彰著客觀自存之性天,而是以心、氣為首出,言有心有氣然後有性。對此我於是試圖不用「以心著性」的模式來理解,以為蕺山之言心性,是以心為主,以心攝性之方式來說,即言心即性在,不能離心以言性。依此,蕺山言「性體即在心體中看出」,是以心攝性,有心方可見性之義,而與牟先生所言以心著性之意味,其輕重之間是有差別的。以此一角度似可對蕺山一些文獻作較合於文義的解釋。[1]但若依此義說,則性之義及仁義等名,是因心而後有,甚至仁義等為別名,唯心為實。如是則「以心著性」之模式中所含之性體之客觀實在性,及心性間之距離,便不能顯。上述的「以心為主,以心攝性」之義,固然於蕺山文獻有據,但蕺山之言性,份量亦不輕。雖即心而說性,但於性體,蕺山亦很強調,他認為須肯定「無心外之性」方可說「無心外之理」,而陽明「於性猶未辨也」。[2]此有「以性定心」之義,依此我進一步思考,如何能兼顧「以心為主,言心即性在」及「須正視性體,不能略過性而直接言理」二說。循此思考,我覺得康德所言之意志之自我立法(自律)義,可引入以幫助說明。即蕺山

---

[1] 見拙作〈論蕺山是否屬「以心著性」之型態〉,已收入本書。

[2] 劉宗周:〈原學中〉,見戴璉璋等主編:《劉宗周全集》第 2 冊,卷 9(全書卷 7),(臺北:中央研究院中國文哲所籌備處,1996 年 6 月),頁 334。

之言性，份量固重，是心之所以為心，但心、性仍是不能離，且言心，性便在的。此如康德所言的道德法則是意志給出之義。道德法則如為意志之外的對象給出，便是意志之他律，而他律不管是哪一型態，都是假的道德之源。若道德法則必須由意志自己給出，則可合於蕺山所言離心無性之義。道德法則固然為客觀而普遍，但其實是由意志，由主體所給出，故不能離心言性，此亦如孟子所言之義內。從法則由意志所自立，應該很切於蕺山言離心無性，但又於性體義不能輕忽之意。即於意志之自我立法處，對意志方有真正之理解。而蕺山所言性是心之所以為心，又言由於無心外之性，故無心外之理，即表示於心自立道德法則處，方可見心之所以為心。即固然性理攝於心，無心即無理，但此能自立道德法則之心，方是心之所以為心，從此處理解心，方可免於「虛玄而蕩」。此從自立法則處言心，近似於蕺山言意之義。意淵然而有定向，其定向是「好善惡惡」。意之所好必於善，所惡必於惡，而依蕺山，意亦是心之所以為心。而意之好惡必於善及惡，可見此意是自立法則之心，不同於一般經驗義之心。必由此自立法則處，方見真心，此可解釋蕺山所云意、念之別。故用意志之自我立法義，可綜合性理不能離心而存在，及須重視性，由性定心之二義。當然依康德，雖言意志自我立法，但立法之自由意志只是設準，不能呈現；依蕺山，意雖不同於念，但亦即是心，當下是活動。雖有此一不同，但引入康德義，似確可說明蕺山既重視性，但又說無心外之性之意。又依康德，自由意志與法則雖不能相離，但由於人對自由並不能有直覺，故必須由法則以認識無條件實踐之事，及由此肯定自由，不能以自由為先，由自由以認識法則。此意志與法則相涵，但須以法則為先之義，則很類似蕺山重視性，以性定心之意。[3]

以上的思考，企圖對蕺山之言心性關係給出一系統的解釋，雖以為可自圓其說，但近來再思考，此解未必能盡蕺山言性之全部內容。蕺山言性，有表示為道德實踐之自然而然，不假安排之「超自覺」之境；又

---

[3] 見拙作〈從康德道德哲學看劉蕺山的思想〉，已收入本書。

上述偏重在道德實踐之領域言心性，對於性體之存有論意涵，未能論及，對於心性理氣之關係，亦未多作分析，現希望藉梨洲之論，補充上說未盡之意。

二、梨洲對蕺山學的理解

梨洲之理氣論，主張理氣是一，且其為一並非二物合一，氣與理為一物之兩面，如是梨洲之說很容易被理解為唯氣論，而理是氣化之條理，理之應然性、超越性便保不住了，此在儒學之作為道德實踐之教，是很不相應的。因若理只是氣化之條理，則是一由物質性之氣之活動給出之實然之理，為一客觀的認知對象，並不能據此以言一應然之理，應然之理須由主體自發而給出。當然此由主體給出之理亦可說是天下之大本，於穆不已之天道，此天道即於存在物而見，但此並非可視作為一自然氣化之定律。氣化之條理並不能作價值之標準、實踐之根據。

但梨洲之理氣論，很明顯是繼承劉蕺山之說，蕺山的道德意識是極強的，對道德之理為由心自發的理想之要求之義，是極有體會的，不可能主張一般所謂之唯氣論之說。梨洲本人之言理氣固有理氣為一之說，但他對陽明心學是非常贊成的，對作為心學核心之「心即理」說，亦非不了解。若了解心即理，則須主張理或法則是由意志自律而給出的，此心自發自主地給出此理，理非心所依之外在對象。此決不能與視理為一客觀之氣化條理相合。若是，梨洲之理是氣化條理，或氣即理之說，便不能如一般所認為之唯氣論之說。[4]

---

[4] 對於黃梨洲的理氣論，牟宗三先生曾言梨洲「純成為自然主義實然之平鋪，不幾成為唯氣論乎？」見《心體與性體》第 2 冊（臺北：正中書局，1968 年 10 月臺初版，1999 年 3 月臺初版第十一次印行），頁 121。大陸學界更多視其為「唯氣論」、「唯物論」，如吳光以為梨洲「所講的『氣』，是客觀的物質之氣，而所謂『理』，則是物質運動的客觀規律，這無疑是唯物主義的理氣統一論。」見吳光：〈黃宗羲與清代學術〉，《儒道論述》（臺北：東大圖書公司，1994 年 6 月初版），頁 218-221。李明友亦視梨洲之氣是「構成天地萬物的唯一的物質實體」，理則是「氣運動變化的條理、秩序、規則」。見李明友：《一

在《蕺山學案》中,梨洲有一段話,對蕺山之學作了很好的概括:

> 先生之學,以慎獨為宗,儒者人人言慎獨,唯先生始得其真。盈天地間皆氣也,其在人心,一氣之流行,誠通誠復,自然分為喜怒哀樂,仁義禮智之名,因此而起者也。不待安排品節,自能不過其則,即中和也。此生而有之,人人如是,所以謂之性善,即不無過不及之差,而性體原自周流,不害其為中和之德。學者但證得性體分明,而以時保之,即是慎矣。慎之工夫,只在主宰上。覺有主,是曰意,離意根一步,便是妄,便非獨矣。故愈收斂,是愈推致。然主宰亦非有一處停頓,即在此流行之中,故曰逝者如斯夫,不舍晝夜。蓋離氣無所為理,離心無所為性。佛者之言曰:「有物先天地,無形本寂寥,能為萬象主,不逐四時凋。」此是他真贓實犯,奈何儒者亦曰「理生氣」,所謂毫釐之辨,竟亦安在?而徒以自私自利,不可以治天下國家,棄而君臣父子,強生分別,其不為佛者之所笑乎?先生如此指出,真是南轅北轍,界限清楚,有宋以來,所未有也。[5]

此段話涵義十分豐富,本文後面之討論,大抵環繞梨洲此段話之大意來闡釋。文中所謂「仁義禮智之名,因此而起」,是說仁義等名是由人心誠通誠復、(周濂溪〈通書〉:「元亨誠之通,利貞誠之復。」)喜怒哀樂

本萬殊——黃宗羲的哲學與哲學史觀》(北京:人民出版社,1994 年 5 月初版),頁 18。不過,亦有學者反對以這種唯物觀點來看梨洲,如劉述先教授認為梨洲言「盈天地皆心」、「盈天地皆氣」乃「一體兩面」,是順陽明、蕺山思路走向「一極端的內在一元的思想的型態」。見劉述先:《黃宗羲心學的定位》(臺北:允晨文化,1986 年 10 月初版),頁 118。近來大陸學者程志華亦以為「不可把黃宗羲的『盈天地皆氣』論定為唯物主義命題」,梨洲透過盈天地一氣所表述的是一客體與主體、客觀與主觀交融一體的自然視界。見程志華:《困境與轉型:黃宗羲哲學文本的一種解讀》(北京:人民出版社,2005 年 5 月),頁 132-133。

[5] 黃宗羲:〈蕺山學案〉,《明儒學案》(北京:中華書局,2008 年 1 月 2 版),卷 62,頁 1514。

之流行而起。即有喜怒哀樂方有仁義禮智之名，仁義等名，是後起的。此義並不表示仁義禮智為後於心或喜怒等，因仁義等即是此心，亦即是喜怒哀樂；若是則無先後可說。雖心與仁義等是一而無先後，但有心方可說有仁義；無心，則仁義只是虛名。依此，則可說心及喜怒等，是比仁義為更真實之存在，心是更先在的。此一心較理先在之義，可引陽明之語來說明：

> 夫物理不外於吾心，外吾心而求物理，無物理矣。遺物理而求吾心，吾心又何物耶？心之體，性也，性即理也。故有孝親之心，即有孝之理，無孝親之心，即無孝之理矣。有忠君之心，即有忠之理，無忠君之心，即無忠之理矣。理豈外于吾心耶？[6]

陽明云有孝親之心即有孝之理，無孝親之心即無孝之理，此即表示心之先在性。固然心即理，二者同一；但有心即有理，若無心，不能說理仍存在。故本心之存在，才是理之真實存在之狀態。人若要明理，或甚至使理成為存在，須先使此心存在。即如何使本心呈現，乃是首要的。吾人認為蕺山、梨洲之強調有心然後有仁義之名，即表示此意。進言之，不只有心然後有理，理是心之自發自主而給出，而且心之給出此理，是自然而然的，此即前引文「不待安排品節，自能不過其則」之意。而此是蕺山一特別見解，亦是他自認進於陽明處。茲先引蕺山另一段話來作說明：

> 陽明子曰：「語言正到快意時，便翕然能止截得；意氣正到發揚時，便肅然能收斂得；嗜欲正到沸騰時，便廓然能消化得。此非天下之大勇不能。然見得良知親切，工夫亦自不難。」愚謂：「語

---

[6] 王守仁著，吳光等編校：〈語錄二〉（〈答顧東橋書〉），《王陽明全集》（上）（上海：上海古籍出版社，1992年12月第1版，2006年4月第5次印刷），頁42。

言既到快意時,自能繼以止截;意氣既到發揚時,自能繼以收斂;嗜欲既到沸騰時,自能繼以消化。此正一氣之自通自復分明,喜怒哀樂相為循環之妙,有不待品節限制而然。即其間非無過不及之差,而性體原自周流,不害其為中和之德。學者但證得性體分明,而以時保之,即雖日用動靜之間,莫非天理流行之妙,而於所謂良知之見,亦莫親切於此矣。若必借良知為鑒察官,欲就其一往不返之勢,皆一一逆收之,以還之天理之正,則心之與性,先自相讎,而杞柳桮棬之說,有時而伸也必矣。[7]

陽明認為人於語言正快意時能翕然止截得等,須有大勇之修養,而如此之所以可能,應是靠良知之作用。即人於能肆其感性之欲求時,良知會呈現而可逆反氣機之流行,而導之於正。陽明此一說法,真切見到良知之作用,亦指點一實踐工夫。即一旦良知呈現,便可抗拒感性欲求,不論欲求如何強烈,良知總可作主宰,使生命活動,不隨感性之欲求而流蕩失當。人之感性欲求力量強大,若不悟良知,以良知作主,是很難不隨物欲而流蕩者。陽明此說很切於道德實踐,何以蕺山仍要提出修正意見?

依蕺山之說,語言既到快意時,自會繼以止截;意氣既到發揚時,自會繼以收斂。此似是說感性生命的活動自然有其規律,發後自然會收,高揚後自會低沉,不必本心作主,氣機自會如此。但如此了解應是不合理的。蕺山對陽明良知學的不滿,據此段所說,應是認為以良知鑒察而逆收,是心、性自相為讎。此意即蕺山認為以心或良知之自覺以扭轉感性生活,並不是最好的辦法。他應是要於自覺地扭轉超升之境之上,追求一自然而然便可實踐道德之境。此即上引文所云之「不待品節限制」之意。此意或可用《中庸》所說的「不思而得,不勉而中」來理解。此是順陽明之說更往上提,要由自覺境進至超自覺境,而不是往下

---

[7] 黃宗羲:〈蕺山學案〉,《明儒學案》卷六十二,頁1524-1525。

委，認為順氣化，或感性生命之欲求，便自然合理。

　　故蕺山之不滿陽明，是認為陽明之良知教，於生命活動之不合理處扭轉，是一不究竟，或甚至是不妥善之工夫。蕺山要體證生命中本有的自然而然便表現出道德法則之活動之體，此或可曰流行之體。蕺山追求一「先一著」之工夫，要化掉在作道德實踐時自覺依理而行，對感性生命作扭轉超克之相。自覺境有應然、實然之區分，有天理人欲之對立，並不是實踐之最後圓成之境。蕺山將自然而然地踐德之境，理解為性體周流，一氣之自通自復。

　　如上說不誤，蕺山之不滿於陽明，而強調性體流行，是要將陽明所主張的致良知工夫更推上一層，則其所說之「一氣之自通自復，分明喜怒哀樂相為循環之妙，有不待品節限制而然」，是提起來說的自然之境，此自然以道德實踐之圓成之義來規定。若如此，則所謂一氣流行、喜怒哀樂，都是提起來說的性體周流之境，並非實然的氣化流行。牟宗三先生說蕺山這些說法是「理氣緊收地說」[8]；便是見出了此處所言之氣，並不能視為實然之氣，而是有道體之妙用在其中的。但牟先生此一詮釋是認為在蕺山這些句子中仍有理氣之區分下之說，而依蕺山原文，似不必有此區分。蕺山對喜怒哀樂，是視為四德，並非感性的情緒。在前引梨洲述蕺山學之文中，說「盈天地皆氣，其在人心，一氣之流行，誠通誠復，自然分為喜怒哀樂，仁義禮智之名，因此而起者也。不待安排品節，自能不過其則，即中和也。」應是對蕺山之意恰當的詮釋。依梨洲此段文，氣、心、喜怒哀樂、仁義禮智等，都是一事，是異名同謂。此數名所指都是理或本體、性體，而此體有其自然而然之活動。由於此體如氣化般自然流行，故人於語言快意時，自能止截；意氣發揚時，自能收斂。此如一氣流行般之本體，當然不同於意氣嗜欲，但其作用並不離意欲，且有活動性，故意氣嗜欲之流行，亦如本體之自然流行。此亦可說本體即嗜欲，二者相即，在此義下，則可說是「緊收地說」。

---

[8] 《心體與性體》第 2 冊（臺北：正中書局，1968 年 10 月），頁 519。

故蕺山此處所言之氣，應即是說本心、性體，此氣與實然之氣化，須有區別。此是以本心之自然流行，自然表現出仁義禮智之活動，而說氣，此氣大略同於莊子說心齋義時所謂「無聽之以心，而聽之以氣」之氣，[9]此氣是心的另一名稱，氣即心，而且是真心、常心，故能「虛而待物」。此常心須「徇耳目內通而外於心知」（《莊子·人間世》）而後見，人須「以其知得其心，以其心得其常心」。（《莊子·德充符》）蕺山由誠意慎獨工夫體悟到的，是一自然而然，德行之實踐如春夏秋冬般一氣之往復之本心性體，此亦可用「以其心得其常心」來說明。蕺山之言氣，亦似莊子所謂的「心齋」義之氣，亦即是常心。若如此規定，則此氣當然並非實然之氣化，而是性體之流行，是本心活動之超自覺之境。若說此為「唯氣論」，則此氣是超越義的，而且氣即心即理，三者是一事。而此所言之氣，如唐君毅先生所說，必須高看。[10]

依梨洲所述，蕺山所言盈天地皆氣，而一氣流行在人心即為喜怒哀樂，於喜怒之活動中，便表現了仁義禮智之意義，仁義等名因此而起。而此心此氣即是中和，亦即是善性。而所謂慎獨，即保任此性體。慎獨工夫，在於體證此體之主宰性，此體即存有即活動，故其活動是自有其主宰之活動。此自作主宰，即從意之好善惡惡，且其好惡都是自好自惡而見。當然此好惡亦是自然而然的，若要說良知，則良知即藏于此意中，亦即于性體天理流行中而為知好知惡，蕺山認為如此方能親切見到良知之作用。此所謂「知藏于意」，於意體之流行中知，雖說亦即良知，但並不同於陽明以良知為首出，以知為頭腦，而是以意作主，知是好善惡惡之「自知」。如此言良知，即知是意，亦是自然而然的性體流行，如是便如上文所說，將陽明良知教所顯之自覺相、對立相化掉。而此應是順陽明之良知教而進一步發展，即乃是心學的進一步發展。此發展可說是從心即理而言氣即理，即由心之自我立法，進而言心之給出法則，是

---

[9] 見《莊子·人間世》。

[10] 唐君毅：《中國哲學原論·原教篇》（香港：新亞研究所，1975年），第18章，頁481。

自然而然的,如一氣流行,自然往復循環。此氣即理之氣,是真心、常心,由此常心之活動自然是理,可證心即理之說是不可移的。故蕺山之說,亦可謂是心學,其言氣與性,是他所體證之心體之異名而已。當然此是進一步發展,以氣之自然來規定心之心學。此心學亦可說是氣學。蕺山從一氣自然流行言性,而性不外於心,意即必須由心體認到此自然流行義,而見此心即是性。又從此心性之自然活動處體認到此即是理,於是便可以用理是氣化之條理來說。此是由心而性而理,應該便是蕺山所說的明白了心外無性,才可明白心外無理之義。[11]從心之好善惡惡之自然體會到此便是性之所在,明白了好善惡惡之自然即是性,才可以明白理是心自然給出的,心便是理,理決不在心之外。

梨洲編《明儒學案》,是以陽明學為中心,亦可說是以「心即理」說為義理標準,這是一般所知的。梨洲雖有其特別之主張,如其理氣是一之說,但雖如此,他對心即理說是無微詞的,[12]此亦可證梨洲之言氣即理,應是陽明所說之心即理,良知即天理之往前發展。

又從本心性體之流行,即是一氣之流行之義,可體會到此本體即在流行中,即存有即活動,即流行即本體。故本體不能被視為一獨立的對象來了解之。要了解此體,必須在其活動中理解,如要了解仁義禮智,必須在惻隱、羞惡等活動中了解之,即必須是在本體本身之活動中,才能有真實之了解。離開活動而求知理,所知者必非真實之理。此即梨洲上引文所云「然主宰亦非有一處停頓,即在此流行之中」、「離氣無所為理,離心無所為性」之意。梨洲於此進一步認為若以為性理獨立於流行之外,而可為一理解之對象,便是佛教之說,而佛教之外人倫,其病亦由於此。梨洲此說含兩方面之意義,一是本體在活動中方為真實之本

---

[11] 蕺山曰:「天下無心外之性,惟天下無心外之性,所以天下無心外之理也。」見〈原學中〉,《劉子全書》卷7。

[12] 梨洲說:「先生點出心之所以為心不在明覺,而在天理,金鏡已墜而復收,遂使儒釋疆界渺若山河,此有目者所共睹也。」又說:「嗟乎!糠粃眯目,四方易位,然後先生可疑也。」見黃宗羲:〈姚江學案〉,《明儒學案》卷十,頁181。

體,如在惻隱中方是仁之真實存在,故人必須回到道德實踐之活動上,方可見理。二是本體既在活動中,此體便即於人倫事物中存在,不能離開倫物,另有本體之存在,如是便須肯定人間一切事。當然本體即在流行中之流行,是本體本身之活動,如牟先生所謂之「即存有即活動」[13]。而依牟先生義,此活動不能以氣來說,但梨洲則以氣說。雖然此活動亦可說為氣,但並不同於人倫事物之存在。人倫事物亦是流行活動,但與本體之活動是不同的。此二者須有區別,而蕺山、梨洲於此有欠分解。但二者雖不同,本體之流行亦必即於人倫事物而起作用,二者是相即不離的,由是若認為離人倫而別有本體可說,亦是不合理的。梨洲依此義,以為凡離開活動或人倫事物,而有一獨立之本體可證悟之說,都如佛教般,為不合理之說。

三、引梨洲文獻以證義

上述蕺山之見解,亦多見於梨洲之著述,由梨洲之言,可較明確地了解蕺山之意。

> (1)「親親,仁也;敬長,義也」。有親親而後有仁之名,則親親是仁之根也。今欲於親親之上,求其所發者以為之根。有敬長而後有義之名,則敬長是義之根也。今欲於敬長之上,求其所發者以為之根。此先儒所以有「性中曷嘗有孝弟來」之論。性學之不明,由此故也。[14]

梨洲對孟子「親親仁也,敬長義也」的理解是有親親而後有仁,故親親

---

[13] 見〈綜論〉,《心體與性體》第1冊(臺北:正中書局,1973年10月二版),頁58。

[14] 黃宗羲:「人之所不學而能者」章,《孟子師說》,卷7,見《劉宗周全集》第4冊,頁749。

是仁之根,此即表示親親固即是仁,但亦可說親親先於仁,或親親比仁更為真實。梨洲此說,針對伊川以仁為性,孝弟是事(或是用),性中只有仁義禮智,幾曾有孝弟來之說。依伊川,仁是理,是孝弟之根據,故仁是先在的。

(2)李見羅著《道性善編》:「單言惻隱之心四者,不可竟謂之性,性是藏於中者」,先儒之舊說皆如此。故求性者,必求之人生以上,至於「心行路絕」而後已,不得不以悟為極則,即朱子之「一旦豁然貫通」,亦未免墮此蹊徑。佛者云「有物先天地,無形本寂寥,能為萬象主,不逐四時凋」,恰是此意,此儒佛之界限所以不清也。不知舍四端之外何從見性?仁義禮智之名,因四端而後有,非四端之前先有一仁義禮智之在中也。「雞三足」、「臧三耳」,謂二足二耳有運而行之者,則為三矣。四端之外,懸空求一物以主之,亦何以異於是哉![15]

梨洲認為惻隱等四端,便即是仁義禮智,他反對以仁義禮智為四端之超越根據之說,此即反對以四端為「然」,而仁義等是「所以然」。他以為如此理解,如同雞三足之說。按以仁義是道德行動之所以然,並非一定是錯的,只須肯定此所以然者亦是活動便可。而梨洲此一批評,表示了在親親或惻隱之活動中,才有仁之真實存在之意。即若要說仁,此親親之活動便即是仁,若離開了此活動所理解者,決不能是真實的仁。此明白表示蕺山有心方有性之意,亦明確表示了心學的要義。

(3)自來皆以仁義禮智為性,惻隱羞惡辭讓是非為情,李見羅《道性編》,欲從已發推原未發,不可執惻隱羞惡辭讓是非之心

---

[15] 黃宗羲:「人皆有不忍人之心」章,《孟子師說》,卷2,見《劉宗周全集》第4冊,頁651-652。

而昧性，自謂提得頭腦。不知有惻隱而始有仁之名，有羞惡而始有義之名，有辭讓而始有禮之名，有是非而始有智之名，離卻惻隱羞惡辭讓是非，則心行路絕，亦無從覓性矣。先生（按：指孫淇澳。）乃謂孟子欲人識心，故將惻隱之心指為仁之端，非仁在中而惻隱之心反為端也。如此，則見羅之說，不辨而知其非矣。[16]

此段除如上兩段所表示的有惻隱而後有仁之義外，又引孫淇澳之說，謂孟子「惻隱之心仁之端也」之言，是欲人識心之說，意即孟子要人了解惻隱之心，故用「仁之端也」來說明，以仁來說明心，是以心為主之論，而並非為了說明仁。按此以仁是對惻隱之心的說明，亦即有惻隱而後有仁之意，這完全逆反了以惻隱為仁之發端之朱子之說。

（4）仁、義、禮、智、樂，俱是虛名。人生墮地，只有父母兄弟此一段不可解之情，與生俱來，此之謂實，於是而始有仁義之名。「知斯二者而弗去」，所謂知及仁守，實有諸己，於是而始有智之名。當其事親從兄之際，自有條理，委曲見之行事之實，於是而始有禮之名。不待於勉強作為，如此而安，不如此則不安，於是而始有樂之名。到得生之之後，無非是孝弟之洋溢，而乾父坤母，總不離此不可解之一念也。先儒多以「性中曷嘗有孝弟來？」於是先有仁義而後有孝弟，故孝弟為為仁之本，無乃先名而後實歟？即如陽明言「以此純乎天理之心，發之事父便是孝，發之事君便是忠」，「只在此心去人欲、存天理上用功便是」，亦與孟子之言不相似。蓋赤子之心，見父自然知愛，見兄自然知敬，此是天理源頭，何消去存天理而後發之為事父乎！如王心齋見父赴役，天寒起盥冷水，見之痛哭曰：「為人子而令親如此，尚得

---

[16] 黃宗羲：〈東林學案二〉「文介孫淇澳先生慎行」，《明儒學案》卷59，頁1449-1450。

為人乎！」於是有事則身代之。此痛哭一念,不是工夫所到。當此處而求之,則天理不可勝用矣。先儒往往倒說了,理氣所以為二也。[17]

此段對「有惻隱而後有仁」之意表達得最為完整,明白說惻隱等為實,仁義等為虛名。梨洲此處以「不可解之情」來界定惻隱、羞惡等心,又以王心齋見父寒冬赴役而痛哭,便是天理源頭,這都是很真切之說。由此可見梨洲認為此不可解之情,便是仁義之理之真實存在。或甚至可說情或氣是在先的,有此心、情、氣,方有理;而氣與理,本是一事,而且此一是「即是」,而非二物合一。此真切之心,不待勉強作為,自然而然,自有條理。如是則性之意義即在此心、氣之流行上見。若體證此本體,則道德實踐,便是自然而然,毫不勉強的。若以惻隱或見父母辛苦而痛哭是情、氣,則此情此氣當然是理,理只是此真情、氣之別名。故人要知德,必須回到此真情實感上。梨洲此有惻隱而後有仁之論,在其著述中反覆言之,而此意亦有蕺山之言論作根據,應是梨洲有得於蕺山之教者。故可以梨洲之言證蕺山之說。若據此以論蕺山之學,應如上文所述,是「以心攝性」的型態。又若梨洲之言氣,是從惻隱說,或以四端為本原之氣(中氣),則此氣當然即是理,理氣是一,且氣比理更為先在,但此氣比理更為先在,是因為氣即理,且是理的真實的、具體的存在之意,若是如此,則其氣即理之說,並非一般所謂之唯氣論。

四、討論

一、從上文蕺山對陽明的批評,可見蕺山的思想固然不同於朱子,也不同於陽明,而有他的獨立性。蕺山對朱子的心性為二,心統性情之

---

[17] 黃宗羲:「仁之實」章,《孟子師說》,卷4,見《劉宗周全集》第4冊,頁690-691。

說，非常不同意。他認為性理不在心外，在這個地方，蕺山是接近心學的。但蕺山對於陽明的良知教也有批評，認為對本體的體證不能只用識認的工夫，而要做深刻的體證。他要用慎獨的工夫，體認作為生命深根的意，以好善惡惡之意為首出，認為在好惡中藏有知好知惡之知，如是把良知之知性往內收而為意根之自知，而非用良知來對治有善有惡之意。蕺山對陽明以良知知善惡是非，即以致良知為主旨的工夫有所批評，他認為此非先一著的工夫。而蕺山所謂的先一著的工夫，是體證好善惡惡的意，而此意根之表現，是自然而然，如一氣之流行的。

二、我認為蕺山所說的意根與性體、獨體是同一層次的，意根的活動流行如天地的春夏秋冬，人的喜怒哀樂的流行，同為自然而然的。此一層次的意思，在蕺山往往用獨體、性宗來表示，此性宗獨體的意義，不能離心而見，蕺山之意似非先肯定天道性體，然後以心的活動來形著之，而是以心的活動的自然而然來說性體的意義。我認為這就是蕺山批評陽明「於性猶未辨也」之意。即蕺山認為，從本心的活動處，可以體會到心的活動即是道德之理之呈現，而且本心之呈現道德之理是自然而然，完全沒有人為做作的。從這個自然而然完全沒有造作處，就可以證明這種活動是人的本性。蕺山對陽明不滿，應該是認為陽明忽略了本心活動、呈現道德之理是自然而然之意，即蕺山雖肯定陽明心即理及良知即天理之說，但不贊成提出良知以超越於氣化流行之上，以逆反鑑察生命活動，而是認為良知即是意體，是自然流行的，而此亦即是性。此是要強調心之活動即性之活動，不能忽略心即性一義。忽略此義，故陽明仍有以心治性，心性相讎之情況。這是只說心即理，而不說心即性之流弊。如果了解此，則良知既是理也是性，如果能夠體現此一本體，則人的表現道德的行動是自然而然不費人力的，他認為這就是先一著的工夫。以此作工夫，就不用以良知的明覺，來覺察意念的過錯，因為此時的生命渾然是道德的流行，人之喜怒哀樂四情，便是仁義禮智的流露。蕺山對於性體的確有其強調，但他是以心的活動的自然來說性，性不能離心而說。固然作為客觀的天道、天地生化的實體的意義，蕺山也有說，

但蕺山比較強調性在心中見之意,他對《易經》的詮釋也強調心易(見《周易古文鈔》),故他是「以心攝性,從心之自然來體認性」之義理型態。

三、依上述,可以看出蕺山思路之特別,他認為心與理、心與性是一,而性之義在心的活動的自然而然處體認。此心即性即理之本體,是道德實踐的根據,蕺山的工夫論以體證此一本體為主旨,能體證此本體,自然就會有合理的道德活動的呈現。故除了證體的工夫之外,不必另作工夫。此即黃梨洲言蕺山之說是「靜存之外無動察」,「存發總是一機」[18]之意。如是,蕺山對中和問題有其特別的理解,即喜怒哀樂既是未發之中也是已發之和,他不同意朱子所說從喜怒哀樂未發而體認性體之說(朱子以為未發是性,已發是情)。蕺山所說的喜怒哀樂,即是仁義禮智,而且認為仁義禮智是喜怒哀樂的表義,即仁義禮智是用來述說喜怒哀樂之名稱,仁義禮智具體而真實的內容就是喜怒哀樂。若離開喜怒哀樂來了解仁義禮智,是很不恰當的。蕺山如此了解仁義禮智,則此四情,並不能作一般的情感來看,此四氣即是四德,必須高看。但雖說要把此四氣與四情高看,但它究竟是人的情感。蕺山此一說法,我們可以理解為他肯定人的根本的、真實的情感,即是道德理性。此可說是本體即情即理,亦合於牟先生所謂的「即存有即活動」。牟先生說蕺山學是歸顯於密的型態,這是很對的,但蕺山的步步往內收,他所體證到的本體,是心即性即理,又是即氣即情的,這一說法十分特別。我認為,這就是蕺山對大學所言「心意知物」的詮釋,他從心的活動體證到好善惡惡之意,從好善惡惡之意見知善知惡之知,認為意與知是一。又從意知是一處,言體物不可遺之物,他認為大學所說之物就是此物。蕺山如此詮釋物,則物一方面是本心、心體、知體,另一方面又是天地萬物,他從心體與萬物一體不分來說此物之意義。如此的步步體證,最後體證

---

[18] 黃宗羲:〈子劉子行狀〉,卷下,《黃宗羲全集》第1冊(杭州:浙江古籍出版社,2005年1月),頁250、252。

到的本體,是一理渾然、一氣流行、即情即理、即心即物者。故其歸顯於密所歸到的最奧祕的本體,有兩方面的意思:一是最真實而具體的人的性情,二是最廣大的天地萬物。我認為此最內在的真性情與最廣大的天地萬物二意合起來,便是蕺山所謂的「物」之意。蕺山既說「盈天地皆物也」,又說「盈天地皆心也」,說的便是這個意思。

四、蕺山如此言心、性、氣,似乎可以把陽明所說的「無善無惡心之體」及龍溪所說的「四無句」中所涵的無心而自然的化境,收攝在性、氣自然周流,自有條理之義上。而從性、氣周流,自然好善惡惡,或所好必於善、所惡必於惡之義,又可以涵雖是自然而然,但可以全幅都是道德意識之呈現。於是,此體之活動雖是自然而然,又完全是道德的。這樣就可以避免王龍溪強調自然無欲、知體本無知之說中,可能造成的對道德意識輕忽之弊病。蕺山批評陽明良知學的發展,有虛玄而蕩的流弊,而據以上的解釋,我們可以這樣了解蕺山學,即他一方面吸收了王學的高妙處,又防堵了因此高妙處而可能產生的流弊。於此可見蕺山學對王學有所承繼,又有所修正。

五、黃梨洲的思想確是承襲蕺山而發展的,他所說的「理氣是一物二名,非二物一體」,其中所謂之氣,如蕺山所說的四氣,即是從四端、喜怒哀樂等便是仁義禮智的呈現來說的。此意從上面的引文可以證明。蕺山與梨洲,固然每每強調一氣之流行就是理,但重點在於在氣之流行處,就看到具體的道德意義的價值,而不是用氣化的條理來說明道德。另外,梨洲不只是從四氣即是理來說氣,他也從天地萬物的陰陽變化、萬物生成處說氣,在這些地方當然不好將氣直接等同於理,與四氣即理的情況不一樣;但於此處可以從蕺山所說的體物不遺之「物」來了解,即梨洲認為萬物的存在變化,都與心不離,離開心的作用,物也不能成其為物;離開物之存在,心也不能成其為心。此物是從體物不遺、心物是一之義所言之物。此心物是一之物,固是一渾化之境,是一高度修養體證之玄境,但又可即事即物來說,即亦就是人生倫物之物。此物即理,或不能說離物另有道之可說。此一見解,強烈表示了儒學「肯定世界」

之精神,此一義亦是非常重要的。上文所引的蕺山對「有物先天地」之說之批評,正是表達了儒學這一重要主張。即儒學固然以道德言本體,肯定這本體的絕對性,但此體與此體所表現之絕對價值,必即於人倫日用而顯發,不能離開人倫事物而另有一本體存在之場所。此是蕺山、梨洲之說之微意。若是則梨洲所說的氣即理之氣,不能被理解為只是物質性的氣。當然如此說較為強調道體之內在義,於道體之超越義,是會有減殺的,此恐怕是梨洲思想一有問題之處;但既有強調,便會有偏,此須善觀,似不必於其偏處過分渲染,而大加批評。

六、由上面的敘述,對於蕺山、梨洲所說「一氣之流行即仁義禮智」、「一氣自通自復」等說,我理解為氣與理是一,此氣是本心的自然而然的活動,如是氣與理的關係是分析的,二者是一,氣需上提,不能以物質性的氣來理解。如果依牟宗三先生的說法,蕺山的這些有關言論,應是理氣緊收,或「吸緊地說」,即氣仍然是形而下的氣化流行,並不是理,但於氣的氣化流行處可見理的不已,這是理氣二者圓融渾化。雖是如此吸緊,但理氣仍然是二物。如此言蕺山的理氣關係,則二者是綜合的關係。除了上述的分析跟綜合關係之外,似乎還有一種理解的可能,即如牟先生詮釋佛教天台宗時所說的「詭譎的相即」[19]。天台宗所說的「法性無住,法性即無明;無明無住,無明即法性」,表示了法性與無明是可以在任何事情上表現的。同一事件,迷則是無明之事,悟則是法性之事,轉無明為法性,可以就當前的任何一件事情來作,雖轉迷成悟,而事情的差別性仍然可以保留,絲毫不改。如是則天地間任何存在、任何事情便可以因為法性與無明詭譎的相即,而有其存在的必然性。此義是說由於任何一法都可以是法性法,任何一法都可以表現佛的無限意義,則任何一法都不可少,而有其存在的必然性。於是佛教雖然說緣起性空,但仍可以保住一切法,任何一法都不可以去掉。劉蕺山與黃梨洲所說的氣即理之論及其他一些難解的句子,似乎亦可以用天台宗的「詭

---

[19] 牟宗三:《圓善論》(臺北:聯經出版公司,2003 年 5 月),頁 295。

譎的相即」義來說明。即蕺山認為在天地之間只有這一套的存在法、只有這一套的人生倫物之流行，你可以說此流行是心，也可以說是物，說是氣或說是理也可以。你如果在此流行中覺悟，則氣化流行頓時是天理的具體著見；如果是迷，則便是人欲流行的世界。不管是由迷轉悟，或者是由悟成迷，都是這個人生倫物的流行之存在，此中當然有理與物，人欲與天理的分別，但因為只有如此這般的人生倫物，故迷悟都可以在同一事情上表現，雖然是由迷轉悟，但並不能取消了眼前的人倫事物，或用另一套的存在來取代。蕺山晚年所說的，性只有氣質之性、人心道心只是一心，似乎可以用「詭譎的相即」的方式來說明。如是雖說氣即理，但並不是說理氣為一物，或理氣吸緊地說，此二說都是分解的說法，而「詭譎的相即」是非分解的說法。表示天地間只有這些事情，只有這些人生倫物或氣化流行之存在，而人生所表現出來的善或惡、天理或人欲，都在這一套存在法上表現，性體、本心或知體當然是要肯定的，但不能因而認為本心或知體是先於此人倫事物之存在而更為真實，人倫事物則非究竟的實在。此人生倫物是絕不可以去掉的，道只有在此處呈現。蕺山的晚年見解似乎都表示此意。此須另作論文，廣引文獻來說明，本文暫止於此。

國家圖書館出版品預行編目(CIP)資料

宋明理學新詮/楊祖漢著. -- 初版. -- 臺北市：元華文創股份有限公司, 2025.06
面； 公分
ISBN 978-957-711-442-6 (平裝)
1.CST: 宋明理學
125　　　　　　　　　　　　　　　　　　114004744

宋明理學新詮

楊祖漢　著

發　行　人：賴洋助
出　版　者：元華文創股份有限公司
聯絡地址：100 臺北市中正區重慶南路二段 51 號 5 樓
公司地址：新竹縣竹北市台元一街 8 號 5 樓之 7
電　　話：(02) 2351-1607　　傳　真：(02) 2351-1549
網　　址：https://www.eculture.com.tw
E - m a i l：service@eculture.com.tw
主　　編：李欣芳
責任編輯：立欣
行銷業務：林宜葶

排　　版：菩薩蠻電腦科技有限公司
出版年月：2025 年 06 月 初版
定　　價：新臺幣 620 元

ISBN：978-957-711-442-6 (平裝)

總經銷：聯合發行股份有限公司
地　　址：231 新北市新店區寶橋路 235 巷 6 弄 6 號 4F
電　　話：(02)2917-8022　　傳　真：(02)2915-6275

版權聲明：

本書版權為元華文創股份有限公司(以下簡稱元華文創)出版、發行。相關著作權利(含紙本及電子版)，非經元華文創同意或授權，不得將本書部份、全部內容複印或轉製、或數位型態之轉載複製，及任何未經元華文創同意之利用模式，違反者將依法究責。

本著作內容引用他人之圖片、照片、多媒體檔或文字等，係由作者提供，元華文創已提醒告知，應依著作權法之規定向權利人取得授權。如有侵害情事，與元華文創無涉。

■本書如有缺頁或裝訂錯誤，請寄回退換；其餘售出者，恕不退貨■